Die Sicherung der Widmung
öffentlicher Sachen

Europäische Hochschulschriften

European University Studies

Publications Universitaires Européennes

Reihe II **Rechtswissenschaft**

Series II Law

Série II Droit

Band/Volume **5805**

Christian Kessen

Die Sicherung der Widmung öffentlicher Sachen

Eine Untersuchung zur Existenz von Sicherungsinstrumenten nach öffentlichem (Sachen-)Recht zur Gewährleistung des widmungsgemäßen Gebrauchs

PL ACADEMIC RESEARCH

Bibliografische Information der Deutschen Nationalbibliothek
Die Deutsche Nationalbibliothek verzeichnet diese Publikation in der Deutschen Nationalbibliografie; detaillierte bibliografische Daten sind im Internet über http://dnb.d-nb.de abrufbar.

Zugl.: Münster (Westfalen), Univ., Rechtswissenschaftliche Fakultät, Diss., 2015

D 6
ISSN 0531-7312
ISBN 978-3-631-67116-0 (Print)
E-ISBN 978-3-653-06424-7 (E-Book)
DOI 10.3726/978-3-653-06424-7

PL Academic Research ist ein Imprint der Peter Lang GmbH.
Peter Lang – Frankfurt am Main · Bern · Bruxelles · New York · Oxford · Warszawa · Wien

Diese Publikation wurde begutachtet.

www.peterlang.com

Vorwort

Die vorliegende Arbeit wurde im Wintersemester 2014/15 von der Rechtswissenschaftlichen Fakultät der Westfälischen Wilhelms-Universität Münster als Dissertation angenommen. Das Manuskript wurde im Dezember 2014 abgeschlossen. Rechtsprechung und Literatur wurden bis zu diesem Zeitpunkt berücksichtigt.

Ich möchte mich besonders bei Herrn Prof. Dr. Janbernd Oebbecke für die Betreuung dieser Arbeit, die zügige Erstellung des Erstgutachtens sowie für die Schaffung der exzellenten Forschungsbedingungen am Kommunalwissenschaftlichen Institut bedanken. Herrn Prof. Dr. Christoph Görisch danke ich für die zügige Erstellung des Zweitgutachtens.

Auch bedanke ich mich bei allen Kolleginnen und Kollegen des Kommunalwissenschaftlichen Instituts für die gute Zusammenarbeit, insbesondere bei Dr. Christine Elmers, Dr. Simon Frye, Jasmin Hölscher (LL.M), Dr. Cornelia Jäger, Stefan Lenz, Hannah Reidun Niermann, Frauke Rödel, Dr. Holger Stellhorn, Samira Thiery, Juliane Wessels sowie Dr. André Weßling.

Besonderer Dank gebührt ferner Frau Victoria Mair. Ihre Geduld und die mit ihr geführten fachlichen Diskussionen haben wesentlich zur erfolgreichen Bearbeitung des Themas beigetragen.

Schließlich bedanke ich mich ganz besonders bei meiner Familie. Sie hat mich während meiner gesamten Ausbildung stets unterstützt und gefördert. Meinen Eltern Werner und Angelika Kessen widme ich diese Arbeit.

Düsseldorf, im Herbst 2015 *Christian Kessen*

Inhaltsübersicht

Inhaltsverzeichnis

1. Kapitel: Problemaufriss

Die Widmung ist der „Schlüsselbegriff“[1] des Rechts der öffentlichen Sachen. Welche Rechtsfolgen sich aber aus einer Widmung zur öffentlichen Sache ergeben, wird sowohl in der Literatur als auch in der Rechtsprechung uneinheitlich beurteilt. Es ist deshalb ungewiss, wie der in der Widmung festgelegte Zweck der öffentlichen Sache im Falle der Störung des widmungsgemäßen Gebrauchs für die Allgemeinheit gesichert wird.

Sowohl die Verwaltungsrechtswissenschaft als auch die Rechtsprechung gingen lange Zeit davon aus, dass der öffentliche Sachherr[2] Störungsbeseitigungsansprüche gegen widmungswidrige Nutzer der Sache hat. Solche Sicherungsinstrumente werden traditionell ohne gesetzliche Grundlage als Konsequenz einer dinglichen Widmungswirkung angenommen. Zu den Sachen im Verwaltungsvermögen meinte man wohl auch aufgrund dieser selbstverständlichen Annahme: „Rechtliche Schwierigkeiten bietet diese Gruppe öffentlich-rechtlicher Sachen nicht“.[3] Rechtliche Probleme gehen mit dieser traditionellen Annahme aber gerade dann einher, wenn der öffentliche Sachherr und der zivilrechtliche Eigentümer personenverschieden oder zudem an der öffentlichen Sache noch dritte Personen nutzungsberechtigt sind.

Nachdem ein eigenständiger Herausgabeanspruch nach öffentlichem Sachenrecht als eine Form der Widmungssicherung für den öffentlichen Sachherrn in der Rechtsprechung explizit durch das OVG Münster am 25.2.1993 abgelehnt worden war[4], erkannte das OVG Greifswald einen solchen in seinem Beschluss vom 27. Mai 2008[5] wieder an. In dieser Monographie soll daher aufgezeigt werden, ob die im öffentlichen Sachenrecht traditionell angenommenen materiell-rechtlichen Wirkungen einer Widmung im gesetzlich geregelten Bereich überhaupt erforderlich sowie im gesetzlich nicht geregelten Bereich rechtlich unbedenklich sind. Es geht um die Frage: Welche Sicherungsinstrumente gibt es an welchen öffentlichen Sachen nach öffentlichem (Sachen-)Recht?

---

1 Siehe *Axer*, Die Widmung als Schlüsselbegriff des Rechts der öffentlichen Sachen.

2 Das ist diejenige Behörde, der durch die Widmung eine Verfügungsgewalt über die Sache zusteht.

3 So noch *Schallenberg*, Die Widmung, S. 96; ähnlich *Stürner*, Privatrechtliche Gestaltungsformen bei der Verwaltung öffentlicher Sachen, S. 9.

4 NJW 1993, 2635 ff.

5 NordÖR 2008, 456 f.

A. Entwicklung in der Rechtsprechung

Zum Verständnis der Problemstellungen, die mit den Sicherungsinstrumenten zur Gewährleistung des widmungsgemäßen Gebrauchs einer öffentlichen Sache einhergehen, wird die Entwicklung in der Rechtsprechung aufgezeigt. Es handelt sich dabei stets um Fallkonstellationen, in denen eine öffentliche Sache dem öffentlichen Sachherrn mit dem in der Widmung begründeten Zweck nicht mehr zur Verfügung steht respektive eine Zweckentfremdung einzutreten droht. Es drängt sich jeweils die Frage auf, inwiefern dem öffentlichen Sachherrn Rechte zur Sicherung des widmungsgemäßen Gebrauchs zugestanden werden. Da in den gesetzlich geregelten Bereichen des öffentlichen Sachenrechts gesetzliche Regelungen existieren[6], soll der Frage nachgegangen werden, ob und wie gerade in den gesetzlich nicht geregelten Bereichen dem öffentlichen Sachherrn Rechte eingeräumt wurden, die Widmung zu „sichern".

I. Zwangsversteigerung eines Kriegsschiffes

Hinsichtlich der Frage[7], ob zur Schadensregulierung aus dem Erlös ein Kriegsschiff zwangsvollstreckt werden kann (*Kriegsschifffall*), urteilte das Reichsgericht, dass ein Kriegsschiff dem Verkehr entzogen sei und eine Zwangsvollstreckung darin nicht stattfinden könne:[8] „Die Kriegsschiffe dürfen im Staatsinteresse ihrer Aufgabe, der Verteidigung des Reiches und dem Schutze seiner Seeinteressen zu dienen, nicht entzogen werden".[9] Es war fraglich, ob der Reichsfiskus für Schäden haftet, die vom Kommandanten eines Kriegsschiffes durch Zusammenstoß mit einem Kauffahrtschiff schuldhaft verursacht worden waren.[10]

6 Dazu mehr im 3. Kapitel.

7 Siehe für das weitere Vorbringen RGZ 72, 347 ff.

8 RGZ 72, 347, 348, 352.

9 RGZ 72, 347, 352.

10 Der Zusammenstoß erfolgte am 9. April 1907 in der Kieler Förde zwischen dem Kriegsschiff „Fähringen" und dem Frachtdampfer „Wilhelm" des Klägers. Das *LG Kiel* erklärte den Klageanspruch mit der Maßgabe für gerechtfertigt, dass der Beklagte den noch festzustellenden Schadensbetrag an die Klägerin zu zahlen habe, falls er es nicht vorziehe, „Fähringen" im Wege der Zwangsvollstreckung herauszugeben. Das *OLG Kiel* wies die Berufung des Beklagten mit der Maßgabe zurück, dass der Schadensbetrag nur zu zahlen sei, sofern bei Beginn der Zwangsvollstreckung die „Fähringen" noch vorhanden sei. Auf die Revision des Fiskus hin hob das Reichsgericht das Berufungsurteil auf und erkannte auf Abweisung der Klage, siehe insgesamt aaO 347.

II. Herausgabe eines mit einem Rathaus bebauten Grundstückes

Im sog. „*Rathausfall*"[11] urteilte das Bundesverwaltungsgericht, dass die Eigenschaft einer öffentlichen Sache im Verwaltungsgebrauch einem Anspruch aus ungerechtfertigter Bereicherung nicht entgegengehalten werden könne.[12] Ein solches Recht für Sachen im Verwaltungsgebrauch wurde, soweit ersichtlich, erstmals höchstrichterlich verneint. Im Vergleich zu den Sachen im Gemeingebrauch, wo die Widmung geregelt sei, mangele es insbesondere an Entschädigungsregelungen. So verbiete sich die Annahme, dass durch eine Widmung zu Sachen im Verwaltungsgebrauch Rechte Dritter ausgeschaltet würden. Dafür sei gemäß Art. 20 Abs. 3 GG eine gesetzliche Grundlage erforderlich, die zudem im Sinne des Art. 14 Abs. 3 S. 2 GG qualifiziert sein müsse.[13]

Die Kläger als ursprüngliche Eigentümer forderten ein mit einem Rathaus bebautes Grundstück aus ungerechtfertigter Bereicherung zurück, da der Grundstückstauschvertrag nichtig war. Die Herausgabe sollte hilfsweise Zug um Zug gegen Rückübereignung des von der Beklagten erlangten Grundstücks erfolgen.[14]

III. Herausgabe einer versteigerten öffentlichen Sache (Stadtsiegel)

Im sogenannten *Hamburger Stadtsiegelfall*[15] begehrte die Stadt Hamburg Herausgabe eines Siegeltypars (Handstempel zum Siegeln von Urkunden) nebst dem dazugehörigen Aufbewahrungsbeutel. Dieses sei schon im Jahre 1306 zum Siegeln von Urkunden benutzt worden. Zwischendurch wurde das Siegel außer Vollzug gesetzt, darauf zur Verifizierung von Urkunden verwandt, später wurde es in die Petschaft-Sammlung der Stadt Hamburg übernommen. Nach einer Auslagerung des Archivguts 1944 kam es abhanden, im April 1986 erwarb die Beklagte das Siegel auf einer Auktion eines Kunsthauses und bot ihn 1987 in

11 *BVerwG*, NJW 1980, 2538 ff.

12 *BVerwG*, aaO 2540.

13 *BVerwG*, aaO 2540.

14 Ausführlich siehe NJW 1980, 2538.

15 Ausführlich zum Sachverhalt siehe NJW 1991, 2584 ff.; zur Rechtsprechung des *OVG Münster* siehe NJW 1993, 2635; eine Berichterstattung erfolgte ebenfalls in der FAZ v. 21. 03.1991, 12, unter dem Titel: „Antiquitätenhändlerin muß ein Hamburger Siegel herausgeben", sowie in der Beilage Kunstmarkt der FAZ v. 30.03.1991, 33, unter dem Titel: „Eine unendliche Geschichte? Siegel-Urteil".

Köln auf einer Kunstmesse zum Verkauf an. Die Hansestadt Hamburg verfolgte den Zivilrechtsweg auf Herausgabe des Siegels ohne Erfolg.[16]

Der dann ersuchte Verwaltungsrechtsweg wurde zunächst erfolgreich beschritten. Das **VG Köln** erkannte mit **Urteil vom 20.3.1991**[17] einen Herausgabeanspruch zugunsten der Stadt Hamburg an. Weil der Siegelstempel noch eine öffentliche Sache sei, schließt sich das VG der rechtlichen Konstruktion vom modifizierten Privateigentum an[18], wonach ein Eigentümerwechsel hinsichtlich des widmungsgemäßen Gebrauchs unschädlich sei. Für das VG Köln genießt die öffentliche Sachherrschaft absoluten Vorrang vor allen privatrechtlichen Verhältnissen.[19] Dieser unbestrittene Herausgabeanspruch ergebe sich „ohne weiteres aus einer Annexkompetenz zu der dem öffentlichen Sachherrn verliehenen Befugnis, die Sache widmungsgemäß zu verwenden“[20]. Einwände gegen dieses Sicherungsmittel begegnet es damit, die Sache sei bereits belastet erworben worden. Der angenommene ungeschriebene Herausgabeanspruch sei „unmittelbarer Ausfluss der das privatrechtliche Eigentum überlagernden öffentlichrechtlichen Widmung“[21]

Die Berufung der Beklagten vor dem OVG Münster hatte jedoch Erfolg. Das **OVG Münster** nahm mit **Urteil vom 25.2.1993**[22] an, dass es keine Rechtssätze gebe, aus denen sich ein Anspruch auf Herausgabe gutgläubig erworbener öffentlicher Sachen im Anstalts- oder Verwaltungsgebrauch ergibt. Das öffentliche Sachenrecht könne den vom Kläger erhobenen Herausgabeanspruch nicht rechtfertigen.[23] Wegen Art. 14 GG und des Auftrags an die Gesetzgebung, Inhalt und Schranken des Eigentums zu bestimmen, bedürfe es einer gesetzlichen Grundlage, die nicht ersichtlich sei.[24] Ferner blieben schutzwürdige Belange des

16 Der *BGH* hat mit Urt. v. 5.10.1989 rechtskräftig entschieden, dass wegen § 935 Abs. 2 BGB die Beklagte gutgläubig Eigentum erworben habe.

17 Vgl. zu den folgenden Ausführungen NJW 1991, 2584 ff.; der Verwaltungsrechtsweg sei wegen eines Herausgabeanspruchs aus öffentlicher Sachherrschaft eröffnet, aaO 2584.

18 *VG Köln*, NJW 1991, 2584, 2585 mwN.

19 *VG Köln*, aaO 2586 mwN.

20 So das *VG Köln*, aaO 2586 mwN, mit einem Vergleich zur Hausverbotsrechtsprechung des OVG Münster.

21 *VG Köln*, aaO. Es sei zwar ein Eingriff in der Widmung zu sehen, jedoch habe zu diesem Zeitpunkt ein Einverständnis des damaligen Eigentümers (Klägerin) vorgelegen.

22 Vgl. zu den folgenden Ausführungen *OVG Münster*, NJW 1993, 2635 ff.

23 *OVG Münster*, aaO 2635.

24 *OVG Münster*, aaO mwN.

gutgläubigen Erwerbers unberücksichtigt.[25] Im Übrigen führe das Zivilrecht zu sachgerechten Ergebnissen.[26]

Eine Revision wurde nicht zugelassen, eine erhobene Nichtzulassungsbeschwerde wurde vom Bundesverwaltungsgericht zurückgewiesen.[27]

IV. Herausgabe einer ersessenen öffentlichen Sache (Rheinsteinbögen)

Die Klägerin, die aus der früheren Reichsdruckerei hervorgegangen ist, begehrte von der Beklagten die Herausgabe von zwei ungummierten Druckbögen von 10 mal 5 Briefmarken mit jeweils dem Aufdruck „eine Reichsmark" und dem Motiv „Burg Rheinstein". Durch einen Versteigerungsaufruf aufmerksam geworden erwirkte sie eine einstweilige Verfügung, durch der das Auktionshaus die Versteigerung untersagt worden war, und forderte die Beklagte im Januar 1992 erfolglos zur Herausgabe der Marken auf. Mit vor dem VG Berlin im Mai 1992 erhobener Klage verfolgte die Klägerin ihr Begehren weiter.[28] Das VG Berlin hielt die allgemeine Leistungsklage auf Herausgabe für unbegründet. Die Beklagte sei durch Ersitzung Eigentümerin der streitbefangenen Bögen geworden und sei zudem gutgläubig gewesen. Auch hindere ein etwaiges Abhandenkommen im Sinne von § 935 Abs. 1 BGB einen Eigentumserwerb durch Ersitzung nicht.[29]

---

25 Es verweist insbesondere auf den in Art. 20 Abs. 3 GG wurzelnden Vertrauensschutz, siehe aaO 2636.

26 *OVG Münster*, aaO 2637.

27 Interessant ist, dass die Nichtzulassungsbeschwerde der Stadt Hamburg mit der Begründung zurückgewiesen wurde, dass der Frage nach dem Erwerb lastenfreien Eigentums an einer öffentlichen Sache keine grundsätzliche Bedeutung zukomme. Ein solcher Rechtsstreit sei „einer von landesrechtlichen geprägten Umständen des Einzelfalls losgelösten grundsätzlichen Klärung nicht zugänglich", siehe *BVerwG*, NJW 1994, 144, 145; zur Berichterstattung der Tagespresse siehe FAZ v. 15.09.1993, 12.

28 Siehe *VG Berlin*, Urt. v. 19.04.1995 - 1 A 145.92 -, juris Rn. 1–3. Siehe ferner Berichterstattung in DER SPIEGEL 3/1992, 100 f. Der Verwaltungsrechtsweg wurde deshalb als eröffnet angesehen, da Ansprüche aus streitiger öffentlicher Sachherrschaft dem öffentlichen Recht zuzuordnen seien, aaO Rn. 13; dogmatische Grundlage des Herausgabeanspruchs sollte die „öffentlich rechtliche Widmung" sein, zum diesbezüglichen Vorbringen der Bundesdruckerei siehe aaO Rn. 5.

29 Vgl. *VG Berlin*, aaO Rn. 14–17, bezüglich des Abhandenkommens war nicht klar, ob die Bögen Nazigrößen übergeben wurden, aaO Rn. 8. Ausführlich zum Sachverhalt der Ersitzung aaO Rn. 11. Die Bögen wurden vom Großvater 1949 auf einem Flohmarkt erworben, mit anderen Briefmarken unsortiert in einem Karton verwahrt, dieser 1967 seiner Frau nach einer Trennung überlassen. Diese habe den Karton bis 1979 im

Es könne dahinstehen, ob ein gutgläubiger Eigentumserwerb zum Untergang der Widmung führe oder ob die Widmung weiterhin auf die Sache laste und auf den gutgläubigen Rechtsnachfolger übergehe. Für den geltend gemachten Herausgabeanspruch fehle ein Rechtssatz, der einer Widmung zur öffentlichen Sache die in Rede stehende Rechtsfolge beimesse.[30]

V. Duldungsverpflichtung des Eigentümers hinsichtlich der Nutzung einer res sacra

Die Klägerin, eine evangelische Kirchengemeinde, begehrte von den Beklagten, ein in deren Eigentum stehendes Kirchengebäude für Gottesdienste nutzen zu können (*Klosterzimmern-Fall*).[31] Die Beklagten haben das Gut Klosterzimmern im Jahre 2000 erworben und bewohnen das Anwesen mit rund 80 weiteren Anhängern ihrer religiösen Bewegung. In der Zeit vor dem Eigentümerwechsel wurde der Kirchengemeinde seit den 1960er Jahren eine Nutzung im Umfang von sechs bis acht Gottesdiensten jährlich erlaubt. Die Beklagten widersetzten sich nach deren Eigentumserwerb der weiteren Benutzung der Kirche durch die Klägerin.[32]

Das Nutzungsrecht an dem Kirchengebäude zugunsten der Glaubensgemeinschaft wurde mit der Eigenschaft als res sacra begründet.[33] Der Eigentümer habe die kirchliche Zweckbestimmung zu dulden, da die Eigenschaft als res sacra zu einer Überlagerung der zivilrechtlichen Verhältnisse führe und der Kirchengemeinde ein Recht zum Besitz gebe.[34] Halte man für eine fortgeltende Widmung einer Sache eine gesetzliche Grundlage für erforderlich, wird diese in Art. 140 GG i.V.m. Art. 138 Abs. 2 WRV gesehen.[35] Die Beklagten machten im Wege der Widerklage einen Anspruch auf Entwidmung geltend. Das VG Augsburg

---

Eigenbesitz gehabt. Ab dann habe die Klägerin die Kiste, in der sich auch die Bögen befanden, bis 1991 auf dem Dachboden verwahrt.

30 Vgl. *VG Berlin*, aaO Rn. 19 mit Verweis auf die bereits aufgezeigten Entscheidungen des *BVerwG*, NJW 1980, 2538, 2540 (*Rathausfall*) und des *OVG Münster*, NJW 1993, 2635, 2636 (*Stadtsiegelfall*).

31 *VG Augsburg*, Urt. v. 01.10.2002 - Au 9 K02.537 -, BeckRS 2002, 19935, Rn. 1.

32 *VG Augsburg*, aaO Rn. 7 f.

33 *VG Augsburg*, aaO Rn. 31 f.

34 *VG Augsburg*, aaO mwN.

35 *VG Augsburg*, aaO Rn. 45 mwN; für das Entstehen einer res sacra seien aber u.a. die Regeln des öffentlichen Rechts in Bayern des bis zum 1.1.1900 geltenden Landesrechts maßgeblich, siehe aaO Rn. 33 ff. Diese Voraussetzungen wie insbesondere eine Zustimmung des Eigentümers lägen vor. Fraglich ist, warum noch Verfassungsrecht

erachtete diese als unbegründet, da kein Anspruch auf Entwidmung bestehe. Ein Anspruch auf Entwidmung könnte nach dem allgemeingültigen Grundsatz der „clausula rebus sic stantibus“ bestehen, da die Zustimmung zur Widmung entfallen sei.[36] Es erfolgt ein Abwägung zwischen Art. 14 GG sowie Art. 140 GG i.V.m. Art. 137 Abs. 3 WRV[37] und Art. 138 Abs. 2 WRV[38] im Rahmen praktischer Konkordanz[39]. Das VG Augsburg kommt zu dem Ergebnis, dass die res sacra in dem Umfang weiter genutzt werden dürfe, wie dies vor dem Eigentumswechsel der Fall war.[40] Die Interessen der Eigentümer müssten auch deshalb zurücktreten, da sie das Eigentum am Kirchengebäude von vornherein mit der Eigenschaft als „res sacra“ belastet erworben hätten.[41]

VI. Herausgabe von Aktenbeständen bei Besitzstörung

Eine Gemeinde ließ ein Grundstück versteigern, das mit einem früher als Kindergarten genutztem Gebäude bebaut war. Im Keller des Gebäudes wurde ein umfangreicher Aktenbestand aufbewahrt.[42] Nach der Versteigerung forderte der Datenschutzbeauftragte des Landes Mecklenburg-Vorpommern die Gemeinde dazu auf, „die Sache zu klären“, da der Aktenbestand (15–20 Aktenordner)[43] personenbezogene Daten beinhaltete, die sich nun beim Antragsgegner befänden (*Aktenfall*).[44]

Für das OVG Greifswald sind auf den Aktenbestand die Grundsätze der Sachen im Verwaltungsgebrauch anwendbar.[45] Unabhängig davon, ob die Akten nun öffentliche Sachen seien, bestehe an diesen durch das Entstehen der Akten und deren Verwendung für die öffentliche Verwaltung eine öffentlich-rechtliche

als gesetzliche Grundlage angeführt wird, da das *VG Augsburg* zuvor schon auf weitergeltendes „altes“ Landesrecht als Widmungsgrundlage abgestellt hatte.

36 Vgl. *VG Augsburg*, aaO Rn. 60 ff., wobei eine genaue dogmatische Einordnung, ob nach allgemeinem Grundsatz, § 314 BGB a.F. oder Art. 60 BayVwVfG, offen gelassen wird.

37 Dazu *VG Augsburg*, aaO Rn. 61 ff.

38 Dazu *VG Augsburg*, aaO Rn. 71 ff.

39 Dazu *VG Augsburg*, aaO Rn. 77.

40 Siehe im Einzelnen *VG Augsburg*, aaO Rn. 77 f.

41 *VG Augsburg*, aaO Rn. 74.

42 In einem notariellen Vertrag ist wohl zusätzlich geregelt worden, dass das Grundstück einschließlich der sich darauf befindlichen beweglichen Sachen (u.a. Einrichtungsgegenstände, Waschmaschine, Elektroherd) verkauft worden sei.

43 Darunter Einwohnerkartei, Bauakten, Personalakten aus den Jahren 1945–1991, siehe NordÖR 2008, 456.

44 Sowohl zum Sachverhalt als auch zur Begründung siehe NordÖR 2008, 456 f.

45 *OVG Greifswald*, aaO 456, mwN.

Sonderbeziehung *kraft Natur der Sache*. Diese speziell öffentlich-rechtliche Zuordnung zum Träger der öffentlichen Verwaltung bestehe auch bei bereits abgeschlossenen Verwaltungsvorgängen weiter.[46] Aus der öffentlich-rechtlichen Zuordnung ergebe sich eine Aufbewahrungspflicht für den Träger der öffentlichen Verwaltung, die in eine Pflicht zur Aktenvernichtung münde, wenn diese nicht wieder gebraucht werden.[47] In der Begründung, dass auch die Zwangsversteigerung an dieser öffentlich-rechtlichen Sonderzuordnung nichts ändere, tauchen dann wieder Argumente des traditionellen Verständnisses des öffentlichen Sachenrechts auf.[48]

VII. Zusammenfassung der Rechtsprechungsentwicklung

Aus dieser Rechtsprechung ergibt sich, dass verschiedene Instrumente zur Widmungssicherung in Betracht kommen. Der öffentliche Sachzweck kann durch Ausschluss öffentlicher Sachen von Zwangsvollstreckungsmaßnahmen gesichert werden. Ferner kann bei Herausgabebegehren Dritter ein Recht zum Besitz zugunsten des öffentlichen Sachherrn den widmungsgemäßen Gebrauch der öffentlichen Sache sichern. Zu diesem Zweck können dem öffentlichen Sachherrn auch Störungsbeseitigungsansprüche wie ein Herausgabeanspruch, ein Abwehr- sowie gegebenenfalls ein Unterlassungsanspruch zustehen. Diese Instrumente dienen dazu, dass die öffentliche Sache weiterhin entsprechend ihres Widmungszwecks genutzt werden kann. Die Möglichkeiten des öffentlichen Sachherrn zur Widmungssicherung nach öffentlichem (Sachen-)Recht werden aber nicht gleichermaßen anerkannt.

Für das Reichsgericht ist eine öffentliche Sache deshalb keiner Zwangsvollstreckung zugänglich, da sie ihrer staatlichen Aufgabe nicht entzogen werden dürfe. Allein aufgrund des öffentlichen Sachstatus war die öffentliche Sache keiner Zwangsvollstreckung zugänglich. Das Bundesverwaltungsgericht erkannte im *Rathausfall* zumindest für Sachen im Verwaltungsgebrauch kein Recht zum Besitz zugunsten des öffentlichen Sachherrn nach öffentlichem Sachenrecht an. Auch das OVG Münster im *Stadtsiegelfall* und das VG Berlin im *Rheinsteinbogenfall* sprachen dem öffentlichen Sachherrn jeweils keinen Herausgabeanspruch nach öffentlichem Sachenrecht gegen den Eigentümern der jeweiligen (öffentlichen) Sache zu, um diese wieder ihrem Widmungszweck zuführen zu können.

---

46 *OVG Greifswald*, aaO 456.

47 *OVG Greifswald*, aaO mit Verweis auf NDV 1990, 335.

48 *OVG Greifswald*, aaO 456 mwN. Dieses Verständnis der Dinge wird in der traditionellen Lehre des Rechts der öffentlichen Sachen mit der Theorie vom modifizierten Privateigentum umschrieben, näheres dazu im 2. Kapitel.

Einen solchen öffentlich-rechtlichen Herausgabeanspruch erkannten jedoch das VG Köln im *Stadtsiegelfall* sowie das OVG Greifswald im *Aktenfall* an. Die Begründung des VG Köln ist dabei dogmatischer, die Argumente des OVG Greifswald für einen öffentlich-rechtlichen Herausgabeanspruch sind eher pragmatischer Natur.

Im *Klosterzimmern-Fall* zog das VG Augsburg im Speziellen für die res sacrae sowohl das öffentliche Sachenrecht als auch Verfassungsrecht zur Sicherung der widmungsgemäßen Nutzung heran.

B. Weitere Untersuchung hinsichtlich Sicherungsinstrumenten im Recht der öffentlichen Sachen

Im nächsten Schritt wird das traditionelle Verständnis des Rechts der öffentlichen Sachen aufgezeigt, was also öffentliche Sachen sind, zwischen welchen öffentlichen Sachen differenziert wird, wie sie entstehen sowie welche Rechtsfolgen das Entstehen einer öffentlichen Sache mit sich bringt.

Es wird daraufhin untersucht, welche Sicherungsinstrumente sich für den öffentlichen Sachherrn für welche öffentliche Sache zur Widmungssicherung ergeben. Zunächst werden die gesetzlich geregelten Materien öffentlicher Sachen analysiert, ob also das einfache Gesetzesrecht in diesen Sondermaterien Befugnisse für den öffentlichen Sachherrn bereithält, den widmungsgemäßen Gebrauch der Sache bei Störungen aufrecht zu erhalten. Die dort womöglich zur Verfügung stehenden Sicherungsinstrumente werden grundsätzlich losgelöst von der Frage einer etwaigen Dinglichkeit der Widmungswirkung behandelt.[49]

Anschließend wird geprüft, ob im Sinne des traditionellen Verständnisses des Rechts der öffentlichen Sachen Sicherungsinstrumente schlicht aus den Widmungsfolgen hergeleitet werden dürfen, wie es für nicht sondergesetzlich geregelte öffentliche Sachen angenommen wird. Diese werden auf Rechtskonformität überprüft: Dürfen Sicherungsinstrumente für den öffentlichen Sachherrn zur Gewährleistung oder Aufrechterhaltung des widmungsgemäßen Gebrauchs in nicht gesetzlich geregelten Bereichen des Rechts der öffentlichen Sachen aus der Widmung selbst resultieren?

Schließlich werden auch die res sacrae, die als Spezialmaterie der traditionell anerkannten öffentlichen Sachen gelten, auf die Existenz von Sicherungsinstrumenten untersucht.

---

49 Zur Relevanz der Frage einer dinglichen Widmungswirkung hinsichtlich der Existenz des Rechtsgebiets als Teilgebiet des allgemeinen Verwaltungsrechts siehe statt aller *Stelkens*, Die Verwaltung 46 (2013), 493, 497.

2. Kapitel: Die traditionelle Lehre des Rechts der Öffentlichen Sachen

A. Umriss der Rechtsmaterie öffentliches Sachenrecht

Öffentliche Sachen sind als Teil des Staatsvermögens anzusehen, worunter die Gesamtheit der Güter und Rechte angesehen werden, über die der Staat verfügen darf.[50] Ein „öffentliches Sachenrecht“ als eigenständig kodifiziertes Rechtsgebiet wie etwa das Sachenrecht im dritten Buch des Bürgerlichen Gesetzbuches (BGB) existiert nicht.[51] Gleichwohl gibt es einige Rechtsgebiete wie beispielsweise die geltenden Straßen- und Wegegesetze, deren Regelungsgegenstand öffentliche Sachen sind. Das öffentliche Sachenrecht als Rechtsgebiet bringt zahlreiche Probleme mit sich. Allein die Vielzahl der unterschiedlichsten „öffentlichen Sachen“ mit einer Spannweite von einem Rathausbalkon über Gewässer bis hin zu Kirchen wirft die Frage auf, inwiefern diese Sachen einheitlich rechtlich behandelt werden können.

Zunächst wird vor der Untersuchung von Sicherungsinstrumenten für öffentliche Sachen die Diversität der Rechtsmaterie offen gelegt. Es wird aufgezeigt, was sich hinter dem Begriff der öffentlichen Sache verbirgt, wie sie entsteht, welche Arten es nach traditionellem Verständnis gibt und welchen Zweck öffentliche Sachen haben. Ferner wird die Rechtsnatur öffentlicher Sachen nach traditionellem Verständnis des öffentlichen Sachenrechts ergründet. Dies dient dazu, die daraus hergeleiteten Sicherungsinstrumente hinsichtlich des widmungsgemäßen Gebrauchs zu verstehen.

---

50 So *Axer*, Die Widmung als Schlüsselbegriff des Rechts der öffentlichen Sachen, S. 26 mwN; zu den Arten des Staatsvermögens siehe *Friauf*, in: Isensee/Kirchhof, HStR IV^2, § 90 Rn. 28 ff.

51 Im Jahre 1931 wurde der Entwurf einer Verwaltungsgerichtsordnung für Württemberg, in den Art. 174–187 WüEVRO ein in sich geschlossenes System des Rechts der öffentlichen Sachen zu normieren, letztlich nicht kodifiziert. Siehe insgesamt zur Historie öffentlicher Sachen die Ausführungen von *Maunz*, Sachenrecht, S. 79 ff.; *Stern*, VVDSTRL 21 (1964), 183, 185 ff., *Schmidt-Jortzig*, NVwZ 1987, 1025, 1026; zu den res sacrae *Forsthoff*, AöR 31 (1940), 209 ff.

I. Öffentliches Sachenrecht als Rechtsmaterie

1. *Öffentliches Sachenrecht als Rechtsgebiet*

Das Recht der öffentlichen Sachen ist dem Allgemeinen Verwaltungsrecht zuzuordnen.[52] Es regelt anders als die sachenrechtlichen Vorschriften im BGB nicht die eigentumsrechtliche Zuordnung von Sachen, sondern ihre Zweckbestimmung.[53] Der Sinn eines öffentlichen Sachenrechts besteht darin, verschiedene Benutzungsarten, allgemeine Sicherungsbelange und die individuellen Interessen an den Sachen zu ordnen.[54] Neben dem Zweck, warum öffentliche Sachen kreiert werden, ist von Bedeutung, was eine öffentliche Sache ist oder sein kann. Die Umschreibungen des öffentlichen Sachenrechts als Rechtsgebiet oder der öffentlichen Sache allgemein sind vielfältig:

Axer befindet unter Heranziehung des römischen und des germanischen Rechtssystems, die gewissen Sachen schon seit jeher eine besondere Rechtsstellung einräumten, dass trotz dieser „langen Tradition" der Begriff „öffentliche Sache" inhaltlich noch nicht geklärt sei.[55] Wohl zutreffend lässt sich der für das öffentliche Sachenrecht konstitutive Begriff der öffentlichen Sache auch als eine Sammelbezeichnung für eine Reihe „höchst inhomogener Vermögensgegenstände"[56] beschreiben.

Nach *Ehlers* sind alle Sachen, die einem öffentlich-rechtlichen Herrschaftsregime dinglicher Art unterstellt worden sind, öffentliche Sachen im Rechtssinne.[57] *Germann* befindet, dass der Zweck der öffentlichen Sachen grundsätzlich darin bestehe, den Gebrauch von Sachen im Dienst einer öffentlichen Aufgabe zu ermöglichen.[58] *Höfling* konstatiert in diesem Sinne, dass der Staat beziehungsweise alle Träger der öffentlichen Verwaltung zur Erfüllung ihrer Aufgaben nicht nur Hilfsmittel personeller, sondern auch sächlicher Art benötigten.[59]

---

52 *Erbguth*, Jura 2008, 193; *Kment/Weber*, JA 2013, 119; nur hinsichtlich Immobilien *Stelkens*, Die Verwaltung 46 (2013), 493 ff.

53 *Sodan/Ziekow*, Grundkurs Öffentliches Recht, § 84 Rn. 1.

54 Vgl. *Maunz*, Sachenrecht, S. 306 ff.; *Schmidt-Jortzig*, NVwZ 1987, 1025, wonach ein grundsätzliches Interesse der Bürgergemeinschaft bestehe, „lebensnotwendige Gegenstände und Bereiche der Umwelt einer allgemeinen Benutzbarkeit zu unterstellen"; vgl. auch *Kromer*, Sachenrecht des Öffentlichen Rechts, S. 12, 16 f.

55 *Axer*, Die Widmung als Schlüsselbegriff des Rechts der öffentlichen Sachen, S. 26.

56 *Papier*, Recht der öffentlichen Sachen, S. 1; *ders.*, in: Erichsen/Ehlers, AVR, § 38 Rn. 32.

57 So *Ehlers*, NWVBl. 1993, 327, 328.

58 *Germann*, AöR 128 (2003), 458, 459. Ähnlich schon *Mayer*, Deutsches Verwaltungsrecht II, S. 41.

59 Siehe *Höfling*, JA 1987, 605.

Wie auch andere[60] hält er fest, dass öffentliche Sachen Vermögensgegenstände sind, denen durch eine öffentliche Zweckbindung eine Gemeinwohlfunktion zugeteilt wurde. Die öffentlichen Sachen seien durch einen spezifischen Rechtsstatus öffentlich-rechtlicher Art geprägt.[61] Für *Papier* kann das „Recht der öffentlichen Sachen" als solches nicht begrenzt werden auf Normenkomplexe, die öffentliche Sachenrechte regeln. Vielmehr gehörten Sachen immer dann zu den „öffentlichen Sachen", wenn sie einer öffentlich-rechtlichen Nutzungsordnung unterliegen.[62]

Für *Maunz* war die öffentliche Sache selbst kein reales Substrat. Er versuchte, die öffentliche Sache losgelöst vom Gegenstand im Sinne eines bloßen Rechtsverhältnisses zu bestimmen.[63]

Stern umschrieb die öffentliche Sache als einen von der Wissenschaft ausgebildeten Mantelbegriff für einen vorgefundenen, weit erstreckten Kreis von Gegenständen. Diese hätten deshalb eine gegenüber den übrigen Sachen abgehobene Rechtsstellung, da sie für das Gemeinwesen eine bedeutsame Funktion besitzen.[64] *Kromer* umschreibt öffentliche Sachen auch als Rechtsbegriff, als Eigenschaften eines Sachgegenstandes, die durch besondere Akte des öffentlichen Sachenrechts entstanden sind.[65] Ferner konstatiert auch *Häde*, dass „öffentliche Sache" ein Rechtsbegriff sei. Daraus ergebe sich aber nicht auch, dass öffentliche Sachen nur „spezifische öffentlichrechtliche Eigenschaften einer Sache"[66] sind, wie es *Kromer* schlussfolgert, sondern ein Gegenstand mit bestimmten Eigenschaften öffentlich-rechtlicher Art, die diesem beigelegt und wieder entzogen werden können.[67] Er differenziert zwischen einem Recht der öffentlichen Sachen und einem öffentlichen Sachenrecht.[68] Das öffentliche Sachenrecht sei sehr

---

60 Statt aller *Pappermann*, JuS 1979, 794, 795; ähnlich *Sodan/Ziekow*, Grundkurs Öffentliches Recht, § 84 Rn. 2 f.

61 *Höfling*, JA 1987, 605, 606 mwN.

62 *Papier*, in: Erichsen/Ehlers, AVR, § 38 Rn. 32.

63 Zur Loslösung vom gegenständlichen Verständnis der öffentlichen Sache vgl. *Maunz*, Sachenrecht, S. 72; zur Interpretation der öffentlichen Sache als Rechtsgeschäft siehe aaO S. 207, 209 ff.

64 *Stern*, VVDStRL 21 (1964), 183.

65 *Kromer*, Sachenrecht des Öffentlichen Rechts, S. 35.

66 *Kromer*, aaO.

67 *Häde*, JuS 1993, 113.

68 *Häde*, aaO 114: „Das Recht der öffentlichen Sachen stellt nur einen Teilbereich des öffentlichen Sachenrechts dar."

weit gefasst[69], doch werde im Recht der öffentlichen Sachen ein Gegenstand nur durch Widmung zur öffentlichen Sache.[70] In diesem Sinne meint es wohl auch *Frotscher*, der zwischen öffentlichen Sachen im engeren und weiteren Sinn differenziert. Öffentliche Sachen im engeren Sinn seien nur solche Gegenstände, die unmittelbar den Zwecken der Verwaltung dienen.[71]

Niehues versteht das öffentliche Sachenrecht als unfertiges Rechtsstoffgebiet.[72] Er definiert das öffentliche Sachenrecht als „Inbegriff von Rechtssätzen, welche Sachen Subjekten hoheitlicher Gewalt dem ausschließlich ihnen zustehenden Aufgabenbereich zuordnen"[73].

Allein die Lektüre dieser Umschreibungen in der gegebenen Breite verwirrt eher, als dass sie klärt, was das öffentliche Sachenrecht ist. Auch *Stern* stellte fest, dass es der Lehre von den öffentlichen Sachen an „Stetigkeit und Festigkeit"[74] fehle. *Ehlers* bezeichnet das öffentliche Sachenrecht insgesamt gar als „Trümmerhaufen". Es erweise sich nur dort als stabil, wo es gesetzlich geregelt ist.[75] Nach *Schallenberg* herrscht gerade im öffentlichen Sachenrecht eine Rechtszersplitterung, wie kaum auf einem anderen Rechtsgebiet.[76] Das OVG Münster spricht von einer Konturenlosigkeit.[77] Vertreten wird sogar, dass mangels einheitlicher, die einzelnen Gegenstände miteinander verbindender Regelungen ein „Recht

69 Als ebenfalls dingliche Hoheitsakte, aber außerhalb eines *Rechts* der öffentlichen Sachen, nennt er die KfZ Zulassung nach § 18 StVO oder das Aufstellen eines Bebauungsplanes nach § 8 BauGB.

70 *Häde*, JuS 1993, 113, 114.

71 *Frotscher*, VerwArch 62 (1971), 153 mwN.

72 *Niehues*, Dinglichkeit im Verwaltungsrecht, S. 4 mwN; er stimmt aaO der Aussage von *Zippelius*, DöV 1958, 838 zu, das öffentliche Sachenrecht sei ein „vielgepflügtes Feld".

73 *Niehues*, aaO S. 103. Dies geht aber so weit, dass unter einem öffentlichen Sachenrecht auch z. B. Gefahrenabwehrrecht fällt, das die Allgemeinheit vor von Sachen ausgehenden Gefahren schützt, vgl. aaO S. 105 ff.

74 So *Stern*, VVDStRL 21 (1964), 183, der den Grund darin sieht, dass sowohl das öffentlichen Recht als auch Privatrecht auf die öffentliche Sache einwirkt.

75 *Ehlers*, NWVBl. 1993, 327, 332, der auf die gesetzlichen Regelungen im Straßen-, Wege- und Wasserrecht verweist; so meint es wohl auch *Burgi*, in: Hoffmann-Riem/Schmidt-Aßmann/Voßkuhle, Grundlagen VwR I^2, § 18 Rn. 114.

76 *Schallenberg*, Die Widmung, S. 2. Seine Aussage dürfte auch heute noch Geltung beanspruchen.

77 Siehe NJW 1993, 2635, 2636, insbesondere die in der Literatur erörterten Beispiele seien Kunstgebilde, die einer praktischen Bewährung nicht standhielten. Ähnlich *Haas*, DVBl. 1962, 653, es fehle ein „inneres Gerüst".

der öffentlichen Sachen“ als Rechtsgebiet gar nicht existent sei.[78] Zumindest kann man das öffentliche Sachenrecht als „terra incognita des allgemeinen Verwaltungsrechts“ charakterisieren.[79]

Bei diesen Umschreibungen soll es verbleiben. In diesem Werk ist es hinsichtlich der Existenz von Sicherungsinstrumenten nicht primär von Belang und es soll deshalb nicht erneut der Frage nachgegangen werden, ob es ein öffentliches Sachenrecht als einheitliches Rechtsgebiet überhaupt gibt[80], ob man es „öffentliches Sachenrecht“ nennen soll oder synonym von einem „Recht der öffentlichen Sachen“ spricht. In der Literatur wird beiden Begrifflichkeiten teilweise ein unterschiedlicher Sinngehalt zugewiesen.[81]

Festzuhalten ist, dass die Umschreibungen der verschiedenen Autoren gewisse Überschneidungspunkte enthalten. Das werden die Betrachtung des Regelungsgegenstands eines öffentlichen Sachenrechts sowie der Zweck der Kreation einer öffentlichen Sache zeigen.

---

78 So *Axer*, Die Widmung als Schlüsselbegriff des Rechts der öffentlichen Sachen, S. 224; ferner *Lepsius*, Besitz und Sachherrschaft im öffentlichen Recht, S. 145 ff., es sei keine spezielle verwaltungsrechtliche Kategorie; anders *Kluth*, in: Wolff/Bachof/Stober/Kluth, VwR II, § 75 Rn. 2, der dort von einem „einheitlichen Rechtsgebiet ‚öffentliches Sachenrecht‘“ spricht.

79 So *Durner*, UPR 2000, 255, 259.

80 Monographisch zur Identität des Rechtsgebiets explizit *Axer*, die Widmung als Schlüsselbegriff des Rechts der öffentlichen Sachen, 1994; ferner *Kromer*, Sachenrecht des Öffentlichen Rechts, 1985; im weiteren Sinne bereits *Schallenberg*, die Widmung, 1953, sowie *Hardinghaus*, Öffentliche Sachherrschaft und öffentliche Sachwaltung, 1963; am Rande *Niehues*, Dinglichkeit im Verwaltungsrecht, 1963; *Stürner*, Privatrechtliche Gestaltungsformen bei der Verwaltung öffentlicher Sachen, 1969; vielleicht noch *Gornig*, Die sachbezogene hoheitliche Maßnahme, 1985.

81 Siehe insgesamt die klare Differenzierung bei *Hardinghaus*, Öffentliche Sachherrschaft und öffentliche Sachwaltung, S. 18; zu den terminologischen Unterschieden *Axer*, Die Widmung als Schlüsselbegriff des Rechts der öffentlichen Sachen, S. 23 ff.; vgl. *Kromer*, Sachenrecht des Öffentlichen Rechts, S. 21 ff. mwN zur Entwicklung des Sprachgebrauchs, ferner aaO S. 70; siehe auch *Forsthoff*, VwR I, S. 378, sowie *Häde*, JuS 1993, 113, 114; vgl. ferner *Stelkens*, Die Verwaltung 46 (2013), 493 ff.; mithin die Begrifflichkeiten gegenüberstellend *Niehues*, DVBl. 1982, 317, 319; *ders.*, Dinglichkeit im Verwaltungsrecht, S. 43 ff., differenziert zudem zwischen der „öffentlichen Sache“ und der „Sache des öffentlichen Rechts“; in der Folge wird in dieser Arbeit synonym sowohl vom „öffentlichen Sachenrecht“ als auch vom „Recht der öffentlichen Sachen“ gesprochen, ohne damit etwas Besonderes ausdrücken zu wollen.

2. *Zweck der öffentlichen Sachen*

Unabhängig von einem zumindest nicht allgemein existenten dogmatischen Nenner[82] finden sich auch Gemeinsamkeiten bei den öffentlichen Sachen.

Jede öffentliche Sache soll dem Gemeinwohl dienen. Es sind „gewisse Sachen dazu da, mit ihrer Körperlichkeit einem bestimmten Zwecke des Gemeinwesens unmittelbar zur Erfüllung zu dienen."[83] Für *Otto Mayer* drückte sich die Bestimmung der Sache für einen öffentlichen Zweck zum einen in ihrer äußerlichen Beschaffenheit sowie zum anderen durch die Zugehörigkeit zu einem Subjekt öffentlicher Verwaltung aus. Nach der Beschaffenheit bestimme sich, inwiefern die Sache zur Erfüllung des Zwecks geeignet sei. Ferner halte ein Subjekt öffentlicher Verwaltung die Sache für den Zweck bereit und verwalte sie.[84]

Darüber hinaus soll die Nutzung der öffentlichen Sachen geregelt werden.[85] Grundsätzlich unterteilt man wegen der verschiedenen Nutzungsarten die öffentlichen Sachen je nach Nutzungsart in unterschiedliche Kategorien öffentlicher Sachen.

Somit können öffentliche Sachen im Rechtssinne zumindest derart umschrieben werden, dass sie eine Gemeinwohlfunktion innehaben. Zudem wird durch das öffentliche Sachenrecht eine Nutzungsordnung definiert.

3. *Der Sachbegriff im Öffentlichen Sachenrecht*

Fraglich und klärungswürdig ist, ob der bürgerlich-rechtliche Sachbegriff im Recht der öffentlichen Sachen gilt.

Unterschiedlich beurteilt wird, ob öffentliche Sachen zwingend körperliche Gegenstände im Sinne der §§ 90 ff. BGB sein müssen.

---

82 Einen solchen vermisst bei öffentlichen Sachen generell *Manssen*, JuS 1992, 745, 747.

83 *Mayer*, Deutsches Verwaltungsrecht II, S. 39, als Beispiele nennt er öffentliche Wege, Flüsse sowie Festungswerke.

84 *Mayer*, Deutsches Verwaltungsrecht II, S. 39.

85 Siehe *Axer*, Die Widmung als Schlüsselbegriff des Rechts der öffentlichen Sachen, S. 27. Auch explizit zum Nutzungsregime *Papier*, Recht der öffentlichen Sachen, S. 1; *ders.*, in: Erichsen/Ehlers, AVR, § 38 Rn. 32, auch § 39 Rn. 54 ff. zu den res sacrae; vgl. ferner nur *Kluth*, in: Wolff/Bachof/Stober/Kluth, VwR II, § 75 Rn. 5.

a) *Erfordernis der Körperlichkeit i.S.d. § 90 BGB*

Nach wohl herrschender Ansicht müssen öffentliche Sachen nicht zwingend körperliche Gegenstände im Sinne des § 90 BGB sein[86]. Somit können auch der Luftraum, die Stratosphäre, das offene Meer, elektrischer Strom oder andere nicht abgrenzbare oder „unbeherrschbare" Stoffe zu den öffentlichen Sachen zählen.[87]

Nach der Gegenauffassung können nur körperliche Gegenstände gemäß dem zivilrechtlichen Sachbegriff im Sinne von § 90 BGB öffentliche Sachen sein.[88] Da der Nutzungszweck der öffentlichen Sache für die Öffentlichkeit gesichert werden solle, indem sie dem Privatrechtsverkehr entzogen wird, könne auch nur öffentliche Sache sein, was ohne die öffentliche Zweckbestimmung dem Privatrechtsverkehr unterstehe.[89] Gemäß dieser Gegenansicht kann also nur dasjenige eine öffentliche Sache sein, was beherrscht werden oder etwa durch den Staat benutzt werden kann. Dies wäre beim Luftraum mangels Körperlichkeit nicht möglich. Es wird zudem angeführt, dass eine Sache stets eine solche des Privatrechts sei, wäre sie keine öffentliche Sache.[90]

Die Anerkennung öffentlicher Sachen, die keine Körperlichkeit im Sinne des § 90 BGB aufweisen, könnte jedoch zumindest mit dem Zweck des öffentlichen Sachenrechts begründet werden, auch ihre Nutzung zu regeln.

---

86 *Forsthoff*, VwR I, S. 378; *Kluth*, in: Wolff/Bachof/Stober/Kluth, VwR II, § 74 Rn. 4; *Pappermann*, JuS 1979, 794, 797 f.; schon die *Kommission für die Landesordnung des Allgemeinen Öffentlichen Rechts*, Begründung zum Entwurf einer Verwaltungsrechtsordnung für Württemberg, 1931, 532 f.; ferner auch *Höfling*, JA 1987, 605, 608; *Häde*, JuS 1993, 113; *Erbguth*, AVR, § 30 Rn. 1; *Detterbeck*, AVR, Rn. 962; *Sodan/Ziekow*, Grundkurs Öffentliches Recht, § 84 Rn. 2; *Peine*, AVR, Rn. 1319; *Mager/Sokol*, Jura 2012, 913, die eine Diskrepanz zum zivilrechtlichen Sachbegriff auch deshalb annehmen, weil zivilrechtliche Sachen einem Privaten zur privatnützigen Verwendung zugeordnet sind, öffentliche Sachen jedoch einem Träger öffentlicher Gewalt zur Erfüllung öffentlicher Aufgaben; *Kment/Weber*, JA 2013, 119; ferner als herrschende Meinung titulierend, obgleich diese kritisierend *Papier*, schon in: Jura 1979, 93.

87 Siehe beispielhaft *Papier*, in: Erichsen/Ehlers, AVR, § 38 Rn. 3.

88 Statt aller *Papier*, in: Erichsen/Ehlers, AVR, § 38 Rn. 4; *Weber*, VVDStRL 21 (1964), 145, 149.

89 *Papier*, in: Erichsen/Ehlers, AVR, § 38 Rn. 4; *ders.*, Recht der öffentlichen Sachen, S. 3; so auch *Weber*, VVDStRL 21 (1964), 145, 149.

90 *Weber*, VVDStRL 21 (1964), 145, 149, wobei er diese Ansicht auf bewegliche Sachen und Grundstücke beschränkt.

b) Öffentliche Sache und § 93 ff. BGB

Davon zu trennen ist die Frage, ob die §§ 93–95 BGB im öffentlichen Sachenrecht gelten. Sinnvoll ist es, die §§ 93–95 BGB im öffentlichen Sachenrecht für unanwendbar zu erklären. Dies wird auch einhellig in der Literatur angenommen.[91] Denn eine öffentlich-rechtliche Sonderfunktion kann sich auch nur auf die Hauptsache und/oder eines ihrer wesentlichen Bestandteile beziehen. Beispielhaft genannt seien eine Bibliothek und die sie konstituierenden Bücher, ferner das auf einem Privatgrundstück stehende Verkehrszeichen.

II. Entstehungsvoraussetzungen einer Öffentlichen Sache

Gegenstände werden dann dem öffentlichen Sachenrecht zugeordnet, wenn sie unmittelbar einem öffentlichen Zweck dienen und durch den besonderen Rechtsakt der Widmung einen öffentlich-rechtlichen Status erhalten haben. Zudem muss die Sache tatsächlich in Dienst gestellt worden sein.[92]

1. Widmung

Im Recht der öffentlichen Sachen ist die Widmung das zentrale Rechtsinstitut[93]. Durch die Widmung wird die öffentliche Sache „kreiert“[94], nach traditionell herrschendem Verständnis grundsätzlich eine das zivilrechtliche Eigentum überlagernde Sachherrschaft begründet und ferner die konkrete Nutzung der

---

91 *Kluth*, in: Wolff/Bachof/Stober/Kluth, VwR II, § 74 Rn. 4 f.; *Papier*, in: Erichsen/Ehlers, AVR, § 38 Rn. 5; *Erbguth*, Jura 2008, 193, 194 mit Hinweis darauf, dass auch umgekehrt mehrere nach Privatrecht selbständige Sachen oder Sachgesamtheiten eine einzige öffentliche Sache bilden können; ferner *Detterbeck*, AVR, Rn. 963; *Forsthoff*, VwR I, S. 378; *Peine*, AVR, Rn. 1319.

92 Darstellung nach *Erbguth*, AVR, § 30 Rn. 2; vgl. allgemein *Axer*, NWVBl. 1992, 11; *Forsthoff*, VwR I, S. 383 ff.; so auch schon die *Kommission für die Landesordnung des Allgemeinen Öffentlichen Rechts*, Begründung zum Entwurf einer Verwaltungsrechtsordnung für Württemberg, 1931, S. 532.

93 Vgl. *Axer*, NVwZ 1996, 115; *Kluth*, in: Wolff/Bachof/Stober/Kluth, VwR II, § 75 Rn. 1 f.; *Papier*, Jura 1979, 93, 94; *Peine*, AVR, Rn. 1322.

94 *Axer*, NVwZ 1996, 114, 115. Siehe insgesamt zur Widmung aus dem Blickwinkel, ob ein öffentliches Sachenrecht als Rechtsgebiet überhaupt existent ist, *Axer*, Die Widmung als Schlüsselbegriff des Rechts der öffentlichen Sachen; zum Kreationsakt der Widmung aaO S. 23 ff.; allgemein zu verschiedenen, hier nicht weiter zu erörternden Theorien zur Entstehung öffentlicher Sachen *Schallenberg*, Die Widmung, S. 3 – 21.

Sache geregelt.[95] Ohne Widmung handelt es sich in keinem Fall um eine öffentliche Sache.[96]

Voraussetzung für die Rechtmäßigkeit der Widmung[97] ist die privatrechtliche Verfügungsmacht des öffentlichen Sachherrn.[98] Eine Widmung ohne privatrechtliche Verfügungsmacht, beispielsweise ohne Zustimmung des Eigentümers, ist zwar wirksam, aber rechtswidrig und daher anfechtbar.[99] Vertreten wird aber auch, dass eine ohne privatrechtliche Verfügungsmacht erfolgte Widmung nichtig sei.[100] Ebenfalls nur rechtswidrig sei die Widmung, wenn die Verfügungsmacht des Sachherrn nachträglich entfällt.[101] Eine erfolgte Zustimmung zur Widmung durch die dinglich Berechtigten ist nach traditionellem Verständnis grundsätzlich unwiderruflich.[102] Ausführliche Regelungen zu den Voraussetzungen und

---

95 Dazu allgemein *Kluth*, in: Wolff/Bachof/Stober/Kluth, VwR II, § 75 Rn. 2 ff.; *Papier*, Jura 1979, 93, 94; kritisch zu den Sachen im Anstaltsgebrauch *Axer*, NVwZ 1996, 114, 115 und *ders.*, Die Widmung als Schlüsselbegriff des Rechts der öffentlichen Sachen, S. 23 ff.; die Rechtsfolgen der Widmung und somit näheres zur „überlagernden Sachherrschaft" werden bei der „Rechtsnatur öffentlicher Sachen" erörtert; zur Festlegung der Sachnutzung durch Widmung *Martens*, JuS 1979, 416, 419; *Ossenbühl*, Öffentliche und private Nutzung der Bonner Hofgartenwiese, S. 14.

96 *Kluth*, in: Wolff/Bachof/Stober/Kluth, VwR II, § 75 Rn. 4. Das gelte auch, wenn die Sache tatsächlich im Gemeingebrauch stehe wie die Interessenten- oder Eigentümerwege nach bayerischen Straßenrecht. Diese privaten Wege stünden im Gemeingebrauch, ohne öffentliche Sachen zu sein, siehe *Kluth*, aaO.

97 Statt aller *Kluth*, in: Wolff/Bachof/Stober/Kluth, VwR II, § 75 Rn. 29.

98 So *Kluth*, in: Wolff/Bachof/Stober/Kluth, VwR II, 7. Auflage 2010, § 75 Rn. 23 ff., am Beispiel des allerdings gesetzlich geregelten Straßenrechts.

99 *Kluth*, in: Wolff/Bachof/Stober/Kluth, VwR II, § 75 Rn. 29; *Pappermann/Löhr*, JuS 1980, 35, 37 f. mwN; hinsichtlich des Wegerechts auch *Schallenberg*, Die Widmung, S. 71 f.; Zum Streitstand zu den Sachen im Gemeingebrauch *Salzwedel*, in: Erichsen, AVR, § 43 Rn. 8 mwN, ausführlich auch *Papier*, in: Erichsen/Ehlers, AVR, § 40 Rn. 25 f., der auf die allgemeinen Fehlerfolgen verweist und wohl eine Einzelfallbetrachtung vorzieht. In der Regel sei eine Fehlerhaftigkeit der Widmung nicht offenkundig im Sinne des § 44 VwVfG, somit in den seltensten Fällen nichtig; so auch *Schmidt-Jortzig*, NVwZ 1987, 1025, 1029.

100 So allgemein *Forsthoff*, VwR I, S. 386, der vornehmlich auf die Rechtslage in Preußen und Bayern verweist; zur Widmung im Straßenrecht auch *Axer*, Die Widmung als Schlüsselbegriff des Rechts der öffentlichen Sachen, S. 82 f.

101 *Kluth*, in: Wolff/Bachof/Stober/Kluth, VwR II, § 75 Rn. 29.

102 Statt aller *Forsthoff*, VwR I, S. 385 f. mwN; a.A. in neuerer Zeit siehe *VG Augsburg*, Urt. v. 01.10.2002 - Au 9 K02.537 -, BeckRS 2002, 19935, Rn. 60 ff.

Rechtsfolgen einer Widmung sowohl für den öffentlichen Sachherrn als auch für die Sachen finden sich lediglich in den Straßen- und Wegegesetzen.[103]

a) Funktionen der Widmung

Die Widmung ist als dinglicher Hoheitsakt anzusehen, durch den mit konstitutiver Wirkung der Status von Gegenständen verändert wird.[104]

Durch die Widmung entsteht eine öffentlich-rechtliche Beziehung zwischen der Sache und dem zuständigen Hoheitsträger, der Gegenstand wird unmittelbar durch die Widmung zur öffentlichen Sache.[105] Der Umfang der Widmung ist in den verschiedenen Rechtsgebieten nicht identisch, vielmehr verklammert dieses Rechtsinstitut unterschiedliche Rechtsgebiete erst zu dem Rechtsgebiet „öffentliches Sachenrecht".[106] So hat beispielsweise eine Widmung zur Sache im Verwaltungsgebrauch mit einer solchen zur öffentlichen Straße nicht viel mehr gemeinsam als den Namen.[107]

Ferner bestimmt die Widmung den Zweck der öffentlichen Sache und regelt neben der Begründung einer öffentlich-rechtlichen Sachherrschaft den Umfang ihrer Benutzbarkeit.[108]

b) Widmungsformen

Die Widmung als Rechtsakt kann durch formelles Gesetz, sonstigen Rechtssatz wie eine Rechtsverordnung, Satzung oder Gewohnheitsrecht sowie durch Verwaltungsakt erfolgen, der auch konkludent ergehen kann.[109]

Bei einer Widmung durch **formelles Gesetz** muss die öffentliche Sache unmittelbar durch ein Gesetz für einen bestimmten Zweck gewidmet sein.[110] Dies

---

103 Siehe § 2 FStrG, § 6 StrWG NRW oder § 6 HWG; Ausführungen dazu u.a. auch bei *Kluth*, in: Wolff/Bachof/Stober/Kluth, VwR II, § 75 Rn. 2.

104 Statt aller *Häde*, JuS 1993, 113, 114.

105 *Häde*, aaO; Am Beispiel von Banknoten und Münzen, die ihre Geldeigenschaft auch erst durch sachbezogenen Hoheitsakt erhielten, zeigt er aber auf, dass es auch dingliche Hoheitsakte außerhalb des Rechts der öffentlichen Sache gibt. Diesbezüglich verweist er auf *Gramlich*, ZKredW 1987, 548, 552, für den es ein „akademisches" Problem darstellt, ob die Begebung von Geldzeichen dingliche Verwaltungsakte sind.

106 Statt vieler *Kluth*, in: Wolff/Bachof/Stober/Kluth, VwR II, § 75 Rn. 2.

107 So zutreffend *Manssen*, JuS 1992, 745, 747.

108 *Kluth*, in: Wolff/Bachof/Stober/Kluth, VwR II, § 75 Rn. 4 f.

109 *Hendler*, Allgemeines Verwaltungsrecht, Rn. 587; zu den Arten der Widmung insbesondere *Kluth*, in: Wolff/Bachof/Stober/Kluth, VwR II, § 75 Rn. 8 ff. oder *Kment/Weber*, JA 2013, 119, 120.

110 *Kluth*, in: Wolff/Bachof/Stober/Kluth, VwR II, § 76 Rn. 9.

ergibt sich für den Luftraum, soweit er als öffentliche Sache anerkannt wird, aus § 1 Luftverkehrsgesetz (LuftVG).[111] Auch eröffnen die §§ 1, 5 des Wasserstraßengesetzes (WaStrG) den Gemeingebrauch an Bundeswasserstraßen hinsichtlich des Befahrens mit Wasserfahrzeugen.[112]

Widmungen durch **Rechtsverordnung** kommen häufig im Wasserrecht vor. Viele Gewässer werden zur öffentlichen Sache, indem sie in ein von den obersten Wasserbehörden durch Rechtsverordnung aufzustellendes Verzeichnis aufgenommen werden.[113]

Gemeinden widmen ihre Einrichtungen häufig durch **Satzung**, die dadurch öffentliche Sachen werden.[114]

Teilweise ist auch eine Widmung durch **Gewohnheitsrecht** anerkannt, und zwar beim Meeresstrand.[115] Andere sehen diesen, scheinbar losgelöst von einem Widmungsakt, als „öffentliche Sache kraft natürlicher Beschaffenheit" an.[116]

Die wichtigste Form der Widmung ist die durch **Verwaltungsakt**.[117] Sie ist in den diversen Straßen- und Wegegesetzen gesetzlich geregelt und verlangt gewisse Förmlichkeiten.[118] Nach bestrittener Ansicht ist auch eine Widmung durch bloßes Verwaltungsinternum möglich, wenn keine gesetzliche Regelung zur Widmung vorliegt. Es ist dann keine besondere Form erforderlich[119], sodass

---

111 Dieser räumt die grundsätzlich freie Benutzbarkeit des Luftraums durch Luftfahrzeuge ein, soweit sie nicht durch andere Gesetze oder Rechtsakte beschränkt wird.

112 Vgl. *Kluth*, in: Wolff/Bachof/Stober/Kluth, VwR II, § 76 Rn. 9.

113 Siehe etwa § 3 Abs. 1 Nr. 1 LWG NRW oder Art. 2 Abs. 1 Nr. 1 BayWG, vgl. *Papier*, in: Erichsen/Ehlers, AVR, § 40 Rn. 4; des Weiteren *Kluth*, in: Wolff/Bachof/Stober/Kluth, VwR II, § 75 Rn. 9; zur Widmung durch Gesetz im Wasserrecht schon *Niehues*, Dinglichkeit im Verwaltungsrecht, S. 118 f.

114 Insgesamt dazu *Papier*, in: Erichsen/Ehlers, AVR, § 40 Rn. 5.

115 *Kluth*, in: Wolff/Bachof/Stober/Kluth, VwR II, § 75 Rn. 9; *Papier*, in: Erichsen/Ehlers, AVR, § 40 Rn. 6; *Mager/Sokol*, Jura 2012, 913; zum Meeresstrand als Sache im Gemeingebrauch *Erbguth*, AVR, § 30 Rn. 11; *Schmidt-Jortzig*, NVwZ 1987, 1025, 1028.

116 Siehe nur *Krause-Dünow*, DVBl. 1965, 592; *Bull/Mehde*, AVR, § 22 Rn. 925; vgl. auch *Forsthoff*, VwR I, S. 379: „Natürliche Wasserläufe und der Meeresstrand sind ihrer Natur nach für den allgemeinen Gebrauch da"; so wohl auch *Sodan/Ziekow*, Grundkurs Öffentliches Recht, § 84 Rn. 2 hinsichtlich des offenen Meeres; zum Wattenweg siehe *OVG Lüneburg*, DVBl. 1984, 687, 688.

117 *Kluth*, in: Wolff/Bachof/Stober/Kluth, VwR II, § 75 Rn. 15.

118 Siehe beispielhaft § 6 Abs. 1 S. 2 StrWG NRW, der eine öffentliche Bekanntmachung mit Rechtsmittelbelehrung vorsieht; auf eine Rechtsmittelbelehrung verzichtet etwa § 5 Abs. 4 S. 1 StrG BW und § 3 Abs. 3 S. 1 BerlStrG.

119 Vgl. *Schallenberg*, Die Widmung, S. 96; *Forsthoff*, VwR I, S. 386; *Pappermann/Löhr*, JuS 1980, 35, 36; zu öffentlichen Einrichtungen *Ossenbühl*, Öffentliche und private

schon die Inventarisierung einer Sache „unter Umständen eine konkludente Widmung durch VA darstellen“[120] kann.

Speziell im Straßenrecht ist das Institut der Widmung **kraft unvordenklicher Verjährung** anerkannt[121], jedoch nicht unumstritten.[122] Dieses Institut ist streng genommen keine Widmung, sondern es macht aus Gründen der Praktikabilität den Widmungsnachweis entbehrlich und stellt somit nur eine Beweiserleichterung dar.[123] Die Öffentlichkeit einer Straße wird vermutet, sodass durch dieses Institut faktisch die Rechtsfolgen einer Widmung eintreten.[124] Das Bundesverfassungsgericht hat die Geltung des Instituts ausdrücklich anerkannt,[125] wobei diese Art der Widmung nur unter engen Voraussetzungen angewendet werden kann.[126]

Nutzung der Bonner Hofgartenwiese, S. 15, 18 f.; *U. Stelkens*, in: P. Stelkens/Bonk/Sachs, VwVfG, § 35 Rn. 322 mwN, weist auf diese traditionelle Sicht hin; ferner *Mager/Sokol*, Jura 2012, 913; eine konkludente Widmung zur kommunalen öffentlichen Einrichtung anerkennend *VGH München*, NVwZ-RR 2014, 110 f., jedoch im Zusammenhang eines kommunalrechtlichen Benutzungsanspruchs; a.A. generell *Ehlers*, DVBl. 1986, 912, 919; für eine Formgebundenheit aufgrund der noch zu erörternden Widmungsfolgen u.a. *VG Köln*, NJW 1991, 2584, 2585; *Fechner*, JuS 1993, 704; *Thormann*, NWVBl. 1992, 354, 355; *Ehlers*, NWVBl. 1993, 327, 330.

120 *Frenz*, Öffentliches Recht, Rn. 1202.

121 *Schallenberg*, Die Widmung, S. 99 f.; *Herber*, in: Kodal, Straßenrecht, Kap. 8 Rn. 25; *Kluth*, in: Wolff/Bachof/Stober/Kluth, VwR II, § 76 Rn. 20; *Papier*, in: Erichsen/Ehlers, AVR, § 40 Rn. 13; *Pappermann/Löhr*, JuS 1980, 36, 37. Eine Widmung gerade bei alten Wegen lässt sich häufig nicht mehr nachweisen. Eine widerlegliche Vermutung, dass eine Widmung erfolgt ist, besteht dann, wenn eine Straße seit „Menschengedenken“ von der Allgemeinheit genutzt wird. Dies gilt sowohl für die Straßennutzung als auch für die Duldung des Grundstückseigentümers. Insgesamt dazu siehe *Herber*, in: Kodal, Straßenrecht, Kap. 8 Rn. 25.

122 Kritisch zur Vereinbarkeit mit Art. 14 GG *Kirchberg/Löbbecke*, VBlBW 2007, 401 ff., insbesondere 405 f., da dieses Institut gemessen an der Systematik der Straßengesetze systemwidrig sei und eine mit Art. 14 Abs. 3 GG unvereinbare Enteignung darstelle.

123 So auch *Schmidt-Jortzig*, NVwZ 1987, 1025, 1028; im Zweifel darf eine öffentliche Straße aufgrund der Einschränkungen für den Privateigentümer nicht angenommen werden, vgl. *Herber*, in: Kodal, Straßenrecht, Kap. 8 Rn. 25.2.

124 So *Kirchberg/Löbbecke*, VBlBW 2007, 401, 404.

125 Siehe nur *BVerfG*, NVwZ 2009, 1158 ff.

126 In BW muss das Recht 40 Jahre ausgeübt worden sein und für die vorangegangenen 40 Jahre darf es keine anderweitige Erinnerung geben, siehe *Herber*, in: Kodal, Straßenrecht, Kap. 8 Rn. 25.2 mwN. In NRW muss ein Weg „seit der Zeit vor der Jahrhundertwende vom 18. auf das 19. Jh von der Öffentlichkeit unter stillschweigender

2. *Tatsächliche Indienststellung*

Neben der Widmung bedarf es als weitere Voraussetzung einer tatsächlichen Indienststellung, um auch Rechtswirkungen hinsichtlich des Sachgebrauchs zu erzeugen.[127] In einzelnen Fällen kann eine Indienststellung als Realakt die Widmung sogar entbehrlich machen.[128] Widmung und Indienststellung sind zwar zwei voneinander unabhängige Rechtshandlungen, sie können aber möglicherweise in einen Akt zusammenfallen. Durch das Aufstellen einer Parkbank wird diese z. B. ohne förmliche Widmung zur öffentlichen Sache.[129]

III. Rechtsnatur der öffentlichen Sache

Bereits in früheren Rechtsordnungen war es anerkannt, dass gewisse Sachen dem Privatrechtsverkehr zu entziehen sind.[130] Es gibt zwei Ansätze dafür, wie ein dauerhafter Erhalt der öffentlichen Sache für den ihr anhaftenden öffentlichen Zweck erreicht werden kann. Zum einen das öffentliche Eigentum, zum anderen die Theorie vom modifizierten Privateigentum.[131]

1. *Theorie des öffentlichen Eigentums*

a) *Grundidee Otto Mayers*

Zu Beginn des vergangenen Jahrhunderts versuchte der Verwaltungsrechtler *Otto Mayer*, öffentliches Eigentum in das deutsche Verwaltungsrecht einzuführen.[132] Dies ist angelehnt an das französische Rechtsinstitut der *domaine public*, das auf das römisch-rechtliche Institut der *res publicae* rückführbar

Duldung der nicht wegbau- und unterhaltspflichtigen Eigentümer in der Überzeugung der Rechtmäßigkeit genutzt worden sein", aaO mwN.

127 *Hendler*, Allgemeines Verwaltungsrecht, Rn. 587; *Papier*, Jura 1979, 93, 98; *Peine*, JZ 1996, 398, 304; *Kment/Weber*, JA 2013, 119, 120; *Erbguth*, Jura 2008, 193, 196; *Sodan/Ziekow*, Grundkurs Öffentliches Recht, § 84 Rn. 2.

128 So zur Entstehung einer öffentlichen Straße *Kment/Weber*, JA 2013, 119, 120 mwN.

129 So *Häde*, JuS 1993, 113, 115; Die Indienststellung sei in früherer Zeit häufig als Rechtshandlung angesehen worden, wodurch auch die Widmung erfolgt sei, aaO 114 f. mwN.

130 „Sachen, die öffentlichen Zwecken dienen, können, so lehrt man, ‚unmöglich nur' dem Privatrecht unterliegen", so und insgesamt unter Rückgriff auf römische und germanische Rechtselemente *Stern*, VVDStRL 21 (1964), 183, 184 ff. mwN.

131 Auf diese zwei Möglichkeiten für den Gesetzgeber rechtskonstruktiv hinweisend *Peine*, AVR, Rn. 1321.

132 Insgesamt *Mayer*, Deutsches Verwaltungsrecht II, S. 40 ff.

ist.[133] Öffentliches Eigentum entsteht dann, wenn die öffentlich-rechtliche Sachherrschaft und das Eigentum zusammenfallen.[134] Der Verwaltungsträger darf für die Dauer des Zusammentreffens von öffentlicher Sachherrschaft und Eigentum in seiner Hand nur noch nach öffentlichem Recht über die Sache verfügen.[135]

Durch die Begründung öffentlichen Eigentums sei die Möglichkeit gegeben, rechtliche Beziehungen zu sichern und zu ordnen. Bestehe Gleichheit zwischen den beteiligten Rechtssubjekten (Eigentümer und der ihm Gegenübertretende), so bestehe privatrechtliches Eigentum. Vollziehen sich Rechtsbeziehungen aufgrund einer Ungleichheit zwischen den beteiligten Rechtssubjekten, sei öffentlich-rechtliches Eigentum gegeben, indem der Eigentümer als Träger öffentlicher Gewalt den anderen als Privaten gegenübertritt.[136]

Das öffentliche Eigentum war für *Otto Mayer* das „richtige Recht", da es den zu schützenden Gütern angepasst war. Denn die „öffentliche Sache soll ja vor allem bei [sic!] ihrem Zweck erhalten bleiben"[137]. Dieses sei am besten dadurch gewährleistet, indem man die privatrechtliche Rechtsordnung ausschließe, da ihr der öffentliche Zweck gleichgültig sei. Nur so könne sich das rechtliche Schicksal der öffentlichen Sache „planmäßig von innen heraus, statt durch das freie Spiel der durcheinanderwirkenden privatrechtlichen Kräfte" bestimmen.[138] Jedoch befand schon *Otto Mayer*, dass man auch mit anderen Einrichtungen auskommen könne, es sei eine Frage der jeweiligen Kulturentwicklung.[139]

---

133 Dazu *Wernecke*, AcP 195 (1995), 444, 449. Näheres auch bei *Stern*, VVDStRL 21 (1964), 183, 184.

134 *Mayer*, Deutsches Verwaltungsrecht II, S. 48.

135 So *Salzwedel*, in: Erichsen, AVR, § 42 Rn. 4.

136 *Mayer*, Deutsches Verwaltungsrecht II, S. 40 f.

137 *Mayer*, aaO S. 41.

138 *Mayer*, aaO; zur Sicherung des öffentlichen Zwecks durch einen Ausschluss der öffentlichen Sache vom Privatrechtsverkehr vgl. auch *Weber*, VVDStRL 21 (1964), 145, 149, und *Papier*, in: Erichsen/Ehlers, AVR, § 38 Rn. 14.

139 So *Mayer*, Deutsches Verwaltungsrecht II, S. 41. Diese „Kulturentwicklung" umschreibt er im Folgenden mit der Entstehung eines Systems von Verwaltungsrechtsinstituten im römischen Recht der republikanischen Zeit und führt diese Entwicklung bis hin zum neuzeitlichen Frankreich aus. In Frankreich ließen sich feste Regeln für den vermögensrechtlichen Verkehr finden. Das „Staatsgut" konnte sowohl im privatrechtlichen (domaine prive de l'Etat) als auch im öffentlichen Eigentum (domaine public) stehen.

Öffentliches Eigentum als Rechtsinstitut wurde vereinzelt in Sondergesetzen auf landesrechtlicher Ebene eingeführt. Dies gilt für Hamburg bezüglich seiner öffentlichen Wege (§ 4 des Hamburgischen Wegegesetzes) und Deichgrundstücke (§ 4a des Hamburgischen Gesetzes zur Ordnung deichrechtlicher Verhältnisse). Auch in Baden-Württemberg existiert öffentliches Eigentum für das Bett der Gewässer erster und zweiter Ordnung (**§§ 5, 6** WG BaWü).

b) Nachteile einer Einführung öffentlichen Eigentums an öffentlichen Sachen

Ein Nachteil[140] des öffentlichen Eigentums ist einerseits die mangelnde Flexibilität, die komplette Breite „öffentlicher Sachen" hinsichtlich einer einheitlichen Rechtsfolge erfassen zu können. Gerade Verwaltungsträger mieten oder pachten Räumlichkeiten zur Erfüllung ihrer Aufgaben. Eine nicht eigentumsbezogene Rechtsfigur wäre fähig, auch diese Sachen einheitlich zu erfassen.[141]

Andererseits ist die mangelnde Konturierung des Begriffs „öffentliches Eigentum" unbefriedigend. Einige Kritiker argumentieren zu Recht, dass kein öffentliches Eigentum eingeführt werden kann, ohne gleichzeitig auch die sie ausmachenden und konstituierenden Elemente zu normieren.[142] Es ist wenig hilfreich, eine neue rechtliche Begrifflichkeit einzuführen, ohne sie gleichzeitig mit weiterem Regelungsgehalt auszufüllen.[143] In beispielsweise § 4 Abs. 1 S. 6 des Hamburgischen Wegegesetzes (HWG) wird zwar eine entsprechende Anwendung der sachenrechtlichen Vorschriften des Zivilrechts ausgeschlossen. Eine Definition des öffentlichen Eigentums erfolgt aber nicht.[144] Es liegt deshalb die Vermutung nahe, dass es sich beim „öffentlichen Eigentum" um eine bloße etymologische Umschreibung des Zusammenfallens von Eigentum und öffentlicher Sachherrschaft beim öffentlichen Sachherrn handelt. Teilweise ist deshalb von einem „Etikettenschwindel"[145] die Rede.

140 Zur Kritik schon zur Zeit *Mayers* siehe die Nachweise bei *Forsthoff*, VwR I, S. 379 Fn. 5.

141 Vgl. *Erbguth*, VR 1981, 152, 153.

142 Vgl. *Papier*, in: Erichsen/Ehlers, AVR, § 38 Rn. 17; *von Danwitz*, in: Schoch, BesVerwR, 7. Kap. Rn. 18, zieht in Fn. 83 praktische Unterschiede zur Theorie vom modifizierten Privateigentum in Zweifel.

143 So u.a. *Erbguth*, AVR, § 30 Rn. 6; *ders.*, VR 1981, 152, 153.

144 Regelungsgegenstand des § 4 Abs. 1 S. 4, 5 sind die mit der Einführung öffentlichen Eigentums verbundenen Rechtsfolgen.

145 So *Papier*, in: Erichsen/Ehlers, AVR, § 38 Rn. 17; vgl. auch *Detterbeck*, AVR, Rn. 972: „bloße Worthülse"; *Salzwedel*, in: Erichsen, AVR, § 42 Rn. 5: „begriffliche Spielerei",

2. *Lehre vom modifizierten Privateigentum*

Durchgesetzt hat sich die Lehre vom modifizierten Privateigentum[146], die auch teilweise gesetzlichen Niederschlag[147] gefunden hat.

a) *Grundsätzliche Annahmen*

Die durch Hoheitsakt und Indienststellung entstandenen öffentlichen Sachen unterstehen weiterhin der Privatrechtsordnung. Der mit Hoheitsakt bestimmte öffentliche Zweck lastet dabei als eine Art öffentliches dingliches Recht auf der entsprechenden Sache, das am ehesten mit einer auf dieser ruhenden Dienstbarkeit

---

dieser Kritik zustimmend *Erbguth*, AVR, § 30 Rn. 6; contra *Schmidt-Jortzig*, NVwZ 1987, 1025, 1027 Fn. 15, der auf die definitive Einführung des Rechtsinstitutes hinweist mit der Folge, dass jede bürgerlich-rechtliche Verfügbarkeit dann ausgeschlossen sei; ebenso *Lepsius*, Besitz und Sachherrschaft im öffentlichen Recht, S. 165 ff., die Kritik zur unvollständigen Ausgestaltung im Sinne eines Etikettenschwindels teilt er aber auch, aaO S. 167.

146 Dazu generell *Frotscher*, VerwArchiv 62 (1971), 153, 154 mwN; vgl. ferner *Forsthoff*, VwR I, S. 379 ff.; *Weber*, VVDStRL 21 (1964), 145, 169 ff.; *Detterbeck*, AVR, Rn. 969 ff. Zur historischen Begründung ausgehend vom „Baseler Schanzenstreit" *Isensee*, in: Isensee/Kirchhof, HStR V³, § 122 Rn. 41 mwN.

147 Vgl. *Papier*, in: Erichsen/Ehlers, AVR, § 38 Rn. 20, der von einer gesetzlichen Übernahme der Konstruktion im Straßen- und Wegerecht spricht. Auch gingen die geltenden Wassergesetze von mit öffentlichen dinglichen Rechten belastetem Privateigentum aus, aaO Rn. 21 mwN; ebenso z.B. *Erbguth*, VR 1981, 152, 153 und *Schmidt-Jortzig*, NVwZ 1987, 1025, 1029. Dies ist jedoch deshalb fraglich, da in den gesetzlichen Bestimmungen mit keiner Silbe von einer Überlagerung der jeweiligen Privatsache mit einem dinglichen öffentlichen Recht gesprochen wird. Andererseits wird in den Gesetzesmaterialien zu § 2 Abs. 3 FStrG, z.B. § 6 Abs. 6 StrWG NRW und § 8 Abs. 10 FStrG auf „herrschende Theorien" Bezug genommen, siehe zum FStrG BTDrs. Nr. 4248 v. 10.4.1953, S. 15 § 2 Nr. 3: „Mit der Widmung geht die öffentliche Zweckbestimmung der privatrechtlichen Nutzungsmöglichkeit vor. In Absatz 3 ist dieser anerkannte Grundsatz des öffentlichen Rechts zum Ausdruck gebracht". Auch ist von einer nicht im Grundbuch eintragungsfähigen öffentlichrechtlichen Beschränkung die Rede; bei der dem § 2 Abs. 3 FStrG entsprechenden Regelung im StrWG NRW, heute § 6 Abs. 6, war in der Begründung in der damaligen Fassung als § 7 Abs. 4 ebenfalls von einem Entsprechen der Preußischen Rechtslehre und Rechtsprechung hinsichtlich der Widmung einer öffentlichen Straße sowie vom anerkannten Grundsatz die Rede, dass die öffentlich-rechtliche Zweckbestimmung einer Sache Vorrang vor ihrer bürgerlich-rechtlichen Eigenschaft habe, vgl. Landtag NRW, 4. Wahlperiode, Drs. Nr. 10 v. 8.10.1958, S. 45.

zu vergleichen ist.[148] Nach traditionellem Verständnis spricht man von einer sog. „öffentlichen Sachherrschaft", die durch die jeweilige Widmung entsteht.[149] Diese „öffentliche Sachherrschaft" umfasst die Befugnis des öffentlichen Sachherrn über Eröffnung, Inhalt und Schließung des Gebrauchs zu entscheiden.[150] Somit ist der jeweilige Gegenstand dahingehend „modifiziert" worden, dass er mit dem öffentlichen Nutzungszweck – aus privatrechtlicher Sicht – „belastet" ist.[151] Aus der „Dienstbarkeit" ergeben sich die speziellen Nutzungsbefugnisse sowie etwaige Unterhaltspflichten für den Sachherrschaftsträger. Die privatrechtliche Sachherrschaft wird in dem Umfang verdrängt, soweit die öffentliche Sachherrschaft reicht.[152] Die Öffentlichen Sachen sind also zum Zwecke einer funktionsgerechten Verwendungsmöglichkeit im Rahmen öffentlicher Aufgabenerfüllung dem Privatrechtsverkehr „ein Stück weit entzogen"[153]. Sie unterstehen einem

---

148 *Peine*, AVR, Rn. 1323 ff.; *Papier*, Jura 1979, 93, 94, 98 f.; *Kluth*, in: Wolff/Bachof/Stober/Kluth, VwR II, § 76 Rn. 3 f.; *Frotscher*, VerwArch 62 (1971), 153, 158; für einzelne öffentliche Sachen auch schon *Mayer*, Deutsches Verwaltungsrecht II, S. 118 ff.; so umschreibend des Weiteren z.B. auch *Erbguth*, VR 1981, 152, 153; *Sodan/Ziekow*, Grundkurs Öffentliches Recht, § 84 Rn. 3; *Pappermann*, JuS 1979, 794, 798; gegen diesen Vergleich *Hardinghaus*, Öffentliche Sachherrschaft und öffentliche Sachwaltung, S. 22, da leicht falsche Parallelen gezogen würden; ferner *Axer*, Die Widmung als Schlüsselbegiff des Rechts der öffentlichen Sachen, S. 114 ff.; kritisch auch *von Danwitz*, in: Schoch, BesVerwR, 7. Kap. Rn. 19, Fn. 86; *Lepsius*, Besitz und Sachherrschaft im öffentlichen Recht, S. 145, 150 f., stört sich bei der Umschreibung der öffentlichen Sachherrschaft am zivilrechtlich geprägtem Vorverständnis.

149 „Öffentliche Sachherrschaft", „öffentliches Sachenrecht" oder „öffentliche Dienstbarkeit" werden in der Folge synonym verwandt; Zur Definition der öffentlichen Sachherrschaft siehe *Stürner*, Privatrechtliche Gestaltungsformen bei der Verwaltung öffentlicher Sachen, S. 7 f.: „Die Summe öffentlich-rechtlicher Verwaltungszuständigkeiten", welche als Widmungfolge der Summe privater Rechte gegenüber stehe, die der Eigentümerherrschaft oder anderen zivilen Rechtspositionen entfließen.

150 *Mager/Sokol*, Jura 2012, 913, 915; vgl. auch *Peine*, AVR, Rn. 1324.

151 *Erbguth*, AVR, § 30 Rn. 7 Fn. 23, zieht eine rechtsdogmatische Parallele zum Verwaltungsprivatrecht. Denn auch im Verwaltungsprivatrecht werde das Privatrecht durch das öffentliche Recht überlagert, aaO § 29 Rn. 9.

152 *BGH*, NJW 1969, 1437; vgl. allgemein *Schallenberg*, Die Widmung, S. 58 mwN: Das Privatrecht sei zugunsten der Allgemeinheit zweckgebunden, was eine Eigentumsbeschränkung darstelle, die „wirtschaftlich zu einer völligen Wertlosigkeit des Eigentums führen kann"; *Frotscher*, VerwArch 62 (1971), 153, 154 mwN, 158 mwN; *Papier*, Jura 1979, 93, 94, *ders.*, in: Erichsen/Ehlers, AVR, § 38 Rn. 18; *Erbguth*, Jura 2008, 193, 194; *Kluth*, in: Wolff/Bachof/Stober/Kluth, VwR II, § 76 Rn. 4.

153 Vgl. *Höfling*, JA 1987, 605, 606.

besonderen verwaltungsrechtlichem Herrschaftsregime.[154] Dieser Status wurde zutreffend als „januskŏpfig“[155] umschrieben, die öffentliche Sache sei ein „Zwittergebilde privaten und öffentlichen Rechts“[156]. Spricht man der Widmung die Wirkung einer Modifikation des Privateigentums zu, so korreliert damit gleichzeitig eine Duldungspflicht des privatrechtlichen Eigentümers dieser Sache.[157]

Aufgrund dieser „dualistischen Betrachtungsweise“ gibt es bei der Entstehung öffentlicher Sachen mehrere Beteiligte[158]: den privatrechtlichen Eigentümer, den öffentlich-rechtlichen Sachherrn sowie etwaige nutzungsberechtigte Dritte.[159] Der Vorteil dieser Konstruktion liegt gegenüber dem öffentlichen Eigentum darin, dass auch die Fälle erfasst werden können, in denen Eigentümer und öffentlicher Sachherr und somit unterschiedliche Nutzungsbefugte auseinanderfallen.[160]

b) Rechtsfolgen der dualistischen Betrachtungsweise

Die herrschende Lehre vom modifizierten Privateigentum bringt sowohl hinsichtlich des Eigentums als auch für Dritte Veränderungen mit sich.

Zum einen ist im Rahmen des Widmungszwecks ausschließlich der öffentliche Sachherr nutzungsbefugt. Dies hat zur Folge, dass dem Eigentümer abweichend von § 903 BGB nur noch Nutzungen erlaubt sind, die den in der Widmung festgelegten Gebrauch nicht beeinträchtigen.[161] Das Eigentum kann dadurch zu einem „nudum ius“ absinken.[162]

Zum anderen modifiziert sich auch die Verkehrsfähigkeit einer jeden gewidmeten Sache. Um den Widmungszweck nicht zu gefährden, seien die § 936 BGB

---

154 *Höfling*, JA 1987, 605, 606.

155 *Stern*, VVDStRL 21 (1964), 183, 187 f.; *Papier*, Jura 1979, 93, 94.

156 *Stern*, VVDStRL 21 (1964), 183, 187 mwN.

157 *Peine*, AVR, Rn. 1327; explizit in Bezug auf die straßenrechtliche Widmung *U. Stelkens*, in: P. Stelkens/Bonk/Sachs, VwVfG, § 35 Rn. 321. Diese Duldungspflicht besteht aber für die Vertreter der traditionellen Lehre bei allen Arten der öffentlichen Sachen, siehe statt vieler *Frotscher*, VerwArch 62 (1971), 153, 160; *Sodan/Ziekow*, Grundkurs Öffentliches Recht, § 84 Rn. 3; vgl. *Pappermann*, JuS 1979, 794, 798; vgl. *Ossenbühl*, Öffentliche und private Nutzung der Bonner Hofgartenwiese, S. 14.

158 Siehe auch *Erbguth*, AVR, § 30 Rn. 7.

159 Durch z. B. Rechte aus Nießbrauch, § 1030 BGB, Grunddienstbarkeit, § 1018 BGB, oder beschränkt persönlicher Dienstbarkeit, § 1090 Abs. 2 BGB.

160 *Papier*, in: Erichsen/Ehlers, AVR, § 37 Rn. 18 ff.; *Erbguth*, AVR, § 30 Rn. 7.

161 Vgl. beispielsweise *Kluth*, in: Wolff/Bachof/Stober/Kluth, VwR II, § 76 Rn. 4; *Peine*, AVR, Rn. 1324; *Schmidt-Jortzig*, NVwZ 1987, 1025, 1030.

162 *Friauf*, in: Isensee/Kirchhof, HStR IV^2, § 90 Rn. 50; *Isensee*, in: Isensee/Kirchhof, HStR V^3, § 122 Rn. 39 mwN, 44.

und § 945 BGB unanwendbar. Nach dieser traditionellen Annahme ist als Folge der Theorie vom modifizierten Privateigentum ein gutgläubiger lastenfreier Erwerb nach §§ 929, 932, 936 BGB nicht möglich.[163] Wenn diese Rechtsfolge überhaupt begründet wird, dann entweder mit dem Erhaltungs- und Bewahrungszweck von öffentlichen Sachen[164] oder damit, dass die Zweckbindung einer öffentlichen Sache nicht mit „privaten Rechten Dritter" im Sinne des § 936 BGB gleichgestellt werden könne.[165] Denn die öffentliche Zweckbestimmung gehe dem privatrechtlichen Schutz des Gutgläubigen vor.[166] Auch ist die Verkehrsfähigkeit von Immobilien fraglich. Zumindest im Straßenrecht kommt ein gutgläubiger, lastenfreier Erwerb des Straßengrundstückes nach § 892 BGB deshalb nicht in Betracht, da die öffentlich-rechtliche Eigentumsbeschränkung kein Recht ist, das in das Grundbuch eingetragen werden kann.[167]

163 *VGH München*, BayVBl. 1994, 442; grundsätzlich für alle öffentliche Sachen *Osswald*, Die Rechtsverhältnisse an öffentlichen Sachen nach geltendem Privat- und Verwaltungsrecht, S. 36; *Forsthoff*, VwR I, S. 382 Fn. 1 mwN; *Pappermann/Löhr/Andriske*, Recht der öffentlichen Sachen, S. 16 ff., auf S. 163 explizit die Theorie vom modifizierten Privateigentum auch auf öffentliche Sachen im Verwaltungsgebrauch anwendend; *Salzwedel*, in: Erichsen, AVR, § 42 Rn. 8; *Pappermann*, JuS 1979, 794, 799; *Frotscher*, VerwArch 62 (1971), 153, 154 mwN; *Wernecke*, AcP 195 (1995), 444, 458; *Schmidt-Jortzig*, NVwZ 1987, 1025, 1030 mit der Begründung, dass sich § 936 BGB nur auf private dingliche Rechte beziehe; *Peine*, AVR, Rn. 1327; *Detterbeck*, AVR, Rn. 971; *Erbguth*, VR 1981, 152, 154 f. noch allgemein annehmend, später differenziert *ders.*, AVR, § 30 Rn. 6; allgemein kritisch und nach Art der öffentlichen Sache differenzierend *OVG Münster*, NWVBl. 1993, 349; *Kluth*, in: Wolff/Bachof/Stober/Kluth, VwR II, § 76 Rn. 22; vgl. *Axer*, NWVBl. 1992, 11, 12; *Manssen*, JuS 1992, 745, 747; *Hardinghaus*, Öffentliche Sachherrschaft und öffentliche Sachwaltung, S. 143 f., schlägt als Ausgleich eine Sachmängelhaftung vor.

164 *Hardinghaus*, Öffentliche Sachherrschaft und öffentliche Sachwaltung, S. 143.

165 *Frotscher*, VerwArch 62 (1971), 153, 154 f.; für ihn stellt sich die Frage der Anwendbarkeit des § 936 BGB auf öffentliche Sachen meist nicht, da § 935 BGB und das rechtliche Konstrukt des Besitzdieners häufig schon den gutgläubigen Erwerb aufgrund eines Abhandenkommens der öffentlichen Sache ausschließe, aaO 156 ff.; *Axer*, NWVBl. 1992, 11, 12, weist darauf hin, dass § 936 von „Rechten" Dritter spricht und nicht von „privaten Rechten" Dritter.

166 Statt aller *Salzwedel*, in: Erichsen, AVR, § 42 Rn. 8.

167 *Herber*, in: Kodal, Straßenrecht, Kap. 6 Rn. 17.1, mit Hinweis auf PrOVG 74, 360, wonach der (Neu-)Eigentümer eines Straßengrundstückes alle Einschränkungen zu dulden hat, die im Rahmen des Gemeingebrauchs und der Straßenbaulast liegen; ferner *Axer*, Die Widmung als Schlüsselbegriff des Rechts der öffentlichen Sachen, S. 100 ff.; *Papier*, in: Erichsen/Ehlers, AVR, § 41 Rn. 6; vgl. *Kallus*, LKV 1993, 156 mwN.; schließlich *Schmidt-Jortzig*, NVwZ 1987, 1025, 1030.

Auch soll eine lastenfreie Ersitzung gemäß § 945 BGB unmöglich sein. Es kann zwar das Eigentum einer öffentlichen Sache ersessen werden, nicht aber ohne die öffentliche Dienstbarkeit.[168]

Dem Widmungszweck zuwiderlaufende, aber grundsätzlich mögliche[169] Verfügungen werden entweder als nichtig erachtet[170] oder aber für die Dauer der Fortgeltung der Widmung als gehemmt angesehen.[171] Das aus der Verfügung resultierende Recht kann also in jedem Fall nicht durchgesetzt werden. Solange die Zweckbestimmung und somit der widmungsgemäße Gebrauch davon unangetastet bleibt, sind Zwangsvollstreckungen in das private Resteigentum erlaubt.[172]

Höchst umstritten ist, ob die Theorie des modifizierten Privateigentums auf alle öffentlichen Sachen anwendbar ist respektive die aufgeführten Rechtsfolgen einheitlich für alle öffentlichen Sachen gelten.[173]

---

168 Dazu RGZ 31, 217; *Hardinghaus*, Öffentliche Sachherrschaft und öffentliche Sachwaltung, S. 101 f.; *Forsthoff*, VwR I, S. 381; *Salzwedel*, in: Erichsen, AVR, § 42 Rn. 11.

169 Statt aller vgl. *BGH*, DVBl. 1961, 46.

170 So *Kluth*, in: Wolf/Bachof/Stober/Kluth, VwR II, § 76 Rn. 21; *Peine*, AVR, Rn. 1327; vgl. *Erbguth*, VR 1981, 152, 155; ferner *Schmidt-Jortzig*, NVwZ 1987, 1025, 1029 f., und *Pappermann*, JuS 1979, 794, 799.

171 *Grupp*, in: Marschall, Kommentar zum BFStrG, § 2 Rn. 21 mwN.

172 *Peine*, AVR, Rn. 1327.

173 Diese Kritik wird in Kapitel 4 bei der Frage aufgegriffen, ob und welche Einwände gegen „nicht gesetzliche" Sicherungsinstrumente bestehen. Die Kritiker erkennen die Rechtsfolgen der Theorie nur dann an, wenn Gesetze diese Rechtsfolgen vorschreiben, so statt vieler *Kromer*, Sachenrecht des Öffentlichen Rechts, S. 59 f., 70, 141 f.; *Schmidt-Jortzig*, NVwZ 1987, 1025, 1029; *Axer*, NVwZ 1996, 114, 115; *Ehlers*, NWVBl. 1993, 327, 328 f.; *Kluth*, in: Wolff/Bachof/Stober/Kluth, VwR II, § 76 Rn. 5; *Papier*, in: Erichsen/Ehlers, AVR, § 40 Rn. 15; ohne Differenzierung für das Straßenrecht *von Danwitz*, in: Schoch, BesVerwR, 7. Kap. Rn. 18 f.; kritisch bei den öffentlichen Sachen im Anstaltsgebrauch *Erichsen*, Jura 1986, 148, 151 f.; offen lassend ohne Erörterung vgl. *Frenz*, Öffentliches Recht, Rn. 1200; für eine einheitliche Geltung der Theorie noch *Detterbeck*, AVR, Rn. 971; wohl auch vgl. *Hendler*, Allgemeines Verwaltungsrecht, Rn. 595 ff.; *Germann*, AöR 128 (2003), 458, 482; *Wernecke*, AcP 195 (1995), 444, 451 ff.; *Baur/Stürner*, Sachenrecht, § 2 Rn. 7; *Friauf*, in: Isensee/Kirchhof, HStR IV², § 90 Rn. 32, 49 f.; *Isensee*, in: Isensee/Kirchhof, HStR V³, § 122 Rn. 39, 44, der irrigerweise die Sachen im Gemeingebrauch als res extra commercium beschreibt, aaO Rn. 107; umfassend zum Meinungsstand insgesamt auch *Germann*, AöR 128 (2003), 458, 465 Fn. 21, sowie *Stelkens*, Die Verwaltung 46 (2013), 493, insbesondere 500.

3. *Zwischenergebnis*

Nach hergebrachten Grundsätzen entsteht als grundsätzliche Rechtsfolge einer Widmung eine besondere öffentliche Sachherrschaft. Diese ist als eine Art „Dienstbarkeit des öffentlichen Rechts" zu verstehen. Die noch den Regeln des Zivilrechts unterworfene Sache wird hinsichtlich des Widmungszwecks öffentlich-rechtlich modifiziert. Die Sache bleibt zwar grundsätzlich verkehrsfähig. Die durch die Widmung entstandene öffentliche Dienstbarkeit geht aber weder durch gutgläubigen lastenfreien Erwerb im Sinne von § 936 BGB unter, noch kann die öffentliche Sache gutgläubig lastenfrei nach § 945 BGB ersessen werden. Das Recht der öffentlichen Sachen regelt somit die Nutzung der öffentlichen Sache und sichert ihre zweckgemäße Verwendung.[174]

4. *Möglichkeit der Einführung einer besonderen öffentlichen Sachherrschaft*

Das sachenrechtliche Kodifikationsprinzip sowie die Möglichkeit, landesrechtliche sachenrechtliche Regelungen zu schaffen, ergeben sich aus den Art. 3, 55, 218 EGBGB.[175] Dieses Prinzip verbietet seinem Inhalt nach privatrechtliche Normen, die dem BGB widersprechen, es wiederholen oder ergänzen. Es findet daher nur im Sachbereich des Bürgerlichen Rechts im Sinne von Art. 74 Nr. 1 GG Anwendung.[176]

a) *Öffentliches Eigentum*

Grundsätzlich steht es dem Gesetzgeber frei, den verwaltungsrechtlichen Status zu einem öffentlichen Zweck gewidmeter Sachen „im Sinne einer umfassenden öffentlich-rechtlichen Sachherrschaft, insofern vergleichbar dem privatrechtlichem Vollrecht ‚Eigentum', zu ordnen".[177] Dies gilt trotz der sachenrechtlichen Kodifikation des BGB und seines Einführungsgesetzes auch für

---

174 So auch *Axer*, Die Widmung als Schlüsselbegriff des Rechts der öffentlichen Sachen, S. 23, 53.

175 BVerfGE 7, 342, 347 f.

176 BVerfGE 42, 20, 33 mwN.

177 So *Papier*, in: Erichsen/Ehlers, AVR, § 38 Rn. 13; vgl. ferner *Peine*, AVR, Rn. 1321, wonach rechtskonstruktiv der Ausschluss der privatrechtlichen Verfügungsmacht auch durch generelle Aufhebung des privaten Eigentums erfolgen könne; zur Möglichkeit der Einführung öffentlichen Eigentums auch *Detterbeck*, AVR, Rn. 972 mwN.

den Landesgesetzgeber.[178] Die Entstehung öffentlichen Eigentums ist mit dem Grundgesetz vereinbar, da die sachenrechtlichen Bestimmungen des BGB die Eigentumsordnung nicht abschließend regeln.[179]

Auch wurde in speziellen Rechtsmaterien wie dem Atomrecht öffentliches Eigentum eingeführt.[180] Öffentliches Eigentum an Gegenständen, die dem Gemeinwesen dienen, existiert aber nicht unabhängig von einer gesetzlichen Anordnung. Dies wird jedoch vereinzelt an solchen Sachen für denkbar gehalten, die unter keinen Umständen Objekte privater Nutzung oder des Güteraustausches werden sollten, dabei jedoch hoheitlichen Aufgaben dienen.[181] Solche Sachen seien militärisch genutzte Gegenstände, insbesondere Kriegsschiffe[182], Staatsdokumente, Parlamentsgebäude oder auch Akten von Justiz- und Verwaltungsbehörden.[183]

b) Öffentliche Sachenrechte generell

Das Bundesverfassungsgericht erwähnt im Zusammenhang der Möglichkeit einer Einführung öffentlichen Eigentums, dass die Zuständigkeit des Landesgesetzgebers für eine dualistische Regelung im Straßenrecht nie zweifelhaft gewesen sei.[184] Daher ist eine generelle Einführung öffentlicher Sachenrechte auch außerhalb des bereits normierten Straßenrechts möglich und denkbar. Der

---

178 Im Zusammenhang der Einführung öffentlichen Eigentums als Rechtsinstitut durch § 4 des Hamburgischen Wegegesetzes siehe BVerfGE 42, 20 ff., sowie *Papier*, in: Erichsen/Ehlers, AVR, § 38 Rn. 13.

179 Siehe BVerfGE 24, 367, 385 f., insbesondere S. 389 f. zur Einführung öffentlichen Eigentums an Hochwasserschutzanlagen nach § 2 Abs. 1, 3 des Hamburgischen Deichordnungsgesetzes; siehe ferner den Leitsatz in BVerfGE 42, 20, die Gesetzgebungskompetenz der Länder zur Regelung der Rechtsverhältnisse an öffentlichen Straßen und Wegen umfasse auch den Erlass von Vorschriften u.a. über „öffentliches Eigentum"; Ausführungen allgemein zum Zuständigkeitsbereich der Landeslegislative bezüglich der Einführung öffentlicher Sachenrechte u.a. bei *Erbguth*, VR 1981, 152, 153.

180 Siehe BVerfGE 49, 89, 146, sog. „Kalkar-Beschluss", in dem auf Art. 86 EURATOM-Vertrag verwiesen wird. Besondere spaltbare Stoffe stehen im Eigentum der Gemeinschaft und begründen auch Wirkung für die deutsche Rechtsordnung.

181 *Wernecke*, AcP 195 (1995), 444, 449.

182 *Wernecke*, aaO mit Verweis auf den *Kriegsschifffall*, dazu siehe 1.A.I.

183 *Wernecke*, aaO.

184 BVerfGE 42, 20, 34.

Landesgesetzgeber kann dinglich wirkende Regelungen treffen, welche die sich aus dem Zivilrecht ergebenden Nutzungsbefugnisse modifizieren.[185]

Ein Einzelakt kann natürlich kein Rechtsinstitut „einführen".[186]

c) *Zwischenergebnis*

Eine öffentliche Sachherrschaft kann durch die jeweiligen Gesetzgeber grundsätzlich begründet werden, wie die Straßen- und Wegegesetze zeigen. Modifizieren straßenrechtliche Regelungen das Privatrecht, so lässt sich dies mit der Theorie vom modifizierten Privateigentum veranschaulichen.[187] Gesetzeskompetentiell ist auf die jeweilige Regelungsmaterie abzustellen.

Die Vorbehalte für die Landesgesetzgeber aus dem EGBGB gelten ergänzend zu den Art. 70 ff. GG. Diese Vorbehalte stellen jedoch keine Kompetenznormen dar und gelten im Übrigen nur noch insoweit, „als sie durch staatsrechtliche Entwicklung und die hiernach eingetretene Änderung der Kompetenzvorschriften nicht überholt sind"[188].

---

185 So auch das *OVG Münster*, NJW 1993, 2635, 2536, bezüglich eines Schutzes solcher Sachen, die im Verwaltungs- oder Anstaltsgebrauch eines Landes stehen.

186 Das *BVerfG* hat z.B. die Einführung einer „öffentlichen Last" nach den §§ 8, 9 des Hamburgischen Enteignungsgesetzes v. 14.6.1963 als Vorgang der Güterbeschaffung und somit als „hoheitliches Ersatzgeschäft für die freiwillige Bestellung einer Dienstbarkeit" angesehen. Das *BVerfG* führte aus, dass darin eine mit Art. 14 Abs. 3 GG unvereinbare Mischform von Legal- und Administrativenteignung zu sehen sei. Das Land Hamburg sei wegen Art. 74 Nr. 1 GG gesetzeskompetentiell nicht in der Lage, die Rechtsfigur der öffentlichen Last einzuführen, siehe BVerfGE 45, 297, 332. An die Stelle einer privatrechtlichen Begründungsvereinbarung trete die staatliche Zwangsmaßnahme der Enteignung. Das System des numerus clausus der Sachenrechte sei auch dem Enteignungsrecht vorgegeben, nur die privatrechtliche Begründung eines solchen Rechts könne durch staatlichen Zwang ersetzt werden, vgl. BVerfGE 45, 297, 338 f. Die Begründung eines dinglichen Nutzungsrechts an fremdem Eigentum sei ein Sachverhalt, der unter Art. 74 Nr. 1 GG falle. Ein Recht zur Gesetzgebung ergebe sich nach Art. 72 Abs. 1 GG nur dann, wenn die die bürgerlichrechtlichen Vorschriften der beschränkt dinglichen Rechte nicht abschließend seien, BVerfGE 45, 297, 341.

187 Die einer Straße dienenden Grundstücke werden vom Zivilrecht hinsichtlich des Widmungszwecks ausgenommen, vgl. etwa § 6 Abs. 6 StrWG NRW. Ob daran dann tatsächlich ein öffentliches Sachenrecht entsteht, soll hier nicht erörtert, kann aber bezweifelt werden. Auch die wasserrechtlichen Kodifikationen modifizieren teilweise zivilrechtliche sachenrechtliche Regelungen.

188 BVerfGE 45, 297, 342.

B. Einteilung der öffentlichen Sachen

Die öffentlichen Sachen werden nach traditionellem Verständnis je nach Nutzungszweck danach unterschieden, zu welchem Gebrauch sie gewidmet wurden. Es gibt öffentliche Sachen im Zivilgebrauch, die durch die Allgemeinheit genutzt werden können. Den öffentlichen Sachen im Zivilgebrauch werden die Sachen im Gemeingebrauch, im Sondergebrauch sowie im Anstaltsgebrauch zugeordnet. Nur für verwaltungsinterne Zwecke nutzbare öffentliche Sachen bezeichnet man als Sachen im Verwaltungsgebrauch.[189]

Ferner gibt es die sogenannten res sacrae, welchen aufgrund ihrer juristischen Zuordnung zu Glaubensgemeinschaften ein Sonderstatus zukommt.[190]

I. Öffentliche Sachen im Zivilgebrauch

Öffentliche Sachen im Zivilgebrauch sind dem Privatrechtsverkehr zugänglich. Zivilpersonen wird die Befugnis eingeräumt, öffentliche Sachen zu nutzen. Ist diese Befugnis ohne besondere Nutzungszulassung möglich, handelt es sich um Sachen im Gemeingebrauch. Ist eine besondere, ausdrückliche oder stillschweigende Zulassung seitens des Trägers der öffentlichen Sachherrschaft nötig, handelt es sich um Sachen im Sondergebrauch oder Sachen im Anstaltsgebrauch.[191]

1. Sachen im Gemeingebrauch

Sachen im Gemeingebrauch sind „die einer unbeschränkten Öffentlichkeit unmittelbar und ohne besondere Zulassung zur bestimmungsgemäßen Benutzung zur Verfügung stehenden Vermögensgegenstände".[192] Die Sache muss der Öffentlichkeit kraft Hoheitsakt zur Verfügung stehen.[193]

Der dem allgemeinen Verwaltungsrecht angehörige Begriff des Gemeingebrauchs gilt mangels eigener normativer Geltungskraft nur solange und mit dem Inhalt, wie ihn die besonderen Landes- und Bundesverwaltungsgesetze verwenden. Die Nutzungsart des Gemeingebrauchs besteht somit nur im Straßenrecht, an den Gewässern als Verkehrswege sowie am hohen Luftraum.[194]

---

189 *Kluth*, in: Wolff/Bachof/Stober/Kluth, VwR II, § 74 Rn. 10.

190 Ob res sacrae auch öffentliche Sachen sein können, ist umstritten. Dafür statt aller *Wallerath*, AVR, § 14 Rn. 24 mwN; kritisch u.a. *Kromer*, Sachenrecht des Öffentlichen Rechts, S. 30 f., ablehnend S. 81.

191 *Papier*, in: Erichsen/Ehlers, AVR, § 39 Rn. 2.

192 *Kluth*, in: Wolff/Bachof/Stober/Kluth, VwR II, § 74 Rn. 16.

193 *Papier*, in: Erichsen/Ehlers, AVR, § 39 Rn. 2.

194 So insgesamt *Papier*, in: Erichsen/Ehlers, AVR, § 39 Rn. 3.

2. *Sachen im Sondergebrauch*

Während Vermögensgegenstände im Gemeingebrauch ohne besondere Zulassung grundsätzlich von jedermann benutzbar sind, kehrt sich das Regel-Ausnahme-Prinzip bei Vermögensgegenständen im Sondergebrauch um. Öffentliche Sachen im Sondergebrauch dürfen regelmäßig nur nach vorheriger Erlaubnis benutzt werden.[195]

So ist z.B. zur Benutzung[196] von Gewässern gemäß § 8 Abs. 1 Wasserhaushaltsgesetz (WHG) eine Erlaubnis respektive Bewilligung erforderlich.

3. *Sachen im Anstaltsgebrauch*

Zu den öffentlichen Sachen im Anstaltsgebrauch[197] sind alle Sachen zu zählen, die Zivilpersonen im Rahmen einer bestimmungsgemäßen Nutzung zur Verfügung gestellt werden.[198] Sie dürfen nach besonderer (auch stillschweigend möglicher) Zulassung benutzt werden.[199] Beispielhaft zu nennen sind Badeanstalten, Schulen, Sportplätze, Theater, Museen aber auch Friedhöfe[200] oder Kirchen[201].

II. Öffentliche Sachen im Verwaltungsgebrauch

Unter öffentlichen Sachen im Verwaltungsgebrauch versteht man diejenigen Sachen, „welche der öffentlichen Verwaltung unmittelbar durch ihre Gebrauchsmöglichkeit zur Erfüllung ihrer Aufgaben dienen und von den Organwaltern öffentlicher Verwaltung selbst benutzt werden".[202] Es sind somit Sachen, deren Zweckbestimmung auf eine interne Nutzung durch die Verwaltung ausgelegt ist.[203] Sie werden im Wesentlichen von Amtsträgern bei der Ausübung ihres Amtes benutzt.[204] Sachen im Verwaltungsgebrauch sind insbesondere die von Trägern öffentlicher Gewalt (Legislative, Justiz, Verwaltung) genutzten Dienstgebäude

---

195 *Höfling*, JA 1987, 605, 611; *Kluth*, in: Wolff/Bachof/Stober/Kluth, VwR II, § 74 Rn. 26.
196 Zum Begriff der Benutzung siehe § 9 WHG.
197 Zum Begriff der Anstalt siehe *Papier*, in: Erichsen/Ehlers, AVR, § 39 Rn. 28 mwN.
198 *Kluth*, in: Wolff/Bachof/Stober/Kluth, VwR II, § 74 Rn. 14.
199 *Papier*, in: Erichsen/Ehlers, AVR, § 39 Rn. 27.
200 Vgl. *Forsthoff*, VwR I, S. 418; *Papier*, in: Erichsen/Ehlers, § 39 Rn. 56.
201 Vgl. *Papier*, in: Erichsen/Ehlers, AVR, § 39 Rn. 56.
202 *Kluth*, in: Wolff/Bachof/Stober/Kluth, VwR II, § 74 Rn. 11.
203 Statt aller *Sodan/Ziekow*, Grundkurs Öffentliches Recht, § 84 Rn. 25.
204 *Peine*, JZ 2006, 593, 608.

nebst Inventar, ferner alle dazugehörigen beweglichen Sachmittel (Fuhrpark der öffentlichen Verwaltung, Ausrüstung und Waffen der Polizei).[205]

Eine eigenständige, originäre öffentlich-rechtliche Nutzungsbefugnis an Sachen im Verwaltungsgebrauch besteht für Zivilpersonen nicht.[206]

III. Res sacrae

Auch die sogenannten res sacrae sind als öffentliche Sachen zu qualifizieren. Als res sacrae werden gewisse Gegenstände zumindest solcher Glaubens- und Bekenntnisgemeinschaften bezeichnet, die als Körperschaft des öffentlichen Rechts[207] anerkannt und als solche privilegiert sind.[208] Unterschiedlich beurteilt wird insbesondere die Frage, ob auch nicht unmittelbar kultischen Zwecken dienende Gegenstände öffentliche Sachen sein können.[209]

IV. Abgrenzungen

Die Öffentlichen Sachen sind abzugrenzen vom Finanzvermögen. Zum Finanzvermögen gehören solche Sachen sowie Rechte, die dem Gemeinwesen nur mittelbar z. B. über erwirtschaftete Erträge dienen sollen. Das Finanzvermögen untersteht ausschließlich der Privatrechtsordnung, an ihm wird kein öffentlich-rechtlicher Sonderstatus begründet.[210]

Auch ist teilweise von „tatsächlich öffentlichen Sachen" die Rede, bei denen die Sache zwar der Privatrechtsordnung unterliegt, jedoch für die Öffentlichkeit zugänglich ist. Mangels öffentlich-rechtlichen Status sind diese Sachen keine öffentlichen Sachen im rechtstechnischen Sinn. Gemeint sind etwa private

---

205 *Papier*, in: Erichsen/Ehlers, AVR, § 39 Rn. 48.

206 Siehe *Papier*, in: Erichsen/Ehlers, AVR, § 39 Rn. 49, mit dem Hinweis, dass es Benutzungsrechte Dritter nur auf Grundlage privatrechtlicher Verträge (Besitzrecht des Kantinenpächters) geben könne. Auch wenn Sachen im Verwaltungsgebrauch wie Dienstgebäude nicht selten Zivilpersonen zugänglich seien, ergebe sich eine Zugangsberechtigung nur als Annex zum Zwecke der Wahrnehmung von Verwaltungsangelegenheiten.

207 *Kluth*, in: Wolff/Bachof/Stober/Kluth, VwR II, § 75 Rn. 11; *Forsthoff*, VwR I, S. 387; *Papier*, Jura 1979, 93, 98; *Papier*, in: Erichsen/Ehlers, AVR, § 39 Rn. 54.

208 *Forsthoff*, VwR I, S. 387.

209 Für nur zum Kultgebrauch bestimmte Gegenstände als res sacra wie ein Kirchengebäude statt vieler *Papier*, in: Erichsen/Ehlers, AVR, § 39 Rn. 54; für z. B. auch das Gemeindehaus als res sacra *Weber*, ZevKR 11 (1964/1965), 111, 115; zur umstrittenen Materie siehe Kapitel 5.

210 Vgl. insgesamt *Häde*, JuS 1993, 113.

Kunstgalerien, der private Waldweg oder ein privates Schwimmbad. Mitunter werden diese Sachen dem Finanzvermögen zugerechnet.[211]

C. Zusammenfassung

Die Rechtsmaterie „öffentliches Sachenrecht" wird uneinheitlich umschrieben und auch nicht einheitlich verstanden. Sprechen einige von einem „öffentlichen Sachenrecht", andere von einem „Recht der öffentlichen Sachen", ist ein solches Rechtsgebiet für Dritte gar nicht existent. Diese Unübersichtlichkeit soll aber nicht darüber wegtäuschen, dass es nach traditionellem Verständnis öffentliche Sachen gibt, die folgende Gemeinsamkeiten aufweisen: Eine öffentliche Sache dient der Allgemeinheit, sie erhält durch einen hoheitlichen Rechtsakt eine öffentliche Zweckbestimmung.

Die öffentliche Sache entsteht durch Widmung als „Kreationsakt"[212] und Ingebrauchnahme, sie erlischt durch Entwidmung. Nach traditionellem Verständnis entsteht als Rechtsfolge gemäß der herrschenden Theorie vom modifizierten Privateigentum eine besondere öffentliche Sachherrschaft, die mit einer Dienstbarkeit des öffentlichen Rechts zu vergleichen ist. Durch diese öffentliche Zweckbestimmung ist die Sache nicht mehr allein der Privatrechtsordnung, sondern auch einem öffentlich-rechtlichem Sonderregime unterstellt.

Die durch Widmung begründete öffentliche Sachherrschaft sichert rechtlich den widmungsgemäßen Gebrauch, da die §§ 936 und 945 BGB unanwendbar sind, der Widmung zuwiderlaufende Verfügungen als unwirksam oder zumindest als nicht durchsetzbar erachtet werden sowie die Widmung durch Verfügungen im Wege der Zwangsvollstreckung unangetastet bleibt. Im Übrigen hat der öffentliche Sachherr bei tatsächlichen Beeinträchtigungen aufgrund der entstandenen öffentlichen Sachherrschaft im Rahmen der Widmung umfassende, absolute Herrschaftsbefugnisse über die öffentliche Sache. Nach der traditionellen Lehre des Rechts der öffentlichen Sachen bestehen somit diverse Schutzinstrumente zugunsten des öffentlichen Sachherrn.

Die öffentlichen Sachen werden unterteilt in solche im Zivil- und Verwaltungsgebrauch, daneben existieren die res sacrae.

---

211 Vgl. insgesamt *Erbguth*, Jura 2008, 193, 194.

212 *Axer*, Die Widmung als Schlüsselbegriff des Rechts der öffentlichen Sachen, S. 30.

3. Kapitel: Instrumente zur Störungsbeseitigung und somit Sicherung des widmungsgemäßen Gebrauchs

A. Einführung

In diesem Kapitel werden Instrumente zur Widmungssicherung in Fällen der Beeinträchtigung des widmungsgemäßen Gebrauchs erörtert. Diese werden als Ansprüche zugunsten des öffentlichen Sachherrn gegen Dritte zur Sicherung des widmungsgemäßen Gebrauchs dargestellt.

I. Gang der Untersuchung

Das Bestehen und die konkrete Reichweite von Rechten, die für den öffentlichen Sachherrn gegen Dritte aus der Widmung folgen, sind nicht hinreichend klar. Es kommen verschiedene Rechte des Sachherrschaftsträgers in Betracht. Wird der widmungsgemäße Gebrauch einer öffentlichen Sache beeinträchtigt, kommt zur Störungsbeseitigung das Hausrecht des Behördenleiters[213], ein Anspruch auf Herausgabe der öffentlichen Sache sowie ein Anspruch auf Abwehr oder Unterlassung der Störung in Betracht.[214] Auch kann bei Herausgabebegehren Dritter ein Recht zum Besitz der öffentlichen Sache zugunsten des öffentlichen Sachherrn bestehen. Im Rahmen des widmungsgemäßen Gebrauchs ergeben sich insgesamt Duldungspflichten für dritte Berechtigte an der öffentlichen Sache.[215] Schadensersatzansprüche werden nicht untersucht[216], da sie kein Sicherungsinstrument

213 Statt aller *VGH München*, NJW 1980, 2722, 2723; Ausführungen dazu auch bei *Brüning*, DöV 2003, 389 ff. oder *Stelkens*, Jura 2010, 363 ff.; monographisch zum Hausverbot als Schutz der Sache im Verwaltungsgebrauch *Stürner*, Privatrechtliche Gestaltungsformen bei der Verwaltung öffentlicher Sachen, S. 101 ff.

214 Siehe auch *Frotscher*, VerwArch 62 (1971), 153, 158; *Manssen*, JuS 1992, 745, 746.

215 Vgl. *Papier*, in: Erichsen/Ehlers, AVR, § 41 Rn. 12 f.; *v. Campenhausen/de Wall*, Staatskirchenrecht, S. 263.

216 Ausführungen zu Schadensersatzansprüchen an öffentlichen Sachen bei *Frotscher*, VerwArch 62 (1971), 153, 161 ff.; ferner *Axer*, die Widmung als Schlüsselbegriff des Rechts der öffentlichen Sachen, S. 119 ff.

zur Widmungssicherung darstellen. Ebenso bleibt das Hausrecht des Behördenleiters unbehandelt.[217]

Es ist je nach Art der öffentlichen Sache besonders erörterungswürdig, wie diese Ansprüche zur Widmungssicherung ausgestaltet sind, aufgrund welcher dogmatischen Grundlage die Ansprüche bestehen können und wie sie durchzusetzen sind. Es muss somit jeweils geklärt werden, welche öffentliche Sache durch welchen Hoheitsträger aufgrund welcher Grundlage hinsichtlich des Erhalts oder der Gewährleistung des widmungsgemäßen Gebrauchs gesichert werden kann. Dabei bleiben zivilrechtliche Anspruchsgrundlagen außen vor, da diese nicht aufgrund des Charakters als öffentliche Sache bestehen. Gerade diejenigen Ansprüche, die aus einer zivilrechtlichen Eigentümerstellung resultieren, sind unproblematisch und können natürlich den widmungsgemäßen Gebrauch einer öffentlichen Sache gewährleisten, wenn der öffentliche Sachherr auch gleichzeitig Eigentümer oder dinglich Berechtigter der öffentlichen Sache ist. Untersucht wird die Existenz von Sicherungsinstrumenten, die sich aus öffentlichem Recht respektive vor allem dem öffentlichen Sachenrecht ergeben.[218] Erörtert wird, wie im Speziellen der Konfliktfall zu lösen ist, dass die Ausübung von Privatrechten dem widmungsgemäßen Gebrauch einer öffentlichen Sache entgegensteht.

---

217 Hausverbote für Gebäude der öffentlichen Verwaltung verstoßen zumindest nicht gegen etwaige Nutzungsbefugnisse nach öffentlichem Sachenrecht, da solche an Verwaltungsgebäuden nicht existieren, siehe *Brüning*, DöV 2003, 389, 394 f.; zur Störungsabwehr und Ordnungsgewalt der Sitzungsleiter bei Störungen des Verwaltungsbetriebs schon *Stürner*, Privatrechtliche Gestaltungsformen bei der Verwaltung öffentlicher Sachen, S. 101 ff.

218 Siehe ebenfalls die Ausführungen bei *Frotscher*, VerwArch 62 (1971), 153, 160: In allen Fällen, in denen der öffentliche Sachherr nicht zugleich Eigentümer sei, verhülle die „Zuhilfenahme privatrechtlicher Anspruchsgrundlagen nur die Tatsache, daß die öffentliche Hand ausschließlich das Ziel hat, den Dienst der öffentlichen Sache für die Zwecke der Verwaltung sicherzustellen"; vgl. anhand eines Beispiels im Straßenrecht ferner *Schmidt-Jortzig*, NVwZ 1987, 1025, 1030, auch wo der betreffende öffentliche Sachherr selbst Eigentümer sei, vermöge er nur mit den verwaltungsrechtlichen Verhinderungs- beziehungsweise Beseitigungsmitteln vorzugehen; ähnlich *Stürner*, Privatrechtliche Gestaltungsformen bei der Verwaltung öffentlicher Sachen, S. 92 f., das Nebeneinander von öffentlichem Recht und Privatrecht stifte Verwirrung und führe u.a. zu unnötigen Rechtswegschwierigkeiten; vgl. auch aaO S. 95 seine Ausführungen zum Sachschutzsystem im Wasserrecht, die er auf den Sachschutz im Wegerecht überträgt, aaO S. 98; für *Brüning*, DöV 2003, 389, 398, besteht gar eine Spezialität. Wo der Gesetzgeber den Sachschutz erschöpfend öffentlich-rechtlich geregelt habe, werden etwaig zustehende Privatschutzrechte „durch die speziell für diese öffentliche Sache geltenden öffentlich-rechtlichen Schutzrechte verdrängt".

Neben solchen „rechtlichen“ sind auch tatsächliche Beeinträchtigungen wie das Sperren einer Straße möglich. In solchen Fällen wird der widmungsgemäße Gebrauch nicht zwingend aufgrund divergierender privater Rechte gestört.

In der Folge wird bei der Untersuchung, ob und welche Sicherungsmittel existent sind, nach „geregelten“ und „nicht geregelten“ differenziert. Gesetzlich geregelte Sicherungsinstrumente ergeben sich aufgrund im Einzelfall einschlägiger Spezialgesetze zu den gesetzlich geregelten öffentlichen Sachen. Solche ohne gesetzliche Grundlage können nur mit den traditionellen Lehren des öffentlichen Sachenrechts begründet werden.

II. Begriff der „Sicherungsinstrumente“

Jedes Begehren zur Sicherung respektive Gewährleistung des widmungsgemäßen Gebrauchs durch Herausgabe, Abwehr oder Unterlassung soll im Weiteren als „Sicherungsinstrument“ bezeichnet werden. Eine exakte dogmatische Einordnung eines Begehrens als Herausgabeanspruch, als Abwehranspruch oder Unterlassungsanspruch ist nicht immer möglich, zumeist auch entbehrlich.

Denn aus der Zusammenschau der §§ 1004 Abs. 1 S. 1, 2 und 985 BGB ergibt sich, dass dem Eigentümer bei Entzug oder Vorenthaltung des Besitzes ein Herausgabeanspruch an der Sache zusteht. Ein Abwehr- beziehungsweise Beseitigungsanspruch nach § 1004 Abs. 1 S. 1 BGB besteht bei gegenwärtiger Eigentumsbeeinträchtigung, die nicht Entzug oder Vorenthaltung des Besitzes ist. Eine zukünftig zu befürchtende Eigentumsbeeinträchtigung kann nach § 1004 Abs. 1 S. 2 mit einem Unterlassungsanspruch begegnet werden.[219] Doch

219 Nimmt man das Beispiel Eigentum, so zeigt die Gesetzessystematik des § 1004 und § 985 BGB auf, wie hinsichtlich der Anspruchsbegehren differenziert wird: Nach § 1004 Abs. 1 S. 1 kann der Eigentümer vom Störer die Beseitigung einer Beeinträchtigung verlangen, wenn das Eigentum in anderer Weise als durch Entziehung oder Vorenthaltung des Besitzes beeinträchtigt wird. Bei gegenwärtiger Beeinträchtigung, die nicht Entziehung oder Vorenthaltung des Besitzes ist, ergibt sich somit ein Abwehr- beziehungsweise Beseitigungsanspruch. § 1004 Abs. 1 S. 2 ordnet einen Unterlassungsanspruch an, wenn weitere Beeinträchtigungen drohen. Ein Abwehr- oder Beseitigungsanspruch wird also in zeitlicher Hinsicht modifiziert, dass bei zukünftigen Beeinträchtigungen der sich dagegen richtende vorbeugende Anspruch Unterlassungsanspruch genannt wird. § 985 BGB füllt nun den Schutz des Eigentümers aus, der in § 1004 Abs. 1 S. 1 mit „Entziehung oder Vorenthaltung des Besitzes“ umschrieben wird. Bei Entzug oder Vorenthaltung des Besitzes kann der Eigentümer vom Besitzer die Sache herausverlangen. Zum Verhalten allgemein, das man aus einem Anspruch verlangen kann, *Brox/Walker*, BGB AT, Rn. 640 ff.; allgemein zu den Anspruchsarten *Baur/Stürner*, Sachenrecht, § 4 Rn. 4 ff.

auch im BGB ergeben sich Abgrenzungsschwierigkeiten. Gerade bei den Besitzschutzvorschriften zeigt sich, dass die Begehren und somit die Anspruchsarten fließend ineinander übergehen können[220] und somit ein klare Differenzierung manchmal gar nicht möglich, in vielen Fällen auch nicht notwendig ist.[221] Schon die Abgrenzung zwischen Besitzentzug im Sinne des § 861 BGB und einer Besitzstörung im Sinne des § 862 BGB erschwert die Feststellung der Anspruchsart, die das jeweilige Begehren umschreibt. Es ist dann fraglich, ob eine Herausgabe nach § 861 BGB oder eine Abwehr- beziehungsweise Störungsbeseitigung nach § 862 Abs. 1 S. 1 BGB einschlägig ist oder der Anspruch mit einem Unterlassen nach § 862 Abs. 1 S. 2 BGB umschrieben werden kann. Die zeitliche Differenzierung zwischen Abwehr-, Beseitigungs- und einem Unterlassungsanspruch sollte gelingen.[222] Wie jedoch der Entzug[223] einer Sache von einer bloßen Störung[224] zu unterscheiden ist, erweist sich als schwieriger.[225] Parkt beispielsweise ein Auto ein fremdes Grundstück zu, wird hinsichtlich der „überparkten Fläche" von einem

---

220 Siehe nur *Motive zu dem Entwurfe eines Bürgerlichen Gesetzbuches*, Band 3 Sachenrecht, Amtliche Ausgabe, S. 126 unten: „die Klage wegen Störung und die Klage wegen Entziehung werden leicht ineinander laufen." Daraus ergibt sich, dass nicht klar zwischen Beseitigungs- und Herausgabeanspruch differenziert werden kann, so auch *Wieling*, Sachenrecht I, § 5 II 2 a, S. 189.

221 Eine Differenzierung ist nur bei den Selbsthilfegrenzen des § 859 BGB relevant, siehe *Wieling*, Sachenrecht I, § 5 II 2 a, S. 189. Zu diesem Problem beispielhaft *BGH*, NJW 1967, 46, 48. In dem Fall geht es u.a. um das Anbringen von Reklame an der Hauswand des Besitzers. An der „überworbenen" Fläche wurde ein Besitzentzug angenommen, aaO 48; Zum gemeinhin als zivilrechtlichen Abschleppfall bekannten Fall siehe *BGH*, NJW 2009, 2530 ff.; es wurde offen gelassen, ob es sich beim unbefugten Abstellen eines PKW auf einem Parkplatz um eine Besitzstörung oder teilweise Besitzentziehung handelte, da dies für die rechtliche Beurteilung ohne Belang sei, aaO 2530.

222 Siehe dazu nochmal die Systematik des § 1004 Abs. 1 BGB: Abwehr- bzw. Beseitigungsanspruch bei gegenwärtigen, ein Unterlassungsanspruch bei zukünftig zu erwartenden Beeinträchtigungen.

223 Besitzentziehung ist jedes Verhalten, das den Besitz des unmittelbaren Besitzers beendet, *Wieling*, Sachenrecht I, § 5 II 2 a, S. 188.

224 Besitzstörung ist jedes Verhalten, das nicht Besitzentziehung ist und durch das der Besitzer gehindert wird, mit der Sache nach Belieben zu verfahren, *Wieling*, Sachenrecht I, § 5 II 2 a, S. 188.

225 Nach *Wieling*, Sachenrecht I, § 5 II 2 a, S. 188, ist Besitzstörung der Oberbegriff und der Entzug eine besondere Art der Besitzstörung. Somit sei die Besitzstörung jede Störung, die nicht Entzug ist.

Besitzentzug, hinsichtlich des gesamten Grundstückes von einer Besitzstörung ausgegangen.[226]

Darauf soll es im Weiteren also nicht ankommen. Fraglich ist die Existenz von Sicherungsinstrumenten zugunsten eines Hoheitsträgers nach öffentlichem Sachenrecht überhaupt, seien sie „geregelt“ oder „nicht geregelt“. Auf eine konkrete dogmatische Einordnung von Sicherungsinstrumenten als Herausgabe-, Beseitigungs- oder Unterlassungsbegehren kommt es im Zweifel nicht an, wenn die Störung der Widmung aufgrund welcher Grundlage auch immer beseitigt werden kann.[227]

B. Sicherungsinstrumente bei gesetzlich geregelten öffentlichen Sachen

Diese einleitenden Ausführungen sollen in der Folge für den gesetzesakzessorischen Bereich des öffentlichen Sachenrechts konkretisiert werden. Es wird nach Sicherungsinstrumenten im Straßen- und Wasserrecht gesucht.

I. Straßenrechtliche Möglichkeiten zur Widmungssicherung

Das Straßenrecht ist das Schulbeispiel für die öffentlichen Sachen. Es sind schon frühzeitige Regelungen zur Benutzung von Straßen und Wegen in unserem Rechtskreis feststellbar, offenkundig aus dem praktischen Bedürfnis, die

---

226 *Wieling*, Sachenrecht I, § 5 II 2 a, S. 189 mwN; vgl. dazu auch *OLG Dresden*, Rechtsprechung der Oberlandesgerichte, Band 15 (1907), 328 f., wonach beim Einzäunen eines fremden Grundstückes zur Erweiterung des eigenen Grundstücks keine Besitzstörung, sondern eine Besitzentziehung vorliege. Der Besitz des Eigentümers sei durch das Abzäunen völlig beseitigt worden. Ein Anspruch aus § 862 BGB komme daher nicht in Betracht.

227 Da das Zivilrecht und die zivilrechtliche Rechtsprechung gemeinhin zwischen Besitzstörung und Besitzentziehung differenziert, müsste z.B. stets anhand des Widmungszwecks einer Straße ermittelt werden, wie welche Störung im konkreten Fall zu benennen ist. Zur Schwierigkeit einer dogmatischen Einordnung der jeweiligen Begehren folgendes Beispiel: Würde eine Landstraße mit einer Straßensperre versehen, sodass der Straßenteil hinter der Sperre nicht mehr befahrbar wäre, so läge ein Entzug hinsichtlich des widmungsgemäßen Gebrauchs vor, der mit einem Herausgabeanspruch geltend gemacht werden müsste. Würde eine Orts-/Gemeindestraße mit einer Sperre versehen, sodass Bürgersteig und Radfahrstreifen noch benutzbar sind, die Fahrstreifen für Autos aber nicht mehr, so müsste hinsichtlich der „Gesamtstraße“ eine Störung und kein Entzug angenommen werden. Diese Störung wäre mit einem Abwehranspruch geltend zu machen.

Verfügbarkeit dieser für die Allgemeinheit wichtigen öffentlichen Sache zu gewährleisten.[228] Die speziellen dogmatischen Konstruktionen des Straßen- und Wegerechts haben die Entwicklung eines allgemeinen Rechts der öffentlichen Sachen sehr geprägt.[229]

1. Einführung in das Straßenrecht

Das Straßenrecht ist eine auf den ersten Blick nicht ganz leicht überschaubare Rechtsmaterie. Ein Grund dafür ist, dass sich die Rechte und Pflichten, die mit der öffentlichen Sachherrschaft einhergehen, im Straßenrecht auf verschiedene beteiligte (juristische) Personen verteilen. Zunächst erfolgt eine kurze Darstellung der Gesetzgebungskompetenzen im straßenrechtlichen Bereich, bevor die beteiligten straßenrechtlichen Hoheitsträger, die straßenrechtlichen Widmungsfolgen sowie die möglichen Rechtsgrundlagen zur Widmungssicherung behandelt werden.

a) Gesetzgebungskompetenzen

Eine ausdrückliche Gesetzgebungskompetenz zum Erlass straßenrechtlicher Regelungen ist im Rahmen der konkurrierenden Gesetzgebung in Art. 74 Abs. 1 Nr. 22 GG normiert. Sofern und soweit der Bund diese nicht ausgeübt hat, könnten die Länder auf diese zugreifen. Der Bund hat aber insbesondere durch das Bundesfernstraßengesetz (FStrG) vom 6.8.1953 von seiner Kompetenz Gebrauch gemacht.[230] Auf jene Bundesfernstraßen bezieht und beschränkt[231] sich Art. 90 GG und gibt als Verwaltungsmodell die Bundesauftragsverwaltung vor. Die Bundesfernstraßen werden durch die Länder oder durch die nach Landesrecht zuständigen Selbstverwaltungskörperschaften verwaltet, Art. 90 Abs. 2 GG.

Außerhalb des Bundesfernstraßenrechts gilt mangels spezieller Regelung die grundsätzliche Gesetzgebungskompetenz der Länder nach Art. 70 GG, sodass die Länder für die Regelung der Landesstraßen- und Wegegesetze zuständig sind. Dabei ist jedoch das Homogenitätsprinzip aus Art. 28 Abs. 1 S. 2 GG zu

---

228 Etwa § 7 im 15. Titel des PrALR zum Gemeingebrauch der Land- und Heerstraßen.

229 Vgl. *Forsthoff*, AöR 31 (1940), 209, 220: „Tatsächlich ist das öffentliche Sachenrecht im hohen Grade von den besonderen Eigentümlichkeiten des Wegerechts her entwickelt"; vgl. auch im Sinne einer Vorreiterstellung *Kromer*, Sachenrecht des Öffentlichen Rechts, 1985, S. 44, das Straßenrecht habe „Pate für alle Gebiete des Öffentlichen Sachenrechts" gestanden.

230 *Herber*, in: Kodal, Straßenrecht, Kap. 2 Rn. 1.1.

231 *Herber*, aaO Rn. 1.2.

beachten.[232] Ferner schließt man aus dem Umstand, dass der Gesetzgeber in Art. 74 Abs. 1 Nr. 22 i.V.m. Art. 90 Abs. 2 GG im Kern die Klassifizierungsstruktur für die Straßenklassen vorgibt, der Gesetzgeber dann auch entweder selbst die Straßenklassen festlegt oder die Kriterien für die Vornahme einer Straßenklassifizierung vorschreibt.[233]

Das originäre Gesetzgebungsrecht zur Regelung der Rechtsverhältnisse der öffentlichen Straßen haben die Länder nach Art. 70 GG somit für alle Straßen, die nicht „Landstraßen für den Fernverkehr" im Sinne des Art. 74 Abs. 1 Nr. 22 GG sind. Die Kompetenz nach Art. 70 GG umfasst somit Landstraßen (Staatsstraßen), die Gemeindeverbindungsstraßen, sonstige Gemeindestraßen, Wirtschaftswege und die beschränkt öffentlichen Wege.[234]

b) *Im Straßenrecht beteiligte Hoheitsträger*

Im Straßenrecht sind bei der Planung, Widmung oder Erhaltung einer Straße mehrere Rechtsträger involviert, denen Befugnisse und Pflichten durch das Straßenrecht auferlegt werden oder in deren Rechte eingegriffen wird. Die geltenden Straßengesetze differenzieren zwischen den Straßenbaubehörden, dem Straßenbaulastträger und der Straßenaufsichtsbehörde. Dazu tritt als zusätzlicher Beteiligter noch der Eigentümer des Straßengrundstückes. Es muss bezüglich der Rechte und Pflichten an der Straße als öffentliche Sache somit differenziert werden nach

- öffentlich-rechtlichem Sachherrn an der Straße
- dem Unterhaltungspflichtigen
- und dem (privatrechtlichen) Eigentümer.

Häufig fallen dabei Sachherrschaft, Unterhaltungspflicht und Eigentum bei demselben Träger der öffentlichen Verwaltung zusammen. Es kann aber auch sein, dass ein anderer Träger der öffentlichen Verwaltung oder eine andere Privatperson als Eigentümer oder aber der Sachherr unterhaltungspflichtig ist.[235] Durch straßenrechtliche Regelungen wird angestrebt, dass sich Eigentum, Sachherrschaft und Unterhaltungspflicht in einem Träger öffentlicher Verwaltung

232 *Herber*, aaO Rn. 1.3.

233 *Herber*, aaO.

234 *Herber*, aaO Rn. 16; zu den Möglichkeiten der Länder, im Bundesfernstraßenbereich in Abweichung vom FStrG tätig zu werden, aaO Rn. 15 f.

235 Siehe *Kluth*, in: Wolff/Bachof/Stober/Kluth, VwR II, § 76 Rn. 8.

vereinen.[236] Die Straßenbaubehörden sind dabei grundsätzlich[237] die behördlichen Einrichtungen des Straßenbaulastträgers.

Diese „Konzentration der straßenrechtlichen Befugnisse"[238] ist jedoch nicht zwingend, so kann es je nach landesrechtlicher Ausgestaltung auch Konstellationen geben, in denen die Straßenbaubehörde keine behördliche Einrichtung und folglich nicht Organ des Trägers der Straßenbaulast ist.[239]

(1) Öffentlicher Sachherr

Der öffentliche Sachherr ist der Träger derjenigen Hoheitsrechte, die sich aus der öffentlich-rechtlichen Sachherrschaft ergeben.[240] Die öffentliche Sachherrschaft zeigt sich in den einschlägigen Straßen- und Wegegesetzen in verschiedenen Bereichen[241], etwa in der Widmungsbefugnis, öffentliche Straßen zu begründen, oder bei der Erteilung von Sondernutzungserlaubnissen sowie in der Befugnis eines Trägers hoheitlicher Gewalt, bei unerlaubter Benutzung einer Straße einzuschreiten.

Diese Rechte werden dem Träger der Straßenbaulast respektive je nach landesrechtlicher Ausgestaltung der Straßenbaubehörde übertragen.[242] Selbst wenn diese nicht Organ des Straßenbaulastträgers ist, so sind diese dennoch in der Regel bei demselben Verwaltungsträger vereint.[243] Wichtig ist, dass der

---

236 *Kluth*, aaO; *Papier*, in: Erichsen/Ehlers, AVR, § 40 Rn. 38; zu den Möglichkeiten des Eigentumserwerbs *Herber*, in: Kodal, Straßenrecht, Kap. 6 Rn. 18 ff.

237 Siehe z.B. *Papier*, aaO Rn. 54.

238 *von Danwitz*, in: Schoch, BesVerwR, 7. Kap. Rn. 43; in diesem Sinne auch *Papier*, in: Erichsen/Ehlers, AVR, § 40 Rn. 24.

239 So *von Danwitz*, in: Schoch, BesVerwR, 7. Kap. Rn. 43, mit Verweis auf § 6 Abs. 2 S. 2 StrWG NRW sowie auf die Rechtslage in Bayern.

240 Statt aller *Papier*, in: Erichsen/Ehlers, AVR, § 40 Rn. 38.

241 Dazu *Herber*, in: Kodal, Straßenrecht, Kap. 6 Rn. 10.

242 Siehe im StrWG NRW bspw. § 6 Abs. 2 S. 1, die Widmung verfügt die Straßenbaubehörde. Zu den weiteren Befugnissen: § 17 (Reinigungspflicht des Trägers der Straßenbaulast), § 18 Abs. 1 S. 2 (Erteilung Sondernutzungserlaubnisse durch Straßenbaubehörde), § 22 (Maßnahmen bei unerlaubter Nutzung einer Straße, befugt ist die Straßenbaubehörde). Im Einzelnen auch *Papier*, in: Erichsen/Ehlers, AVR, § 40 Rn. 40–43, jeweils mwN; *von Danwitz*, in: Schoch, BesVerwR, 7. Kap. Rn. 13 mwN, spricht deshalb von einer Konzentration der straßenrechtlichen Vollzugsaufgaben in der Hand der Straßenbaubehörden.

243 In NRW ist regelmäßig derselbe Rechtsträger betroffen. Bei Landstraßen nimmt nach § 43 Abs. 2 StrWG NRW der Landesbetrieb Straßenbau die Aufgaben des Trägers der Straßenbaulast wahr und ist nach § 56 Abs. 2 Nr. 1 StrWG NRW auch zuständige

Verwaltungsträger unter Bezeichnung der korrekten, sprich im Einzelfall zuständigen Behörde handelt.[244] Teilweise ergeben sich Pflichten und Befugnisse auch für andere Hoheitsträger wie die Ortspolizeibehörde in Bremen[245] oder die Wegeaufsichtsbehörde in Hamburg[246] bei der Erteilung von Sondernutzungserlaubnissen. Die öffentlichen Sachherrschaftsbefugnisse hinsichtlich der Straße wurden von den einschlägigen Bundes- und Landesstraßengesetzen größtenteils jedoch dem Träger der Straßenbaulast übertragen, was sich vor allem in der Zuständigkeit zur Widmungsverfügung zeigt.[247] In seltenen Fällen hat die Straßenaufsichtsbehörde die Widmung zu verfügen.[248] Sehen einige Landesstraßengesetze Konstellationen vor, in denen die Widmungsbehörde nicht Organ des Trägers der Straßenbaulast ist, so muss der Straßenbaulastträger zwingend zustimmen.[249]

Straßenbaubehörde, soweit nicht die Gemeinden Träger der Straßenbaulast für die Ortsdurchfahrten sind. Die Kreise und kreisfreien Städte sind nach § 43 Abs. 1 Nr. 2 StrWG NRW an Kreisstraßen Träger der Straßenbaulast und nach § 56 Abs. 2 Nr. 2 StrWG NRW auch zuständige Straßenbaubehörde, soweit nicht die Gemeinden Träger der Straßenbaulast für die Ortsdurchfahrten sind. Für Gemeindestraßen und Ortsdurchfahrten im Zuge von Landstraßen und Kreisstraßen werden die Aufgaben der Straßenbaubehörden von den Gemeinden wahrgenommen, wenn ihnen für diese auch die Straßenbaulast obliegt. Träger der Straßenbaulast an Gemeindestraßen sind die Gemeinden, § 47 Abs. 1 StrWG NRW. An Ortsdurchfahrten sind es Gemeinden dann, wenn eine Gemeinde mehr als 80.00 Einwohner zählt, § 44 Abs. 1 StrWG NRW. Ansonsten obliegt dem Land oder dem Kreis die Trägerschaft der Straßenbaulast, § 44 Abs. 4 StrWG NRW. Es ist also nicht vorgesehen, dass Straßenbaubehörde und Straßenbaulastträger unterschiedlichen Verwaltungsträgern zugeordnet werden. Zur „Personenidentität" am Beispiel der Widmungsverfügung *Hengst/Majcherek*, StrWG NRW Kommentar, § 6 (11.2013), Rn. 3.1.

244 So im Zusammenhang der Widmungsverfügung *Hengst/Majcherek*, StrWG NRW Kommentar, § 6 (11.2013), Rn. 3.1.

245 § 18 Abs. 4 S. 1 BremLStrG.

246 § 19 Abs. 7 S. 2 HWG.

247 So *Papier*, in: Erichsen/Ehlers, AVR, § 40 Rn. 24; zur Zuständigkeit aber der Straßenbaubehörden siehe § 6 Abs. 2 Nr. 1 SächsStrWG, § 5 Abs. 2 StrG BW, Art. 6 Abs. 2 S. 1 BayStrWG, § 6 Abs. 2 S. 1 BbgStrG, § 5 Abs. 1 S. 1 BremLStrG.

248 *Papier*, aaO verweisend auf die Rechtslage in Niedersachsen für den Fall, dass eine nicht dem Land oder sonstigen Gebietskörperschaft gehörende Straße für den öffentlichen Verkehr gewidmet werden soll, so nach § 6 Abs. 1 S. 2 NStrG.

249 *Papier*, aaO mwN; siehe z.B. § 6 Abs. 2 S. 2 StrWG NRW. Im FStrG ist nach § 5 Abs. 1 Träger der Straßenbaulast der Bund, die Widmung verfügt nach § 2 Abs. 6 S. 1 die jeweils oberste Landesstraßenbaubehörde. Nach § 2 Abs. 6 S. 3 muss das

Nach traditionell preußischem Verständnis wurde die Straßenaufsichtsbehörde noch als öffentlicher Sachherr angesehen[250], da sie vergleichbar mit der damaligen Wegepolizei[251] noch die herrschaftsausübende Behörde war.[252] Der Unterhaltungspflichtige wurde ihr gegenüber nicht als Träger öffentlicher Gewalt, sondern als selbst gewaltunterworfener in Erfüllung ordnungsrechtlicher Pflichten tätig.[253] Die mit der Bau- und Unterhaltungslast als Amtspflicht betroffenen Körperschaften werden aber nunmehr selbst hoheitlich tätig[254], sodass öffentlicher Sachherr auch stets der Träger der Straßenbaulast beziehungsweise die Straßenbaubehörde ist. Die Straßenaufsichtsbehörde übt de lege lata keine „direkten" Hoheitsbefugnisse mehr aus. Sie überwacht, ob der Straßenbaulastträger seine Pflichten erfüllt[255], und zwar als einzig verbliebene materiell wegeherrschaftliche Aufgabe im Rahmen einer Rechtsaufsicht.[256]

(2) Unterhaltungspflichtiger

Unterhaltungspflichtig in Bezug auf den Straßenbestand ist der Träger der Straßenbaulast.[257] Dies reicht von der Herstellung neuer Straßen bis hin zur

---

Bundesministerium für Verkehr als Organ des Trägers der Straßenbaulast zustimmen. Eigene Straßenbaubehörden hat der Bund als Baulastträger also nicht.

250 Jeweils einhergehend mit der Änderung des OBG im Jahre 1956 von „Wegepolizei" in „Wegeaufsicht", ferner mit Fassung der diversen Landesstraßengesetze von „Wegeaufsicht" in „Straßenaufsicht", siehe im Einzelnen *Brohl*, DVBl. 1962, 392.

251 *Brohl*, DVBl. 1962, 392, 392 f. weist allerdings darauf hin, dass zwischen der Wegepolizei und der Wegebaupolizei unterschieden werden muss und vielmehr die Wegebaupolizei Rechtsvorgänger der Straßenaufsicht sei. Diese Differenzierung könne aber deshalb außen vor bleiben, da der Rechtsvorgänger der Straßenaufsichtsbehörde in jedem Fall die herrschaftsausübende Behörde war.

252 Siehe zur Aufgaben- und Kompetenzverteilung im preußischen Recht *Salzwedel*, DöV 1963, 241, 248 f. Es gab die sachherrschaftsausübende Wegepolizei und den Wegebaupflichtigen, der heute mit dem Straßenbaulastträger zu vergleichen ist.

253 *Papier*, in: Erichsen/Ehlers, AVR, § 40 Rn. 44.

254 Siehe *Papier*, in: Erichsen/Ehlers, AVR, § 40 Rn. 47 mwN, der auf das Land Hessen als Ausnahme hinweist.

255 Siehe beispielsweise § 53 StrWG NRW.

256 *Papier*, Recht der öffentlichen Sachen, S. 70.

257 Siehe generalklauselartig § 9 Abs. 1 S. 1 StrWG NRW: „Die Straßenbaulast umfasst alle mit dem Bau und der Unterhaltung zusammenhängenden Aufgaben." Satz 2 ordnet an, dass die Straßen in einem dem regelmäßigen Verkehrsbedürfnis ordnungsgemäßen Zustand „zu bauen, um- und auszubauen, zu erweitern oder sonst zu verbessern oder zu unterhalten" sind. Eine ähnliche Regelung enthält z.B. § 3 Abs. 1 FStrG.

Erweiterung, Instandhaltung, Verbesserung und Verlegung bestehender Straßen von der Planung an bis hin zur Ausstattung der Straße mit Zubehör. Die Unterhaltungspflicht umfasst sogar eine verkehrsmäßige Reinigungspflicht, die zur Beseitigung von Verkehrshindernissen verpflichtet.[258]

Diese Unterhaltspflicht entsteht mit der Widmung des Straßenkörpers zur Straße[259], wobei das Gesetz und nicht die Widmung die Baulastträgerschaft bestimmt.[260] Beispielhaft genannt seien die §§ 43, 44, 45 und 47 StrWG NRW. Für Landstraßen ist beispielsweise das Land Träger der Straßenbaulast, siehe § 43 Abs. 1 Nr. 1 StrWG NRW, und somit unterhaltungspflichtig. Nach § 43 Abs. 2 StrWG NRW nimmt der Landesbetrieb Straßenbau die Aufgaben des Trägers der Straßenbaulast für das Land NRW wahr.

(3) Zusammenfassung

Grundsätzlich üben der Träger der Straßenbaulast respektive die Straßenbaubehörde die sachherrschaftlichen, hoheitlichen Befugnisse an der Straße aus. Der Träger der Straßenbaulast ist auch regelmäßig bau- und unterhaltungspflichtig. Die Straßenaufsichtsbehörde hat diesem gegenüber eine Rechtsaufsicht inne. Beteiligt an straßenrechtlich relevanten Prozessen kann zusätzlich ein von straßenrechtlichen Maßnahmen betroffener Privater sein.

2. *Straßenrechtliche Widmung und deren Rechtsfolgen*

Die Widmung im Straßenrecht wird als Inhalts- und Schrankenbestimmung im Sinne von Art. 14 Abs. 1 S. 2 GG angesehen, falls die Widmung ein im Privateigentum stehendes Grundstück betrifft. Die Widmung ist nach den Straßengesetzen nicht als Enteignung ausgestaltet. Es muss entweder das Einverständnis des Eigentümers oder des sonstigen dinglich Berechtigten zur Widmung vorliegen, oder der Träger der Straßenbaulast hat das betreffende Grundstück zu erwerben. Anderenfalls ist ein gesondertes Enteignungsverfahren möglich.[261] Die Zustimmung bindet auch etwaige Rechtsnachfolger.[262] Fehlt eine solche, führt dies nicht zur Nichtigkeit, sondern zur Anfechtbarkeit der Widmung.[263]

---

258 Siehe im Einzelnen *Papier*, in: Erichsen/Ehlers, AVR, § 40 Rn. 40–43, jeweils mwN.

259 *Hengst/Majcherek*, StrWG NRW Kommentar, § 6 (11.2013), Rn. 2.1.1; *Papier*, in: Erichsen/Ehlers, AVR, § 40 Rn. 22 mwN.

260 *Papier*, in: Erichsen/Ehlers, AVR, § 40 Rn. 23.

261 Insgesamt *Sauthoff*, Öffentliche Straßen, Teil 1 Rn. 136.

262 *Papier*, in: Erichsen/Ehlers, AVR, § 40 Rn. 54 mwN.

263 Statt aller *Pappermann/Löhr/Andriske*, Recht der öffentlichen Sachen, S. 31 f. mwN.

a) *Widmungsakt*

Die einschlägigen Straßengesetze des Bundes und der Länder schreiben eine förmliche Widmung vor. Als regelmäßige Rechtsform ist die Widmung durch Verwaltungsakt vorgesehen, der als „Ausdruck der Rechtssicherheit" öffentlich bekanntzumachen ist.[264]

Nach einigen Landesstraßengesetzen ist der Rechtsakt der Widmung nach der tatsächlichen Indienststellung entbehrlich, die Widmung wird fingiert („gilt").[265] Auch kann die Widmung in einem Planfeststellungsverfahren, soweit dieses für den Bau oder eine wesentliche Änderung einer öffentlichen Straße erforderlich ist, mit der Maßgabe verfügt werden, dass sie mit Verkehrsübergabe wirksam ist[266]. Eine Widmung allein durch konkludentes Verhalten ist im Straßenrecht nicht möglich.[267]

b) *Rechtsfolgen der Widmung*

Durch die Widmung erhält die Straße ihre Eigenschaft als öffentliche Sache, denn gerade auch im Straßenrecht stellt die Widmung eine öffentliche Belastung des Privateigentums dar, das von dem öffentlichen Sachstatus der Straße überlagert wird.[268] Die bürgerlich-rechtlichen Ansprüche des jeweiligen Sacheigentümers aus seinem Eigentum werden durch den öffentlichen Rechtsstatus eingeschränkt, die Straße unterliegt damit den Bindungen des einschlägigen öffentlichen Rechts.[269] Gesetzliche Folge der Widmung ist die Eröffnung des Gemeingebrauchs für die Allgemeinheit.[270] Damit korrespondieren gleichzeitig Herrschaftsrechte des öffentlichen Sachherrn. Die zuständige Behörde ist aufgrund

---

264 So *von Danwitz*, in: Schoch, BesVerwR, 7. Kap. Rn. 20 mit Verweis auf die einschlägigen gesetzlichen Regelungen zur Widmung, namentlich § 2 FStrG; § 6 StrWG NRW; § 5 StrG BW; Art. 6 BayStrWG; § 3 BerlStrG; § 6 BbgStrG; § 5 BremLStrG; § 6 HWG, § 4 HStrG; § 7 StrWG-MV; § 6 NStrG; § 36 LStrG RP; § 6 StrG SL; § 6 SächsStrG; § 6 StrG LSA; § 6 StrWG SH; § 6 ThürStrG.

265 Siehe dazu mit insgesamt umfassenden Nachweisen *von Danwitz*, in: Schoch, BesVerwR, 7. Kap. Rn. 43.

266 *Papier*, in: Erichsen/Ehlers, AVR, § 40 Rn. 11 mwN.

267 So für NRW *Hengst/Majcherek*, StrWG NRW Kommentar, § 6 (11.2013), Rn. 2.2.1.

268 Statt aller *Herber*, in: Kodal, Straßenrecht, Kap. 6 Rn. 17 ff., Kap. 8 Rn. 8; zur Anwendbarkeit des zivilrechtlichen Sachbegriffs *Herber*, aaO Kap. 6 Rn. 14; zum Vergleich der Belastung mit einer Dienstbarkeit speziell für das Straßenrecht statt aller *von Danwitz*, in: Schoch, BesVerwR, 7. Kap. Rn. 19; gegen diesen Vergleich siehe nur *Axer*, Die Widmung als Schlüsselbegriff des Rechts der öffentlichen Sachen, S. 114 ff.

269 Vgl. *Herber*, in: Kodal, Straßenrecht, Kap. 8 Rn. 4.

270 *Herber*, aaO Rn. 9.

der mit der Sachherrschaft verbundenen Wegehoheit berechtigt, „alle zur Verwirklichung des Widmungszweckes gebotenen Maßnahmen durchzuführen“[271]. Gesetzlich geregelt ist dies in den Straßengesetzen so ausdrücklich aber nicht. Am repräsentativen Beispiel des § 6 Abs. 6 StrWG NRW:

> *„Durch privatrechtliche Verfügungen oder durch Verfügungen im Wege der Zwangsvollstreckung oder der Enteignung über die der Straße dienenden Grundstücke oder Rechte an ihnen wird die Widmung nicht berührt.“*

zeigt sich nur der rechtliche Bestandsschutz der öffentlichen Sache, dass die straßenrechtliche Widmung von zivilrechtlichen Verfügungen nicht berührt wird. Zudem wird die Widmung durch Rechte an den Straßengrundstücken nicht berührt. Während im Straßenrecht wie im Allgemeinen die Rechtsfolge, dass durch die Widmung eine besondere öffentliche Sachherrschaft entsteht, mitunter mit der „Theorie vom modifizierten Privateigentum“ ohne normative Anknüpfung begründet wird[272], sehen andere diese Theorie explizit in Regelungen wie § 6 Abs. 6 StrWG NRW normativ konkretisiert.[273] Welche Sicherungsmittel resultieren aber nun anerkanntermaßen hieraus?

(1) Sicherungsinstrumente für den öffentlichen Sachherrn

Es ergeben sich verschiedene Fallgruppen von Sicherungsinstrumenten, die den widmungsgemäßen Gebrauch gewährleisten. Diese werden in concreto anhand einiger Beispielsfälle dargestellt. Nach Eintritt der Bestandskraft einer Widmung[274]

---

271 So *von Danwitz*, in: Schoch, BesVerwR, 7. Kap. Rn. 19; siehe auch *Herber*, in: Kodal, Straßenrecht, Kap. 6 Rn. 13 mwN, der diese Befugnis schon anhand preußischer Vorgängerregelungen nachweist. Um die Schwierigkeiten des Dualismus aus Eigentum und Straßenbaulast zu lösen, regelten Bestimmungen, „dass dem Träger der Straßenbaulast die aus dem Eigentum an der Straße sich ergebenden Rechte und Pflichten ‚*der Ausübung nach*‘ zustehen.“

272 Unklar *Herber*, in: Kodal, Straßenrecht, Kap. 8 Rn. 8.

273 *Axer*, Die Widmung als Schlüsselbegriff des Rechts der öffentlichen Sachen, S. 108, § 6 Abs. 6 StrWG NRW sei „Ausdruck“ der Theorie vom modifizierten Privateigentum; vgl. auch die Gesetzesmaterialien vom *Landtag NRW*, 4. Wahlperiode, Drs. Nr. 10 v. 8.10.1958, S. 45, in deren Begründung zur damaligen Fassung als § 7 Abs. 4 von einem Entsprechen der Preußischen Rechtslehre und Rechtsprechung hinsichtlich der Widmung einer öffentlichen Straße sowie vom anerkannten Grundsatz die Rede ist, dass die öffentlich-rechtliche Zweckbestimmung einer Sache Vorrang vor ihrer bürgerlich-rechtlichen Eigenschaft habe.

274 Siehe *VG Augsburg*, Urt. v. 12.09.2012, - Au 6 K 12.462 -, juris Rn. 25 mwN, mit Ausführungen insbesondere auch zu den Rechtsfolgen des fehlenden Zustimmungserfordernisses. Für die Rechtsfolge der Nichtigkeit sei stets ein offenkundiger Fehler

besteht für andere Berechtigte am Straßengrundstück neben dem öffentlichen Sachherrn keine Möglichkeit mehr, sich gegen den widmungsgemäßen Gebrauch der Straße zu wehren.

(a) Störungsbeseitigungsansprüche bei Beeinträchtigung der Widmung öffentlicher Straßen

Der öffentliche Sachherr hat je nach Landesrecht und je nach im Einzelfall einschlägiger Norm in Bezug auf den widmungsgemäßen Gebrauch einen Herausgabeanspruch beziehungsweise einen Anspruch auf Abwehr, Beseitigung oder Unterlassen von Störungen gegen den Eigentümer oder Dritte an der öffentlichen Sache Straße, soweit der widmungsgemäße Gebrauch gestört wird. Die abstrakten Möglichkeiten der Widmungssicherung als Widmungsfolge im Straßenrecht lassen sich gut anhand eines Beispiels einer Straßensperre aufzeigen.

In einem vom VG München entschiedenen Fall wurde der Gemeingebrauch an einer Straße durch das Aufstellen eines Wohnmobils und eines Bauzaunes erschwert respektive teilweise unmöglich gemacht.[275] Es wurden zwei Grundstücke tatsächlich als Bestandteil einer Ortsstraße benutzt. Der alte Eigentümer der Grundstücke kennzeichnete den Verlauf der Grenzen mit weißen Strichen auf den Straßengrund und markierte zugleich „Stellplätze" auf die Grundstücke, die er mit dem Schriftzug „privat" versah. Ein Wohnmobil wurde in einem der markierten „Stellplätze" unmittelbar im Einmündungsbereich geparkt, sodass die von der Öffentlichkeit genutzte Straße zur Hälfte versperrt war. Darüber hinaus hatte einer der neuen Eigentümer der beiden Grundstücke den genutzten Straßenteil, der über sein Grundstück führte, mit einem Bauzaun abgesperrt.

Der Umstand, dass zwar das Markieren der Flächen mit weißer Farbe als rechtmäßig[276], jedoch das Versperren der Straße sowohl mit dem Wohnmobil[277]

Voraussetzung. Eine mangelnde Zustimmung sei zwar ein Fehler, die Offenkundigkeit aber eine Frage des Einzelfalls (im Fall verneint), siehe dazu aaO Rn. 28 ff.

275 Siehe insgesamt *VG München*, Beschl. v. 03.11.1998 - M 6 S 98.4499 -, juris.

276 Das Markieren der Grundstücke mit weißer Farbe wurde durch eine auf (nach allgemeiner sicherheitsrechtlicher Befugnisnorm in Bayern) Art. 7 Abs. 2 Nr. 2 LStrVG i.V.m. § 32 Abs. 1, § 49 Abs. 1 Nr. 27 StVO gestützte Beseitigungsverfügung angegriffen. Nach Ansicht des *VG München* stellte das Markieren mit weißer Farbe jedoch kein Verkehrshindernis dar, aaO Rn. 29.

277 Das Versperren einer tatsächlichen öffentlichen Straße sei eine Ordnungswidrigkeit nach dem gegenüber § 32 StVO speziellerem § 12 StVO (i.V.m. § 49 Abs. 1 Nr. 12 StVO), vgl. aaO Rn. 33.

als auch mit dem Bauzaun[278] als rechtswidrig erachtet wurde[279], zeigt die faktische öffentliche Sachherrschaft am Straßenkörper. Somit bestand ein Anspruch auf Entfernung des Wohnmobils und des Bauzaunes.[280]

Diese Sicherungsinstrumente stehen sogar dann zur Verfügung, wenn der Straßenkörper nur faktisch für den Gemeingebrauch benutzt wird (sog. tatsächlich öffentliche Straße[281]). Die gehobene Rechtsstellung des straßenrechtlichen Hoheitsträgers wird auch dadurch evident, dass der Eigentümer in einem Akt der Selbsthilfe den öffentlichen Verkehr nicht unterbinden darf, wenn er oder der Voreigentümer einen Gemeingebrauch zugelassen oder geduldet haben. Ein Eigentümer ist jedoch nicht zur Duldung eines tatsächlich öffentlichen Verkehrs verpflichtet, soweit keine straßenrechtliche Widmung vorliegt.[282]

(b) Besitzrecht zur Aufrechterhaltung des Widmungszwecks

Neben den Sicherungsinstrumenten zur Wiederherstellung oder Aufrechterhaltung des Widmungszwecks kommt ein Besitzrecht des öffentlichen Sachherrn in Betracht, sofern dieser Herausgabeansprüchen oder Ansprüchen auf Unterlassung des widmungsgemäßen Gebrauchs ausgesetzt ist. Dieses Recht zum Besitz erschöpft sich ebenfalls im Rahmen des straßenrechtlichen Widmungszwecks. Somit kann der Sacheigentümer gegen den Straßenbaulastträger als öffentlichen

---

278 Der Bauzaun stellte ein Verkehrshindernis im Sinne des § 32 StVO dar, aaO Rn. 38.

279 Zur Begründung, dass der Eigentümer nicht einfach die Straße sperren darf, werden die §§ 859 Abs. 3, 229 BGB entsprechend angewandt. Etwaige Herausgabe- oder Unterlassungsansprüche des Eigentümers wegen fehlender Widmung der Straßenfläche seien gerichtlich durchzusetzen, siehe *VG München*, Beschl. v. 03.11.1998 - M 6 S 98.4499 -, juris Rn. 26.

280 In diesem Beispiel muss außer Betracht bleiben, dass nicht ein straßenrechtlicher öffentlicher Sachherr nach dem StrWG handelte, sondern die untere Straßenverkehrsbehörde auf Grundlage der StVO aus Gründen der Sicherheit und Leichtigkeit des Verkehrs. Das Beispiel soll die Sicherungsinstrumente als Widmungsfolge abstrakt aufzeigen. Inwiefern ein straßenrechtlicher öffentlicher Sachherr berufen ist, wird bei den Ermächtigungsgrundlagen zur Sicherung des widmungsgemäßen Gebrauchs erörtert.

281 Unter tatsächlich öffentlichen Verkehrsflächen im Sinne von § 1 StVG und § 1 StVO fallen alle Flächen, die der Allgemeinheit zu Verkehrszwecken offen stehen, auch wenn sie straßenrechtlich nicht gewidmet sind, jedoch mit Zustimmung des Berechtigten dem Gemeingebrauch ohne Rücksicht auf die Eigentumsverhältnisse überlassen wurden, so das *VG München*, Beschl. v. 03.11.1998 - M 6 S 98.4499 -, juris Rn. 25 mwN.

282 Siehe dazu *VG München*, aaO Rn. 26 mwN.

Sachherrn keinen Herausgabeanspruch aus § 985 BGB durchsetzen.[283] Dasselbe gilt gegenüber solchen Besitzern, die den Besitz kraft öffentlich-rechtlicher Sondernutzungserlaubnis ausüben.[284] Bei der Inanspruchnahme nicht gewidmeter Grundstücksflächen für eine öffentliche Straße ergibt sich für den dinglich Berechtigten ein Herausgabeanspruch auf Grundlage eines Folgenbeseitigungsanspruchs.[285]

Auch hier soll abschließend ein Beispiel das aufgrund der Widmung bestehende Besitzrecht zugunsten des öffentlichen Sachherrn verdeutlichen. Ist ein Seitenstreifen in eine straßenrechtliche Widmung einbezogen, kann dieser vom Eigentümer nicht mehr baulich genutzt werden.[286] Streit entstand bezüglich einer geplanten Nutzung eines Seitenstreifens von 2m Breite und 30m Länge als Grünfläche für den Bau eines Hauses, da diese Fläche wirksam gewidmet worden war.[287] Dem Anspruch auf Herausgabe des Grundstückstreifens aus § 985 BGB könne mit der wirksamen Widmung ein im öffentlichen Recht wurzelnder Rechtsgrund entgegengehalten werden.[288]

(c) Duldungspflicht für den Eigentümer des Straßengrundstückes

Für den Eigentümer des Straßengrundstücks ergibt sich korrespondierend zu den aus der Widmung folgenden Rechten des öffentlichen Sachherrn eine Duldungspflicht gemäß § 1004 Abs. 2 BGB. Das Eigentum am Straßengrund ist nicht nur den Beschränkungen im Sinne des § 903 S. 1 BGB, sondern auch den öffentlich-rechtlichen Beschränkungen unterworfen, die sich aus der durch Widmung

---

283 OLGR Rostock 2006, 526 f.; *Sauthoff*, Öffentliche Straßen, Teil 1 Rn. 135.

284 *Papier*, in: Erichsen/Ehlers, AVR, § 41 Rn. 12.

285 *VG München*, Urt. v. 26.10.2010 - M 2 K 10.2006 -, juris Rn. 27; siehe beispielhaft im Zusammenhang einer Folgenbeseitigung bei einem nicht ausgebautem öffentlichen Feld- und Waldweg *VG Augsburg*, Urt. v. 24.03.2004 - Au 6 K 02.1344 -, juris.

286 Siehe für das weitere Vorbringen *VG Minden*, Entsch. v. 14.07.2003 - 1K 1599/01 -, BeckRS 2005, 25335; zum Recht zum Besitz zugunsten des widmenden Hoheitsträgers siehe auch *VG Augsburg*, Urt. v. 12.09.2012 - Au 6 K 12.462 -, juris.

287 Die Widmung als solche war nicht eindeutig feststellbar. Diese ergab sich vorliegend aus der Normenkette § 60 S. 1 StrWG NRW, § 6 Abs. 8, Abs. 5 StrWG NRW durch bloßes Unterlassen, da gegen eine Verbreiterung der Straße keine Einwände erhoben wurden und § 6 Abs. 5 allein auf die Reaktion des Eigentümers abstellt, siehe *VG Minden*, Entsch. v. 14.07.2003 - 1K 1599/01 -, BeckRS 2005, 25335.

288 *VG Minden*, Entsch. v. 14.07.2003 - 1K 1599/01 -, BeckRS 2005, 25335: „Durch die Widmung hat die Beklagte die Befugnis erworben, die Eigentümerrechte soweit zurückzudrängen, wie dies für die Aufrechterhaltung des Widmungszweckes erforderlich ist".

begründeten öffentlichen Zweckbestimmung und den daraus resultierenden Bindungen ergeben.[289] Der aus der Widmung folgende Gemeingebrauch ist dabei ein Recht im Sinne des § 903 S. 1 BGB, mithin eine öffentlich-rechtliche Schranke für das zivilrechtliche Eigentum, die der Eigentümer zu dulden hat.[290] Diese Duldungspflicht besteht bezüglich solcher Sachnutzungen, die im Rahmen der öffentlich-rechtlichen Dienstbarkeit erfolgen. Wird eine Sache im Rahmen der Widmung genutzt, kann der Sacheigentümer selbst keine Unterlassungs- und Beseitigungsansprüche nach § 1004 BGB gegen den öffentlichen Sachherrn geltend machen.[291]

(2) Erhalt des Nutzungszwecks der Straße als straßenrechtliche Maxime

Neben diesen bei tatsächlichen Beeinträchtigungen existenten Sicherungsinstrumenten hat die straßenrechtliche Widmung auch zur Folge, dass der Erhalt der Straße in rechtlicher Hinsicht gesetzlich gesichert wird. Dem öffentlichen Zweck einer gewidmeten Straße wird Vorrang vor dem privatrechtlichen Veräußerungsverkehr eingeräumt.

(a) Zwangsvollstreckung

Aus § 2 Abs. 3 FStrG und entsprechenden landesgesetzlichen Regelungen[292] ergibt sich, dass die Zwangsvollstreckung in Straßengrundstücke die Widmung nicht berührt.[293]

(b) Zivilrechtliche Verfügungen hinsichtlich des straßenrechtlich gewidmeten Grundstückes

Ferner bleibt die straßenrechtliche Widmung hinsichtlich Verfügungen über das Straßengrundstück unangetastet. Der Eigentümer kann das Straßengrundstück

---

289 So *Herber*, in: Kodal, Straßenrecht, Kap. 6 Rn. 17.

290 Vgl. Palandt/*Bassenge*, BGB, § 903 Rn. 28; MüKoBGB/*Säcker*, § 903 Rn. 34.

291 Vgl. *Herber*, in: Kodal, Straßenrecht, Kap. 6 Rn. 17; *Papier*, in: Erichsen/Ehlers, AVR, § 41 Rn. 12 mwN.

292 Beispielsweise für NRW § 6 Abs. 6 StrWG NRW.

293 *Herber*, in: Kodal, Straßenrecht, Kap. 6 Rn. 17, verweist aber auch auf § 882a Abs. 2 S. 1 ZPO: „Die Zwangsvollstreckung ist unzulässig in Sachen, die für die Erfüllung öffentlicher Aufgaben des Schuldners unentbehrlich sind oder deren Veräußerung ein öffentliches Interesse entgegensteht".

zwar grundsätzlich veräußern.[294] Es verbleibt eine Restherrschaft im Sinne des § 903 BGB beim Eigentümer.

Bei Verfügungsgeschäften aber, die die öffentliche Sachherrschaft beeinträchtigen, wird diskutiert, ob diese nichtig[295] sind oder zumindest deren Realisierung unzulässig ist.[296] Nach dem jeweiligen Wortlaut der einschlägigen Straßengesetze wie z.B. § 6 Abs. 6 StrWG NRW bleibt die Widmung von Verfügungsgeschäften jeweils „unberührt". Die öffentlich-rechtliche Zweckbestimmung der Sache besteht demnach weiterhin.[297] Aus dem Wortlaut ergibt sich keine Nichtigkeit im Sinne von § 134 BGB bei „widmungswidrigen" Verfügungsgeschäften.

Mit Annahme einer Nichtigkeit wird einer verbreiteten Auffassung[298] widersprochen, wonach „widmungswidrige" Verfügungen wirksam sind, aber die Ausübung des Rechts unzulässig sein soll, solange die öffentlich-rechtliche Dienstbarkeit besteht. Die Rechtsausübung werde aber nachträglich zulässig, wenn die öffentlich-rechtliche Dienstbarkeit erlösche.

Für eine Annahme der Nichtigkeit spricht der Mangel einer Regelung über das Ruhen dinglicher Privatrechte sowohl im öffentlichen als auch im Privatrecht.[299] Ferner ist anerkannt, dass ein Wegerecht (als Grunddienstbarkeit) als Rechtsfolge einer straßenrechtlichen Widmung untergeht, wenn es „nach dem regelmäßigem Verlauf der Dinge ausgeschlossen scheint, dass die öffentliche Sache wieder entwidmet wird"[300]. Doch auch das ist nicht unumstritten.[301] Geht aber in einem solchen Fall ein bestehendes Wegerecht an einem straßenrechtlich gewidmeten Grundstück unter, so könnte man diesem Rechtsgedanken

---

294 *Sauthoff*, Öffentliche Straßen, Teil 1 Rn. 135; auch ist weiterhin die Einräumung privatrechtlicher Nutzungen durch den Eigentümer möglich, sofern der Gemeingebrauch nicht beeinträchtigt wird, siehe *Hengst/Majcherek*, StrWG NRW Kommentar, § 23 (11.2013), Rn. 1.3.

295 Statt aller *Pappermann/Löhr/Andriske*, Recht der öffentlichen Sachen, S. 19 mwN, ferner *Papier*, in: Erichsen/Ehlers, AVR, § 41 Rn. 7 mwN.

296 Zumindest für undurchsetzbar erklärend *Herber*, in: Kodal, Straßenrecht, Kap. 6 Rn. 15.1; ferner *Sauthoff*, Öffentliche Straßen, Teil 1 Rn. 135 mwN; siehe zum Streitstand *Axer*, Die Widmung als Schlüsselbegriff des Rechts der öffentlichen Sachen, S. 98 ff.

297 So vgl. *Sauthoff*, Öffentliche Straßen, Teil 1 Rn. 135.

298 Statt aller *Grupp*, in: Marschall, Kommentar zum BFStrG, § 2 Rn. 21 mwN, der dies aus § 2 Abs. 3 FStrG schließt.

299 *Papier*, in: Erichsen/Ehlers, AVR, § 41 Rn. 7; *Kluth*, in: Wolff/Bachof/Stober/Kluth, VwR II, § 76 Rn. 21.

300 *Sauthoff*, Öffentliche Straßen, Teil 1 Rn. 137 mwN.

301 *Sauthoff*, aaO mwN.

folgend die Verfügungsgeschäfte, die die öffentliche Sachherrschaft beeinträchtigen, konsequenterweise gar nicht erst für wirksam halten und somit als nichtig ansehen.[302]

c) Zusammenfassender Überblick zu den Widmungsfolgen

Das Straßenrecht vermeidet grundsätzlich den Konflikt, der zwischen privater und öffentlicher Sachherrschaft an derselben öffentlichen Sache besteht.[303] Denn die einschlägigen Straßen- und Wegegesetze schreiben vor, dass das Eigentum am Straßengrund in öffentlicher Hand liegen soll.[304] Wegen dieses Umstands ist im Straßenrecht schon Kritik an der Lehre vom Dualismus aufgekommen. Man stört sich daran, dass für öffentliche Straßen als sachenrechtliche Zuordnungskategorie das zivilrechtliche Eigentum beibehalten werde.[305]

Die Widmung der Straße und somit die darin festgelegte öffentliche Zweckbestimmung überlagert die private Sachherrschaft. Im Konkurrenzfall genießt die öffentliche Sachherrschaft Vorrang, die Widmung bleibt eben „unberührt". Die Befugnisse des Eigentümers des Straßengrundes oder anderer Berechtigter werden durch die Widmung hinsichtlich des Widmungszwecks verdrängt.[306] Es zeigt sich auch der Zweck des Rechts der öffentlichen Sachen, dass die Sache unbeschadet zivilrechtlicher Einflüsse für die Allgemeinheit erhalten bleiben soll.

Aus der Widmung resultieren somit Sicherungsinstrumente zur Gewährleistung des widmungsgemäßen Gebrauchs. Mit diesen Rechten des öffentlichen

---

302 A.A. und somit gegen eine Nichtigkeit vgl. *Axer,* Die Widmung als Schlüsselbegriff des Rechts der öffentlichen Sachen, S. 99 f.

303 Dazu allgemein auch *Lepsius*, Besitz und Sachherrschaft im öffentlichen Recht, S. 151, der von einer „ständigen Provokation" des zivilrechtlichen Eigentums durch die öffentlich-rechtliche Zweckbestimmung spricht, aaO S. 148.

304 Am Beispiel des Straßen- und Wegegesetzes NRW siehe § 6 Abs. 5, wonach der Träger der Straßenbaulast Eigentümer des der Straße dienenden Grundstücks sein muss oder aber Eigentümer oder sonstige dinglich Berechtigte der Widmung zugestimmt haben müssen. Anderenfalls kommt eine vertragliche Besitzübergabe oder Besitzeinweisung in Betracht. Ferner soll nach § 11 der Träger der Straßenbaulast das Eigentum an den der Straße dienenden Grundstücken erwerben; zu den Möglichkeiten des Eigentumserwerbs in diesem Zusammenhang generell *Herber*, in: Kodal, Straßenrecht, Kap. 6 Rn. 18 ff.

305 Siehe dazu *Herber*, in: Kodal, Straßenrecht, Kap. 6 Rn. 30 ff. mwN.

306 Ebenso siehe z. B. *Axer*, Die Widmung als Schlüsselbegriff des Rechts der öffentlichen Sachen, S. 108, der die aus der Widmung folgenden Befugnisse insgesamt mit denen eines zivilrechtlichen Eigentümers vergleicht, aaO S. 117 f.

Sachherrn an der Straße korrespondieren Duldungspflichten des Eigentümers, soweit dieser personenverschieden vom öffentlichen Sachherrn ist.

3. *Erlöschen der Rechte durch Einziehung*

Die soeben aufgezeigten Rechte und Pflichten, die sich aus der straßenrechtlichen Widmung ergeben, erlöschen als *actus contrarius* mit der Entwidmung, straßenrechtlich „Einziehung“ genannt.[307] Es erlischt in diesem Fall die besondere öffentliche Sachherrschaft am Straßengrund.

Die Einziehung im Straßenrecht ist von besonderen Voraussetzungen abhängig. Im FStrG bestimmt § 2 Abs. 4, dass eine Bundesstraße dann einzuziehen ist, wenn sie jede Verkehrsbedeutung verloren hat oder überwiegende Gründe des öffentlichen Wohls für ihre Beseitigung vorliegen. Eine Soll-Vorschrift ist beispielsweise in § 7 Abs. 2 StrWG NRW oder § 8 Abs. 1 NStrG enthalten, die die gleichen Voraussetzungen für eine Einziehung vorschreiben.[308] Auch sehen die Landesstraßengesetze eine Teileinziehung vor, wonach „die Widmung einer Straße nachträglich auf bestimmte Benutzungsarten, Benutzungszwecke oder Benutzerkreise (Beispiel: Benutzung einer Fußgängerstraße) beschränkt wird“[309].

4. *Grundlage und Durchsetzung straßenrechtlicher Sicherungsinstrumente*

Nachdem aufgezeigt wurde, welche Sicherungsinstrumente im Straßenrecht zur Gewährleistung des widmungsgemäßen Gebrauchs zur Verfügung stehen, wird im Folgenden die Durchsetzbarkeit dieser Sicherungsinstrumente behandelt. Zwar ist beispielsweise in § 6 Abs. 6 StrWG NRW ein Bestandsschutz des gewidmeten Straßenkörpers geregelt, sodass die Widmung vor dem zivilrechtlichen Veräußerungsverkehr geschützt wird. Es ist aber nicht allgemein geregelt, welcher Hoheitsträger aufgrund welcher Ermächtigungsgrundlage vorgehen kann, um tatsächliche Beeinträchtigungen zu beseitigen und so den widmungsgemäßen Gebrauch zu sichern.[310]

---

307 Statt aller *Kluth*, in: Wolff/Bachof/Stober/Kluth, VwR II, § 75 Rn. 32.

308 Zum Verfahren siehe *Papier*, in: Erichsen/Ehlers, AVR, § 40 Rn. 28.

309 *Papier*, in: Erichsen/Ehlers, AVR, § 40 Rn. 29.

310 Zur mangelnden Regelung tatsächlicher Beeinträchtigungen ebenfalls *Axer*, Die Widmung als Schlüsselbegriff des Rechts der öffentlichen Sachen, S. 108. Er bemängelt aaO S. 109 die wenn überhaupt erfolgte, dann knappe Auseinandersetzung mit der Frage, welche Befugnisse im Straßenrecht wie durchgesetzt werden, allerdings mit Verweis auf den sehr allgemein für alle öffentlichen Sachen gehaltenen Beitrag von

a) Handelnder Hoheitsträger

Als öffentlicher Sachherr kommen die Straßenaufsichtsbehörde, der Träger der Straßenbaulast und die Straßenbaubehörde (je nach Landesrecht zumeist als dessen Organ[311]) in Betracht. Ferner sind straßenrechtliche Maßnahmen mit Befugnissen aus den jeweiligen Straßen- und Wegegesetzen auch von straßenverkehrsrechtlichen Maßnahmen der Straßenverkehrsbehörden abzugrenzen, die aufgrund der StVO tätig werden.

Die Straßenaufsichtsbehörde könnte allenfalls dann vorgehen[312], wenn auch der Straßenbaulastträger im gegebenen Einzelfall die öffentliche Sachherrschaft durchzusetzen hat und dieser seinen Pflichten nicht nachkommt, vgl. § 53 Abs. 2 StrWG NRW.

Es liegt nahe, dem Straßenbaulastträger beziehungsweise der Sraßenbaubehörde grundsätzlich die Befugnis zum Tätigwerden zuzuschreiben, da ihnen umfassende Rechte und Pflichten eingeräumt wurden[313]. Es erscheint aber auch möglich, die allgemeine Ordnungsbehörde als zuständigen Hoheitsträger zur Störungsbeseitigung anzusehen.[314] Diese könnte aufgrund der ordnungsrechtlichen Generalklausel entsprechende Verfügungen erlassen. Ein Verstoß gegen die geltenden Straßen- und Wegegesetze durch beispielsweise das Sperren einer Straße stellt eine Verletzung der objektiven Rechtsordnung, also ordnungsrechtlich eine Gefahr für die öffentliche Sicherheit dar. Lassen sich jedoch spezielle Befugnisnormen für den straßenrechtlichen öffentlichen Sachherrn im einschlägigen StrWG finden, scheidet eine Zuständigkeit der allgemeinen Ordnungsbehörde aus Gründen der Generalität aus.[315] Dies wird in der Folge untersucht.

Pappermann/Löhr, JuS 1980, 191, 197. Eine Auseinandersetzung zu diesem Thema folgt an späterer Stelle für öffentliche Sachen allgemein in Kapitel 3.C.II.

311 Vgl. wiederum z.B. *von Danwitz*, in: Schoch, BesVerwR, 7. Kap. Rn. 13, 43.

312 Da diese de lege lata keine „direkten" Hoheitsbefugnisse mehr ausübt, dazu 3.B.I.1.b) (1) a.E.

313 Dazu auch nochmal 3.B.I.1.b)(1),(2).

314 Siehe *BVerwG*, DöV 1975, 208; So auch *Brohl*, DVBl. 1962, 392, 396 f.; siehe ferner *HessVGH*, Beschl. v. 10.10.1988 - 2 TG 2827/88 -, juris, der bei einer Sperrung eines öffentlichen Fußweges durch den Grundstückseigentümer mangels wegerechtlicher Spezialvorschrift die allgemeine Ordnungsbehörde als Gefahrenabwehrbehörde berufen sah. Für die Sachen im Verwaltungsgebrauch *Pappermann/Löhr*, JuS 1980, 191, 197 f.; insgesamt offen lassend *Schmidt-Jortzig*, NVwZ 1987, 1025, 1030.

315 Vgl. so auch *Pappermann/Löhr/Andriske*, Recht der öffentlichen Sachen, S. 101; ferner *Rhein*, OBG NRW, § 12 Rn. 2, für den beim Fehlen einer gesetzlichen Bestimmung, die die zuständige Behörde ausdrücklich als Sonderordnungsbehörde erklärt, die

Wenn sich eine straßenrechtliche Befugnisnorm finden lässt, ist gleichzeitig der darin berufene öffentliche Sachherr zuständig.

b) Befugnisnormen nach Straßenrecht

Neben dem geregelten Straßenrecht kommt das preußische Institut der „Inanspruchnahmeverfügung" als Grundlage diverser Sicherungsmittel in Betracht.

(1) Inanspruchnahmeverfügung

Im früheren preußischen Recht gab es das Institut der Inanspruchnahmeverfügung.[316] Es wurde teilweise auch noch nach Entstehung der Straßen- und Wegegesetze der Länder[317] als Generalermächtigung für anwendbar gehalten, die öffentliche Sachherrschaft an öffentlichen Sachen durchzusetzen.[318]

Das preußische Wegerecht unterschied zwischen der sogenannten Wegepolizei und Wegebaupflicht. Die Wegepolizei übte diejenigen Hoheitsbefugnisse aus, die die Wegeherrschaft ausmachten. Die unterhaltungspflichtigen Kommunen waren nicht herrschaftsbeteiligt, sondern herrschaftsunterworfen.[319] Die Wegepolizeibehörde konnte dann kraft der Inanspruchnahmeverfügung die öffentliche Sachherrschaft gegen den Eigentümer oder sonstigen dinglich Berechtigten durchsetzen.[320] Dieses genuin straßenrechtliche Institut wurde auf § 55[321] oder

---

allgemeine Ordnungsbehörde weiterhin zuständig ist, auch wenn die Materie sondergesetzlich geregelt ist.

316 Dazu *von Gemershausen/Seydel*, Wegerecht und Wegeverwaltung in Preußen, S. 508 mwN: „Jede polizeiliche Verfügung, mag sie auf Grund des § 55 oder des § 56 ZG erlassen worden sein, die Beseitigung eines Verkehrshindernisses, die Abwehr eines sonstigen Eingriffes in den Bestand des Weges oder die Unterhaltung zum Gegenstande haben, kann deshalb eine Inanspruchnahmeverfügung sein".

317 Dabei hat z. B. das Land Niedersachsen entsprechende Normen ausdrücklich in § 71 NStrG mit dessen Inkrafttreten außer Kraft gesetzt.

318 So noch grundsätzlich für alle öffentlichen Sachen annehmend *Salzwedel*, in: Erichsen, AVR, § 42 Rn. 10 mwN.

319 Siehe zur Passage *Salzwedel*, DöV 1963, 241, 248.

320 Ausführlich *von Gemershausen/Seydel*, Wegerecht und Wegeverwaltung in Preußen, S. 506 ff.; *Papier*, in: Erichsen/Ehlers, AVR, § 41 Rn. 9 mwN.; *Salzwedel*, DöV 1963, 241, 249.

321 Siehe den Wortlaut der Norm bei *Brohl*, DVBl. 1962, 392, 393: „Die Aufsicht über die öffentlichen Wege und deren Zubehörungen, sowie die Sorge dafür, dass den Bedürfnissen des öffentlichen Verkehrs in Bezug auf das Wegewesen Genüge geschieht, verbleibt in dem bisherigen Umfange den für die Wahrnehmung der Wegepolizei zuständigen Behörden. Sind dazu Leistungen erforderlich, so hat die Wegepolizei-

§ 56[322] des Gesetzes über die Zuständigkeit der Verwaltungs- und Verwaltungsgerichtsbehörden vom 1. August 1883 (PrZustG) gestützt[323]. Danach war die „Aufsicht über die öffentlichen Wege und deren Zubehörungen sowie die Sorge dafür, dass den Bedürfnissen des öffentlichen Verkehrs in Bezug auf das Wegewesen Genüge geschieht"[324], Aufgabe der Wegepolizei. Aus heutiger Sicht stellt die „Inanspruchnahmeverfügung" als Verfügung der Wegepolizei einen Verwaltungsakt dar.[325]

Zöge man den Rechtsgedanken des Preußischen Wegerechts auch noch heute heran, so wäre derjenige zum Erlass einer „Inanspruchnahmeverfügung" befugt, der die wegeherrschaftlichen Funktionen zu erfüllen hat. Demnach hätte je nach landesrechtlicher Regelung der Träger der Straßenbaulast oder die Straßenbaubehörde gegen diejenigen vorzugehen, die die öffentlich-rechtliche Dienstbarkeit beeinträchtigen.[326] Aus der engen Beziehung zwischen der Begründung der öffentlich-rechtlichen Dienstbarkeit und der Inanspruchnahme derselben sei nämlich zu schließen, dass der öffentliche Sachherr als Widmungsbehörde dann

behörde den Pflichtigen zur Erfüllung seiner Verbindlichkeit binnen einer angemessenen Frist aufzufordern und, wenn die Verbindlichkeit nicht bestritten wird, erforderlichen Falles mit den gesetzlichen Zwangsmitteln anzuhalten. Auch ist die zuständige Wegepolizeibehörde befugt, das zur Erhaltung des gefährdeten oder zur Wiederherstellung des unterbrochenen Verkehrs Nothwendige, auch ohne vorherige Aufforderung des Verpflichteten, für Rechnung desselben in Ausführung bringen zu lassen, wenn dergestalt Gefahr in Verzuge ist, daß die Ausführung der vorzunehmenden Arbeit durch den Verpflichteten nicht abgewartet werden kann."

322 § 55 oder aber § 56 PrZustG offen lassend *von Gemershausen/Seydel*, Wegerecht und Wegeverwaltung in Preußen, S. 508. Wortlaut des § 56: „Gegen die Anordnungen der Wegepolizeibehörde, welche den Bau und die Unterhaltung der öffentlichen Wege oder die Aufbringung und Vertheilung der dazu erforderlichen Kosten oder die Inanspruchnahme von Wegen für den öffentlichen Verkehr betreffen, findet als Rechtsmnittel innerhalb zwei Wochen der Einspruch an die Wegepolizeibehörde statt. (...)."

323 Preußische Gesetzessammlung von 1883, S. 237 ff.

324 Nochmal *Brohl*, DVBl. 1962, 392, 393.

325 Vgl. *von Gemershausen/Seydel*, Wegerecht und Wegeverwaltung in Preußen, S. 507 f.: „sie ist eine polizeiliche Verfügung im allgemeinen Sinne, welche mit einer bestimmten Anordnung für den einzelnen Fall an eine bestimmte Person erlassen wird und mit dieser Anordnung der Bestimmung des Weges Geltung verschaffen will".

326 Siehe *Salzwedel*, DöV 1963, 241, 249 f., der dieses aus der engen Beziehung zwischen der Widmung und Inanspruchnahme schließt; sogar grundsätzlich für alle öffentlichen Sachen annehmend wiederum *ders.*, in: Erichsen, AVR, § 42 Rn. 10.

auch für die Geltendmachung der Dienstbarkeit zuständig ist.[327] Lehnt man das ab, weil die Befugnis der Wegepolizei via „Inanspruchnahmeverfügung" vorzugehen deshalb entfallen sei, da die Wegepolizei untergegangen ist[328] und ferner die Straßenaufsichtsbehörde mit der Wegebaupolizei vergleichbar sei, so lässt sich dem entgegenhalten, dass zwar die Wegepolizei keinen Eingang in die Straßengesetze gefunden hat, dafür aber die Wegeherrschaft.[329] Und diese übt heute größtenteils der Träger der Straßenbaulast aus. Ferner befand zwar auch das Bundesverwaltungsgericht[330], Sachherrschaftsbefugnisse seien dem Straßenbaulastträger grundsätzlich nicht zugewiesen. Dies trifft jedoch nach Einführung von gesetzlichen Bestimmungen gerade über Sondernutzungen nicht mehr zu.[331] Die Inanspruchnahmeverfügung als eigenständiges, wegerechtliches Konstrukt ist schließlich deshalb abzulehnen, weil sie de lege lata nicht mehr geregelt ist.[332]

(2) Zuständigkeit bei Verstößen hinsichtlich des Gemeingebrauchs anhand des § 22 StrWG NRW

Ausdrücklich geregelt ist eine Sicherung des widmungsgemäßen Gebrauchs, konkret die Durchsetzung der öffentlichen Sachherrschaft zwar nicht. In allen Straßen- und Wegegesetzen der Länder sowie im FStrG ist jedoch eine Befugnisnorm vorhanden, die die unerlaubte Benutzung einer Straße regelt.[333] Beispielsweise ist nach § 22 S. 1, 2. Alt. StrWG NRW eine Eingriffsbefugnis dann gegeben, wenn der Erlaubnisnehmer seinen Verpflichtungen bezüglich der Sondernutzungserlaubnis nicht nachkommt. Die Regelungen über das unerlaubte

---

327 Vgl. *Salzwedel*, DöV 1963, 241, 249 f.; somit *Brohl*, DVBl. 1962, 392, 396, und *Nedden*, DöV 1959, 844, 847 f., widersprechend, die die allgemeine Ordnungsbehörde für zuständig halten; dagegen z.B. auch *Papier*, in: Erichsen/Ehlers, AVR, § 41 Rn. 9 mwN.

328 Aus diesem Umstand schlussfolgert *Brohl*, DVBl. 1962, 392, 396 f., dass dann die allgemeine Ordnungsbehörde nach 14 OBG NRW vorgehen könne und zwar in dem Maße, wie es zuvor der Wegepolizeibehörde nach § 56 PrZustG möglich war.

329 So zutreffend *Salzwedel*, DöV 1963, 241, 250 Fn. 43.

330 So noch *BVerwG*, DöV 1975, 208.

331 So auch *Papier*, in: Erichsen/Ehlers, AVR, § 41 Rn. 10.

332 Dagegen ebenfalls statt aller *Schmidt/Jortzig*, NVwZ 1987, 1025, 1030, Fn. 43; auch schon *Frotscher*, VerwArch 62 (1971), 153, 159 mwN.

333 Siehe bundesrechtlich § 8 Abs. 7a FStrG. Für NRW § 22 StrWG, siehe ferner § 16 Abs. 8 StrG BW; Art. 18a Abs. 1 BayStrWG; § 14 Abs. 1 BerlStrG; § 20 Abs. 1 BbgStrG; § 21 BremLStrG; § 19 Abs. 7 S. 2 HWG; § 17a Abs. 1 HStrG; § 25 Abs. 1 StrWG-MV; § 22 NStrG; § 41 Abs. 8 LStrG RP; § 18 Abs. 8 StrG SL; § 20 Abs. 1 SächsStrG; § 20 Abs. 1 S. 1, 3 StrG LSA; § 21 Abs. 7 StrWG SH; § 20 Abs. 1 ThürStrG.

Benutzen einer Straße könnten insgesamt eine allumfassende Befugnis für den öffentlichen Sachherrn beinhalten, den widmungsgemäßen Gebrauch bei Störungen aufrecht zu erhalten. Ob eine solche generelle Sicherungsbefugnis aus den Regelungen zur unerlaubten Benutzung einer Straße ableitbar ist, wird stellvertretend für die vergleichbaren straßenrechtlichen Bestimmungen durch Auslegung des § 22 StrWG NRW ermittelt.

(a) Wortlaut

Nach § 22 S. 1, 2. Hs. des StrWG NRW kann die für die Erteilung der Sondernutzungserlaubnis zuständige Behörde die erforderlichen Maßnahmen zur Beendigung der Benutzung anordnen, wenn „eine Straße ohne die erforderliche Erlaubnis benutzt wird" im Sinne des § 22 S. 1, 1. Hs. Was jedoch ein Benutzen der Straße „ohne die erforderliche Erlaubnis" konkret bedeutet, ergibt sich nicht aus dem Wortlaut des § 22 StrWG NRW.

(b) Systematik

Wann eine Straße „unerlaubt benutzt" wird, kann aus der Systematik der §§ 14, 18 und 22 StrWG NRW geschlossen werden.

§ 14 Abs. 1 S. 1 StrWG NRW legaldefiniert den Gemeingebrauch derart, dass der Gebrauch einer öffentlichen Straße jedermann „im Rahmen der Widmung und der verkehrsrechtlichen Vorschriften" gestattet ist. Demgegenüber bestimmt § 18 Abs. 1 S. 1 NRW, dass die Benutzung der Straßen über den Gemeingebrauch hinaus unbeschadet des in § 14a StrWG NRW geregelten Anliegergebrauchs Sondernutzung ist. Dann ist gemäß § 18 Abs. 1 S. 2 StrWG NRW eine Erlaubnis der Straßenbaubehörde erforderlich („bedarf"). Das Gesetz gibt vor, dass Sondernutzung und deshalb erlaubnispflichtig ist, was den Gemeingebrauch überschreitet, also nicht Gemeingebrauch ist. Somit ist dasjenige Benutzen einer Straße sondererlaubnispflichtig und ohne Sondernutzungserlaubnis eine unerlaubte Benutzung der Straße, was die Grenzen des Widmungsinhalts und der verkehrsrechtlichen Vorschriften überschreitet. Was genau macht aber den Gemeingebrauch aus?

Essentiell für den Gemeingebrauch ist der Verkehrsbezug. Der Gemeingebrauch umfasst in seiner verkehrstechnischen Funktion das Benutzen einer Straße zur Fortbewegung im Sinne einer Ortsveränderung unter Einschluss des ruhenden Verkehrs.[334] Der erlaubnisfreie Gemeingebrauch ist von der erlaubnispflichtigen Sondernutzung danach abzugrenzen, zu welchem Zweck die Straße

334 Siehe *Schoch*, Jura 2013, 911, 912.

benutzt wird. Entscheidend soll dabei das objektive Verkehrsverhalten und nicht die innere Motivation des Straßenbenutzers sein.[335]

Eine Störung des Widmungszwecks, wie etwa durch eine Straßensperre, kann also kein Gemeingebrauch mehr sein. Der Störer bewegt sich nicht mehr „im Rahmen der Widmung" im Sinne des § 14 Abs. 1 S. 1 StrWG NRW[336]. Fraglich ist nun noch, ob eine Straßensperre beispielsweise mit Hindernissen auch ein „Benutzen" im Sinne des § 18 Abs. 1 S. 1 StrWG NRW darstellt. Da eine Handlung im Straßenrecht nur Gemeingebrauch oder Sondernutzung sein kann, muss eine Störung des widmungsgemäßen Gebrauchs stets eine Sondernutzung sein.[337]

(c) Historie und Telos

Im damaligen preußischen Gebiet hatte die Wegepolizei Sorge dafür zu tragen, dass „den Bedürfnissen des öffentlichen Verkehrs"[338] Genüge getan wird. Sah man darin grundsätzlich eine Eingriffsbefugnis, gegen Störungen des öffentlichen Verkehrs als widmungswidrigen Gebrauch vorgehen zu können[339], so ergibt sich das gleiche nun sinngemäß aus der Systematik des StrWG NRW. Wenn der widmungsgemäße Gemeingebrauch gestört wird, sei es durch Findlinge, Straßensperren oder abgestellte Wohnwagen, wäre auch im Sinne der preußischen straßenrechtlichen Vorgängerregelungen „den Bedürfnissen des öffentlichen Verkehrs" nicht mehr „Genüge getan".

(d) Zwischenergebnis

Folglich ergibt sich bei Störungen des widmungsgemäßen Gebrauchs eine generelle Zuständigkeit des straßenrechtlichen öffentlichen Sachherrn aus den Stra-

---

335 *Schoch*, aaO.

336 Vgl. auch *Hengst/Majcherek*, StrWG NRW Kommentar, § 14 (11.2013), Rn. 1. Vgl. ferner im Zusammenhang eines verkehrswidrig abgestellten, nicht zugelassenen KfZ *OVG Münster*, DöV 2004, 800, 801; zur gleichen systematischen Auslegung kommt statt aller *Schoch*, Jura 2013, 911, 923: „Ob eine Sondernutzungserlaubnis ‚erforderlich' ist, hängt davon ab, dass im konkreten Fall kein Gemeingebrauch vorliegt".

337 Dies gilt wohl nur für das Nutzen der Straßenoberfläche. So sei die Inanspruchnahme öffentlicher Straßen zum Verlegen von Kabelleitungen im Straßenkörper zwar außerhalb des Gemeingebrauchs, aber in den meisten Fällen aufgrund einer nur kurzweiligen Beeinträchtigung auch kein Sondergebrauch. Das Leitungsführungsrecht richte sich dann nach Zivilrecht, dazu insgesamt *Scheidler*, LKRZ 2014, 319, 319 f.

338 Zu den gesetzlichen Regelungen siehe *Brohl*, DVBl. 1962, 392, 393 mwN.

339 So noch *Salzwedel*, u.a. in DöV 1963, 241, 249.

ßen- und Wegegesetzen, für NRW aus § 22 StrWG.[340] Dies ist deshalb der Fall, weil Störungen des Gemeingebrauchs grundsätzlich als erlaubnispflichtige Sondernutzungen zu qualifizieren sind.[341] Grundlage der Sicherungsmittel ist damit wegen Generalität grundsätzlich nicht die ordnungsrechtliche Generalklausel.[342] Die aufgezeigten Sicherungsinstrumente können in zahlreichen Einzelfällen dogmatisch auf die jeweilige Norm zur unerlaubten Benutzung einer Straße gestützt werden. Insbesondere ist in einigen Landesstraßengesetzen im Rahmen

---

340 Offenlassend *Hengst/Majcherek*, StrWG NRW Kommentar, § 22 (11.2013), Rn. 2 mwN, die auf einen Fall zur Störung des Gemeingebrauchs verweisen, in dem als Rechtsgrundlage § 22 S. 1 StrWG NRW *bzw.* 14 Abs. 1 OBG herangezogen wurden.

341 Vgl. *OVG Münster*, Beschl. v. 14.08.2012 - 11 A 2180/10 -, juris Rn. 3; so ohne Auslegung auch *Schönenbroicher*, in: ders./Heusch, Kommentar zum OBG NRW, § 1 Rn. 80, § 22 S. 1 StrWG NRW als „Eingriffsgrundlage bei Überschreitung des Gemeingebrauchs (Störung)"; allgemein zu dieser Abgrenzung zwischen Sondernutzung und Gemeingebrauch im Sinne des Auslegungsergebnisses auch schon *Hardinghaus*, Öffentliche Sachherrschaft und öffentliche Sachwaltung, S. 23 mwN; *Häde*, JuS 1993, 113, 116; klarstellend bezüglich des mit § 22 StrWG NRW inhaltsgleichen § 8 Abs. 7a FStrG als „eigene Befugnis zum hoheitl. Einschreiten bei unzulässiger Benutzung von Bundesfernstraßen" auch *BVerwG*, DöV 1975, 208; so auch mit Bezug auf § 8 Abs. 7a FStrG *Papier*, in: Erichsen/Ehlers, § 41 Rn. 10, der jedoch den Befugten offen lässt: entweder der öffentliche Sachherr „oder die allgemeine Ordnungsbehörde können das entsprechende Verhalten durch einseitige Herausgabe, Unterlassungs- oder Beseitigungsverfügung durchsetzen", aaO Rn. 11; hinsichtlich § 8 Abs. 7a FStrG für dessen Anwendungsbereich ohne nähere Begründung schließlich statt aller *Schmidt-Jortzig*, NVwZ 1987, 1025, 1030; vgl. insgesamt zur Abgrenzung vom Gemeingebrauch zur Sondernutzung *Erbguth*, AVR, § 31 Rn. 7; *Axer*, Die Widmung als Schlüsselbegriff des Rechts der öffentlichen Sachen, S. 118 f., 121, will als Grundlage zur Aufrechterhaltung des Gemeingebrauchs die §§ 985, 1004 BGB analog heranziehen. Eine Analogie scheide aber aus, wenn spezielle Regelungen wie zur Sondernutzung bestünden. Diese Ansicht beruht wohl auf seine Annahme, dass nicht alle faktischen Störungen im Straßenrecht aufgrund einfachen Gesetzesrechts lösbar sind, vgl. dazu aaO S. 112; a.A. insgesamt zur Durchsetzung der öffentlichen Sachherrschaft *Salzwedel*, u.a. in: Erichsen, AVR, § 42 Rn. 10. Diesbezüglich ist seine Folgerung konsequent, dass das, was über den individuellen Gemeingebrauch hinausgeht, keine Sondernutzung sei, sondern unzulässiger individuellller Gemeingebrauch, *Salzwedel*, ZfW 1962, 73, 76, 89.

342 So auch *OVG Münster*, Beschl. v. 14.08.2012 - 11 A 2180/10 -, juris Rn. 3, das im Anwendungsbereich des § 22 StrWG NRW den § 14 OBG für gesperrt hält; *NdsOVG*, NVwZ-RR 1996, 247, 248; *Schoch*, Jura 2013, 911, 923.

dieser Regelung zudem explizit das verbotswidrige Abstellen von Gegenständen tatbestandlich integriert.[343]

Als öffentlicher Sachherr zuständig ist der in der jeweiligen Norm berufene Hoheitsträger. „Die für die Erlaubnis zuständige Behörde“ kann dabei je nach landesrechtlicher Ausgestaltung variieren. Zumeist ist dies der Träger der Straßenbaulast[344] oder die Straßenbaubehörde. Bezogen auf den widmungsgemäßen Gebrauch nimmt der Straßenbaulastträger somit umfassende Herrschaftsbefugnisse wahr.[345]

Man könnte die jeweilige Behörde aber auch nicht nur wegen der Interpretation einer Störung des Gemeingebrauchs als unzulässige Sondernutzung für zuständig halten, sondern auch im Wege eines „erst Recht“-Schlusses: Wer schon

---

343 Es kann dann insbesondere das Entfernen dieser Gegenstände als Beendigung der illegalen Sondernutzung angeordnet werden kann, siehe ohne normativen Nachweis *Schoch*, Jura 2013, 911, 923 f. mwN; zu entsprechenden gesetzlichen Regelungen siehe Art. 18a Abs. 1 BayStrWG (verbotswidriges Abstellen von Autowracks oder anderen Fahrzeugen); § 14 Abs. 1 BerlStrG (unerlaubtes Benutzen einer Straße oder verbotswidriges Abstellen von Gegenständen); § 20 Abs. 1 BbgStrG spricht vom verbotswidrigen Abstellen von Autowracks oder Gegenständen, genauso § 17a Abs. 1 HStrG und § 20 Abs. 1 ThürStrG; ähnlich § 20 Abs. 1 S. 1 StrG LSA, der eine Eingriffsbefugnis auch bei verbotswidrigem Abstellen von Fahrzeugen oder anderen Gegenständen vorsieht; § 20 Abs. 1 SächsStrG regelt in diesem Zusammenhang das verbotswidrige Abstellen von Autowracks, insbesondere Gegenständen. Das StrWG-MV sieht in § 25 Abs. 1 eine Eingriffsbefugnis für den öffentlichen Sachherrn auch beim verbotswidrigen Abstellen von Autowracks, Schutt, Müll oder anderen Gegenständen vor. In Bremen bestimmt § 21 BremLStrG eine grundsätzliche Folgenbeseitigungspflicht, bei unzulässigen Handlungen die Folgen dieser Handlungen zu beseitigen und den ordnungsgemäßen Zustand wiederherzustellen. In § 19 Abs. 7 S. 2 des HWG ist allgemein von einer Unvereinbarkeit mit dem Gemeingebrauch die Rede.

344 Diese stets als öffentlichen Sachherrn annehmend *Axer*, Die Widmung als Schlüsselbegriff des Rechts der öffentlichen Sachen, S. 118; differenzierend *Schmidt-Jortzig*, NVwZ 1987, 1035, 1030: Bei Beeinträchtigungen hinsichtlich Sondernutzungen Straßenbaulastträger, bei sonstigen Beeinträchtigungen allgemeine Ordnungsbehörde.

345 Diese „quasi“ Eigentümerstellung ist gesetzlich auch vielfach vorgesehen, siehe nur § 19 Abs. 1 StrWG-MV, wonach dem Träger der Straßenbaulast die Ausübung der Rechte des Eigentümers zusteht, und zwar zur „Aufrechterhaltung des Gemeingebrauchs und die Verwaltung und Unterhaltung“. Gleichsam obliegen dem Baulastträger dann auch die Eigentümerpflichten; siehe insgesamt § 12 Abs.1 StrG BW; Art. 13 Abs. 1 BayStrWG; § 13 Abs. 4 BbgStrG; § 13 Abs. 1 HStrG; § 19 Abs. 1 StrWG-MV; § 13 Abs. 4 NStrG, § 11 Abs. 5 StrWG NRW; § 33 Abs. 1 LStrG RP, § 11 Abs. 1 StrG SL, § 13 Abs. 4 SächsStrG; § 13 Abs. 4 StrG LSA; § 18 Abs. 1 StrWG SH; § 13 Abs. 4 ThürStrG; Aufzählung nach *Sauthoff*, Öffentliche Straßen, Teil 1 Rn. 135.

gegen Beeinträchtigungen von Sondernutzungen vorgehen kann, der ist „erst-Recht" bei Beeinträchtigungen des Gemeingebrauchs berufen.

Dahinstehen kann, ob die zuständige Behörde als Sonderordnungsbehörde handelt.[346] Nur in Brandenburg handelt die Straßenbaubehörde nach § 10 Abs. 2 BbgStrG ausdrücklich als Sonderordnungsbehörde. Zwar ist auch in der StVO die Straßenverkehrsbehörde als Sonderordnungsbehörde anerkannt[347], obwohl die StVO ihr diesen Status nicht ausdrücklich zuschreibt, sondern lediglich in § 44 Abs. 1 StVO, § 68 StVZO zur Ausführung der Verordnung für zuständig erklärt. Ausdrücklicher Regelungsgegenstand der StVO ist im Gegensatz zu den StrWGen aber auch (spezielles) Gefahrenabwehrrecht.[348]

(3) Vorgehen aufgrund weiterer straßenrechtlicher Befugnisnormen

Der widmungsgemäße Gebrauch der öffentlichen Sache Straße kann durch einen öffentlichen Sachherrn also dann gesichert werden, wenn er im Einzelfall normativ dazu berufen ist. Neben § 22 StrWG NRW kann deshalb auch die Abfallbeseitigungspflicht nach § 17 StrWG NRW[349] als Rechtsgrundlage dienen.[350] Denn auch Verunreinigungen und Abfall können den in der Widmung vorgesehenen Zivilgebrauch der öffentlichen Sache Straße behindern, erschweren oder gar unmöglich machen. Was Abfall im Sinne des § 17 StrWG NRW ist, richtet sich nach dem Abfallbegriff des Kreislaufwirtschaftsgesetzes.[351] Genau wie nach

346 Unklar *OVG Münster*, OVGE MüLü 52, 198, 199, das in einem Fall des Baumüberhangs über einen Gehweg die Spezialität des § 22 StrWG NRW gegenüber § 14 OBG NRW mit einem vergleichenden Verweis auf §§ 1, 12 Abs. 2 OBG NRW begründet, die jedoch eine gesetzliche Anordnung fordern; nach *Rhein*, OBG NRW, § 12 Rn. 2, muss eine Behörde zur Gefahrenabwehr ausdrücklich als Sonderordnungsbehörde durch gesetzliche Bestimmung erklärt werden.

347 *Rhein*, OBG NRW, § 12 Rn. 1; *Schönenbroicher*, in: ders./Heusch, Kommentar zum OBG NRW, § 12 Rn. 3.

348 So für die Verkehrsregelungspflicht des § 45 StVO, der der Sicherheit und Ordnung des Verkehrs diene, *Schurig/Frey*, Kommentar zur StVO, § 45 Rn. 2.

349 Gemeint ist die verkehrsmäßige Reinigung, die polizeimäßige Reinigung ist im Straßenreinigungsgesetz geregelt (StrReinG NRW), siehe dazu *Hengst/Majcherek*, StrWG NRW Kommentar, § 17 (5.2011), Rn. 2.1.

350 Darauf neben den Regelungen zur unerlaubten Benutzung einer Straße ebenfalls verweisend *Stelkens*, Die Verwaltung 46 (2013), 493, 517 f.; zur Reinigungspflicht nach § 17 StrWG im untersuchten Zusammenhang siehe auch *Axer*, die Widmung als Schlüsselbegriff des Rechts der öffentlichen Sachen, S. 110 ff.

351 So noch zum damals geltenden Kreislaufwirtschafts- und Abfallgesetz *OVG Münster*, OVGE MüLü 52, 91 Leitsatz Nr. 2; so auch *Hengst/Majcherek*, StrWG NRW

§ 22 StrWG NRW, wonach der öffentliche Sachherr „die erforderlichen Maßnahmen anordnen“ kann, kann auch nach § 17 Abs. 1 Hs. 2 eine Verunreinigung auf Kosten des Verursachers beseitigt, nach § 17 Abs. 2 Abfall auf Kosten des Verursachers entsorgt werden.[352] Die zu berücksichtigende Fläche ist die gesamte im Grundbuch als „Straße“ eingetragene Fläche. Im Übrigen korrespondiert § 17 StrWG NRW mit § 32 StVO, der das Verbot enthält, Straßen in verkehrserschwerender oder -gefährdender Weise zu beschmutzen.[353] Autowracks und Schrottfahrzeuge können ebenfalls Abfall sein.[354] Aber auch Tierkadaver, Kot und Heu können den widmungsgemäßen Gebrauch einer Straße stören, der dann mit § 17 Abs. 2 S. 1 StrWG gesichert werden kann.[355] Bei Verunreinigungen des Bodens ist das Bodenschutzgesetz anzuwenden[356], was deshalb Sinn macht, weil bei Bodenverunreinigungen nicht der Straßenkörper betroffen ist. Insgesamt kann die Abfallbeseitigung nach § 17 StrWG NRW im Einzelfall als Instrument zur Sicherung des widmungsgemäßen Gebrauchs der Straße dienen.

Auch § 23 StrWG NRW, der die sonstige illegale Nutzung einer Straße regelt, kann als Ermächtigungsgrundlage für den öffentlichen Sachherrn in Betracht

---

Kommentar, § 17 (5.2011), Rn. 3, und zwar seien dies nach dessen § 3 Abs. 1 alle beweglichen Sachen, die unter Anhang 1 des Gesetzes aufgeführten Gruppen fallen und denen sich der Besitzer entledigt (§ 3 Abs. 2), entledigen will (§ 3 Abs. 3 Nr. 2) oder entledigen muss (§ 3 Abs. 4). Das nunmehr geltende Kreislaufwirtschaftsgesetz vom 24.02.2012 (BGBl. I S. 212) hat in § 3 Abs. 1 dieselbe Struktur wie die entsprechende Vorgängerregelung im KrW-/AbfG, wobei kein Verweis mehr auf eine Anlage erfolgt. Demnach müssen alle beweglichen Sachen gemeint sein, derer sich entledigt wird.

352 Und zwar soll der Straßenbaulastträger den Verursacher durch Leistungsbescheid zur Erstattung der Entsorgungskosten heranziehen, *Hengst/Majcherek*, StrWG NRW Kommentar, § 17 (5.2011), Rn. 3.

353 Vgl. *Hengst/Majcherek*, StrWG NRW Kommentar, § 17 (5.2011), Rn. 2.1.

354 Vgl. Ausführungen bei *Hengst/Majcherek*, aaO Rn. 3.3.

355 Siehe dazu OVGE MüLü 52, 91 ff., im Zusammenhang des erstinstanzlichen Urteils des *VG Arnsberg* siehe auch *Hengst/Majcherek*, aaO Rn. 3.0.2. Auf dem Grundstück unter einer Landstraßenbrücke wurde ein Unterstand für Schafe errichtet. Dort wurden verdrecktes Heu, Stroh sowie tote Schafe hinterlassen, sodass diese Fläche vom Träger der Straßenbaulast geräumt wurde. Rechtsgrundlage des Bescheids war § 17 Abs. 2 S. 1 StrWG NRW. Die beanspruchte Fläche als Schafunterstand wurde als Nebenanlage zu einer öffentlichen Straße im Sinne des § 2 Abs. 2 Nr. 4 StrWG NRW erachtet, OVGE MüLü 52, 91, 93. Eine konkrete Störung des Gemeingebrauchs wurde sogar offen gelassen, der Anwendungsbereich des § 17 Abs. 2 S. 1 StrWG NRW sei nicht auf eine Abfallbeseitigung aus Anlass des Gemeingebrauchs beschränkt, OVGE MüLü 52, 91, 94.

356 *Hengst/Majcherek*, StrWG NRW Kommentar, § 17 (5.2011), Rn. 3.2.

kommen, soweit der widmungsgemäße Gebrauch beeinträchtigt wird und der konkrete Lebenssachverhalt unter dieser Norm am ehesten subsumierbar ist.

c) Abgrenzung zu Maßnahmen nach der StVO

Das Handeln der Beteiligten, denen Befugnisse und Pflichten nach den Straßen- und Wegegesetzen eingeräumt sind, ist von den Befugnissen abzugrenzen, die die Straßenverkehrsbehörde nach der Straßenverkehrsordnung (StVO) innehat.[357] Neben dem Straßenrecht, das den Bau, die Unterhaltung und auch die Nutzung der öffentlichen Straßen und Wege regelt, existiert mit dem Straßenverkehrsrecht eine weitere Rechtsmaterie. Das StVG, die StVO und die StVZO stellen eine Ordnung für die verkehrsmäßige und verkehrserhebliche Nutzung zur Verfügung.[358] Die Straßengesetze regeln das Recht an der Straße, die StVO die Rechte und Pflichten der verkehrsmäßigen Nutzung, also das Recht auf der Straße.[359] Je nach Zielrichtung des Handelnden kann es somit durchaus eine „Doppelzuständigkeit" geben.[360] Das Straßenrecht ist systematisch dem öffentlichen Sachenrecht zuzuordnen. Regelungsgegenstand ist die „Straße als Verwaltungsleistung"[361], dessen Vollzug grundsätzlich den Straßenbaubehörden als behördliche Einrichtungen des Straßenbaulastträgers[362] obliegt. Dagegen regelt das Straßenverkehrsrecht den Verkehr unter ordnungsrechtlichen Gesichtspunkten, zu dessen Vollzug die Straßenverkehrsbehörden berufen sind (§ 44 Abs. 1 StVO). Beide Regelungsmaterien sind im Einzelfall voneinander abzugrenzen. Die Schwierigkeit besteht bei der Lösung von Problemen, die bei der „rechtlichen

---

357 Siehe zum Verhältnis umfassend *Steiner*, JuS 1984, 1 ff.

358 *Steiner*, JuS 1984, 1.

359 Vgl. *Hengst/Majcherek*, StrWG NRW Kommentar, § 6 (11.2013), Rn. 4.1., da die Straßenverkehrsbehörden durch den Widmungsinhalt gebunden würden.

360 Eine Doppelzuständigkeit kommt bei der Verunreinigung von Straßen in Betracht, da eine solche etwa unter § 17 StrWG NRW, § 7 Abs. 3 FStrG oder § 32 Abs. 1 S. 1 1. Var. StVO („beschmutzen") subsumierbar ist, wobei nach § 32 StVO eine verkehrsgefährdende oder verkehrserschwerende Beschmutzung vorliegen muss, siehe *Hengst/Majcherek*, StrWG NRW Kommentar, § 17 (5.2011), Rn. 2.1. Eine Doppelzuständigkeit kann sich auch bei Maßnahmen bezüglich rechtswidrig aufgestellter Werbeanlagen ergeben, siehe § 9 Abs. 6 FStrG und § 33 Abs. 1 S. 1 Nr. 3 StVO, dazu *Steiner*, JuS 1984, 1, 3. Im Falle des § 45 Abs. 1 S. 2 Nr. 2 StVO hat die Straßenverkehrsbehörde gar Befugnisse zur Erhaltung des Straßenkörpers, obwohl der Unterhalt der Straße ein genuin wegerechtlicher Tatbestand ist. Auch diesbezüglich sind also Doppelzuständigkeiten nach StVO und StrWG möglich, insgesamt dazu *Steiner*, JuS 1984, 1, 4.

361 *Steiner*, aaO 1 mwN.

362 Dass dies nicht zwingend in allen Ländern der Fall ist, siehe Kapitel 3.B.I.1.b)(1).

Beurteilung konkreter Fragen der verkehrsmäßigen und verkehrserheblichen Nutzung öffentlicher Straßen" auftauchen.[363] Es gilt der Vorbehalt des Straßenrechts, jedoch ein aus Art. 31 GG herzuleitender Vorrang des Straßenverkehrsrechts, da dieses im Gegensatz zum Straßenrecht gesetzgebungskompetentiell Bundesmaterie ist.[364] Hinsichtlich straßenrechtlicher Sondernutzung ist in den Straßen- und Wegegesetzen der Länder eine Konzentrationswirkung gegeben. Ist nach Straßenverkehrsrecht eine Erlaubnis für eine übermäßige Straßennutzung erforderlich und bedarf es somit einer Ausnahmegenehmigung, so muss nicht noch eine straßenrechtliche Sondernutzungserlaubnis eingeholt werden.[365]

Zur Veranschaulichung, dass die StVO neben dem StrWG Anwendung finden kann, ein Beispiel zu einer Straßensperre: Findlinge, die auf eine Landstraße gelegt werden, stellen einerseits ein Verkehrshindernis im Sinne des § 32 StVO dar. Zudem ist dieses „Benutzen" nicht mehr im Rahmen der Widmung, somit eine Sondernutzung und damit erlaubnispflichtig. Demnach könnte die Straßenbaubehörde auf Grundlage des § 22 Abs. 1 StrWG NRW „erforderliche Maßnahmen zur Beendigung der Benutzung" anordnen, oder nach zugrunde gelegter Interpretation des § 22 StrWG NRW nach dessen Satz 2 den rechtswidrigen Zustand auf Kosten des Pflichtigen beseitigen.[366] Ob auf die StVO oder das StrWG abzustellen ist, richtet sich nach der Zielrichtung des Handelnden: Soll die Sicherheit und Leichtigkeit des Verkehrs durch die Beseitigung der Findlinge wiederhergestellt werden, ist die untere Straßenverkehrsbehörde zur Beseitigung des Verkehrshindernisses zuständig. Geht es aber um die Wiederherstellung des Straßenkörpers in einen für den Gemeingebrauch ordnungsgemäßen Zustand,

363 *Steiner*, aaO 1 f.; siehe insbesondere die aufgezeigte Problematik bezüglich nicht verkehrsfähiger, abgestellter KfZ, die einerseits unter § 32 StVO zu fassen sein können (Verkehrshindernis), andererseits auch straßenrechtliche Maßnahmen zulässig sind, da eine unerlaubte Sondernutzung vorliegt, aaO 1, 7 f.

364 *Herber*, in: Kodal, Straßenrecht, Kap. 8 Rn. 12.

365 Siehe § 21 StrWG NRW, ferner *Schoch*, Jura 2013, 911, 916 mwN.

366 Siehe beispielhaft schließlich *OVG Münster*, Urt. v. 29.04.2009 - 11 A 3657/06 -, juris. Der Eigentümer hatte eine Wegfläche mit einem Holzgatter abgesperrt, zudem Warn- und Verbotsschilder aufgestellt („Privatweg – Durchgang verboten/Warnung vor dem Hunde"), aaO Rn. 2. Sich dagegen richtende Ordnungsverfügungen wurden sowohl auf § 22 StrWG NRW als auch auf § 14 OBG (i.V.m. § 32 StVO) gestützt, die Aufhebung dieser Verfügungen im konkreten Fall jedoch bestätigt. § 22 StrWG NRW schied als taugliche Rechtsgrundlage deshalb aus, weil die Öffentlichkeit des Weges nicht bewiesen werden konnte, aaO Rn. 18 ff. Die auf § 32 StVO i.V.m. § 14 OBG gestützte Verfügung wurde deshalb aufgehoben, weil die handelnde Gemeinde u.a. sachlich unzuständig war, aaO Rn. 59.

ist die zuständige Stelle nach Straßenrecht zu ermitteln. Auch hier kann es Konstellationen geben, in denen derselbe Verwaltungsträger handelt, eine genauere Differenzierung also nicht notwendig ist.

Festzuhalten ist aber, dass ein durch die Straßen- und Wegegesetze bestimmter Hoheitsträger die kraft Widmung an der Straße bestehende öffentliche Sachherrschaft durchzusetzen hat. Die StVO sichert nicht die Widmung respektive den widmungsgemäßen (Gemein-)Gebrauch, sondern gewährleistet gefahrenabwehrrechtlich die Sicherheit und Leichtigkeit des Verkehrs. Nur als mittelbare Folge dient sie auch dazu, die Nutzung der öffentlichen Sache zu ermöglichen. Es finden sich somit auch außerhalb der Straßengesetze Möglichkeiten, die Widmung öffentlicher Straßen zu sichern.[367] Neben § 32 StVO können je nach Einzelfall die verschiedensten Ge- und Verbote der StVO in Verbindung mit der ordnungsrechtlichen Generalklausel Grundlage von Sicherungsinstrumenten zum Schutz auch des Gemeingebrauchs sein.[368]

d) *Abgrenzung zu Straßensperren von Privatwegen*

Abzugrenzen sind Beeinträchtigungen der öffentlichen Sachherrschaft zudem von der Beeinträchtigung anderer, durch Gesetz eingeräumter Nutzungsrechte. In diesen Konstellationen geht es meist um die Sperrung privater (Waldwander-)Wege. An diesen können Betretungsrechte bestehen, und zwar nach dem Bundeswaldgesetz (§ 14), dem Bundesnaturschutzgesetz (§ 59 f., in § 59 Abs. 2 auf das BWaldG und die Forstgesetze der Länder verweisend), oder den Landesforst- (z.B. für NRW § 2 ff., ausdrücklich auf § 14 BWaldG bezugnehmend) und Landeslandschaftsgesetzen (für NRW z.B. §§ 49 ff.).[369] Es geht in diesen Fällen

367 Sachschutz im Wegerecht durch die StVO ebenfalls anerkennend *Stürner*, Privatrechtliche Gestaltungsformen bei der Verwaltung öffentlicher Sachen, S. 97 f.

368 Bei einer Abschleppmaßnahme eines auf Holzböcken aufgebockten Anhängers von einem gebührenpflichtigen öffentlichem Parkplatz, der zudem mit einem ungültigen KfZ-Kennzeichen versehen war, wurde als Rechtsgrundlage §§ 55 Abs. 2, 57 Abs. 1 S. 1, 59 VwVG NRW i.V.m. § 22 S. 1 StrWG NRW, § 14 Abs. 1 OBG NRW herangezogen, siehe *VG Aachen*, Urt. v. 02.04.2008 - 6 K 80/08 -, juris Rn. 22; Art. 14 OBG NRW war deshalb einschlägig, weil zugleich ein Verstoß gegen die straßenverkehrsrechtliche Bestimmung des § 13 Abs. 1 S. 1 StVO vorlag, die zu einem Tätigwerden nach § 14 OBG NRW ermächtigte, aaO Rn. 30 ff. Die Verfügung wurde also straßenrechtlich auf § 22 StrWG NRW und wegen des straßenverkehrsrechtlichen Verstoßes zudem auf § 14 OBG gestützt.

369 Siehe dazu nur *Lange*, DVP 2014, 66 ff., zu §§ 2 ff. LForstG NRW; *VG Magdeburg*, Beschl. v. 14.08.2013 - 3 B 225/13 -, juris, zu § 12 ForstG LSA, § 14 BWaldG; *VG*

aber gerade nicht um die Beeinträchtigung einer durch Widmung entstandenen öffentliche Sache.[370]

e) Handlungsform

Die Erhebung einer Klage des jeweils berufenen Hoheitsträgers gegen Eigentümer oder Dritte, die den widmungsgemäßen Gebrauch beeinträchtigen, ist nicht erforderlich. Ein straßenrechtlicher öffentlicher Sachherr kann das jeweilige Herausgabe-, Unterlassungs- oder Beseitigungsverlangen mittels Verfügung durchsetzen.[371] Dasselbe gilt für straßenverkehrsrechtliche Maßnahmen. Somit entfällt in jedem Fall das Rechtsschutzbedürfnis für eine klageweise Durchsetzung.

f) Zwischenergebnis

Um zu ergründen, wer die Instrumente zur Sicherung der Widmung wie durchsetzt, bedarf es stets einer Betrachtung des Einzelfalls. Der zuständige Sachherr richtet sich nach der einschlägigen Befugnisnorm aus dem jeweiligen Straßen- und Wegegesetz, also danach, welchem öffentlichen Sachherrn die einschlägige Norm Befugnisse zur Durchsetzung der öffentlichen Sachherrschaft am Straßenkörper einräumt. Verbringt ein Privater Gegenstände auf eine öffentliche Straße und sorgt so für eine Straßensperre, könnte dies „Müll" sein im Sinne des § 17 StrWG NRW, sodass der Träger der Straßenbaulast zuständig wäre. Es könnte eine unerlaubte Sondernutzung nach § 22 StrWG NRW darstellen, sodass in NRW die Straßenbaubehörde zuständig wäre. Ferner könnte es sich auch um ein Verkehrshindernis handeln gemäß § 32 StVO, sodass zudem eine nach der StVO zu bestimmende Straßenverkehrsbehörde den widmungsgemäßen Gebrauch der öffentlichen Straße zu sichern vermag.

Das Beispiel beweist, dass eine Argumentation für eine Generalzuständigkeit des Straßenbaulastträgers, die je nach Landesrecht auch für die

---

Minden, Urt. v. 29.07.2010 - 9 K 967/09 -, juris, zu § 53 f. LG NRW; *OVG Münster*, NuR 2014, 137 ff.

370 Insbesondere sei in der Ausweisung von Wanderwegen zur Erholung im Sinne des § 49 Abs. 1 S. 1 LG NRW keine Widmung zu einem quasi bestimmten öffentlichen Zweck zu sehen, siehe *OVG Münster*, NuR 2014, 137, 139.

371 Siehe statt aller *Papier*, in: Erichsen/Ehlers, AVR, § 41 Rn. 11; a.A. durch Verweis auf eine Leistungsklage *Axer*, Die Widmung als Schlüsselbegriff des Rechts der öffentlichen Sachen, S. 121 f. Diese Ansicht ist dann konsequent, wenn er als Grundlage die §§ 985, 1004 BGB analog heranzieht.

Straßenbaubehörde zutreffen kann[372], abzulehnen ist. Die Normen zur unerlaubten Benutzung einer Straße bestimmen als zuständigen öffentlichen Sachherrn mal den Träger der Straßenbaulast[373], mal die Straßenbaubehörde[374], in Hamburg die Wegeaufsichtsbehörde.[375] Auch variiert dementsprechend diejenige Behörde je nach Landesrecht, die für die Erteilung von Sondernutzungserlaubnissen zuständig ist. In Bremen wird diese gar von der Ortspolizeibehörde erteilt.[376] Zudem ist zu beachten, dass die Straßenbaubehörde je nach Landesrecht regelmäßig Behörde des Trägers der Straßenbaulast ist. Beide sind ohnehin regelmäßig bei demselben Verwaltungsträger vereint. Für NRW ist darauf zu achten, dass die zuständige Behörde dann unter der richtigen Bezeichnung zu handeln hat.[377]

Das jeweilige Begehren zur Störungsbeseitigung kann je nach Einzelfall straßenrechtlich auf § 22, § 17 oder auf § 23 StrWG NRW gestützt werden, zudem

---

372 Z.B. Widmungsbehörde und somit diesbezüglich öffentlicher Sachherr ist die Straßenbaubehörde nach den geltenden Straßen- und Wegegesetzen, soweit ersichtlich, in Baden-Württemberg (§ 5 Abs. 2 Nr. 1, 2, ausnahmsweise Straßenaufsichtsbehörde im Falle der Nr. 2 S. 2); In Bayern (Art. 6 Abs. 2 S. 1, Abs. 3), Brandenburg (§ 6 Abs. 2 S. 1, Abs. 3) und Bremen (§ 5 Abs. 1 S. 1, Abs. 2) dann, wenn der Straßenbaulastträger verfügungsbefugt ist; ferner in Sachsen (§ 6 Abs. 2 S. 1). In den übrigen Bundesländern verfügt die Widmung der Träger der Straßenbaulast, in Hamburg nach § 6 Abs. 1 HWG die Wegeaufsichtsbehörde.

373 § 25 Abs. 1 S. 1 i.V.m. § 22 Abs. 1 StrWG-MV; § 22 S. 1 i.V.m. § 18 Abs. 1 S. 2 NStrG; § 21 Abs. 7 S. 1 i.V.m. § 21 Abs. 1 S. 1 StrWG SH.

374 So nach § 16 Abs. 8 S. 1 i.V.m. § 16 Abs. 1 StrG BW; Art. 18a Abs. 1 S. 1 BayStrWG; § 14 Abs. 1 BerlStrG; § 20 Abs. 1 i.V.m. § 18 Abs. 1 S. 2 BbgStrG; § 21 S. 2 BremLStrG; § 17a Abs. 1 S. 1 i.V.m. § 16 Abs. 1 S. 1 HStrG; § 22 S. 1 i.V.m. § 18 Abs. 1 S. 2 StrWG NRW; § 41 Abs. 8 LStrG RP; § 18 Abs. 8 i.V.m. Abs. 1 StrG SL; § 20 Abs. 1 S. 1 i.V.m. § 18 Abs. 1 S. 2 SächsStrG; § 20 Abs. 1 S. 1 i.V.m. § 18 Abs. 1 S. 2 StrG LSA; § 20 Abs. 1 S. 1 i.V.m. § 18 Abs. 1 S. 2 ThürStrG.

375 § 19 Abs. 7 S. 2 HWG.

376 § 18 Abs. 4 S. 1 BremLStrG, die aber die Zustimmung des Straßenbaulastträgers einholen muss, § 18 Abs. 4 S. 3 BremLStrG.

377 So mit Verweis auf das 2. LStrÄndG *Hengst/Majcherek*, StrWG NRW Kommentar, § 6 (11.2013), Rn. 3.1. Der Gesetzgeber habe klargestellt, dass in Rechtssätzen, die zu Verwaltungsakten ermächtigten, die Straßenbaubehörde genannt werden solle. Der Träger der Straßenbaulast sei zu nennen, wenn Rechtssätze „zu tatsächlichen Handlungen verpflichten oder zu einem Verhalten ermächtigen, das seiner Art nach auch Privatpersonen zukommt".

kommen die Verbotstatbestände der StVO wie beispielsweise § 32 StVO als Grundlage von Sicherungsinstrumenten in Betracht.[378]

5. *Zusammenfassung der Ergebnisse*

Aus der straßenrechtlichen Widmung und ihren Rechtsfolgen lassen sich folgende Erkenntnisse gewinnen:

Die straßenrechtliche **Widmung** ergeht als Allgemeinverfügung und ist öffentlich bekanntzugeben, eine förmliche Widmung ist vorgeschrieben. Probleme mit Art. 14 GG werden durch die Vorschriften der Straßengesetze vermieden: Entweder ist der Hoheitsträger Eigentümer des straßenrechtlich gewidmeten Grundstücks oder es muss die Zustimmung des Eigentümers oder sonstigen dinglich Berechtigten vorliegen. Anderenfalls ist ein spezielles Enteignungsverfahren vorgesehen.

Als **Rechtsfolge der straßenrechtlichen Widmung** ergibt sich, dass dem Baulastträger zur Aufrechterhaltung des Gemeingebrauchs die Befugnisse eines Eigentümers zustehen, wie es § 19 Abs. 1 StrWG-MV beispielhaft anordnet. Mit den Rechten des Hoheitsträgers korrespondieren Duldungspflichten des Eigentümers oder sonstigen dinglich Berechtigten.

Der je nach im Einzelfall einschlägiger straßenrechtlicher Norm berufene öffentliche Sachherr kann Herausgabe-, Unterlassungs- oder Beseitigungsverlangen mittels Verfügung **durchsetzen**. Ob die öffentliche Sachherrschaft im Straßenrecht insgesamt unvollständig geregelt ist, kann dahinstehen.[379] Jedenfalls kann der widmungsgemäße Gebrauch der Sache bei Beeinträchtigungen auf der Grundlage von Ermächtigungen in den Straßen- und Wegegesetzen gesichert werden. In den meisten Fällen wird als Grundlage die jeweilige Norm der Straßen- und Wegegesetze für die unerlaubte Benutzung einer Straße einschlägig sein.[380] Daneben kommt im Einzelfall auch § 17 oder § 23 StrWG NRW in Be-

---

378 Die Befugnisse des öffentlichen Sachherrn gehen mit der öffentlichen Sachherrschaft einher, vgl. dazu nochmal *von Danwitz* in: Schoch, BesVerwR, 7. Kap. Rn. 18 mwN. Es sind daher neben diesen Normen zur Lückenfüllung keine zivilrechtlichen Vorschriften analog erforderlich, die aus der quasi Eigentümerstellung des öffentlichen Sachherrn abgeleitet werden, wie es vorgeschlagen wird von *Axer*, Die Widmung als Schlüsselbegriff des Rechts der öffentlichen Sachen, S. 112 ff., 119 ff.

379 So zutreffend *Axer*, Die Widmung als Schlüsselbegriff des Rechts der öffentlichen Sachen, S. 112.

380 Für NRW § 22 StrWG, siehe ferner § 16 Abs. 8 StrG BW; Art. 18a Abs. 1 BayStrWG; § 14 Abs. 1 BerlStrG; § 20 Abs. 1 BbgStrG; § 21 BremLStrG; § 19 Abs. 7 S. 2 HWG; § 17a Abs. 1 HStrG; § 25 Abs. 1 StrWG-MV; § 22 NStrG; § 41 Abs. 8 LStrG RP; § 18

tracht. Bei Störungen des widmungsgemäßen Gebrauchs kann es ferner zu Doppelzuständigkeiten kommen. Gegebenenfalls kann eine Straßenverkehrsbehörde auf Grundlage der StVO diverse Maßnahmen gegen Verkehrsbeeinträchtigungen zugunsten der Sicherheit und Leichtigkeit des Verkehrs ergreifen.

Der **straßenrechtliche Nutzungszweck** genießt ferner **Bestandsschutz**, da der Erhalt des Straßenkörpers als öffentliche Sache durch die geltenden Straßen- und Wegegesetze gesichert wird. Dem öffentlichen Interesse (allgemeine Nutzbarkeit der Straße) wird Vorrang eingeräumt vor dem privatrechtlichen Veräußerungsverkehr. Nach den jeweiligen Straßen- und Wegegesetzen haben weder privatrechtliche Verfügungen noch Verfügungen im Wege der Zwangsvollstreckung Auswirkungen auf die Widmung. In Rechtsprechung und Literatur wird teilweise von einer Nichtigkeit solcher Verfügungen ausgegangen, die die öffentlich-rechtliche Zweckbestimmung beeinträchtigen. Zumindest sollen solche Verfügungen nicht durchsetzbar sein.

Die Rechte des Hoheitsträgers, die sich aus der straßenrechtlichen Widmung ergeben, **erlöschen** mit der Einziehung der Straße als *actus contrarius* zur Widmung.

II. Wasserrechtliche Möglichkeiten zur Widmungssicherung

Nach der Analyse des Straßenrechts soll danach gefragt werden, ob es wie im Straßenrecht unabhängig von den Annahmen der traditionellen Lehre des Rechts der öffentlichen Sachen Sicherungsinstrumente auch im Wasserrecht gibt. Zu diesem Zweck werden Wasserrechtssätze einfachgesetzlicher Art untersucht, genauer Normen, die Grundlage von Sicherungsinstrumenten zur Gewährleistung des widmungsgemäßen Gebrauchs sein können.

1. Einleitung

Nachstehend wird das Wasserrecht unter dem Aspekt betrachtet, ob und in welcher Form es Sicherungsinstrumente für den Widmungszweck beinhaltet. Zur Beantwortung der Frage wird das WHG, stellvertretend für die Landeswassergesetze das LWG NRW sowie das WaStrG analysiert.

Mit Bezug auf das Wasserwirtschafts- und Gewässerschutzrecht wird geklärt, welchem Nutzen Gewässer gewidmet sind, wie die Widmung gesichert und ein widmungsgemäßer Gebrauch gewährleistet werden kann.

Abs. 8 StrG SL; § 20 Abs. 1 SächsStrG; § 20 Abs. 1 S. 1, 3 StrG LSA; § 21 Abs. 7 StrWG SH; § 20 Abs. 1 ThürStrG; bundesrechtlich § 8 Abs. 7a FStrG.

2. *Maßgebliche gesetzliche Regelungen*

Grundlegend für den Gewässerschutz in der Bundesrepublik ist das Gesetz zur Ordnung des Wasserhaushalts (WHG).[381] Ursprünglich als Rahmengesetz erlassen, war es auf Ausfüllung durch die Landeswassergesetze angewiesen.[382] Mit Neufassung des WHG vom 31.07.2009 machte der Bund von seiner konkurrierenden Gesetzgebungskompetenz Gebrauch und ersetzte das Rahmenrecht durch Vollregelungen. Ausgenommen von stoff- und anlagenbezogenen Regelungen (vgl. Art. 72 Abs. 3 S. 1 Nr. 5 GG) sind die Länder befugt, abweichende Vorschriften zu erlassen und landesrechtliche Regelungen dort zu treffen, wo seitens des Bundesgesetzgebers keine getroffen wurden oder im WHG der Erlass landesrechtlicher Regelungen vorgesehen ist.[383] Mittelbar nimmt auch das WaStrG Bezug auf das Gewässerschutzrecht[384]; weitere gesetzliche Regelungen[385] zum Gewässerschutz bleiben aufgrund ihrer Spezifik allerdings außer Betracht.

Zweck des Gewässerschutzrechts ist der Schutz des Wassers vor Verunreinigung und Überbeanspruchung.[386] Der Schwerpunkt des Gewässerschutzrechts liegt auf dem Gebiet des Wasserwirtschaftsrechts, das Regelungsgegenstand des WHG ist. Hinsichtlich dieses Aspekts haben das Wasserverkehrsrecht und Wasserwegerecht, ebenfalls klassische Gebiete des Wasserrechts, nur untergeordnete Bedeutung.[387] Jedoch können auch sie für das Wasser in seiner Eigenschaft als

381 Das WHG wird durch Rechtsverordnungen ergänzt, und zwar der Verordnung über Anforderungen an das Einleiten von Abwasser in Gewässer (Abwasserverordnung) vom 17.6.2004 (BGBl. I S. 1108, 2625), der Grundwasserverordnung vom 9.11.2010 (BGBl. I S. 1513) und der Verordnung über Anlagen zum Umgang mit wassergefährdenden Stoffen vom 31.3.2010 (BGBl. I. S. 377), siehe dazu *Kloepfer*, Umweltschutzrecht, § 14 Rn. 4.

382 So *Kloepfer*, Umweltschutzrecht, § 14 Rn. 3.

383 *Kloepfer*, aaO.

384 *Kloepfer*, aaO Rn. 6 mwN, und zwar neben Normierungen des Binnen- und Schifffahrtsrechts.

385 Dazu *Kloepfer*, aaO Rn. 5 mwN, und zwar u.a. das Abwasserabgabengesetz, das Wasserverbandsgesetz, das Wasch- und Reinigungsmittelgesetz sowie einzelne Normierungen im Lebensmittelrecht.

386 So mit Verweis auf BVerfGE 15, 1, 15 *Kloepfer*, aaO Rn. 10; für das *BVerfG* können „die menschlichen Einwirkungen auf Oberflächen- und Grundwasser“ allgemeinverbindlich geregelt werden, BVerfGE 15, 1, 14. Zutreffend erblicken daher *Erbguth/Schlacke*, Umweltrecht, § 11 Rn. 25, den Regelungsgegenstand des WHG als eben Regelung der menschlichen Einwirkung in Gewässer und Grundwasser.

387 *Kloepfer*, Umweltschutzrecht, § 14 Rn. 10.

öffentliche Sache im Gemeingebrauch sachgebietsbezogene Sicherungsinstrumente bereitstellen.

Insgesamt unterstellt das WHG die Gewässer in der Bundesrepublik einer öffentlich-rechtlichen Benutzungsordnung, was sich insbesondere im Gebot des § 4 Abs. 3 WHG zeigt, wonach das Grundeigentum u.a. nicht zum Gewässerausbau berechtigt.[388]

a) Einteilung der Gewässer und Verhältnis der Wassergesetze zueinander

Gewässer werden in verschiedene Ordnungen unterteilt. Die I. Ordnung umfasst die Bundeswasserstraßen. Darunter fallen die in der Anlage 1 zu § 1 Abs. 1 Nr. 1 WaStrG aufgeführten Binnenwasserstraßen sowie Seewasserstraßen nach § 1 Abs. 1 Nr. 2 i.V.m. Abs. 2 WaStrG. Weitere Gewässer I. Ordnung sind die nach Landesrecht in den Verzeichnissen zum entsprechenden Landeswassergesetz (LWG) eingestuften Gewässer. Gewässer II. Ordnung werden in den Verzeichnissen zum jeweiligen LWG aufgelistet.[389]

Das WHG ist für alle Gewässer in seinem Anwendungsbereich verbindlich. Nach § 2 Abs. 1 WHG gilt es für oberirdische Gewässer[390] (Nr. 1), Küstengewässer (Nr. 2) und das Grundwasser (Nr. 3). Für diese Gewässerarten trifft das WHG Begriffsbestimmungen und enthält besondere Regelungen zu oberirdischen Gewässern (§§ 25 – 42 WHG), Küstengewässern (§§ 43 – 45 l WHG) und das Grundwasser (§§ 46 – 49 WHG). Materielle Grundlage des WHG ist das natürlich vorkommende Wasser, ausgeschlossen sind hingegen Wasservorkommen ohne direkten Kontakt zum natürlichen Wasserkreislauf wie etwa Schwimmbecken.[391] Die das WHG konkretisierenden Landeswassergesetze gelten nur für die in seinen Anlagen bezeichneten Gewässer. Das WaStrG bezieht sich nur auf Bundeswasserstraßen.

Die aufgeführten wasserrechtlichen Regelungswerke haben gemeinsame Schnittmengen und ergänzen einander. Beispielhaft sei § 4 Abs. 1 S. 2 WHG genannt, der auch den Bund als Eigentümer der Bundeswasserstraßen den Verpflichtungen aus dem Gewässereigentum unterwirft, die sich aus dem WHG, aufgrund

---

388 *Kloepfer*, aaO Rn. 12, mit dem Hinweis, dass das Zivilrecht durch das öffentliche Wasserrecht aber nur überlagert und nicht vollends verdrängt werde.

389 *Kluth*, in: Wolff/Bachof/Stober/Kluth, VwR II, § 76 Rn. 48 f.

390 Aus den Begriffsbestimmungen des § 3 Nr. 1 WHG ergibt sich, dass sowohl stehende als auch fließende Gewässer in § 2 Abs. 1 Nr. 1 WHG einbezogen sein sollen.

391 Beispiel nach *Kloepfer*, Umweltschutzrecht, § 14 Rn. 15.

des WHG oder aus sonstigen wasserrechtlichen Vorschriften ergeben.[392] Die Landeswassergesetze konkretisieren beispielsweise den Gemeingebrauch aus § 25 WHG. Der Gemeingebrauch des § 25 WHG umfasst aber nicht die Schifffahrt.[393] Gemäß § 5 WaStrG darf jedermann jedoch die Bundeswasserstraßen im Rahmen der aufgeführten Vorschriften mit Wasserfahrzeugen befahren.[394]

Ferner zeigen sich Interdependenzen in der Unterhaltungslast bei eingetretenen oder zu befürchtenden Schäden an Ufergrundstücken, die durch die Schifffahrt eingetreten sind oder einzutreten drohen, vgl. § 8 Abs. 4 WaStrG. Wurden eingetretene Schäden nicht durch die Schifffahrt hervorgerufen, ergibt sich die Unterhaltungslast aus z.B. §§ 91 ff. LWG NRW.[395]

b) Gesetzgebungskompetenzen

Der Wasserhaushalt ist Teil der konkurrierenden Gesetzgebung nach Art. 74 Abs. 1 Nr. 32 GG. Mit Erlass des novellierten WHG am 31.07.2009 haben die Länder „die Möglichkeit erhalten, ihre Wassergesetze im Wege der Ergänzung oder Abweichung an die landeseigenen Bedürfnisse anzupassen“[396]. Landesrechtliche Regelungen sind gemäß Art. 72 Abs. 1 GG auch dort möglich, wo der Bund keine Regelungen trifft oder ausdrücklich im WHG den Erlass landesrechtlicher Regelungen vorsieht.[397]

Das WaStrG ist ebenfalls Gegenstand der konkurrierenden Gesetzgebung nach Art. 74 Abs. 1 Nr. 21 GG.[398]

3. Eigentumsverhältnisse und Unterhaltungslast an Gewässern

Die Bundeswasserstraßen stehen im Eigentum des Bundes[399], Gewässer I. Ordnung stehen gemäß § 4 LWG NRW im Eigentum des Landes, soweit sie nicht Bundeswasserstraßen sind. Die restlichen oberirdischen Gewässer, also Gewässer II.

---

392 Ferner z.B. § 26 Abs. 3 WHG, der den nach § 26 Abs. 2 WHG grundsätzlich bestehenden Anliegergebrauch an Bundeswasserstraßen ausschließt.

393 *Cormann*, in: Giesberts/Reinhardt, BeckOK Umweltrecht, § 25 WHG Rn. 16 (Stand 10.2013).

394 Siehe auch ergänzend § 33 Abs. 2 LWG NRW, dass auf nicht schiffbaren Gewässern nach Landesrecht kleine Fahrzeuge mit Hilfsmotoren für den Gemeingebrauch zugelassen werden können, wenn diese nicht mehr als sechs Stundenkilometer erreichen.

395 Vgl. dazu auch *VG Köln*, Beschl. v. 23.07.2010 - 14 L 736/10 -, juris Rn. 21.

396 *Kersandt/Schiller*, NordÖR 2010, 469.

397 *Kloepfer*, Umweltschutzrecht, § 14 Rn. 3.

398 Im Einzelnen siehe *Jarass*, in: Jarass/Pieroth, GG Kommentar, Art. 74 Rn. 59.

399 Vgl. Art. 89 Abs. 1 GG sowie § 4 Abs. 1 WHG.

Ordnung sowie die sonstigen Gewässer, befinden sich grundsätzlich im Eigentum des jeweiligen Ufergrundstückseigentümers, vgl. § 5 LWG NRW.[400]

Das fließende Oberflächen- und Grundwasser wird vom Verfügungsrecht des Eigentümers ausgenommen, da es vom Grundeigentum getrennt ist.[401] Dieser Umstand lässt sich nicht ganz zutreffend als „modifiziertes Privateigentum" im Sinne der traditionellen Lehre des öffentlichen Sachenrechts umschreiben.[402] Denn modifiziert wird nach den allgemeinen Regeln des Rechts der öffentlichen Sachen die entstandene öffentliche Sache. Folglich müsste das Eigentum am Wasser durch Widmung modifiziert werden. Das fließende Oberflächen- und das Grundwasser sind aber nach § 4 Abs. 2 WHG gar nicht eigentumsfähig.[403] Somit ist die grundsätzliche Annahme eines modifizierten Privateigentums im Wasserrecht zu pauschal. Ein modifiziertes Privateigentum kann bei fließenden oberirdischen Gewässern nur am jeweiligen Gewässerbett und an Ufergrundstücken existieren. Nur bei stehenden oberirdischen Gewässern kann zusätzlich auch das Eigentum am Wasser modifiziert werden.[404] Mithin ist Folgendes festzuhalten: Zwar nicht immer am Wasser, aber an den Gewässern besteht grundsätzlich[405] privatrechtliches Eigentum. Das gilt bei oberirdischen, fließenden Gewässern wegen der Regelung des § 4 Abs. 2 WHG jedoch nur hinsichtlich

---

400 Anders §§ 5, 6 WG BaWü, die öffentliches Eigentum vorsehen; dazu auch *Papier*, in: Erichsen/Ehlers, AVR, § 39 Rn. 24 mwN.

401 *Lepsius*, Besitz und Sachherrschaft im öffentlichen Recht, S. 156; vgl. ferner § 4 Abs. 2 WHG.

402 Vgl. auch *Kloepfer*, Umweltschutzrecht, § 14 Rn. 12; kritisch ebenfalls bezüglich der Anwendbarkeit der dualistischen Theorie im Wasserrecht, da in der Regel gar kein privatrechtlicher Eigentümer am Gewässer vorhanden sei *Kromer*, Sachenrecht des Öffentlichen Rechts, S. 49.

403 Bezüglich der Herausnahme des Grundwassers vom Eigentum sei auch auf den Nassauskiesungsbeschluss des *BVerfG* und dessen Argumentation verwiesen, BVerfGE 58, 300 ff.; das *BVerfG* spricht im Zusammenhang der Ausnahme des Grundwassers vom Privateigentum von „für die Allgemeinheit lebensnotwendige Güter zur Sicherung überragender Gemeinwohlbelange", aaO 339.

404 Etwas irreführend *Papier*, in: Erichsen/Ehlers, AVR, § 39 Rn. 24, der bei oberirdischen Gewässern stets nur Eigentum am Gewässerbett für möglich hält, obwohl § 4 Abs. 2 WHG ausdrücklich vom fließenden Wasser spricht, und ein „oberirdische Gewässer" nach § 2 Abs. 1 Nr. 1, § 3 Nr. 1 WHG auch als stehendes Wasser begriffen wird. Siehe zudem *Czychowski/Reinhardt*, WHG Kommentar, § 4 Rn. 14, der klarstellt, dass sich § 4 Abs. 2 WHG auch nicht auf die Küstengewässer bezieht. Für eine Erstreckung der Regelung auch auf die „stehende Welle" *Kotulla*, NVwZ 2010, 79, 81.

405 Die Ausnahme ist Baden-Württemberg, durch die §§ 5, 6 WG BaWü wird an gewissen Gewässern öffentliches Eigentum begründet.

des Gewässerbettes. Insgesamt ergeben sich für den Eigentümer und/oder Nutzungsberechtigten aus dem WHG zahlreiche Duldungspflichten[406], sodass die Rechtsbeziehungen dort als „modifiziertes Privateigentum“ verstanden werden können, wo dem Eigentümer Pflichten auferlegt werden oder er zur Duldung wasserrechtlicher Maßnahmen an seinem Eigentum gezwungen wird. „Flankiert“[407] wird die Regelung des § 4 Abs. 2 WHG von § 4 Abs. 3. Demzufolge berechtigt das Grundeigentum weder zu einer (zustimmungspflichtigen) Gewässerbenutzung noch zum Gewässerausbau.[408] Die Regelungen des WHG sind Inhalts- und Schrankenbestimmungen im Sinne von Art. 14 Abs. 1 S. 2 GG.[409]

Die Unterhaltungslast ist regelmäßig dem Eigentümer eines oberirdischen Gewässers auferlegt[410], soweit es nicht nach Landesrecht Aufgabe von Gebietskörperschaften, Wasser- oder Bodenverbänden, gemeindlichen Zweckverbänden oder sonstigen Körperschaften des öffentlichen Rechts ist, vgl. § 40 WHG. Die Regelungen beschränken sich aufgrund des regelmäßig natürlichen Vorkommens der Gewässer auf die Unterhaltung. Es muss mindestens ein ordnungsgemäßer Wasserabfluss und für schiffbare Gewässer die Schiffbarkeit gegeben sein, vgl. § 38 Abs. 1 S. 1 WHG und § 8 Abs. 1 S. 1 WaStrG.[411] Wer Träger der Unterhaltungslast ist, bestimmt sich nach der jeweiligen Gewässerordnung. Träger der Unterhaltungslast an Bundeswasserstraßen ist der Bund, an sonstigen Gewässern I. Ordnung das Land. Bei Gewässern der II. und III. Ordnung ergeben sich

---

406 Vgl. allgemein § 4 Abs. 4, ferner § 37 Abs. 2, § 38 Abs. 4; siehe insbesondere die Duldungspflicht bezüglich Unterhaltungsmaßnahmen in § 41 Abs. 1 Nr. 1, 2; zudem § 52 Abs. 1 Nr. 2; hinsichtlich gewässerkundlicher Maßnahmen generell § 91, der dem Rechtsinhaber jedoch einen Schadensersatzanspruch einräumt; ferner §§ 92, 93 sowie § 101 Abs. 2.

407 *Kloepfer*, Umweltschutzrecht, § 14 Rn. 22.

408 Das *BVerfG* hat diese Abspaltungen der aus dem Grundeigentum folgenden Nutzungen als verfassungskonforme Inhaltsbestimmung im Sinne des Art. 14 Abs. 1 S. 2 GG angesehen, grundlegend dazu BVerfGE 58, 300 ff.; vgl. *Papier*, in: Erichsen/Ehlers, AVR, § 39 Rn. 24 mwN.

409 Siehe nur *Czychowski/Reinhardt*, WHG Kommentar, § 4 Rn. 23 mwN.

410 Die Gewässerunterhaltung obliegt daneben den Gewässeranliegern sowie den Eigentümern von Grundstücken oder Anlagen, die Vorteile von der Unterhaltung haben oder die die Unterhaltung erschweren, §§ 39, 40 WHG, §§ 7–11 WaStrG, wobei näheres Landesrecht bestimmt, siehe dazu *Kluth*, in: Wolff/Bachof/Stober/Kluth, VwR II, § 76 Rn. 46; schon 1962 spricht *Salzwedel*, ZfW 1962, 73, 81, davon, dass das Eigentum nur noch eher ein Anknüpfungspunkt für die Unterhaltungslast sei.

411 So insgesamt *Kluth*, in: Wolff/Bachof/Stober/Kluth, VwR II, § 76 Rn. 46 mwN. Siehe zu weitergehenden Pflichten *Kloepfer*, Umweltschutzrecht, § 14 Rn. 73.

landesrechtliche Unterschiede, nach z. B. § 91 LWG NRW kommen für Gewässer II. Ordnung als Unterhaltungspflichtige Wasserverbände, Anliegerkreise, Anliegergemeinden, Eigentümer oder sonstige Anlieger in Betracht.[412]

4. *Gewässer als öffentliche Sache im Zivilgebrauch*

Öffentliche[413] Gewässer sind öffentliche Sachen im Zivilgebrauch. Je nach Nutzung kann ein Gewässer sowohl eine öffentliche Sache im Gemeingebrauch als auch eine öffentliche Sache im Sondergebrauch sein.

a) Gemeingebrauch

Die Gewässerbenutzung bedarf grundsätzlich gemäß §§ 8, 9 WHG der Erlaubnis beziehungsweise Bewilligung. Es muss generell zwischen wasserwirtschaftlicher und wasserwegerechtlicher Nutzung unterschieden werden.[414] Der Gemeingebrauch ist nicht erlaubnis- oder bewilligungspflichtig, wobei er sich jedoch auf nur wenige bestimmte Nutzungsarten beschränkt.[415]

Sowohl das WHG (§ 25) als auch die Landeswassergesetze (wie § 33 LWG NRW) sehen eine gemeingebräuchliche Benutzung der jeweiligen Gewässer vor.[416] Der bundesrechtliche § 25 WHG verweist dabei auf den landesrechtlichen Gemeingebrauch[417], nimmt jedoch grundsätzlich das Einbringen und Einleiten von Stoffen in oberirdische Gewässer aus, vgl. § 25 S. 2 WHG. Dieser wasserwirtschaftliche Gemeingebrauch ist auf oberirdische Gewässer (§ 2 Abs. 1 Nr. 1,

412 Vgl. *Kluth*, in: Wolff/Bachof/Stober/Kluth, VwR II, § 76 Rn. 47 ff., zur Unterhaltungslast an Gewässern niederer Ordnungen mwN.

413 *Stelkens*, Die Verwaltung 46 (2013), 493, 527 mwN.

414 Zur Differenzierung bereits *Salzwedel*, ZfW 1962, 83 ff., insgesamt *Kluth*, in: Wolff/Bachof/Stober/Kluth, VwR II, § 77 Rn. 22 ff.

415 Zu den gestattungsfreien Benutzungen *Erbguth/Schlacke*, Umweltrecht, § 11 Rn. 41.

416 Die Gestattung zum Gemeingebrauch umfasst auch die Regelung, an welchen oberirdischen Gewässern dieser besteht. Zumeist ist er nur an natürlichen (regelmäßig fließenden) Gewässern eröffnet, siehe z. B. § 14 Abs. 1 BremWG, § 32 Abs. 1 NWG, § 33 Abs. 1 LWG NRW, § 36 Abs. 1 LWG RP, § 22 Abs. 1 SWG, § 16 Abs. 1 SächsWG, vgl. dazu insgesamt *Czychowski/Reinhardt*, WHG Kommentar, § 25 Rn. 4. Vereinzelt existieren landesrechtliche Einschränkungen und Ausnahmen an Gewässern niederer Ordnungen wie in Bremen durch § 14 Abs. 3 BremWG, aaO Rn. 4.

417 *Erbguth*, AVR, § 32 Rn. 2; Der Umfang wird durch die Landeswassergesetze bestimmt, *Cormann*, in: Giesberts/Reinhardt, BeckOK Umweltrecht, § 25 WHG Rn. 12 (Stand 10.2013).

§ 3 Nr. 1 WHG) begrenzt, er erfasst nicht die Ufergrundstücke.[418] Vergleichbare Regelungen zur gemeingebräuchlichen Nutzung enthält für die Küstengewässer § 43 WHG[419] und für das Grundwasser § 46 WHG.[420] Diese wasserwirtschaftlich gemeingebräuchliche Nutzungsmöglichkeit steht hinsichtlich der öffentlich-rechtlichen Zweckbestimmung, Gewässer haushalterisch zu bewirtschaften, im Ausnahmeverhältnis. Der Gemeingebrauch ist aus wasserwirtschaftlicher Sicht als eine aufgrund der „Bagatellität erlaubnisfreie Sondernutzung"[421] zu verstehen.[422] Ausübungsbeschränkungen ergeben sich aus Rechten Dritter sowie dem

---

418 Der Eigentümer eines Ufergrundstückes ist daher nicht verpflichtet, den Zugang zum Gewässer zur Ermöglichung des Gemeingebrauchs zu gestatten, *Czychowski/Reinhardt*, WHG Kommentar, § 25 Rn. 10 mwN. Relevant sind aber die Betretungsrechte, die nach dem Bundesnaturschutzgesetz sowie den Naturschutz- und Landschaftspflegegesetzen der Länder bestehen. Die Grundstückseigentümer müssen danach teilweise hoheitliche Maßnahmen zur Herrichtung der Grundstücke und Betretungsrechte dulden, aaO Rn. 12 mit umfassenden Nachweisen. Siehe auch allgemein § 59 Abs. 1 BNatSchG, ferner speziell für Uferbetretungen § 56 LG NRW.

419 § 25 WHG erstreckt sich nicht auf die Küstengewässer, an diesen gebe es Gemeingebrauch aus fortbestehenden Gewohnheitsrecht, dazu *Czychowski/Reinhardt*, WHG Kommentar, § 25 Rn. 2 mwN.

420 *Czychowski/Reinhardt*, aaO mwN. Es ergeben sich Unterschiede derart, dass an oberirdischen Gewässern nach den §§ 25, 26 Gemein-, Eigentümer- und Anliegergebrauch besteht. Auch gibt es eine erleichterte Benutzung für die Fischerei. Am Grundwasser besteht eine vom Ausmaß des Gemeingebrauchs abweichende „erlaubnisfreie Benutzung" (§ 46), vgl. aaO § 2 Rn. 10.

421 *Papier*, in: Erichsen/Ehlers, AVR, § 39 Rn. 23.

422 Statt aller *Cormann*, in: Giesberts/Reinhardt, BeckOK Umweltrecht, § 25 WHG Rn. 12 mwN (Stand 10.2013): „hauptsächlich traditionelle, minder bedeutsame Arten der Nutzung"; *Kluth*, in: Wolff/Bachof/Stober/Kluth, VwR II, § 77 Rn. 24, vgl. auch aaO § 78 Rn. 5, wonach alle erheblichen Wassernutzungen erlaubnispflichtige Sondernutzungen seien; siehe zudem *Kloepfer*, Umweltschutzrecht, § 14 Rn. 30: „Bagatellfälle" für den Gemeingebrauch nach § 25 WHG i.V.m. dem Landeswasserrecht in Abgrenzung zum wasserwegerechtlichen Gemeingebrauch; siehe auch *Mager/Sokol*, Jura 2012, 913, 920 mwN, für die der Gemeingebrauch solche Handlungen erfasse, bei denen von vornherein nicht mit der Gefahr einer Gewässerveränderung zu rechnen sei; e contrario auch schon *Salzwedel*, ZfW 1962, 73, 74, alle ins Gewicht fallenden Nutzungen gehörten nicht zum Gemeingebrauch. § 33 LWG NRW nennt das Baden, Waschen, Viehtränken, Schwemmen, Schöpfen mit Handgefäßen, Eissport und Befahren mit kleinen Fahrzeugen ohne eigene Triebkraft. Teilweise kann Gemeingebrauch auch für die Entnahme und das Einleiten von Wasser für land-, forstwirtschaftliche oder gärtnerische Zwecke bestehen, vgl. § 33 Abs. 1 S. 2, 3 LWG NRW.

Verbot, Befugnisse der Anlieger und Eigentümer zu beeinträchtigen.[423] Ferner findet an Gewässern im Privateigentum, die in Hofräumen, Betriebsgrundstücken, Gärten und Parkanlagen liegen und Eigentum der Anlieger sind, kein Gemeingebrauch statt.[424] Das Gleiche gilt z.B. auch für Schleusen.[425] Der teilweise geregelte Anlieger-, Hinterlieger- oder Eigentümergebrauch ist jeweils eine gesetzlich geregelte Form der Sondernutzung.[426]

Der im WHG und den Landeswassergesetzen geregelte wasserwirtschaftliche Gemeingebrauch umfasst aber nicht die Schifffahrt.[427] Die wasserwegerechtlich gemeingebräuchliche Nutzung eines Gewässers zu Fortbewegungszwecken im Sinne von Schifffahrt regelt bundesrechtlich § 5 WaStrG. Jedermann ist nach § 5 S. 1 WaStrG das Befahren der Gewässeroberfläche mit einem Wasserfahrzeug auf Bundeswasserstraßen gestattet.[428] Landesrechtlich regelt z.B. § 37 LWG NRW, dass jedermann schiffbare Gewässer mit Wasserfahrzeugen befahren darf.[429]

Der Gemeingebrauch nach § 25 WHG i.V.m. den jeweiligen landeswassergesetzlichen Regelungen sowie nach den §§ 5, 6 WaStrG sind öffentlich-rechtliche Beschränkungen, die die Eigentümerbefugnisse aus § 903 BGB im Rahmen gemeingebräuchlicher Nutzung ausschließen.[430]

---

423 Vgl. § 25 WHG, § 33 Abs. 1 S. 1 LWG NRW.

424 Mit Verweis auf § 33 LWG NRW *Kluth*, in: Wolff/Bachof/Stober/Kluth, VwR II, § 77 Rn. 25.

425 BVerwGE 39, 235 ff., der Nord-Ostsee-Kanal und dessen Anlagen stehen nur soweit im Gemeingebrauch, wie dies für die Schifffahrt erforderlich ist; dazu auch *Kluth*, in: Wolff/Bachof/Stober/Kluth, VwR II, § 77 Rn. 25.

426 *Salzwedel*, ZfW 1962, 73, 85.

427 So auch *Cormann*, in: Giesberts/Reinhardt, BeckOK Umweltrecht, § 25 WHG Rn. 16 (Stand 10.2013).

428 Wobei sich aus § 5 S. 2, 3 WaStrG Einschränkungen ergeben für Talsperren, Speicherbecken und Bundeswasserstraßen in Naturschutzgebieten und Nationalparks, siehe auch *Mager/Sokol*, Jura 2012, 913, 920.

429 Hiermit vergleichbare landesrechtliche Normen sind § 30 WG BW; Art. 28 Abs. 1 BayWG; § 28 BerlWG; § 46 Abs. 1, 2 BbgWG; § 14 Abs. 5 BremWG; §§ 10, 11 HWaG; § 27 HWG; § 21 Abs. 3 ff. LWaG MV; § 32 Abs. 5 NWG; § 40 LWG RP; § 27 SWG; § 17 SächsWG; § 32 WG LSA; §§ 14 Abs. 3, 15, 19 LWG SH, § 40 ThürWG, Aufzählung nach *Mager/Sokol*, Jura 2012, 913, 920 Fn. 121.

430 Palandt/*Bassenge*, BGB, § 903 Rn. 28, 32.

b) Sondergebrauch

Bei Gewässern handelt es sich um öffentliche Sachen im Sondergebrauch, soweit es um die Benutzung von Gewässern zu wasserwirtschaftlichen Zwecken geht.[431] Kann sich eine wasserwirtschaftliche Nutzung nachteilig auf den Wasserhaushalt auswirken, ist ein „Benutzen" nur nach vorheriger Zustimmung der zuständigen Behörde gestattet. Dies indiziert den Sondergebrauch.[432] Sondernutzungsrechte können durch den Träger der Gewässerhoheit (öffentlicher Sachherr) gestattet werden, und zwar durch „Erlaubnis" oder „Bewilligung"[433] in Form von Verwaltungsakten[434].

Bei der Benutzung von Gewässern ist nach § 8 WHG eine Bewilligung erforderlich, außer ein Gesetz schließt eine besondere Erlaubnis aus. Aus § 9 WHG ergibt sich, was unter einer „Benutzung" im Sinne des § 8 WHG zu verstehen ist. Darunter fällt das Entnehmen, Ableiten und Aufstauen von Wasser, ferner das Entnehmen fester Stoffe sowie das Einbringen von festen Stoffen in die Gewässer im Sinne von § 2 Abs. 1 WHG. Eine „Erlaubnis" bezieht sich auf eher minder erhebliche, eine „Bewilligung" auf intensivere Sondernutzungen.[435] Der zuvor erörterte Gemeingebrauch wird bei kommerziellen Nutzungen derart eng ausgelegt, dass z.B. eine Kanu-Vermietung Sondergebrauch darstellt.[436]

---

431 Siehe nur *Peine*, JZ 2006, 593, 604.

432 Dies diene der besseren Kennzeichnung des (im Vergleich zum Straßenrecht) umgekehrten Regel-Ausnahme-Verhältnisses zwischen Gemeingebrauch und darüber hinausgehender Nutzung, *Mager/Sokol*, Jura 2012, 913, 920,

433 Vgl. *Kluth*, in: Wolff/Bachof/Stober/Kluth, VwR II, § 78 Rn. 21.

434 Zu den Rechtsschutzmöglichkeiten *Kloepfer*, Umweltschutzrecht, § 14 Rn. 50 f.

435 *Kluth*, in: Wolff/Bachof/Stober/Kluth, VwR II, § 78 Rn. 2. Grob unterscheiden sich beide nach Art der gewährten Rechtsstellung, da eine Erlaubnis befristet sein kann und eine stets widerrufliche Benutzungsbefugnis begründet, die Bewilligung aber nur begrenzt widerrufbar ist und ein stets befristetes Recht zu einer bestimmten Gewässerbenutzung gewährt, aaO Rn. 22; tiefergehend zur Abgrenzung sowie zu Gemeinsamkeiten beider Institute siehe aaO § 78 Rn. 22 ff.; *Kloepfer*, Umweltschutzrecht, § 14 Rn. 23 ff., zu den Unterschieden aaO Rn. 35 ff., S. 417 f.; *Papier*, in: Erichsen/Ehlers, AVR, § 39 Rn. 19 ff., siehe auch aaO Rn. 22 seinen Hinweis, dass die Bewilligung als gesteigertes Nutzungsrecht nach umstrittener Ansicht als „sonstiges Recht" im Sinne von § 823 Abs. 2 BGB zudem Schutz nach § 1004 BGB genieße, wobei er nach Änderung des WHG 2009 und dem damit einhergehenden Wegfall des Art. 65 EGBGB die Kompetenz der Länder zur Anordnung eines solchen Schutzes aaO infrage stellt.

436 Vgl. *Kluth*, in: Wolff/Bachof/Stober/Kluth, VwR II, § 78 Rn. 5 mwN.

5. *Widmungszweck der öffentlichen Sache Wasser*

Der Widmungszweck der öffentlichen Sache Wasser ergibt sich aus dem Widmungsinhalt. Dies zeigt ein Vergleich zu den Straßengesetzen. Der Widmungsinhalt der straßenrechtlichen Widmung ist, dass eine öffentliche Straße grundsätzlich gemeingebräuchlich genutzt werden kann.[437] Unter diesem Aspekt ist der Widmungszweck der Gewässer fraglich und somit auch die dahingehenden Sicherungsinstrumente, die den widmungsgemäßen Gebrauch gewährleisten sollen. Denn zur gemeingebräuchlichen Nutzung, wie Straßen und Wege, werden die Gewässer nicht primär gewidmet. Hinsichtlich wasserwirtschaftlicher Gewässerbenutzungen besteht grundsätzlich ein repressives Verbot mit Erlaubnisvorbehalt. In der Regel steht eine Nutzung oder Benutzung des Gewässers unter Erlaubnis- respektive Bewilligungsvorbehalt, ausgenommen ist der Gemeingebrauch als nur geringfügige Einwirkung auf den Wasserhaushalt.[438] Für das Wasser als öffentliche Sache im Gemeingebrauch ist klar, worauf sich etwaig zur Verfügung stehende Sicherungsinstrumente beziehen sollen: zur Gewährleistung, Aufrechterhaltung oder zur Ermöglichung des Gemeingebrauchs. Beim Wasser in seiner Eigenschaft als öffentliche Sache im Sondergebrauch ist das differenzierter zu beurteilen. Was besagt es, im „Sondergebrauch" zu stehen beziehungsweise zu diesem Zweck gewidmet zu sein?

a) *Widmung der Gewässer*

Die Gewässer I. Ordnung werden durch die Landeswassergesetze in Verbindung mit den ihnen anliegenden Verzeichnissen, die Bundeswasserstraßen durch das WaStrG zur öffentlichen Sache gewidmet.[439] Gewässer II. Ordnung werden ausnahmsweise auch durch formelles Gesetz, ansonsten durch den Verordnungsgeber durch Rechtsverordnung gewidmet.[440] Da die Widmung im Wasserrecht

---

437 Vgl. dazu die Systematik der §§ 14 ff. StrWG NRW.

438 Statt aller vgl. *Papier*, in: Erichsen/Ehlers, AVR, § 39 Rn. 19 ff., 23.

439 Siehe zu den landesrechtlichen Gewässern I. Ordnung z. B. Art. 2 Abs. 1 Nr. 1 BayWG oder § 3 Abs. 1 Nr. 1 LWG NRW; zur Relevanz der Aufführung einer Bundeswasserstraße in der Anlage zum WaStrG, um für den allgemeinen Schiffsverkehr gewidmet zu sein, siehe *OVG Frankfurt/Oder*, NVwZ-RR 2005, 403 f.

440 Vgl. *Kluth*, in: Wolff/Bachof/Stober/Kluth, VwR II, § 75 Rn. 9, ferner *Papier*, in: Erichsen/Ehlers, AVR, § 40 Rn. 4 mit Verweis auf Art. 2 Abs. 1 Nr. 2, 3 Abs. 1 BayWG, wonach ein Gewässer II. Ordnung zur öffentlichen Sache werde, indem es in ein von der obersten Wasserbehörde durch RVO aufzustellendes Verzeichnis aufgenommen wird.

durch gesetzliche Regelungen praktiziert wird, muss sich der Widmungszweck der öffentlichen Sache Wasser aus den festgelegten gesetzlichen Zielen ergeben.[441]

b) Ermittlung des Widmungszwecks anhand des WHG

Die Ordnung des Wasserhaushalts soll Wasser als nutzbares Gut erhalten[442], insbesondere durch Schutz vor Verunreinigung.[443] Neben allgemeinen Sorgfaltspflichten, die nach § 5 WHG für jedermann gelten, ist Adressat der Bewirtschaftungspflichten aus § 6 Abs. 1 S. 1 WHG ein Träger öffentlicher Gewalt, insbesondere die Wasserbehörde.[444] Als zentrale Ziele der Gewässerbewirtschaftung werden für Oberflächengewässer in § 27 Abs. 1 Nr. 1 und 2 WHG genannt, dass eine Verschlechterung vermieden werden und ein guter ökologischer und chemischer Zustand erhalten oder erreicht werden soll. Ähnliches gilt für künstliche oder erheblich veränderte Oberflächengewässer (vgl. § 27 Abs. 2 Nr. 1 und 2 WHG), für Küstengewässer siehe § 44 WHG. Das Grundwasser soll in einem guten mengenmäßigen und chemischen Zustand erhalten bleiben oder dorthin entwickelt werden, so § 47 Abs. 1 Nr. 3 WHG. Ausnahmen von den Bewirtschaftungszielen sieht § 31 WHG vor.[445] Klarstellend bezeichnet ferner § 50 Abs. 1 WHG die der Allgemeinheit dienende Wasserversorgung als eine Aufgabe der Daseinsvorsorge.[446]

c) Ergebnis

Da es der vorrangige Zweck des WHG und der Landeswassergesetze ist, die Reinheit der Gewässer zu erhalten, zu fördern und zu gewährleisten, enthalten diese Gesetzeswerke zahlreiche Ge- und Verbote über den Umgang mit dem

---

441 Für *Stelkens*, Die Verwaltung 46 (2013), 493, 533, stellt die Widmung kraft formellen Gesetzes dagegen nur die Verwendung eines Schlagwortes zur Beschreibung des gesetzlich für bestimmte Sachen geltenden Nutzungsregimes dar. Sie werden nur als gesetzlich gewidmet angesehen, weil für sie kraft Gesetzes ein besonderes Nutzungsregime gilt.

442 Statt vieler vgl. *Czychowski/Reinhardt*, WHG Kommentar, § 1 Rn. 5 ff.; nach § 1 WHG soll Wasser als nutzbares Gut als Bestandteil des Naturhaushalts, als Lebensgrundlage des Menschen sowie als Lebensraum für Pflanzen und Tiere geschützt werden, und zwar durch eine nachhaltige Gewässerbewirtschaftung.

443 Vgl. *Czychowski/Reinhardt*, WHG Kommentar, Einleitung Rn. 50.

444 *Kloepfer*, Umweltschutzrecht, § 14 Rn. 17 f.

445 Struktur der Darstellung entnommen aus *Kloepfer*, aaO Rn. 18 ff.

446 *Kloepfer*, aaO Rn. 52.

Grund-, Oberflächen- und den Küstengewässern im Sinne von § 2 Abs. 1 Nrn. 1 – 3 WHG sowie Teilen davon, vgl. § 2 Abs. 1 S. 2 WHG.

Das Bewilligungssystem der §§ 8, 9 WHG kennzeichnet den Begriff des Wassers als öffentliche Sache im Sondergebrauch.[447] Das Gewässerschutzrecht steht dadurch unter der Prämisse, dass sämtliche Einwirkungen auf die öffentliche Sache im Sondergebrauch verboten sind, die die Bagatellgrenze des Gemeingebrauchs überschreiten. Am ehesten ist der Widmungszweck gemäß dem Zweck des WHG insgesamt mit „Reinheit des Wassers“ [448] zu umschreiben.[449] Denn dieser Zweck ergibt sich aus dem Widmungsinhalt des „Sondergebrauchs“, der durch die „Gesamtheit der abstrakten Nutzungsverbote“[450] definiert wird. Dieses Verständnis ist allgemein auch mit der gängigen Ansicht konform, dass die Widmung den Zweck der öffentlichen Sache bestimmt und neben der Begründung einer öffentlich-rechtlichen Sachherrschaft den Umfang ihrer Benutzbarkeit regelt.[451]

Ausgehend vom aufgezeigten Widmungszweck müssen sich Sicherungsinstrumente hinsichtlich des Wassers in seiner Eigenschaft als öffentliche Sache im Sondergebrauch somit auf die Erhaltung des Wassers als nutzbares Gut beziehen.

6. *Öffentliche Sachherrschaft an Gewässern*

Die Sicherungsinstrumente setzen eine wie auch immer geartete öffentliche Sachherrschaft für die zuständige Wasserbehörde als öffentlichen Sachherrn voraus. Eine solche wird im Bewilligungssystem der §§ 8, 9 WHG evident. Das WHG spricht zum Zwecke der Ordnung des Wasserhaushalts zahlreiche Ge- und

---

447 Sich diesbezüglich auch auf den Zweck des Wasserhaushaltsgesetzes beziehend, dass das „kostbar gewordene Wasser“ nicht zum Gebrauch für jedermann, sondern nur für die Gemeinschaft als Ganzes da sei, schon *Salzwedel*, in: ZfW 1962, 73, 85.

448 Dieser Begriff zur Umschreibung des Widmungszwecks unterscheidet sich von derselben Formulierung im Zusammenhang als Schutzgut der öffentlichen Sicherheit, dazu wohl grundlegend *BVerwG*, ZfW 1974, 301.

449 *Papier*, in: Erichsen/Ehlers, AVR, § 39 Rn. 23, spricht hinsichtlich der öffentlich-rechtlichen Zweckbestimmung von „haushalterischer Bewirtschaftung der Gewässer“; für *Salzwedel*, ZfW 1962, 73, 77 mwN, spiegelt sich die öffentliche Zweckbestimmung im Umfang der Duldungspflichten des Eigentümers wider.

450 So *Salzwedel*, ZfW 1962, 73, 83, da von vornherein eine Benutzung des Wassers nur noch als Sondernutzung zulässig sei.

451 So allgemein zur Widmung *Kluth*, in: Wolff/Bachof/Stober/Kluth, VwR II, § 75 Rn. 4 f.

Verbote[452] für die Benutzung von Gewässer aus. Die möglichen Nutzungen sind gesetzlich vorgeschrieben. Die öffentliche Sachherrschaft zeigt sich zudem z.B. in den an jedermann gerichteten allgemeinen Sorgfaltspflichten des § 5 Abs. 1 WHG (Vermeidung nachteiliger Veränderung von Gewässereigenschaften, sparsame Wasserverwendung, Erhalt der Leistungsfähigkeit des Wasserhaushalts sowie Vermeidung einer Vergrößerung und Beschleunigung des Wasserabflusses) oder der in § 55 Abs. 1 WHG enthaltenen Pflicht, Abwasser so zu beseitigen, dass das Allgemeinwohl nicht beeinträchtigt wird.[453]

Die öffentliche Sachherrschaft konkretisiert sich insgesamt in den materiellen Pflichten der Gewässeraufsicht.[454] Diese umfasst die ordnungsgemäße Durchführung der zugelassenen Gewässerbenutzungen (§ 9 WHG)[455] sowie Ausbaumaßnahmen (§ 67 – 71 WHG), mithin die Ausübung des Gemein-, Eigentümer- und Anliegergebrauchs (§§ 25, 26, 43, 46 WHG). Dazu beinhaltet die Gewässeraufsicht die Beachtung der Reinhaltebestimmungen (§§ 32, 45, 48 WHG)[456], ferner die besonderen bewirtschaftungsrechtlichen Anforderungen für oberirdische Gewässer (§§ 33 – 38 WHG) und Anlagen (§§ 35, 36 WHG). Zu nennen sind auch die Gewässerunterhaltung (§§ 39 – 42 WHG), die Wasserversorgung im weiteren Sinne (§§ 50 – 53 WHG), die Abwasserbeseitigung (§§ 54 – 61 WHG), der Umgang mit wassergefährdenden Stoffen (§§ 62 f. WHG), Hochwasser- und Küstenschutz (§§ 72 – 81 WHG) und letztlich der gewässerkundliche Dienst zur Ermittlung der für die Bewirtschaftung erforderlichen Daten (§ 91 WHG).[457]

7. Grundlage und Durchsetzung wasserrechtlicher Sicherungsmittel

In der dem Nutzungswunsch entsprechend einschlägigen Norm konkretisieren sich die Zielvorgaben der Regelungswerke materiell-rechtlich, sodass auch Instrumente dafür bestehen müssen, gegen tatsächliche Beeinträchtigungen zur

452 Argumentum e contrario aus den aufgelisteten Benutzungen des § 9 WHG, die gemäß § 8 Abs. 1 WHG einer Erlaubnis oder Bewilligung bedürfen.

453 Zu diesen Pflichtenstellungen allgemein *Kloepfer*, Umweltschutzrecht, § 14 Rn. 21.

454 Die Gewässeraufsicht ist – im Gegensatz zum präventiv wirkenden Regime der wasserrechtlichen Zulassungen – grundsätzlich „repressives exekutivisches Handlungsinstrument", so *Czychowski/Reinhardt*, WHG Kommentar, § 100 Rn. 18.

455 Zu Maßnahmen bei Verstößen *Czychowski/Reinhardt*, aaO Rn. 39.

456 Dazu konkret *Kloepfer*, Umweltschutzrecht, § 14 Rn. 43.

457 Vgl. die Aufzählung zum Inhalt der Gewässeraufsicht bei *Czychowski/Reinhardt*, WHG Kommentar, § 100 Rn. 17. In den auch aufgeführten Bewirtschaftungszielen der §§ 27 – 31, § 44, § 47 WHG konkretisiert sich aber keine besondere öffentliche Sachherrschaft durch die Aufgaben der Gewässeraufsicht.

Sicherung der Widmung sowohl des Wassers als öffentliche Sache im Sondergebrauch als auch als solche im Gemeingebrauch vorzugehen. Die zahlreichen Ge- und Verbote stellen abstrakt gesetzliche Sicherungsmittel dar. Diese tatsächlichen Beeinträchtigungen liegen in allen erdenklichen Fällen vor, in denen gegen die gesetzlichen Ge- und Verbote tatsächlich verstoßen wird, indem entweder keine Erlaubnis beziehungsweise Bewilligung nach den §§ 8, 9 WHG vorliegt oder aber eine solche vorliegt, dagegen aber verstoßen wird. Ferner sind auch tatsächliche Beeinträchtigungen des Wasserhaushalts denkbar, die von vornherein nicht nach den Vorgaben der §§ 8, 9 WHG legalisiert werden können, der zuständige öffentliche Sachherr aber zum Gewässerschutz unterbinden können muss.

a) Relevante Regelungswerke

Es gibt verschiedene Regelungswerke, die Sicherungsinstrumente bereitstellen können, um die Widmung der öffentlichen Sache Wasser zu sichern und somit die öffentliche Sachherrschaft im Wasserrecht durchzusetzen. Primär kommt dazu das WHG in Betracht, subsidiär ergänzend die jeweiligen Landeswassergesetze. Auch das WaStrG kann in seinem Anwendungsbereich Sicherungsinstrumente in Gestalt von Eingriffsbefugnissen bereitstellen. Zudem könnten speziell ordnungsrechtliche Regelungen von Abfallgesetzen oder des Bundesbodenschutzgesetzes (BBodSchG) normative Grundlagen dafür zur Verfügung stellen, dass eine Gefahr für die öffentliche Sache effektiv beseitigt werden kann. Zu beachten ist in diesem Zusammenhang, „dass ein einheitlicher Sachverhalt in mehrfacher Hinsicht und damit aus dem Blickwinkel unterschiedlicher Materien des Ordnungsrechts, eine Gefahr bilden und Anlass zum behördlichen Einschreiten bieten kann“[458].

Das WHG beinhaltet seit der Fassung vom 1.3.2010 erstmalig in § 100 Abs. 1 S. 2 eine bundeseinheitlich geltende wasserrechtliche Generalklausel[459] zur

---

458 So bei einer Gefährdung des Grundwassers durch Heizöl, ob wasserrechtliche Maßnahmen durch die Anwendbarkeit des Bodenschutzrechts ausgeschlossen sind (verneint) *OVG Münster*, NVwZ-RR 2013, 681. Ähnlich auch zu Doppelzuständigkeiten im Abfall- und Bodenschutzrecht *Gößl*, in: SZDK, § 100 WHG Rn. 55 f. (Stand 5.2011).

459 *Czychowski/Reinhardt*, WHG Kommentar, § 100 Rn. 3; mit dieser wasserrechtlichen Generalklausel kann flächendeckend gegen Gefährdungen und Beeinträchtigungen des Wasserhaushalts zur Erreichung der Zielsetzungen des öffentlichen Wasserrechts vorgegangen werden, aaO Rn. 33; vgl. auch *Schwind*, in: Berendes/Frenz/Müggenborg, WHG Kommentar, § 100 Rn. 13 f.; *Kotulla*, Wasserhaushaltsgesetz, § 100 Rn. 18.

Gefahrenabwehr.[460] Zuvor galten die landesrechtlichen Regelungen, wobei zumeist die Wasserbehörden als Sonderordnungsbehörden[461] Maßnahmen zum Wasserschutz und damit zur Sicherung des widmungsgemäßen Gebrauchs auf die ordnungsrechtliche Generalklausel stützen konnten.[462] Dies ist für Sachverhalte vor dem 1.3.2010 immer noch der Fall.[463] Zeitlich nachgelagerte[464] Fälle sind grundsätzlich auf § 100 Abs. 1 S. 2 WHG zu stützen.[465]

---

460 Zu den Befugnissen der Gewässeraufsicht durch Sicherheitsrecht als historischen Ausgangspunkt mit preußischen Wurzeln *Gößl*, in: SZDK, § 100 WHG Rn. 34 ff. (Stand 5.2011). Zu preußischen wasserrechtlichen Eingriffsnormen als Vorgängerregelungen im Zusammenhang der Beseitigung von Altlasten siehe *Reinhardt*, Die Eingriffsbefugnisse der Wasserbehörden bei der Sanierung von Altlasten, S. 49 ff.

461 Siehe nur § 138 LWG NRW, zudem *Schönenbroicher*, in ders./Heusch, Kommentar zum OBG NRW, § 12 Rn. 8.

462 Siehe nur *VG Köln*, NVwZ 1994, 927 ff.

463 Zu einem Fall des Einleitens von Schmutzwasser durch eine undichte Kleinkläranlage siehe *VG Münster*, Urt. v. 10.01.2014 - 7 K 443/10 -, juris. Mangels erforderlicher Erlaubnis war das Einleiten rechtswidrig und verstieß somit gegen die öffentliche Sicherheit im Sinne des § 14 OBG, aaO Rn. 22. Die Ordnungsverfügung verpflichtete zu einem wasserdichten Verschluss der Kleinkläranlage und wurde auf § 138 S. 3 LWG NRW, § 14 OBG gestützt, da die Verstöße schon 2005 und 2008 festgestellt wurden, aaO Rn. 19, 22. § 100 Abs. 1 WHG lasse einen solchen Rückgriff gerade zu, aaO Rn. 20. Ferner beispielhaft für vor 2009 auch beendete Sachverhalte *VG Aachen*, Urt. v. 27.10.2005 - 6 K 573/03 -, juris: In der Verbreiterung eines Baches wurde eine Umgestaltung eines Gewässers gesehen, sodass verfügt wurde, den ursprünglichen Zustand wiederherzustellen, und zwar auf Grundlage des § 12, § 14 OBG, § 138 S. 3 LWG NRW, siehe aaO Rn. 20. Die öffentliche Sicherheit war wegen eines Verstoßes gegen § 31 Abs. 2 S. 1 WHG (i.d.F. 19.08.2002) verletzt. Siehe zudem *VG Köln*, Urt. v. 12.05.2009 - 14 K 5403/07 -, juris; Zu einer auf §§ 12, 14 OBG i.V.m. § 138 S. 3 LWG NRW (rechtmäßigerweise) gestützten Beseitigungsanordnung illegal hergestellter Fischteiche *OVG Münster*, Urt. v. 25.09.1997 - 20 A 974/96 -, juris, zur Rechtsgrundlage aaO Rn. 24; schließlich zur Abdichtung einer undichten Dreikammergruppe auf Grundlage des §§ 12, 14 OBG NRW, § 138 S. 3 LWG NRW *OVG Münster*, ZfW 1998, 455, 456.

464 Infrage stellend *Gößl*, in: SZDK, § 100 WHG Rn. 63 (Stand 5.2011), denn Beeinträchtigungen des Wasserhaushalts seien zustands- und nicht handlungsbezogen. Maßgeblich dürfte nur sein, ob im Zeitpunkt der Anwendbarkeit des § 100 Abs. 1 S. 2 WHG eine Gewässerverunreinigung vorliegt.

465 Vgl. *Czychowski/Reinhardt*, WHG Kommentar, § 100 Rn. 10; Siehe z. B. *VG Köln*, Urt. v. 18.12.2012 - 14 K 4444/12 -, juris. Im Fall wurde eine Ordnungsverfügung gegen das Errichten eines Gartenhauses und Maschendrahtzaunes an einem Gewässer

b) System der wasserrechtlichen Gefahrenabwehr nach dem WHG

§ 100 Abs. 1 S. 1 WHG statuiert als Aufgabe der Gewässeraufsicht, die Gewässer sowie die Erfüllung der öffentlich-rechtlichen Verpflichtungen zu überwachen[466], die nach oder aufgrund der Vorschriften des WHG, nach auf das WHG gestützten Rechtsverordnungen oder nach landesrechtlichen Vorschriften bestehen.[467] § 100 Abs. 1 S. 2 WHG enthält die dazugehörige Eingriffsbefugnis der zuständigen Behörde, nach pflichtgemäßen Ermessen die Maßnahmen anzuordnen, die im Einzelfall notwendig sind, um Beeinträchtigungen des Wasserhaushalts zu vermeiden, zu beseitigen oder die Erfüllung von Verpflichtungen nach Satz 1 sicherzustellen.[468] Die zuständige Stelle bestimmt sich nach Landesrecht.[469]

(1) Anwendungsbereich des § 100 Abs. 1 S. 2 WHG

Aus § 100 Abs. 1 S. 2 WHG ergeben sich umfassende Befugnisse für jegliche Gefahrenlagen des Wasserhaushalts.[470] § 100 Abs. 1 S. 2 WHG ist nur anwendbar, wenn keine spezielle Ermächtigung greift[471], und ist nicht abschließend.[472] Die

richtigerweise auf § 100 Abs. 1 S. 2 WHG gestützt, da ein Verstoß gegen § 97 Abs. 6 LWG NRW vorlag.

466 Neben der behördlichen Überwachung mit den dazugehörigen ordnungsrechtlichen Eingriffsbefugnissen gibt es auch eine Eigenüberwachung. Die §§ 64 ff. WHG sehen für bestimmte Abwassereinleiter die Bestellung eines Betriebsbeauftragten für Gewässerschutz vor, die aber nur beratende und kontrollierende betriebsinterne Funktionen haben, vgl. *Kloepfer*, Umweltschutzrecht, § 14 Rn. 86 mwN.

467 Das allgemeine Ziel der Überwachung nach den §§ 100–102 WHG wird insbesondere durch die allgemeinen Sorgfaltspflichten nach § 5 und das Regime der öffentlich-rechtlichen Gewässerbewirtschaftung (§§ 6, 12) festgelegt, dazu *Czychowski/Reinhardt*, WHG Kommentar, § 100 Rn. 6 mwN.

468 Ergänzend gelten die allgemeinen und besonderen gefahrenabwehrrechtlichen Bestimmungen der Länder, *Czychowski/Reinhardt*, WHG Kommentar, § 100 Rn. 3.

469 *Czychowski/Reinhardt*, aaO Rn. 7 mwN.

470 Vgl. *Gößl*, in: SZDK, § 100 WHG Rn. 22 (Stand 5.2011), überdies stellten die Gewässerüberwachung und die nach Wasserrecht begründeten öffentlich-rechtlichen Verpflichtungen wichtige Allgemeinwohlaufgaben dar. Mit der Gefahrenabwehr zum Schutze der Gesundheit des Menschen werde die Schutzpflicht aus Art. 2 Abs. 2 S. 1 GG erfüllt. Es gehe bei der Gefahrenabwehr um die Reinhaltung der Gewässer und des Grundwassers, wodurch ein Gemeinschaftsgut von überragender Bedeutung im Sinne des Art. 20a GG geschützt werde, aaO Rn. 32.

471 *Kotulla*, Wasserhaushaltsgesetz, § 100 Rn. 18.

472 *Gößl*, in: SZDK, § 100 WHG Rn. 1 (Stand 5.2011).

Befugnisse aus § 101 WHG für entsprechende Maßnahmen der Gewässeraufsicht (technische Überwachung) sind spezieller.[473]

Schon durch das WHG selbst werden bestimmte Gefahrenbereiche spezialgesetzlich geregelt, wie z.B. nachträgliche Anordnungen nach § 13 (auch möglich i.V.m. § 17 Abs. 2 S. 2, § 20 Abs. 2 S. 3, § 58 Abs. 4 S. 1, § 60 Abs. 3 S. 3 und § 70 Abs. 1), der Widerruf von Erlaubnis und Bewilligung nach § 18, der nach § 20 mögliche Widerruf alter Rechte und Befugnisse, diverse Entscheidungen zur Gewässerunterhaltung nach § 42 oder Anordnungen bei unbefugten Grundwassererschließungen nach § 49 Abs. 3.[474]

Aus dem weiten Anwendungsbereich des WHG folgt, dass für behördliches Einschreiten nur selten eine Abgrenzung zu anderen Rechtsgrundlagen erforderlich ist. Je nach Schwerpunkt der Maßnahme ist das WHG zum Naturschutz-, Immissionsschutz-, Abfall- oder Bodenschutzrecht abzugrenzen.[475]

Zur Abwehr allgemeiner Gefahren für die öffentliche Sicherheit oder Ordnung ermächtigt § 100 Abs. 1 S. 2 WHG nicht.[476] Daher kommt bei allgemeinen Gefahrenlagen ein Handeln der Polizei- beziehungsweise Ordnungsbehörden

---

473 So *Schwind*, in: Berendes/Frenz/Müggenborg, WHG Kommentar, § 100 Rn. 14; *Gößl*, aaO Rn. 39 (Stand 5.2011), zu Sonderformen der Gewässeraufsicht im WHG und zu flankierenden landeswassergesetzlichen Regelungen aaO Rn. 43 ff.

474 Aufzählung nach *Kotulla*, Wasserhaushaltsgesetz, § 100 Rn. 18, der zudem auf die im Einzelfall spezielleren Regelungen des § 17 BImSchG und § 61 BauO NRW verweist.

475 Siehe *Schwind*, in: Berendes/Frenz/Müggenborg, WHG Kommentar, § 100 Rn. 16 mwN; zu einzelnen relevanten sicherheitsrechtlichen Eingriffsbefugnissen aus der sog. „Trinkwasserverordnung" (Rn. 51), dem Bodenschutzrecht (Rn. 52 ff.), dem Abfallrecht (Rn. 55), Immissionsschutzrecht (Rn. 57), dem Naturschutzrecht (Rn. 58) sowie dem Bauordnungsrecht als spezielle Eingriffsgrundlagen im Einzelfall trotz etwaigen wasserrechtlichen Bezugs siehe *Gößl*, in: SZDK, § 100 WHG, in den aufgeführten Randnummern (jeweils Stand 5.2011). Insbesondere im Abfallrecht und Bodenschutzrecht kann es wiederum zu Doppelzuständigkeiten kommen, aaO Rn. 55 f. Zum Problem der Doppelzuständigkeit und Rechtsgrundlage bei der Beseitigung von Altlasten *Reinhard*, Die Eingriffsbefugnisse der Wasserbehörden bei der Sanierung von Altlasten, zu den damaligen Abgrenzungsfragen S. 41 ff.; Zur Anwendbarkeit des Wasserrechts auch neben dem Bodenschutzrecht im Falle einer Grundwassergefährdung durch Heizöl siehe aus neuerer Zeit etwa *OVG Münster*, NVwZ-RR 2013, 681 ff.

476 *Kotulla*, Wasserhaushaltsgesetz, § 100 Rn. 18; e contrario *Gößl*, in: SZDK, § 100 WHG Rn. 40 (Stand 5.2011).

nach den jeweiligen landesrechtlichen Generalklauseln in Betracht, welchen im Wasserrecht eine Auffangfunktion zukommt.[477]

Die Eingriffsermächtigung aus § 100 Abs. 1 S. 2 WHG bezieht sich auf Verstöße gegen Normen des geltenden Wasserrechts.[478] Da § 5 WHG allgemeine Sorgfaltspflichten für jedermann statuiert[479] ist fraglich, ob Beeinträchtigungen des Wasserhaushalts stets subsidiär auf einen Verstoß gegen § 5 WHG gestützt werden können, wenn im konkreten Einzelfall kein spezialgesetzlich geregelter Sachverhalt des WHG einschlägig ist. Dies hätte zur Folge, dass der Anwendungsbereich des z.B. § 14 OBG (i.V.m. § 138 S. 3 LWG NRW) verschwindend gering wäre. Zumindest vor Existenz des § 100 Abs. 1 S. 2 WHG wurde unabhängig vom speziellen Wasserrecht die „Reinheit des Wassers"[480] als Schutzgut der öffentlichen Sicherheit angesehen.[481]

---

477 *Schwind*, in: Berendes/Frenz/Müggenborg, WHG Kommentar, § 100 Rn. 16; *Kotulla*, aaO Rn. 18.

478 *Cormann*, in: Giesberts/Reinhardt, BeckOK Umweltrecht, § 100 WHG Rn. 2 (Stand 7.2014).

479 Durch diese allgemeine Sorgfaltspflicht wird die materielle Polizeipflicht, keine Gefahren zu verursachen, erweitert, so *Gößl*, in: SZDK, § 100 WHG Rn. 37 (Stand 5.2011).

480 *BVerwG*, ZfW 1974, 301; *Czychowski/Reinhardt*, WHG Kommentar, § 100 Rn. 38 mwN.

481 Dazu *BVerwG*, DVBl. 1974, 297, 300. Es stellt im Rahmen des Umkippens eines Tankwagens und somit einer etwaigen Verschmutzung des Grundwassers mit Heizöl darauf ab, dass Verstöße gegen unerlaubtes Einleiten von gefährdenden Stoffen und ein Verstoß gegen das Lagern/Ablagern von Stoffen mangels zweckgerichteten Verhaltens nicht vorlägen, vgl. aaO 298 f. Jedoch könne dann aufgrund des § 14 OBG NRW eingeschritten werden, da die öffentliche Wasserversorgung als kollektives Rechtsgut geschützt sei, aaO 300 mwN. Allerdings sei auch bei der Anwendung des Ordnungsrechts ein Rückgriff auf das WHG geboten, und zwar nicht formal nach Erfüllung einzelner Tatbestände, sondern materiell nach den Grundentscheidungen des Gesetzes zur Schutzwürdigkeit der von ihm verfolgten wasserwirtschaftlichen Interessen, vgl. aaO 300; aus neuerer Zeit siehe *OVG Münster*, NWVBl. 2014, 74, 78; ferner *Weides*, JuS 1988, 472, 473 mwN, § 14 OBG rechtfertige auch behördliche Maßnahmen, die der Reinhaltung des Grundwassers dienen. Zudem sei bei einer Beeinträchtigung des Gesamtrechtsguts der öffentlichen Wasserversorgung keine speziell im WHG normierte Eingriffsermächtigung notwendig; Hinsichtlich des Grundwassers *OVG Münster*, ZfW 1998, 455, 458: „Die Reinheit des Grundwassers ist ein Rechtsgut hohen Ranges"; grundsätzlich in diesem Zusammenhang zur Relevanz der Regelung des öffentlichen Wasserrechts *Stüer/Buchsteiner*, DöV 2010, 261, 261 f.

In unterschiedlichen Formulierungen wird aber deutlich, dass die Befugnisse der Wasserbehörden nach allgemeinem Polizei- und Ordnungsrecht unberührt bleiben. Für NRW bestimmt § 138 LWG, dass die Aufgaben nach dem WHG und dem LWG solche der Gefahrenabwehr sind. Somit können die Wasserbehörden auch aufgrund der ordnungsrechtlichen Generalklausel zur Gefahrenabwehr tätig werden, wenn nicht das Wasserrecht spezielle Eingriffsregelungen enthält.[482] In diesem Zusammenhang ist zu beachten, dass eine Gefahr für die öffentliche Sicherheit unabhängig davon gegeben sein kann, ob Verstöße gegen Vorschriften des WHG vorliegen, sodass angeordnete Maßnahmen auch allein auf § 14 OBG NRW gestützt werden können.[483] Die §§ 139, 140 LWG NRW stellen ferner ein Regelwerk zur Ermittlung der zuständigen Wasserbehörde bereit.

(2) Tatbestand und Rechtsfolge des § 100 Abs. 1 S. 2 WHG

Aus § 100 Abs. 1 S. 2 WHG ergeben sich zwei Eingriffskonstellationen. Erstens ein Einschreiten, wenn es ganz allgemein gilt, Beeinträchtigungen des Wasserhaushalts zu vermeiden oder zu beseitigen, vgl. § 100 Abs. 1 S. 2 1. Alt. WHG. Zweitens ist die zuständige Behörde zum Einschreiten befugt, um die Erfüllung der sich aus gesetzlichen oder verordnungsrechtlichen Bestimmungen ergebenden Rechte und Pflichten durchzusetzen, vgl. § 100 Abs. 1 S. 2 2. Alt. i.V.m. § 100 Abs. 1 S. 1 WHG.[484] Insgesamt hat die aufgrund des § 100 Abs. 1 S. 2 WHG handelnde Wasserbehörde die Funktion einer Sonderpolizei- und Ordnungsbehörde.[485]

(a) Gefährdung des Wassers als öffentliche Sache im Sondergebrauch

Voraussetzung für ein Einschreiten der zuständigen Wasserbehörde auf Grundlage des § 100 Abs. 1 S. 2 WHG ist, dass eine Beeinträchtigung des Wasserhaushalts droht („zu vermeiden") oder bereits vorliegt („zu beseitigen"). Der Begriff der Beeinträchtigung in § 100 Abs. 1 S. 2 WHG ist nicht gleichbedeutend mit

---

482 Mit umfassenden Nachweisen zu den landesrechtlichen Regelungen *Czychowski/Reinhardt*, WHG Kommentar, § 100 Rn. 13.

483 *VG Gelsenkirchen*, Urt. v. 09.03.1987 - 14 K 2198/85 -, juris 1. Orientierungssatz.

484 Vgl. auch *Czychowski/Reinhardt*, WHG Kommentar, § 100 Rn. 33. Eine „Gefahr" im Sinne des § 100 Abs. 1 S. 2 liegt schon dann vor, wenn gegen irgendeine Norm des geltenden Wasserrechts verstoßen wird, z.B. eine Benutzung entgegen § 8 WHG ohne die behördliche Zulassung ausgeübt wird, aaO Rn. 37 mwN; vgl. auch *Kotulla*, Wasserhaushaltsgesetz, § 100 Rn. 19; *Gößl*, in: SZDK, § 100 WHG Rn. 22 (Stand 5.2011); siehe ferner *Eifert*, in: Schoch, BesVerwR, Kap. 5 Rn. 236.

485 *Schwind*, in: Berendes/Frenz/Müggenborg, WHG Kommentar, § 100 Rn. 13.

dem Gefahrbegriff des Polizei- und Ordnungsrechts[486], vielmehr wird der allgemeine polizeirechtliche Gefahrbegriff wasserrechtlich modifiziert.[487] Im einzelnen Fall muss die hinreichende Wahrscheinlichkeit bestehen, dass in absehbarer Zeit ein Schaden für den Wasserhaushalt eintreten wird.[488] Mit Beeinträchtigungen des Gewässerhaushalts sind alle die Wassermenge oder Wasserqualität beeinflussenden Maßnahmen gemeint, die auf die ökologische Funktionalität des Gewässers nachteilige Auswirkungen haben.[489] Auch kann unabhängig von einer tatsächlich drohenden Beeinträchtigung des Wasserhaushalts eingegriffen werden („oder"), wenn Verpflichtungen nach § 100 Abs. 1 S. 1 nicht erfüllt werden. Damit ist die nicht oder nicht vollständige Erfüllung von Obliegenheiten seitens des Pflichtigen gemeint („Erfüllung öffentlich-rechtlicher Verpflichtungen sicherstellen") wie ein Verstoß gegen die allgemeinen Sorgfaltspflichten nach § 5 WHG oder eine Gewässerbenutzung ohne eine nach § 8 Abs. 1 erforderliche Erlaubnis respektive Bewilligung.[490] Unerheblich für ein Einschreiten ist, „ob das der Wasserwirtschaftsordnung zuwiderlaufende Verhalten formell oder materiell illegal ist"[491].[492]

Als Rechtsfolge ordnet § 100 Abs. 1 S. 2 WHG an, dass die zuständige Behörde nach pflichtgemäßem Ermessen diejenigen Maßnahmen zur Gefahrenabwehr ergreifen kann, die zur Abwehr der Gefahr und damit zur Wiederherstellung des wasserrechtskonformen Zustands erforderlich sind. Die im Einzelfall zu ergreifende Maßnahme ergibt sich einzelfallabhängig aus der Rückbindung der „Eingriffsnorm an spezifische wasserrechtliche Einzelregelungen, die den normativen

486 So aber *Schwind*, aaO Rn. 20.

487 So *Gößl*, in: SZDK, § 100 WHG Rn. 27 (Stand 5.2011), zum Ausdruck „wasserrechtliche Modifikation" siehe aaO Rn. 66 f.

488 So *BVerwG*, NJW 1981, 837; darauf bezugnehmend *Schwind*, in: Berendes/Frenz/Müggenborg, WHG Kommentar, § 100 Rn. 20.

489 Mit Bezugnahme auf § 6 Abs. 1 S. 1 Nr. 2 WHG *Kotulla*, Wasserhaushaltsgesetz, § 100 Rn. 19.

490 Vgl. *Kotulla*, aaO Rn. 19; siehe umfassende Darstellung und Nachweise zu den öffentlich-rechtlichen Verpflichtungen im Sinne des § 100 Abs. 1 S. 1 bei *Gößl*, in: SZDK, § 100 WHG Rn. 23–31 (Stand jeweils 5.2011).

491 *Kotulla*, Wasserhaushaltsgesetz, § 100 Rn. 19.

492 So auch *VGH München*, NVwZ-RR 2012, 187, 188; *Gößl*, in: SZDK, § 100 WHG Rn. 73 (Stand 5.2011): „eine materiell legale Gewässerbenutzung ist ohne formelle Legalität ausgeschlossen", aaO mwN auf teils divergierende Rechtsprechung; vgl. zudem *Cormann*, in: Giesberts/Reinhardt, BeckOK Umweltrecht, § 100 WHG Rn. 2 (Stand 7.2014); allgemein zum Umweltrecht wegen der Gefahr irreversibler Umweltschäden *Erbguth/Schlacke*, Umweltrecht, § 5 Rn. 78.

Schutz des Wasserhaushalts jeweils konkretisieren und damit zugleich die repressive Handlungsbefugnis entsprechend konturieren“[493].

Für die Störerauswahl gelten mangels Regelungen im WHG die zum allgemeinen Ordnungsrecht gültigen Grundsätze.[494]

(b) Ermächtigungsgrundlage zur Einhaltung des Gemeingebrauchs

Auch für das Wasser in seiner Eigenschaft als öffentliche Sache im Gemeingebrauch im Sinne des WHG stellt § 100 Abs. 1 S. 2 als Eingriffsermächtigung ein umfassendes Sicherungsinstrument dar. Bei Überschreiten des Gemeingebrauchs liegt dann ein rechtswidriger Zustand vor, wenn keine behördliche Zustimmung nach den §§ 8, 9 WHG vorliegt.[495] Somit kann gegen eine solche „Nutzung“ im Falle des Überschreitens des Gemeingebrauchs ordnungsrechtlich vorgegangen werden.

An Bundeswasserstraßen nach dem WaStrG gilt die Gewässeraufsicht und somit die Eingriffsbefugnis des § 100 Abs. 1 S. 2 WHG nicht, wenn sie sich auf die Bundeswasserstraßen als Verkehrswege bezieht.[496] In diesem Fall ist § 24 WaStrG spezieller. Danach handeln die Behörden der Wasser- und Schifffahrtsverwaltung des Bundes als Strompolizei. Sie haben gemäß § 24 Abs. 1 WaStrG die Aufgabe, zur Gefahrenabwehr Maßnahmen zu treffen, die nötig sind, um die Bundeswasserstraßen in einem für die Schifffahrt erforderlichen Zustand zu erhalten. Die §§ 24 – 33 WaStrG weisen die Aufgaben der Gefahrenabwehr an Bundeswasserstraßen insgesamt den Behörden der Wasser- und Schifffahrtsverwaltung des Bundes zu, woraus sich ein grundsätzlicher Vorrang gegenüber den allgemeinen Zuständigkeiten der Gewässeraufsicht ergibt.[497] Im Falle einer

---

493 *Czychowski/Reinhardt*, WHG Kommentar, § 100 Rn. 36.

494 Vgl. *Schwind*, in: Berendes/Frenz/Müggenborg, WHG Kommentar, § 100 Rn. 28; *Kotulla*, Wasserhaushaltsgesetz, § 100 Rn. 23; *Gößl*, in: SZDK, § 100 WHG Rn. 105 (Stand 5.2011).

495 Vgl. auch *Gößl*, aaO Rn. 24 (Stand 5.2011), der als Verpflichtung kraft Gesetzes u.a. das Verbot einer Gewässerbenutzung über den Gemeingebrauch hinaus ohne dafür erforderlicher Erlaubnis aufzählt.

496 *Czychowski/Reinhardt*, WHG Kommentar, § 100 Rn. 14; ebenso *Gößl*, aaO Rn. 47 f. (Stand 9.2013).

497 Vgl. *Schwind*, in: Berendes/Frenz/Müggenborg, WHG Kommentar, § 100 Rn. 12; vgl. *Gößl*, in: SZDK, § 100 WHG Rn. 47 f. (Stand 9.2013) mit dem Hinweis in Rn. 47, dass es in der Praxis aber häufig zur Vermengung beider Befugnisnormen komme, da z.B. eine Verunreinigung durch auslaufendes Öl oder Chemikalien sowohl die Verkehrsfunktion der Bundeswasserstraße als auch den Wasserhaushalt störe. Siehe ferner beispielhaft zu einer auch nur vermuteten Verunreinigung einer

Verunreinigung einer Bundeswasserstraße ist für die dann gebotene Gefahrenabwehr aber wieder ausschließlich die jeweilige Landesbehörde zuständig.[498]

(3) Sicherungsinstrumente nach Fallgruppen

Da wasserrechtliche Sicherungsinstrumente vorliegend mit den wasserrechtlichen Eingriffsmöglichkeiten umschrieben wurden, werden im Folgenden Fallgruppen[499] dargestellt, um das Sammelsurium der diversen Sicherungsinstrumente für die öffentliche Sache Wasser nach verschiedenen im Einzelfall einschlägigen Gesetzen zumindest für ein Vorgehen nach § 100 Abs. 1 S. 2 WHG zu systematisieren. Diese Systematisierung erfolgt „normativ nach den wichtigsten durch die Anordnung durchzusetzenden Pflichten"[500].

Zunächst kann die wasserrechtliche Generalklausel bei einem Verstoß gegen die den sog. Besorgnisgrundsatz enthaltenden Normen angewendet werden. Die §§ 32 Abs. 2, 45 Abs. 2 und 48 Abs. 2 WHG gebieten es, „jeder auch noch so wenig naheliegenden Wahrscheinlichkeit einer schädlichen Veränderung der Gewässerbeschaffenheit vorzubeugen"[501]. Wird eine mit dem WHG unvereinbare Gefährdung oder Beeinträchtigung der Wasserwirtschaft verursacht, liegt eine Gefährdung der öffentlichen Sicherheit vor, sodass die sicherheitsrechtliche Generalklausel auch dann eröffnet ist, wenn die speziellen

Bundeswasserstraße und der Inanspruchnahme eines Nichtstörers *OLG Karlsruhe*, VBlBW. 2014, 33 ff.

498 Siehe *VG Schleswig*, NordÖR 2002, 269; *Czychowski/Reinhardt*, WHG Kommentar, § 100 Rn. 14; vgl. für die Zeit vor der Existenz des § 100 Abs. 1 S. 2 WHG *BVerwG*, NVwZ 1983, 474 ff., im Falle eines Fischsterbens und der damit einhergehenden Gewässerverunreinigung wurde der Anwendungsberich von Landesordnungsrecht nicht durch die §§ 7, 8 WaStrG als gesperrt angesehen. Der Bund als Gewässereigentümer ist an landesrechtlich begründete Ordnungspflichten gebunden; zur ordnungsrechtlichen Verantwortlichkeit des Bundes *Czychowski/Reinhardt*, WHG Kommentar, § 4 Rn. 13. Zur Interpretation des § 8 WaStrG ferner *OVG Münster*, NWVBl. 2014, 74, 78, Gewässerverunreinigungen ohne Einfluss auf die Verkehrsfunktion der Binnenwasserstraßen lösten keinen Handlungsbedarf nach § 8 WaStrG aus.

499 In der Folge angelehnt an die gebildeten Fallgruppen in Anwendung der Generalklausel von *Gößl*, in: SZDK, § 100 WHG Rn. 80 ff. (Stand 5.2011).

500 *Gößl*, aaO Rn. 80 (Stand 5.2011).

501 *Gößl*, aaO Rn. 81 (Stand 5.2011).

Tatbestandvoraussetzungen nicht erfüllt sind.[502] Maßgeblich für das Vorgehen ist eine Prognose zur Möglichkeit eines Schadenseintritts.[503]

Daneben kommt ein Vorgehen aufgrund eines Verstoßes gegen allgemeine Sorgfaltspflichten in Betracht. Die ganze oder teilweise Nichtbeachtung des § 5 WHG stellt eine Verletzung einer gesetzlichen Verpflichtung dar und ist folglich Grundlage für Anordnungen nach § 100 Abs. 1 S. 2 WHG.[504] Diese gelten gerade auch bei Handlungen im Vorfeld, bei denen die speziellen Schutzvorschriften über Benutzungen (noch) nicht anwendbar sind.[505] Insbesondere können das Düngen[506], das Versprühen von Pflanzenschutz- oder Insektenbekämpfungsmitteln oder auch Baumaßnahmen jeglicher Art zwar noch keinen wasserrechtlichen Tatbestand erfüllen, aber dennoch im Einzelfall mit Gewässerbeeinträchtigungen verbunden sein.[507] Eine Einwirkung muss weder in Kauf genommen noch beabsichtigt gewesen sein. Es werden alle Maßnahmen erfasst, bei denen eine Einwirkung auf Wasser nicht völlig unwahrscheinlich ist.[508]

Überdies kommt ein Einschreiten generell zum Wohl der Allgemeinheit[509] sowie zur Durchsetzung der Erlaubnisvorbehalte in Betracht.[510]

Auf eine weitere, umfassendere Darstellung mit verschiedenen Gesetzeswerken wird an dieser Stelle verzichtet. Vorrangig ist stets die Einschlägigkeit eines Spezialgesetzes auf den konkreten Sachverhalt zu prüfen. Soweit wasserrechtliche

---

502 *Gößl*, in: SZDK, § 100 WHG Rn. 81 (Stand 5.2011), mwN auf stetige Rechtsprechung des *BVerwG*.

503 *Gößl*, aaO Rn. 82 (Stand 5.2011).

504 *Gößl*, aaO Rn. 85 (Stand 5.2011).

505 *Gößl*, aaO Rn. 86 (Stand 5.2011) mwN, sowie *Breuer*, Öffentliches und privates Wasserrecht, Rn. 163.

506 Dazu auch *Salzwedel*, NuR 1983, 41, ferner *Gößl*, aaO Rn. 86 (Stand 5.2011).

507 *Gößl*, aaO.

508 *Gößl*, aaO.

509 Dazu *Gößl*, aaO Rn. 89 ff. (Stand 5.2011), wobei er darunter Verstöße gegen Verpflichtungen versteht, die als Inhalts- oder Nebenbestimmungen der Erlaubnis oder sonstigen Zustimmung aufgenommen wurden, um zu erwartende schädliche Gewässerveränderungen zu vermeiden oder auszugleichen (§ 12 Abs. 1 Nr. 1 WHG). Zu einzelnen Aspekten des Wohles der Allgemeinheit *Schenk*, in: SZDK, § 6 WHG Rn. 6 ff. (Stand 3.2010).

510 Das durch § 8 Abs. 1 WHG statuierte repressive Verbot mit Befreiungsvorbehalt erfasst die in § 9 Abs. 1 und 2 WHG aufgeführten Tatbestände der Gewässerbenutzung. Das Fehlen der Gestattung hat in der Regel eine Anordnung zur Untersagung der Gewässerbenutzung im Sofortvollzug zur Folge, vgl. *Gößl*, in: SZDK, § 100 WHG Rn. 93 (Stand 5.2011).

Implikationen für den Wasserhaushalt bestehen, ist zu prüfen, ob dieses Spezialgesetz Eingriffsbefugnisse bereitstellt, die öffentliche Sache Wasser zu schützen. In vielen Fällen sollte eine Sicherung durch § 100 Abs. 1 S. 2 WHG möglich sein, subsidiär ist bei allgemeinen Gefahrenlagen ein Rückgriff auf die ordnungsrechtliche Generalklausel der Länder möglich.[511]

Als eines der zahlreichen Ge- und Verbote hinsichtlich des Wassers als öffentliche Sache im Sondergebrauch schließlich ein Beispiel anhand des § 57 WHG: Dieser untersagt das Einleiten von Abwasser in Gewässer, indem er die Voraussetzungen benennt, wann eine Erlaubnis zu einem solchen Einleiten nach den § 8 Abs. 1, § 9 Abs. 1 Nr. 4 WHG erteilt werden darf. Wird z.B. Schmutzwasser in einer Kläranlage nachgelagerte Teiche und von dort in den Wasserkreislauf eingeleitet, liegt ein Verstoß gegen die öffentliche Sicherheit im Sinne des § 14 OBG NRW vor, wenn eine Erlaubnis nach den §§ 8 Abs. 1, 9 Abs. 1 Nr. 4 WHG fehlt. Ein solches Einleiten ist dann rechtswidrig.[512] Die zuständige Behörde kann darauf die erforderlichen Maßnahmen auf Grundlage des § 138 S. 3 LWG NRW, § 14 OBG NRW, seit Inkrafttreten des § 100 WHG auf Grundlage des § 100 Abs. 1 S. 2 WHG treffen.

Die Durchsetzung dieser Ge- und Verbote kann somit auf § 138 S. 1, 3 LWG i.V.m. §§ 12 Abs. 2, 14 OBG gestützt werden, wenn sie nicht direkt auf die jeweilige Verbotsnorm wie beispielsweise § 57 WHG i.V.m. § 100 Abs. 1 S. 2 WHG stützbar ist.

c) Zusammenfassung

Insgesamt ist es Ziel der Gewässeraufsicht, „Beeinträchtigungen der Gewässer in deren Eigenschaft als Trinkwasserreservoir, Bestandteil des Naturhaushalts und als Lebensraum für Tiere und Pflanzen zu vermeiden und bereits eingetretene Beeinträchtigungen zu beseitigen“[513]. Da § 100 Abs. 1 WHG das gesamte formelle

---

511 Zu diesem Ergebnis kommt auch schon *Reinhard*, Die Eingriffsbefugnisse der Wasserbehörden bei der Sanierung von Altlasten, bei der Frage, welche Normen aus dem Wust aus spezialgesetzlichen Regelungen der Wasserbehörde als Eingriffsgrundlage bei wasserrechtlichen Problemen mit Altlasten zur Verfügung stehen. Er spricht von einer „organischen Einheit“ und einander wechselseitiger Beeinflussung von allgemeinen Ordnungsrecht und Wasserrecht, aaO S. 52 teilweise mwN; zur Altlastenproblematik und dem Verhältnis vom Wasserrecht zum Bodenschutzrecht heute *Gößl*, in: SZDK, § 100 WHG Rn. 52 ff. (Stand 5.2011).

512 Vgl. *VG Münster*, Beschl. v. 25.08.2011 - 7 L 342/11 -, juris Rn. 10.

513 *Czychowski/Reinhardt*, WHG Kommentar, § 100 Rn. 15.

und materielle Wasserrecht erfasst[514] und damit der zuständigen Wasserbehörde umfassende Eingriffsbefugnisse einräumt, sind die möglichen Sicherungsinstrumente kaum zu exemplifizieren. Das Gefahrenabwehrrecht stellt insgesamt Ermächtigungsgrundlagen für Sicherungsinstrumente zur Gewährleistung des jeweiligen widmungsgemäßen Gebrauchs des Wassers als öffentliche Sache bereit, seien es speziell wasserrechtliche oder allgemein ordnungsrechtliche.

Den Wasserbehörden werden umfassende Befugnisse eingeräumt, und zwar zur Überwachung einerseits und zum gefahrenabwehrrechtlichen Einschreiten andererseits. Das WHG stellt präventive Kontrollelemente der Erlaubnis- und Bewilligungspflicht bereit, die neben den gefahrenabwehrrechtlichen Mechanismen einen effektiven Schutz der Gewässer gewährleisten.[515]

Insgesamt wird die öffentliche Sache Wasser umfassend durch das (Sonder-) Ordnungsrecht geschützt.[516]

8. *Zusammenfassung zum Wasserrecht*

Die öffentliche Sachherrschaft ist im Wasserrecht umfassend geregelt. Die jeweilige Wassersäule ist zur Aufrechterhaltung eines gesunden Wasserhaushalts teilweise aus der Verfügungsbefugnis des Eigentümers ausgenommen. Die einschlägigen gesetzlichen Befugnisse der zuständigen Wasserbehörden sind solche der Gefahrenabwehr, sodass diese entsprechende Maßnahmen ergreifen können.

Die öffentliche Sachherrschaft am Wasser in seiner Eigenschaft als öffentliche Sache im Sondergebrauch konkretisiert sich in den §§ 8, 9 WHG sowie in den Befugnissen der Gewässeraufsicht.

Der jeweilige öffentliche Sachherr hat hinsichtlich der Wassersäule umfassende Herrschaftsmacht, soweit es sich nicht um bloße gemeingebräuchliche Nutzung handelt. Doch auch dort obliegt es ihm, bei unerlaubter Sondernutzung einzuschreiten und wasserrechtliche Sicherungsinstrumente durchzusetzen. Diese Sicherungsinstrumente lassen sich systematisch schwerlich als

---

514 *Czychowski/Reinhardt*, aaO Rn. 16.

515 Vgl. *Breuer*, Öffentliches und privates Wasserrecht, S. 576. Zur privatrechtlichen Nutzungs- und Haftungsordnung in Bezug auf die Gewässer siehe aaO S. 767 ff.

516 Vgl. dazu *VG Köln*, Beschl. v. 23.07.2010 - 14 L 736/10 -, juris Rn. 54. Als Rechtsgrundlage für Duldungsanordnungen für den Eigentümer, das Betreten seiner Ufergrundstücke sowie Maßnahmen zur Sicherung einer instabilen Böschung zu dulden, erkannte das *VG Köln* die §§ 100 Abs. 1 S. 2, 42 Abs. 1 Nr. 1, Nr. 2 WHG an. Etwaig vorhandene Lücken in der Abdeckung der Ermächtigungsgrundlage könnten unter Heranziehung von § 14 OBG NRW geschlossen werden, der über § 138 LWG NRW, § 12 Abs. 2 OBG NRW Anwendung finde.

Herausgabe-, sondern eher als Störungsbeseitigungsansprüche in Form von Untersagungs-, Stilllegungs- oder Beseitigungsverfügung[517] begreifen. Diese Instrumente können grundsätzlich aufgrund des § 100 Abs. 1 S. 2 WHG, subsidiär aufgrund landesrechtlichen Gefahrenabwehrrechts durchgesetzt werden, wenn sich aus dem WHG oder anderen Spezialgesetzen wie dem Abfall- oder Bodenschutzrecht im Einzelfall nichts spezielleres ergibt.

Öffentlicher Sachherr ist dabei die nach Wasserklassifizierung durch Gesetz berufene Wasserbehörde oder das staatliche Umweltamt.

III. Ergebnis für die geregelten Materien des öffentlichen Sachenrechts

Das Straßen- und Wasserrecht haben gezeigt, dass das (Sonder)Ordnungsrecht gesetzliche Grundlagen für Sicherungsinstrumente gleich welcher Art bereitstellt. Ein Rückgriff auf die Grundsätze des Rechts der öffentlichen Sachen gemäß den allgemeinen Lehren ist in diesen Teilbereichen des öffentlichen Sachenrechts nicht erforderlich. Der widmungsgemäße Gebrauch kann auch ohne Zuhilfenahme einer etwaigen durch Widmung entstandenen öffentlichen Dienstbarkeit gewährleistet werden.

Darüber hinaus wird deutlich, dass selbst die geregelten öffentlichen Sachen nicht viele Überschneidungspunkte haben: Bei Straßen ist die gemeingebräuchliche Benutzungsordnung Hauptzweck der Widmung, bei Gewässern ist es primär der Erhalt der Sache als reines und kostbares Gut.[518] Sie sind zwar jeweils öffentliche Sachen im Zivilgebrauch, das Straßenrecht aber im Gemein-, das Wasserrecht hauptsächlich im Sondergebrauch. Die Widmungsform ist zudem unterschiedlich[519], der Widmungsinhalt ist natürlich ein anderer. Auch die Theorie vom modifizierten Privateigentum der allgemeinen Lehren des Rechts der öffentlichen Sachen lässt sich nicht pauschal auf beide Rechtsgebiete anwenden. Es kann nicht vom speziellen auf das allgemeine geschlossen werden, um allgemeingültige Regeln für die nicht geregelten öffentlichen Sachen herauszufiltern. Im Straßenrecht existieren zwar Regelungen wie § 6 Abs. 6 StrWG NRW. Es ist

517 Diese Verfügungsarten nennt *Eifert*, in: Schoch, BesVerwR, Kap. 5 Rn. 236; so auch allgemein im Umweltrecht als repressive Instrumente der Verwaltung *Erbguth/Schlacke*, Umweltrecht, § 5 Rn. 77.

518 In diesem Sinne ebenfalls den wasserhaushalterischen Gemeingebrauch nicht mit dem straßenrechtlichen vergleichbar findend *Papier*, in: Erichsen/Ehlers, AVR, § 39 Rn. 23.

519 Durch Verwaltungsakt im Straßenrecht, durch Gesetz im Wasserrecht.

aber fraglich, ob darin das Entstehen eines das Privateigentum überlagernden Sachenrechts zu sehen ist oder schlicht eine Ausnahmeregel zum zivilrechtlichen Sachenrechtsregime. Im Wasserrecht ist schon nicht jedes „Wasser“ überhaupt eigentumsfähig, sodass dort die Theorie vom modifizierten Privateigentum als gedankliches Konstrukt nicht immer zum Verständnis der vielfältigen Rechtsbeziehungen beiträgt. Vielmehr müsste im Wasserrecht teilweise[520] vom „exemtierten“ Eigentum gesprochen werden.

Auch die Frage der Unterhaltungslast ist in beiden Rechtsgebieten nicht gleichermaßen relevant. Wurde im Straßenrecht im Falle einer Störung des widmungsgemäßen Gebrauchs noch versucht, aus den mit der Straßenbaulast einhergehenden Verpflichtungen auf den jeweiligen zuständigen öffentlichen Sachherrn zu schließen, ist diese Vorgehensweise im Wasserrecht nicht geboten. Dort existieren eindeutige und umfassende Regelungen zur Durchsetzung von wassersicherheitsrechtlichen Maßnahmen. Gemeinsam ist beiden Rechtsgebieten, dass der öffentliche Sachherr nicht zwingend immer der Unterhaltungspflichtige ist.[521]

Als Gemeinsamkeit ist festzuhalten, dass Sicherungsmittel an den jeweiligen öffentlichen Sachen bestehen, die (sonder-)ordnungsrechtlicher Natur sind: Im Straßenrecht auf Grundlage der Regelungen vornehmlich zur unerlaubten Benutzung einer Straße aus der Gesetzessystematik, im Wasserrecht generalklauselartig aufgrund (sonderordnungs-)rechtlicher Befugnisnorm ausdrücklich. Sie werden durch Verwaltungsakt erlassen und meist im Sofortvollzug durch den öffentlichen Sachherrn vollstreckt. Die Sicherungsmittel können eingesetzt werden, wenn die öffentliche Sache nicht gemäß dem Widmungszweck genutzt wird, mithin um den widmungsgemäßen Gebrauch zu gewährleisten. Die öffentliche Sache entsteht jeweils durch förmlichen Widmungsakt. Im Bestehen von Sicherungsmitteln vielseitiger Art und förmlichem Widmungsakt erschöpfen sich aber auch schon die Gemeinsamkeiten.

C. Sicherungsinstrumente bei „nicht gesetzlichen“ öffentlichen Sachen

Die öffentlichen Sachen im Anstalts- und Verwaltungsgebrauch sowie die res sacrae sind nicht sondergesetzlich geregelt, sodass man im Falle einer Störung ihres widmungsgemäßen Gebrauchs vergeblich nach ausdrücklichen gesetzlichen Grundlagen für Sicherungsinstrumente sucht. Es ist daher zu klären, wie

520 Aufgrund der Regelung des § 4 Abs. 2 WHG.

521 Für das Wasserrecht vgl. *VG Köln*, Beschl. v. 23.07.2010 - 14 L 736/10 -, juris Rn. 61.

der öffentliche Sachherr bei einer Störung des widmungsgemäßen Nutzens dieser öffentlichen Sachen mithilfe welcher Grundlage vorgehen kann. Die Frage ist gerade dann von Bedeutung, wenn ihm zur Beseitigung von Beeinträchtigungen des Widmungszwecks keine zivilrechtlichen Ansprüche (mehr) zur Verfügung stehen.

Es stellt sich insbesondere die Frage, wie der Zwiespalt zwischen privaten und öffentlichen (Sachnutzungs)Interessen im nicht gesetzesakzessorischen Bereich zu lösen ist, wie beispielhaft der *Stadtsiegel-*, *Rheinsteinbogen-* und *Aktenfall*[522] aufgezeigt haben. Die sogleich zu beleuchtenden Sicherungsinstrumente werden also gerade dann relevant, wenn privater Eigentümer und öffentlicher Sachherr personenverschieden sind.[523]

Es wird in der Folge auf Sicherungsinstrumente für öffentliche Sachen im Anstalts- und Verwaltungsgebrauch eingegangen, die res sacrae werden im Speziellen im 5. Kapitel gesondert behandelt.

I. Eigenständige Sicherungsinstrumente nach öffentlichem (Sachen-)Recht

Es gibt verschiedene Versuche, Sicherungsinstrumente entweder aus ungeschriebenen Regeln des Verwaltungsrechts herzuleiten oder aber aus entsprechender Anwendung zivilrechtlicher Normen zu gewinnen, die den widmungsgemäßen Gebrauch nicht geregelter öffentlicher Sachen gewährleisten sollen. Diese Sicherungsmittel werden in der Folge als „nicht gesetzlich" umschrieben.

1. Herleitung „nicht gesetzlicher" Sicherungsmittel für öffentlichen Sachen

Als Sicherungsmittel sind wiederum ein Herausgabeanspruch bei Besitzverlust sowie bei bloßen „Störungen in der Zweckverwirklichung"[524] ein Beseitigungs-

---

522 Siehe Kapitel 1.A.

523 Auf die Brisanz gerade dieser Frage im Zusammenhang des *Stadtsiegelfalls* ebenfalls hinweisend *Axer*, NWVBl. 1992, 11 sowie *Thormann*, NWVBl. 1992, 354; der relevanten Vorfrage „nicht gesetzlicher" Sicherungsinstrumente, ob bei Sachen im Anstalts- und Verwaltungsgebrauch durch Widmung eine besondere öffentliche Sachherrschaft entsteht, wirft *Kromer* noch mangelnden Pragmatismus vor. Es sei kein Fall bekannt, in dem sich ein Verwaltungsträger tatsächlich auf ein solches Recht berufen habe. Darlegungen gebe es allein in juristischer Dogmatik, vgl. *Kromer*, Sachenrecht des Öffentlichen Rechts, S. 70; *Schallenberg*, Die Widmung, S. 96, meinte noch, dass die Gruppe der Sachen im Verwaltungsgebrauch keine rechtliche Schwierigkeiten mit sich brächten „so daß sich hier weitere Erörterungen erübrigen".

524 *Frotscher*, VerwArch 62 (1971), 153, 158.

und Unterlassungsanspruch zugunsten des „hinsichtlich der öffentlich-rechtlichen Zweckbindung Bestimmungsberechtigten"[525] denkbar. Zur Herleitung der Sicherungsmittel zwecks Gewährleistung des widmungsgemäßen Gebrauchs wurden und werden verschiedene Meinungen über deren rechtliche Grundlage vertreten.

a) *Zivilrecht analog*

Einige versuchen, benannte Sicherungsmittel **normativ zivilrechtlich zu verankern.** Vertreten wird einerseits ein eigenständiger öffentlich-rechtlicher Herausgabeanspruch nach **§ 985 BGB in Verbindung mit den §§ 1090 Abs. 2, 1027, 1065 BGB analog**. Im Falle einer bloßen Störung der Zweckverwirklichung wird ein eigenständiger öffentlich-rechtlicher Beseitigungs- respektive Unterlassungsanspruch auf Grundlage der **§ 1004 BGB in Verbindung mit den §§ 1090 Abs. 2, 1027, 1065 BGB analog** angenommen.[526] Es sei anerkannt, dass in den Vorschriften des BGB allgemeine Rechtsgedanken ihren Ausdruck gefunden haben, die auch im öffentlichen Recht einen Geltungsanspruch hätten.[527] In der umschriebenen Normenkette sei ein allgemeines Prinzip niedergeschrieben, absolute Rechtspositionen gegen jedweder Beeinträchtigung zu schützen. Der Herr der öffentlichen Sache habe eine den Dienstbarkeiten des Zivilrechts vergleichbare absolute Rechtsstellung, die den Schutz vor Beeinträchtigungen dritter Seite erforderlich mache.[528]

---

525 *Frotscher*, aaO.

526 Vgl. *Frotscher*, VerwArch 62 (1971), 153, 158, der diesen materiellen Anspruch auch in der schon aufgezeigten Inanspruchnahmeverfügung *Salzwedels*, DöV 1963, 249, vorausgesetzt sieht; dafür auch statt vieler *Wolff/Bachof*, VerwR I, 9. Aufl. 1974, § 57 II 3, S. 496; *Pappermann/Löhr*, JuS 1980, 191, 197; *Erbguth/Becker*, AVR Teil 2, S. 14; zum *Stadtsiegelfall* auch *Thormann*, NWVBl. 1992, 354, 356, der von einer Herausgabe kraft öffentlicher Sachherrschaft spricht, aaO 354, sowie von einem Herausgabeanspruch, den der Rechtsstatus der öffentlichen Sache verlange, aaO 356; insgesamt explizit contra der von *Frotscher* vorgeschlagenen dogmatischen Grundlage im Zusammenhang von Sicherungsinstrumenten zur Widmungsgewährleistung öffentlicher Sachen *VG Köln*, NWVBl. 1991, S. 425, 427; diesem zustimmend *Ehlers*, NWVBl. 1993, 327, 331 Fn. 55, sowie *Schmidt-Jortzig*, NVwZ 1987, 1025, 1030, Fn. 43.

527 *Forsthoff*, VwR I, S. 162 f., der von „hermeneutischer Aushilfe" spricht; so auch weiterdenkend *Frotscher*, VerwArch 62 (1971), 153, 158 f. Grundsätzlich ebenso *Axer*, Die Widmung als Schlüsselbegriff des Rechts der öffentlichen Sachen, S. 121, der die zivilrechtlichen Ansprüche auf Herausgabe, Störungsbeseitigung und Schadensersatz auch auf die öffentliche Sachherrschaft analog für anwendbar hält.

528 So *Frotscher*, aaO 159, der sich wohl auf die Konstellation bezieht, in der der öffentliche Sachherr und der Eigentümer der Sache personenverschieden sind, dazu vgl. aaO 158.

Andere halten einen analogen Rückgriff auf die §§ 1090 Abs. 2, 1027, 1065 BGB nicht für erforderlich. Je nach Begehren seien die jeweiligen zivilrechtlichen Vorschriften, bei Herausgabeverlangen **§ 985 analog,** heranzuziehen.[529]

b) Öffentliches Recht

Sicherungsmittel für öffentliche Sachen werden auch allein aufgrund öffentlich-rechtlicher Regelungen anerkannt, ohne Rückgriff auf zivilrechtliche Institute zu nehmen.[530]

So „aus einer **Annexkompetenz** zu der dem öffentlichen Sachherrn verliehenen Befugnis, die Sache widmungsgemäß zu verwenden“[531]. Daher sei eine entsprechende Anwendung der §§ 1027, 1065, 1090 Abs. 2 BGB gar nicht erforderlich, obgleich die öffentliche Sachherrschaft am ehesten mit einer Dienstbarkeit des öffentlichen Rechts vergleichbar sei.[532]

---

529 So teilweise hinsichtlich des Straßenrechts *Axer*, Die Widmung als Schlüsselbegriff des Rechts der öffentlichen Sachen, S. 112 ff., da die Sachherrschaft nicht mit Dienstbarkeiten, sondern mit Eigentum vergleichbar sei, dazu aaO S. 117.

530 So für einen Herausgabeanspruch *VG Köln*, NJW 1991, 2584, 2586; *Häde*, JuS 1993, 113, 115; *Manssen*, JuS 1992, 745; vgl. *Schmidt-Jortzig*, NVwZ 1987, 1025, 1030; allgemein vgl. *Forsthoff*, VwR I, S. 379 ff., insbesondere S. 382: „Nur ihre Geltendmachung muß an der Zweckbindung scheitern“, gemeint sind bestellte private Rechte Dritter an öffentlichen Sachen, ferner aaO S. 387: „Die Widmung wirkt sich praktisch vor allem abwehrend aus“; des Weiteren *Hendler*, Allgemeines Verwaltungsrecht, der in Rn. 596 von „Beschränkungen“ spricht, die aus der Widmung folgten; ebenso allgemein im Umkehrschluss Sicherungsmittel voraussetzend *Weber*, in: VVDStRL 21 (1964), 145, 169 f., da die durch Widmung entstandene öffentliche Sachherrschaft die Nutzungs- und Verfügungsmöglichkeiten des Eigentümers verdränge; unklar, ob er sich ausschließlich auf das Straßenrecht bezieht, *Niehues*, Dinglichkeit im Verwaltungsrecht, S. 127, 135; wohl auch *Hardinghaus*, Öffentliche Sachherrschaft und öffentliche Sachwaltung, S. 21 f., 30, es stünden dem öffentlichen Sachherrn öffentlich-rechtliche Mittel zur Verfügung, und zwar „Unterlassungs-, Beseitigungsanordnungen etc.“, aaO S. 30 Fn. 45, um Beeinträchtigungen des widmungsgemäßen Nutzens zu verhindern.

531 So zum *Stadtsiegelfall VG Köln*, NJW 1991, 2584, 2586. Für eine Annexkompetenz ebenfalls *Ehlers*, NWVBl. 1993, 327, 331.

532 *VG Köln*, NJW 1991, 2584, 2586, mit Vergleich zum Rechtsgedanken des Hausverbots, dem es auch an einer gesetzlichen Ermächtigungsgrundlage ermangele, zustimmend *Ehlers*, NWVBl. 1993, 327, 331; *Forsthoff*, VwR I, S. 379 f., räumt der öffentlich-rechtlichen Zweckbindung absoluten Vorrang vor allen privatrechtlichen Verhältnissen ein.

Für andere sollen die Rechtsbeziehungen zwischen einem öffentlichen Sachherrn und dem personenverschiedenen Eigentümer einer gewidmeten Sache nach den „**ungeschriebenen Regeln** des allgemeinen **Verwaltungsrechts**“[533] zu lösen sein.

Weiter wird vertreten, dass die **ordnungsrechtliche Generalklausel** Grundlage von Sicherungsinstrumenten sein kann.[534]

c) *Ohne normative Anknüpfung*

Wieder andere kommen gar ohne normative[535] oder öffentlich-rechtliche[536], da widmungsbezogene Argumentation aus. Verlangt ein öffentlicher Sachherr von ihm angelegte Aktenbestände heraus, so ergebe sich die Zuordnung der Akten zum Hoheitsträger „**kraft Natur der Sache**“[537].

Teilweise wird auch allein auf die **Handlungsform** abgestellt und dadurch ein Herausgabeanspruch begründet. Der Hoheitsträger könne die öffentliche Zweckbindung grundsätzlich durch Verwaltungsakt geltend machen, und zwar in Gestalt der sog. „**Inanspruchnahmeverfügung**“.[538]

---

533 So *Manssen*, JuS 1992, 745 und *Germann*, AöR 128 (2003), 458, 470 f., 481 f.; für Gewohnheitsrecht lapidar „in bestimmten Bereichen“ statt vieler *Durner*, UPR 2000, 255, 259 mwN.

534 So für die Zeit vor § 8 Abs. 7a FStrG an Bundesfernstraßen *BVerwG*, DöV 1975, 208; als „regelmäßig“ titulierend, selbst jedoch kritisch *Haas*, DVBl. 1962, 653, 655; unklar *Pappermann/Löhr*, JuS 1980, 191, 197 f., die zwar als dogmatische Grundlage Zivilrecht analog heranziehen, die Durchsetzung müsse aber durch die ordnungsrechtliche Generalklausel erfolgen; unklar auch *Schmidt-Jortzig* NVwZ 1987, 1025, 1030; für die res sacrae *Mainusch*, Die öffentlichen Sachen der Religions- und Weltanschauungsgemeinschaften, S. 127, da die kirchliche Dienstbarkeit Schutzgut der öffentlichen Sicherheit sei.

535 Vgl. *Forsthoff*, VwR I, S. 387, für den sich die Widmung vor allem abwehrend auswirkt: „Sie stellt die Benutzung der öffentlichen Sache, wie sie durch die Zweckbindung festgelegt ist, gegen störende Einwirkungen sicher“; ähnlich auf die Widmung abstellend *Peine*, AVR, Rn. 1328: „Die Sachen erhalten durch Widmung eine spezifische Zweckbestimmung. Dessen Wirkung führt zu einer öffentlichen Rechtsmacht. Diese wirkt gegen jedermann.“

536 *OVG Greifswald*, NVwZ-RR 2009, 76 f.

537 *OVG Greifswald*, aaO 77; siehe ferner *Axer*, NWVBl. 1992, 11, 12, der von einem Herausgabeanspruch „kraft öffentlicher Sachherrschaft“ spricht, diesen jedoch negiert.

538 Grds. *Salzwedel*, u.a. in: Erichsen, AVR, § 42 Rn. 10, alternativ sei aber auch eine klageweise Durchsetzung möglich; ebenso *Häde*, JuS 1993, 113, 116; explizit dagegen *Buchheister*, JuS 1994, 175, 176. Zur Inanspruchnahmeverfügung und ihrer Rechtsgrundlage siehe Kapitel 3.B.I.4.b)(1). Ihr lässt sich entgegenhalten, dass sie ohnehin

2. *Durchsetzbarkeit*

Die Durchsetzbarkeit der öffentlichen Sachherrschaft wird mangels gesetzlicher Regelung ebenfalls kontrovers diskutiert. Die Sicherungsmittel können entweder durch Erlass eines Verwaltungsakts oder aber durch die Erhebung einer allgemeinen Leistungsklage geltend gemacht werden.[539] Dies gilt insgesamt unter der Prämisse, dass Sicherungsmittel zum Schutz des widmungsgemäßen Gebrauchs öffentlicher Sachen im Verwaltungsverfahren/-rechtsweg durchgesetzt werden.[540]

a) *Verwaltungsakt*

Früher war die Rechtsauffassung herrschend, dass die Verwaltung ermächtigt ist zur Erfüllung ihrer Aufgaben Verwaltungsakte zu erlassen,[541] soweit ein Subordinationsverhältnis vorliegt.[542] Diese Annahme, schon die öffentlich-rechtliche Sachherrschaft allein beinhalte die Befugnis, gegen Dritte mit belastenden Verwaltungsakten vorzugehen, wird aber in Rechtsprechung und Literatur zu Recht bestritten.[543] Wegen der Schaffung eines vollstreckbaren Titels ist nach dem Grundsatz des Vorbehalts des Gesetzes eine Ermächtigungsgrundlage erforderlich, um gegen einen Bürger durch Verwaltungsakt vorgehen zu können.[544]

Vereinzelt wird vertreten, man könne wie im preußischen Wegerecht gegen den Eigentümer vorgehen[545], wenn er die öffentliche Dienstbarkeit nicht respektiert,

---

nur ein Spezifikum des preußischen Straßenrechts war und gegenwärtig in den Straßengesetzen nicht mehr geregelt ist. Erst Recht entfällt dann eine Anwendbarkeit auf alle öffentlichen Sachen. Allgemein auch dagegen statt vieler *Schmidt-Jortzig*, NVwZ 1987, 1025, 1030.

539 Siehe die Diskussion zum Lösungsansatz bei *Pappermann/Löhr*, JuS 1980, 191, 197 f.; ferner *Ehlers*, NWVBl. 1993, 327 ff.; siehe insgesamt zur Problematik den Übungsfall, offenkundig am *Stadtsiegelfall* angelehnt, von *Grupp/U. Stelkens* von der Verwaltungshochschule Speyer, online abrufbar unter http://www.saarheim.de/Faelle/sammlerstueck-loesung.htm; zuletzt abgerufen am 30.01.2015.

540 Nach *Hardinghaus*, Öffentliche Sachherrschaft und öffentliche Sachwaltung, S. 33 f., 145, müsse bei Rechtsstreitigkeiten über öffentliche Sachen die richterliche Entscheidung für den Zivil- oder Verwaltungsrechtsweg eine willkürliche sein. Seit Einführung des § 17a GVG dürfte dies pragmatisch keine Auswirkungen haben.

541 BVerfGE 19, 245; *Pappermann/Löhr*, JuS 1980, 191, 197 mwN zur gegenteiligen Auffassung, die einen Verstoß gegen den Gesetzesvorbehalt annimmt.

542 BVerwGE 24, 228; *Pappermann/Löhr*, JuS 1980, 191, 197.

543 Statt vieler *Manssen*, JuS 1992, 745, 746 mwN.

544 So zutreffend *Axer*, Die Widmung als Schlüsselbegriff des Rechts der öffentlichen Sachen, S. 122.

545 *Pappermann/Löhr*, JuS 1980, 191, 198 mwN.

und zwar mit dem Erlass einer Inanspruchnahmeverfügung[546]. Ein grundsätzliches Vorgehen durch Verwaltungsakt zur Durchsetzung der „nicht gesetzlichen" Sicherungsmittel wird in der überwiegenden Mehrzahl jedoch abgelehnt.[547]

Im Raum steht noch der Vorschlag, ein Verwaltungsträger könne bei Verlust der öffentlichen Sache im Amtshilfeverfahren die allgemeine Ordnungsbehörde anweisen, via z. B. § 14 OBG NRW vorzugehen, sollte eine Gefahr für die öffentliche Sicherheit und Ordnung bestehen.[548]

b) Allgemeine Leistungsklage

Es käme auch eine Durchsetzung „nicht gesetzlicher" Sicherungsmittel durch allgemeine Leistungsklage in Betracht.[549] Die Eröffnung des Verwaltungsrechtswegs wird, wenn sie denn im Rahmen „nicht gesetzlicher" Sicherungsmittel erörtert wird, damit begründet, dass sich die Sicherungsinstrumente aus der öffentlich-rechtlichen Zweckbindung ergeben.[550] Dies kann aber nur gelten, wenn der öffentliche Sachherr selbst das Hauptbegehren gegen einen (privatrechtlichen) Dritten auf Grundlage der durch Widmung entstandenen öffentlichen Sachherrschaft stützt. Allgemein ist es auch denkbar, den Verwaltungsrechtsweg deshalb als eröffnet anzusehen, da Streitgegenstand „öffentliche Sachen" sind,

---

546 *Salzwedel*, u.a. in: Erichsen, AVR, § 42 Rn. 10, was aber nicht bei einem Streit zwischen zwei Hoheitsträgern gelte, aaO Rn. 11; *Häde*, JuS 1993, 113, 116; explizit contra *Buchheister*, JuS 1994, 175, 176.

547 So auch schon *Frotscher*, VerwArch 62 (1971), 153, 159 f.; *Erbguth*, VR 1981, 152, 155; *Ehlers*, NWVBl. 1993, 327, 331; ebenso ergänzend für das Straßenrecht *Axer*, Die Widmung als Schlüsselbegriff des Rechts der öffentlichen Sachen, S. 122.

548 Siehe *Pappermann/Löhr*, JuS 1980, 191, 198 mwN.

549 *VG Köln*, NJW 1991, 2584; *Frotscher*, VerwArch 62 (1971), 153, 159 f.; *Erbguth*, VR 1981, 152, 155; *Axer*, Die Widmung als Schlüsselbegriff des Rechts der öffentlichen Sachen, S. 122; *Ehlers*, NWVBl. 1993, 327, 331; *Germann*, AöR 128 (2003), 458, 475; *Erbguth/Becker*, AVR Teil 2, S. 15; für ein Wahlrecht hinsichtlich der Handlungsform *Salzwedel*, in: Erichsen, AVR, § 42 Rn. 10 und *Häde*, JuS 1993, 113, 116.

550 Wegen eines Herausgabeanspruchs aus öffentlicher Sachherrschaft *VG Köln*, NJW 1991, 2584; ähnlich *VG Berlin*, Urt. v. 19.04.1995 - 1 A 145.92 -, juris Rn. 13; *Frotscher*, VerwArch 62 (1971), 153, 159; eine „Frage der öffentlich-rechtlichen Zweckbestimmung" auch für *Erbguth/Becker*, AVR Teil 2, S. 16; vgl. ferner *Peine*, AVR, Rn. 1326 und *Pappermann*, JuS 1979, 794, 798; *Pappermann/Löhr/Andriske*, Recht der öffentlichen Sachen, S. 17 f., die auf die öffentliche „Dienstbarkeit" abstellen, soweit Streitigkeiten bezüglich Inhalt und Umfang der Widmung bestehen; vgl. auch *Papier*, JuS 1981, 498, 503, allerdings zu einem diskutierten Entwidmungsanspruch im *Rathausfall*.

ohne damit etwas über deren rechtlichen Status auszusagen. Werden jedoch zivilrechtliche Ansprüche geltend gemacht und deren Durchsetzung die Widmung zu einer öffentlichen Sache entgegengehalten[551], ist der ordentliche Rechtsweg einschlägig.

II. Allgemeine einfachgesetzliche Sicherungsinstrumente

Neben diesen diskutierten eigenständigen Sicherungsinstrumenten nach öffentlichem (Sachen-)Recht für nicht sondergesetzlich geregelte öffentliche Sachen können teilweise auch allgemeine gesetzliche Bestimmungen im Einzelfall den widmungsgemäßen Gebrauch solcher öffentlichen Sachen sichern.

1. Vollstreckungsschutz aus § 882a ZPO und § 128 GO NRW

Beispielhaft zu nennen ist vor allem ein allgemeiner Vollstreckungsschutz. Nach § 882a ZPO ist die Zwangsvollstreckung unzulässig in Sachen, die für die Erfüllung öffentlicher Aufgaben des Schuldners unentbehrlich sind oder deren Veräußerung ein öffentliches Interesse entgegensteht. § 882a ZPO bezieht sich auf Zwangsvollstreckungen wegen Geldforderungen (§§ 803 bis 882a ZPO) und umfasst Vollstreckungen gegen Bund, Land (Abs. 1) oder eine Körperschaft, Anstalt oder Stiftung des öffentlichen Rechts (Abs. 3).[552] Sinn und Zweck der Vorschrift ist das „Funktion serhaltungsinteresse“[553], also die Sicherung der Erfüllung öffentlicher Aufgaben.[554]

Der Pfändungsschutz des § 882a Abs. 2 bezieht sich auf Sachen im Sinne von § 808 ZPO.[555] Sie sind für die Erfüllung öffentlicher Aufgaben unentbehrlich im Sinne der Alt. 1, wenn sie zum Verwaltungsvermögen gehören und eine besondere Dringlichkeit des Bedarfs besteht, d.h. die Aufgabenerfüllung sonst unmöglich oder unzumutbar ist.[556] Ein öffentliches Interesse steht einer Veräußerung im Sinne der Alt. 2 entgegen bei z.B. Kunstgegenständen aus öffentli-

551 Siehe dazu BayObLGZ 1967, 93, 96 f. Da der Kläger einen privatrechtlichen Anspruch geltend mache, sei der ordentliche Rechtsweg zulässig.

552 Vgl. Musielack/*Becker*, ZPO, § 882a Rn. 2; zur Einführung durch das Bundesgesetz über Maßnahmen auf dem Gebiete der Zwangsvollstreckung vom 20.8.1953 siehe *Geißler*, NJW 1953, 1853, 1854.

553 BVerfGE 60, 135, 157.

554 Vgl. Musielack/*Becker*, ZPO, § 882a Rn. 1 mwN; MüKoZPO/*Eickmann*, § 882a Rn. 1; vgl. zum Zweck der Regelung auch *Stelkens*, Die Verwaltung 46 (2013), 493, 509, der versucht, aus einer Parallele des § 882a ZPO auf ein allgemeines öffentliches Mobiliarsachenrecht zu schließen, dies aber mit guten Gründen ablehnt.

555 *Matz*, ThürVBl. 2000, 73, 75; Musielack/*Becker*, ZPO, § 882a Rn. 6.

556 *Matz*, ThürVBl. 2000, 73, 75; Musielack/*Becker*, ZPO, § 882a Rn. 6, jeweils mwN.

chen Kunstsammlungen, Archiv- und Bibliotheksbeständen, im Einzelfall auch bei Sachmitteln der Polizei und Bundeswehr aus Geheimhaltungsinteressen.[557] Ob der Pfändungsschutz nach § 882a Abs. 2 ZPO auch besteht, soweit dingliche Rechte aus §§ 1147, 1192, 1233 Abs. 2 oder 1277 BGB verfolgt werden[558], ist umstritten.[559]

Von den Pfändungsverboten des § 882a Abs. 2 ZPO erfasst sind ferner die sakralen Gegenstände der kirchlichen Körperschaften des öffentlichen Rechts im Sinne des Art. 140 GG i.V.m. Art. 137 Abs. 5 WRV, sowie alle Sachen, die für ihre jeweilige kirchliche Tätigkeit insgesamt unentbehrlich sind.[560]

Für Gemeinden und Gemeindeverbände gilt § 882a ZPO aber nicht, da die Zwangsvollstreckung gegen diese nach § 15 Nr. 3 EGZPO landesrechtlich geregelt wird[561], so in NRW durch § 128 GO.[562] Nach § 128 Abs. 1 S. 1 GO NRW braucht der Gläubiger zur Einleitung einer Zwangsvollstreckung gegen eine Gemeinde wegen einer Geldforderung eine Zulassungsverfügung der Aufsichtsbehörde, außer es geht um die Verfolgung dinglicher Rechte. In dieser Verfügung der Aufsichtsbehörde sind dann die Vermögensgegenstände zu bestimmen, in welche die Zwangsvollstreckung zugelassen wird, vgl. § 128 Abs. 1 S. 2 GO NRW.

Der Vollstreckungsschutz nach § 882a ZPO und § 128 GO NRW bezieht sich natürlich nicht auf alle öffentlichen Sachen im Sinne des traditionellen Verständnisses des öffentlichen Sachenrechts.[563] In seinem Anwendungsbereich vermag

557 Musielack/*Becker*, aaO; MüKoZPO/*Eickmann*, § 882a Rn. 18; Beispiele auch bei *Isensee*, in: Isensee/Kirchhof, HStR V³, § 122 Rn. 112.

558 Musielack/*Becker*, aaO Rn. 2 mwN.

559 Musielack/*Becker*, aaO mwN.

560 Musielack/*Becker*, aaO Rn. 6, was aber nicht gelte, wenn es sich wie bei z.B. Altenheimen trotz kirchenrechtlicher Aufsicht um privatrechtlich organisiertes Sondervermögen handelt.

561 MüKoZPO/*Eickmann*, § 882a Rn. 4; Musielack/*Becker*, aaO Rn. 2.

562 Vergleichbare Regelungen enthalten § 127 GemO BW; Art. 77 GO Bayern; Art. 129 GO Bbg; § 146 HGO; § 62 KV-MV; § 125 NKomVG; § 128 GemO RP; § 138 KSVG Saarl; § 122 SächsGemO; § 143 GO LSA; § 131 GO SH; § 69 ThürKO; Aufzählung nach Musielack/*Becker*, ZPO, § 882a Rn. 2 Fn. 9.

563 Im Zusammenhang mit den öffentlichen Sachen sieht das *Schmidt-Jortzig*, NVwZ 1987, 1025, 1030 wohl anders, da er § 882a Abs. 2 ZPO in einem Atemzug mit § 2 Abs. 3 FStrG nennt; siehe ferner *Wernecke*, AcP 195 (1995), 445, 458 f., die aus dem Vollstreckungsschutz des § 882a Abs. 2 ZPO sogar weitergehend schließt, dass durch eine Einzelfallbetrachtung zu ermitteln sei, ob eine Sache im Sinne der traditionellen Annahmen nicht gutgläubig lastenfrei erworben werden könne; *Matz*, ThürVBl.

dieser Vollstreckungsschutz jedoch bedeutsame Einzelstücke, die nach traditionellem Verständnis als öffentliche Sache im Anstalts- oder Verwaltungsgebrauch angesehen werden können, oder andere für das Gemeinwohl zur Aufgabenerfüllung zwingend erforderliche öffentliche Sachen zu schützen, sodass der widmungsgemäße Gebrauch auch weiterhin gewährleistet wird. Dies sind nicht nur seltene Museumsstücke als öffentliche Sachen im Anstaltsgebrauch, es kann auch ein für sich ersetzbarer Gegenstand[564] wie ein Dienstwagen als eine öffentliche Sache im Verwaltungsgebrauch sein. Es lassen sich somit Störungen der laufenden Aufgabenerfüllung vermeiden.[565]

2. *Weitere einfachgesetzliche Sicherungsmittel*

Beispielhaft lässt sich noch § 4 der „Verordnung betreffend die Verwertung von Militärgut" vom 23.5.1919 anführen, der regelte, „daß Militärgut, welches im Privatbesitze vorgefunden, oder von unbefugter Seite zurückgehalten wurde, sichergestellt und der Verwertung zugeführt werden durfte". Eine Inanspruchnahme durch staatlichen Hoheitsakt war gegen private Besitzer auch dann zulässig, wenn diese das Eigentum am Militärgut erlangt hatten.[566]

2000, 73, 75 Fn. 15, sieht in § 882a Abs. 2 ZPO die Ausformung des allgemeinen Grundsatzes des Verwaltungsrechts, dass öffentliche Sachen nur insoweit dem Privatrechtsverkehr unterliegen, als ihre öffentliche Zweckbindung nicht beeinträchtigt wird; für *Weber*, VVDStRL 21 (1964), 145, 150 mwN, deckt § 882a Abs. 2 ZPO das Verwaltungsvermögen sogar ganz ab; *Goerlich*, in: FS Martens, 559, 572 f., hält den Vollstreckungsschutz aus § 882 a Abs. 2 ZPO für die res sacrae unzureichend; *Manssen*, JuS 1992, 745, 747 verweist im Zusammenhang eines Vollstreckungsschutzes öffentlicher Sachen auf § 170 Abs. 3 VwGO.

564 Ähnlich zur Interessenlage des § 882a Abs. 2 ZPO *Stelkens*, Die Verwaltung 46 (2013), 493, 509.

565 Zur Abgrenzung eines allgemeinen öffentlich-rechtlichen Verlustschutzes der öffentlichen Sache durch die Annahmen der traditionellen Lehre des öffentlichen Sachenrechts vgl. *Stelkens*, Die Verwaltung 46 (2013), 493, 509.

566 Vgl. etwa zur Beschlagnahme eines Lastkraftwagens RGZ 106, 350, 351 f.; siehe zu allem *Frotscher*, VerwArch 62 (1971), 153, 160 mwN, für den sich die Befugnis ausschließlich aus der öffentlich-rechtlichen Zweckbindung des Militärguts ableitet. Dies kann aber allenfalls für das Entstehen der Verordnung gelten. Das Sicherungsmittel selbst, eine Sicherstellung des Militärguts als öffentliche Sache, würde seine Grundlage in der Ermächtigung aus der Verordnung haben.

Diese Aufgabe kann heute im Einzelfall § 13 des Kriegswaffenkontrollgesetzes (KWKG) erfüllen. Dieser hat jedoch nicht den Zweck, die Sache wieder ihrem öffentlichen Widmungszweck zuzuführen.[567]

Es könnten sich ferner Sicherungsinstrumente im weiteren Sinne aus dem Denkmalrecht ergeben.[568] Eine Sicherung des öffentlichen Sachzweckes als solchen wird man aber nur in seltenen Einzelfällen herleiten können.[569]

---

567 Die Sicherstellung von Kriegswaffen gemäß § 13 KWKG ist ein Mittel der Gefahrenabwehr und lässt das Eigentum an der Sache unberührt, siehe *K. Pottmeyer*, in: Wolffgang/Simonsen, AWR-Kommentar, § 13 Rn. 1 (Stand 1. EL). Im Falle der Einziehung nach § 13 Abs. 2, 3 KWKG geht mit Unanfechtbarkeit der Einziehungsverfügung das Eigentum an der Sache auf den Staat über, aaO Rn. 11.

568 Nach *Manssen*, JuS 1992, 745 Fn. 2, vermag aber auch das Denkmalrecht im *Stadtsiegelfall* keinen Herausgabeanspruch für die Stadt Hamburg begründen.

569 Zu einer Konstellation des Schutzes einer res sacra durch Denkmalrecht zum Zweck des Erhalts der Sache siehe *Heinig/Munsonius*, NWVBl. 2014, 85, 87.

4. Kapitel: Einwände gegen „nicht gesetzliche“ Sicherungsmittel

Bevor auf die konkreten Einwände gegen „nicht gesetzliche“ Sicherungsinstrumente zur Gewährleistung des widmungsgemäßen Gebrauchs der nicht gesetzlich geregelten öffentlichen Sachen im Anstalts- und Verwaltungsgebrauch eingegangen wird, müssen folgende Vorüberlegungen angestellt werden:

„Nicht gesetzliche“ Verwirklichungsansprüche, gleich aufgrund welcher der aufgezeigten dogmatischen Grundlage auch immer, können nur dann existieren, wenn als Widmungsfolge tatsächlich eine Art öffentliche Dienstbarkeit im Sinne der traditionellen Lehren an der öffentlichen Sache entsteht.[570] Wenn Sachenrechte als absolute Rechte verstanden werden sollen, so ist die logische Konsequenz, dass an entstandenen Sachenrechten aufgrund des Absolutheitsgrundsatzes der Sachenrechte[571] auch Verwirklichungsansprüche zur Störungsbeseitigung bestehen müssen, wie z. B. ein Herausgabeanspruch im *Stadtsiegelfall*.[572] Die Absolutheit im sachenrechtlichen Sinne bedeutet die Wirksamkeit der Rechtsposition gegenüber jedermann[573], eine solch zuordnende Funktion ist das Wesen der Dinglichkeit.[574] Der Berechtigte kann aufgrund der absoluten Herrschaftsmacht bei Eingriffen Ansprüche geltend machen.[575] Somit stellt sich die Frage nach der Existenz von Sicherungsinstrumenten als Widmungsfolge im gesetzlich nicht geregelten Bereich gar nicht erst, wenn man schon die vorgelagerte Stufe verneinen muss, dass eine dingliche Rechtsposition entsteht.[576] Wenn mangels gesetzlicher Grundlage nichts für eine öffentliche Sachherrschaft bei Sachen im

570 So die allgemeine Lehre des Rechts der öffentlichen Sachen, dass an gewidmeten Gegenständen im Umfang und Rahmen des Widmungszwecks eine besondere öffentliche Sachherrschaft entsteht, dazu auch *Ehlers*, NWVBl. 1993, 327, 330 f.

571 Zu den daraus folgenden Verwirklichungsansprüchen im Zivilrecht generell etwa *Wolf/Wellenhofer*, Sachenrecht, § 1 Rn. 4, 13.

572 So auch *Ehlers*, NWVBl. 1993, 327, 328 f. Dies ist die einzige Grundannahme, die in der fachspezifischen Literatur zum öffentlichen Sachenrecht unbestritten ist, siehe dazu insbesondere *Germann*, AöR 128 (2003), 458, 475.

573 *Westermann*, Sachenrecht, § 2 Rn. 5 mwN; *Baur/Stürner*, Sachenrecht, § 1 Rn. 7.

574 *Westermann*, Sachenrecht, § 2 Zusammenfassung, S. 31.

575 *Vieweg/Werner*, Sachenrecht, § 1 Rn. 6.

576 Das Entstehen eines Sachenrechts und gerade nicht das Bestehen eines Herausgabeanspruchs ebenfalls als „Gretchen-Frage“ ansehend u.a. *Germann*, AöR 128 (2003), 458, 475 mwN.

Verwaltungs- und Anstaltsgebrauch spricht, muss untersucht werden, was sich gegen eine solche anführen lässt. Somit soll erörtert werden, was gegen die Einführung einer besonderen öffentlichen Sachherrschaft durch die Verwaltung und damit auch gegen „nicht gesetzliche“ Sicherungsmittel zugunsten des öffentlichen Sachherrn spricht.

Gegen diese Annahme gemäß der traditionellen Lehre des öffentlichen Sachenrechts werden folgende Erwägungen eingewandt[577]:

Es ist fraglich, ob aufgrund der **Systematik der §§ 35 S. 2 und 41 Abs. 3 VwVfG** für die Widmung zur öffentlichen Sache im Verwaltungs- und Anstaltsgebrauch, die meist konkludenter Natur ist und in der Regel nicht verlautbart wird, eine besondere öffentliche Bekanntgabe erforderlich ist.[578] Die Annahme, dass auch eine konkludente Widmung von Sachen im Verwaltungs- und Anstaltsgebrauch zu einer öffentlich-rechtlichen Belastung der Sache führt und somit „nicht gesetzliche“ Sicherungsmittel ermöglicht, kann also ein Verstoß gegen das **sachenrechtliche Publizitätsgebot** darstellen.[579]

Auch steht das Prinzip vom **Vorbehalt des Gesetzes** entgegen, wenn durch die grundsätzliche Annahme des Entstehens eines öffentlichen dinglichen Rechts durch jede Widmung ein **Verstoß gegen Art. 14 GG** vorliegt.[580]

---

577 Siehe allgemein zum Meinungsstand der traditionellen Annahme einer dinglichen Widmungswirkung und somit zur grundsätzlichen Annahme „nicht gesetzlicher“ Sicherungsmittel allein aufgrund des Rechtsstatus „öffentliche Sache“ *Germann*, AöR 128 (2003), 458, 465 Fn. 21, sowie *Stelkens*, Die Verwaltung 46 (2013), 493, insb. 500 ff.

578 Dafür insgesamt *Ehlers*, NWVBl. 1993, 327, 330; *Manssen*, JuS 1992, 745, 747; vgl. auch *Fechner*, JuS 1993, 704; ferner *Stelkens*, Die Verwaltung 46 (2013), 493, 510.

579 So z.B. *Manssen*, JuS 1992, 745, 747, und *Ehlers*, NWVBl. 1993, 327, 330.

580 Dazu nur *OVG Münster*, NJW 1993, 2635, 2636; vgl. ferner *BVerwG*, NJW 1980, 2538, 2540; *Papier*, in: Erichsen/Ehlers, AVR, § 38 Rn. 28 ff.; vgl. *Kromer*, Sachenrecht des Öffentlichen Rechts, S. 58 f., der im Zugestehen eines „nicht gesetzlichen“ Herausgabeanspruchs eine (Teil-)Enteignung, mithin einen Eingriff in Art. 14 GG sieht; zur Art. 14 GG Problematik im Zusammenhang der Widmungsfolgen siehe auch *Kromer*, aaO S. 142 f.; *Axer*, NWVBl. 1993, 11, 13; unsicher, aber wohl für eine gesetzliche Regelung *Manssen*, JuS 1992, 745, 747; differenzierend *Ehlers*, NWVBl. 1993, 327, 328; eine gesetzliche Regelung im Zusammenhang „nicht gesetzlicher“ Sicherungsmittel wohl auch für erforderlich haltend *Schmidt-Jortzig*, NVwZ 1987, 1025, 1028, 1030 f.; kritisch zu den öffentlichen Sachen im Anstaltsgebrauch *Erichsen*, Jura 1986, 148, 151 f.; a.A. im Zusammenhang des *Stadtsiegelfalls VG Köln*, NWVBl. 1991, 425, 428; sowohl hinsichtlich Widmung als auch zum Herausgabeanspruch einen Eingriff ablehnend *Thormann*, NWVBl. 1992, 354, 357; des Weiteren *Germann*, AöR 128 (2003), 458, 471 ff., differenzierend 475 ff., konkret ablehnend S. 479; *Detterbeck*, AVR, Rn. 971; *Wernecke*, AcP 195 (1995), 445, 466, hält die Unterwerfung

Zudem sehen es einige als ausschließliche **Aufgabe des Gesetzgebers** an, dass dieser Inhalt und Schranken des Eigentums im Sinne des Art. 14 Abs. 1 S. 2 GG bestimmt. Demnach liegt womöglich eine **kompetenzrechtliche Unmöglichkeit** vor, dass der einzelne Verwaltungsträger nach seinem Gutdünken ohne gesetzliche Grundlage Sachenrechte einführen kann.[581] Die Einführung einer dinglichen Dienstbarkeit an gewidmeten Gegenständen könnte eine derart wesentliche Entscheidung im Sinne der vom Bundesverfassungsgericht entwickelten **Wesentlichkeitstheorie**[582] sein, dass aufgrund der Relevanz für den Rechtsverkehr dazu eine (förmliche) gesetzliche Grundlage erforderlich ist.[583]

Überdies widerspricht die traditionelle Annahme des Entstehens eines Sachenrechts als Widmungsfolge eventuell **sachenrechtlichen Prinzipien**. Dies kann vor allem der numerus clausus[584] der Sachenrechte aufzeigen, wenn sich dieser argumentativ ins Öffentliche Recht übertragen lässt.[585]

Man könnte schließlich annehmen, dass **kein Anlass für eine dualistische Konstruktion bei Sachen im Anstalts- und Verwaltungsgebrauch** besteht.[586] Andererseits reichen zur Bestandssicherung die zivilrechtlichen Regeln der

---

der öffentlichen Sachen unter dem allgemeinen Gesetzesvorbehalt für dogmatisch überzogen. Zu einem Verstoß gegen Art. 14 GG differenzierend aaO 465, 467.

581 So zum *Stadtsiegelfall* explizit das *OVG Münster*, NJW 1993, 2635, 2636; vgl. des Weiteren z.B. *Stelkens*, Die Verwaltung 46 (2013), 493, 509 ff., der die „behördliche Selbstkreation" infrage stellt; a.A. noch u.a. *Erbguth*, VR 1981, 152, 154.

582 Erstmals BVerfGE 33, 125. Grundsätzlich gilt, dass je schwerwiegender die Auswirkungen einer Regelung sind, desto genauer die Vorgaben des förmlichen Gesetzgebers sein müssen, dazu BVerfGE 49, 168, 181; ferner u.a. BVerfGE 68, 1, 108 („wesentlichen Akt").

583 So *Ehlers*, NWVBl. 1993, 327, 328; contra *Thormann*, NWVBl. 1992, 354, 357 mwN, der den Gesetzesvorbehalt nicht derart ausgeweitet versteht, dass die Widmung von öffentlichen Sachen davon betroffen wäre.

584 Dazu nur *Baur/Stürner*, Sachenrecht, § 1 Rn. 7.

585 Ähnlich *Axer*, Die Widmung als Schlüsselbegriff des Rechts der öffentlichen Sachen, S. 166 f.; *Papier*, u.a. in JuS 1981, 498, 503; *Ehlers*, NWVBl. 1993, 327, 329; von „Verwandtschaft" eher mit dem Typenzwang sprechend *Kromer*, Sachenrecht des Öffentlichen Rechts, S. 88, 94 f.; dagegen *Germann*, AöR 128 (2003), 458, 474.

586 Vgl. nur *OVG Münster*, NJW 1993, 2635, 2637; *Manssen*, JuS 1992, 745, 747; *Ehlers*, NWVBl. 1993, 327, 333, mit Hinweis auf den diesbezüglich kritischen *Fechner*, JuS 1993, 704, der einerseits von einem lange Zeit akzeptierten Herausgabeanspruch zur Sicherstellung des widmungsgemäßen Gebrauchs spricht, andererseits von notwendigen gesetzlichen Regelungen, die zwischen „Schreibmaschinen und Museumsstücken differenzieren"; a.A. *Germann*, AöR 128 (2003), 458, 460 f.; nach Relevanz der Sache differenzierend *Wernecke*, AcP 195 (1995), 445, 456, 458 f.

§§ 932 ff. BGB nicht immer aus, da sich in diesen auch der Vertrauensschutz[587] des Erwerbers konkretisiert, sodass diese Normen die öffentliche Sache nicht absolut schützen können.[588]

Verneint man die Entstehung eines öffentlichen Sachenrechts an öffentlichen Sachen, die nicht sondergesetzlich geregelt sind, können auch keine materiellrechtlichen Ansprüche zugunsten des öffentlichen Sachherrn aus der Widmung als solcher resultieren, die wiederum den widmungsgemäßen Gebrauch ermöglichen. Die öffentliche Sache ist dann ausschließlich den differenzierten Regelungen des Privatrechts unterworfen, es sei denn, der Sachverhalt lässt sich im Einzelfall über allgemeines Gefahrenabwehrrecht lösen. Spricht aber rechtlich nichts gegen die Annahme eines Sachenrechts als Widmungsfolge, spricht somit auch nichts gegen Sicherungsmittel „aus der Widmung selbst".

A. Erfordernis der Verlautbarung der Widmung an Sachen im Verwaltungs- und Anstaltsgebrauch

Zunächst ist klärungswürdig, ob eine formlose Widmung dem Publizitätserfordernis, wie es für die im Zivilrecht anerkannten Sachenrechte gilt[589], Genüge tut, oder ob stets eine „förmliche" Widmung erfolgen muss, wenn eine mit einer Dienstbarkeit des öffentlichen Rechts zu vergleichende öffentliche Sachherrschaft an gewidmeten Gegenständen entstehen soll.[590] Dabei wird davon

587 Auch mit dem Vertrauensschutz des Erwerbers einer öffentlichen Sache als schutzwürdigen Belang im Sinne des Art. 20 Abs. 3 GG argumentierend *OVG Münster*, NJW 1993, 2635, 2636 sowie u.a. *Ehlers*, NWVBl. 1993, 327, 330.

588 Nach *Germann*, AöR 128 (2003), 458, 471, sei ohne dingliche Wirkung der Widmung das öffentliche Interesse am Sachgebrauch „auf Gnade und Ungnade dem privaten Recht anheimgegeben".

589 Dazu allgemein *Wolf/Wellenhofer*, Sachenrecht, § 3 Rn. 5–7.

590 Dafür *Manssen*, JuS 1992, 745, 747; *Ehlers*, NWVBl. 1993, 327, 330; *Fechner*, JuS 1993, 704; vgl. auch *Niehues*, DVBl. 1982, 317, 320; *Kromer*, Sachenrecht des Öffentlichen Rechts, S. 70: „Mindestmaß an Publizität". Vgl. zur Entwidmung einer Bahnanlage BVerwGE 81, 111, 121, diese erfordere ein gewisses Maß an Publizität, die bloße Aufgabe der Ingebrauchnahme eines Schienenbahnnetzes reiche nicht als Entwidmung aus; a.A. *Häde*, JuS 1993, 113, 114 mwN, der eine konkludente Widmung dann für ausreichend erachtet, wenn ein entsprechender Behördenwille nach außen erkennbar sei; zum Meinungsstand generell *U. Stelkens*, in: P. Stelkens/Bonk/Sachs, VwVfG, § 35 Rn. 322; zur Zulässigkeit der öffentlichen Bekanntgabe allgemein siehe *Kopp/Ramsauer*, VwVfG, § 41 Rn. 44.

ausgegangen, dass dieser zivilrechtliche Grundsatz ins öffentliche Recht übertragen werden kann.[591]

I. Publizitätsgebot als Begründungserfordernis öffentlicher Sachenrechte

Das Publizitätsprinzip betrifft dingliche Rechtsstellungen und Veränderungen.[592] Da dingliche Rechte gegenüber jedermann gelten, muss auch das Bestehen des jeweiligen dinglichen Rechts erkennbar sein.[593] Die dingliche Rechtslage haftet den Gegenständen des Rechtsverkehrs körperlich nicht an, sodass der Grundsatz der Publizität gewährleisten soll, dass gewisse Publizitätserfordernisse bei Bestellung oder Übertragung dinglicher Rechte einzuhalten sind.[594]

1. Funktion des Publizitätsgebotes

Dem Publizitätsgebot kommen folgende Funktionen zu[595]:

Zunächst die **Übertragungswirkung**, worunter neben einer jeweiligen Einigung bei Mobilien eine Übergabe nach § 929 BGB und bei Immobilien die Eintragung der Rechtsänderung im Grundbuch erforderlich ist, so § 873 BGB. Gemeinsam ist diesen beiden Abläufen, dass rechtsgeschäftliche Vorgänge im Sachenrecht äußerlich sichtbar werden müssen.[596]

Ferner die **Vermutungswirkung**, dass für den Besitzer einer Mobilie wegen § 1006 Abs. 1 S. 1 BGB die Eigentümerstellung vermutet wird und für denjenigen, der im Grundbuch als Eigentümer eingetragen ist, angenommen wird, dass dieser auch in Wahrheit der Berechtigte des jeweilig eingetragenen Rechts ist.[597]

Vereinzelt auch die **Gutglaubenswirkung**, die für die Möglichkeit eines redlichen Erwerbs vom Nichtberechtigten das Erfordernis aufstellt, dass sich eben dieser Erwerb auch auf ein äußeres Zeichen stützen muss. Dies ist bei Mobilien

---

591 Zur Übertragbarkeit zivilrechtlicher Grundsätze in das Öffentliche Recht *Forsthoff*, VwR I, S. 162 f.; *Frotscher*, VerwArch 62 (1971), 153, 158.

592 *Westermann*, Sachenrecht, § 2 Rn. 5.

593 *Weber*, Sachenrecht I, § 4 Rn. 3; *Wolf/Wellenhofer*, Sachenrecht, § 3 Rn. 5.

594 *Weber*, aaO; *Wolf/Wellenhofer*, aaO: „Die Bestellung und Übertragung dinglicher Rechte soll nach außen ‚publik' werden, also erkennbar sein".

595 *Baur/Stürner*, Sachenrecht, § 4 Rn. 10.

596 *Baur/Stürner*, aaO Rn. 12.

597 *Baur/Stürner*, aaO Rn. 14.

wiederum der Besitz (siehe § 932 BGB), bei Immobilien der Grundbuchstand (siehe §§ 892, 893 BGB).[598]

2. *Publizitätsmittel der zivilrechtlichen Sachenrechte*

Das Zivilrecht differenziert zwischen Mobilien und Immobilien. Deshalb werden nun die Publizitätsmittel der an Mobilien und Immobilien möglichen Sachenrechte untersucht. Danach wird erörtert, ob diese Publizitätsmittel auch auf eine öffentliche Sachherrschaft anwendbar sein können.

a) Rechte und Publizitätsmittel im Zivilrecht

Grundsätzlich ist Publizitätsmittel bei Rechten an Mobilien der Besitz,[599] im Falle z.B. der Eigentumsübertragung nach den §§ 929 ff. BGB tritt neben dem Besitz als zusätzlicher Publizitätsträger[600] die Übergabe der Sache, also die Übertragung der Sachherrschaft.[601] Das Publizitätsmittel ist gesetzlich beim jeweiligen zivilrechtlichen Sachenrecht normiert[602], ohne Wahrung des Publizitätsmittels entsteht das jeweilige Recht nicht. § 1006 Abs. 1 S. 1 BGB ist nicht Ausdruck des Besitzes als Publizitätsmittel, denn der Besitz einer Sache streitet lediglich aus Beweislastgründen[603] auch für die Eigentümerstellung des Besitzers der Sache. Bei Immobilien ist Publizitätsträger das Grundbuch.

b) Übertragbarkeit der zivilrechtlichen Publizitätsmittel in das Öffentliche Recht

Da Sachen im Verwaltungs- und Anstaltsgebrauch häufig konkludent und somit schlicht durch tatsächliche Indienststellung als gewidmet angesehen werden[604], könnte dies dem Erfordernis einer nach außen erkennbaren Begründung eines

598 *Baur/Stürner*, aaO Rn. 15 f.

599 *Wolf/Wellenhofer*, Sachenrecht, § 3 Rn. 5.

600 *Wolf/Wellenhofer*, aaO Rn. 6. Mit der Übertragung der tatsächlichen Sachherrschaft werde der Eigentumsübergang nach außen erkennbar gemacht.

601 Vgl. auch *Vieweg/Werner*, Sachenrecht, § 1 Rn. 9, ergänzendes Publizitätsmittel sei zudem der Erbschein nach § 2366 f. BGB.

602 Für das Eigentum regelt § 929 S. 1 die Übergabe, also Übertragung zumindest des mittelbaren (§§ 930, 931 BGB) Besitzes; auch § 1032 S. 1 BGB verlangt für den Nießbrauch an einer beweglichen Sache eine Übergabe der Sache; § 958 BGB schreibt eine Übernahme einer herrenlosen Sache in Eigenbesitz vor.

603 Palandt/*Bassenge*, BGB, § 1006 Rn. 1.

604 Statt vieler *Forsthoff*, VwR I, S. 388, die Widmung sei grundsätzlich an keine Form gebunden.

öffentlichen Sachenrechts nicht Genüge tun. Es stellt sich die Frage, ob die aufgezeigten zivilrechtlichen Publizitätsmittel auf das die öffentliche Sachherrschaft konstituierende öffentliche Sachenrecht übertragen werden können. Dies deshalb, weil die Sachherrschaft mit dem Grundpfandrecht, dem Nießbrauch sowie der Grunddienstbarkeit[605], zum Teil aber auch mit dem zivilrechtlichen Eigentum[606] verglichen wird.

Das Publizitätsmittel der Immobilien scheidet von vornherein aus. Mangels Eintragungsfähigkeit der öffentlichen Sachherrschaft ins Grundbuch[607] kommt dieses für ein entstandenes öffentliches Sachenrecht nicht in Betracht. Ferner existiert ein solches auch nicht für das Öffentliche Recht. Ein Transfer bezüglich der dinglichen Rechte, die nur an Grundstücken bestehen können, wie das Erbbaurecht, eine Dienstbarkeit, das dingliche Vorkaufsrecht, die Reallast und das Grundpfandrecht[608], kommt somit nicht in Betracht. Es bleiben die Publizitätsmittel Besitz und Übergabe.

(1) Publizitätsmittel Besitz

Da der Besitz in § 854 BGB durch das Innehaben der tatsächlichen Gewalt über eine Sache legaldefiniert wird, ist dieser ungeeignet, als Publizitätsmittel auch für ein öffentliches Sachenrecht zu streiten. Ebenso wie der zivilrechtliche Besitz wird die Widmungsfolge nach traditionellem Verständnis als eine Sachherrschaft verstanden, nur eben öffentlich-rechtlicher Art. Der Besitz als solcher ist ohnehin für Pfandrecht, Nießbrauch und Eigentum dasselbe Publizitätsmittel, sodass fraglich ist, ob dieser dazu geeignet wäre, gerade als Publizitätsmittel für

---

605 So der häufig zitierte *Frotscher*, VerwArch 62 (1971), 153, 158 mwN u.a. auf *Mayer*, Deutsches Verwaltungsrecht II, der auf S. 96 von einem „besonderen Gebrauchsrecht" und auf S. 119 f. von einer „Eigentumsbeschränkung" spricht.

606 *Axer*, Die Widmung als Schlüsselbegriff des Rechts der öffentlichen Sachen, S. 116 ff.

607 Es ist zweifelhaft, ob ein öffentliches Sachenrecht ein Recht im Sinne des § 892 BGB darstellt. Für die Eigenschaft eines Grundstückes als „öffentliche Straße" verneinend *Herber*, in: Kodal, Straßenrecht, Kap. 6 Rn. 17.1. Ein eintragungsfähiges Recht im Sinne des § 892 BGB setzt ein Erwerbsgeschäft im Sinne eines Verkehrsgeschäfts voraus. Dazu müsste auf der Erwerberseite mindestens eine Person beteiligt sein, die nicht auch auf der Veräußererseite beteiligt ist, siehe Palandt/*Bassenge*, BGB, § 892 Rn. 5. Widmet nun ein Hoheitsträger eine Sache, und möchte man als Widmungsfolge eine öffentliche Sachherrschaft entstehen lassen, dann wären Widmender und Berechtigter aus der Widmung bei Sachen im Verwaltungsgebrauch identisch, ein Verkehrsgeschäft läge nicht vor.

608 Zum Kanon der dinglichen Rechte im BGB siehe die Aufzählung bei Palandt/*Bassenge*, BGB, Einleitung zu Buch 3: Sachenrecht, Rn. 4.

eine besondere öffentliche Sachherrschaft an beispielsweise Sachen im Verwaltungsgebrauch zu fungieren. Der Besitz streitet eher für die an der jeweiligen öffentlichen Sache noch bestehenden (Zivil-)Rechte, jedoch nicht für ein etwaiges öffentliches Sachenrecht.[609]

(2) Publizitätsmittel Übergabe

Als einziger Publizitätsträger, der sich auf ein durch Widmung entstandenes öffentliches Sachenrecht übertragen lässt, verbleibt noch die Übergabe. Diese entfällt aber sogar im Zivilrecht einerseits beim Eigentumserwerb in den Fällen des § 929 S. 2 BGB, ferner beim Nießbrauch ebenfalls durch § 1032 S. 2 i.V.m. § 929 S. 2 BGB. Andererseits passt der Vergleich mit Besitz und Übergabe als Publizitätsmittel bei öffentlichen Sachen nicht: Die Exekutive widmet den Gegenstand für ihre Zwecke, schafft sich das Sachenrecht durch Widmung selbst. Eine Übergabe und somit eine Übertragung des Besitzes findet nicht statt. Der Vorgang des Entstehens eines öffentlichen Sachenrechts ist ohnehin am ehesten mit einer Aneignung und somit originärem Eigentumserwerb zu vergleichen, da das Recht als Rechtsfolge einer durch den Hoheitsträger ausgesprochenen Widmung entstehen soll.

c) Zwischenergebnis

Publizitätserfordernisse ergeben sich bei den Sachenrechten des BGB aus der sie jeweils regelnden Norm. Bei öffentlichen Sachen im Verwaltungs- und Anstaltsgebrauch sind derartige Normen nicht ersichtlich. Eine Übertragung der Publizitätsmittel der zivilrechtlichen Sachenrechte in das Öffentliche Recht kommt deshalb nicht in Betracht, weil die Entstehungsvoraussetzungen von zivilrechtlichen Sachenrechten und einem öffentlichen Sachenrecht als Widmungsfolge zu unterschiedlich sind.

---

609 Somit kann auch die Funktion des Publizitätsgebots, dass durch den Besitz eine Vermutungswirkung für ein bestimmtes Recht erzeugt werden soll, bei öffentlichen Sachen nicht erfüllt werden. Auch muss eine Registerführung als Publizitätsmittel ausscheiden. Der Vorschlag, Mobilien unter Registerführung zu publizieren, ist schon für das Zivilrecht aufgrund mangelnder Praktikabilität zu verwerfen. Eine Registerführung wird im Übrigen nur für große Schiffe und Flugzeuge praktiziert, siehe insgesamt *Wolf/Wellenhofer*, Sachenrecht, § 2 Rn. 7 mit Verweis auf einen dahingehenden Vorschlag von *Kieninger*, AcP 208, 182, 210 mwN, die im Zuge internationaler Entwicklungen zukünftig von einem „wie auch immer gearteten“ Registerpfandrecht ausgeht.

II. Publizitätsmittel und Wirksamkeitsvoraussetzungen nach öffentlichem Recht

Wird eine Sache im Verwaltungs- oder Anstaltsgebrauch schlicht in Gebrauch genommen, so wird darin eine Widmung durch Verwaltungsakt gesehen, und zwar in Gestalt einer Allgemeinverfügung nach § 35 S. 2 Alt. 2 VwVfG.[610] Damit eine solche Widmung wirksam ist und Rechtswirkungen für den Rechtsverkehr erzeugen kann, muss diese bekanntgegeben werden, vgl. §§ 41 Abs. 1, 43 Abs. 1 VwVfG. Eine Bekanntgabe kann unförmlich durch Individualbekanntgabe erfolgen, ferner kann ein Verwaltungsakt förmlich öffentlich bekannt gegeben und als solcher zugestellt werden.[611]

Das Entstehen eines öffentlichen Sachenrechts ist folglich nicht nur am sachenrechtlichen Publizitätsgebot zu messen, insbesondere muss die durch den Verwaltungsakt getroffene Regelung auch wirksam sein im Sinne der § 43 Abs. 1 S. 2 VwVfG („Wirksam mit dem Inhalt, mit dem er bekanntgegeben wird") und § 41 Abs. 1 S. 1 VwVfG („Bekanntgabe an demjenigen, der von ihm betroffen wird"). Erachtet man eine Einzelbekanntgabe bei der Regelung einer öffentlich-rechtlichen Eigenschaft für unmöglich[612] und scheidet deshalb auch die Zustellung als Bekanntgabemodalität aus, könnte ausschließlich die öffentliche Bekanntgabe der Widmung zur Wirksamkeit verhelfen, was zugleich auch das Publizitätsgebot wahren würde. Dieses Publizitätserfordernis halten auch die untersuchten geregelten Materien des öffentlichen Sachenrechts ein, da das Straßen- und Wasserrecht eine förmliche Bekanntgabe gesetzlich vorschreiben.

---

610 Vgl. nur *Ehlers*, NWVBl. 1993, 327, 330.

611 Siehe *Stein*, DVP 2006, 441.

612 Für *Niehues*, DVBl. 1982, 317, 320, deshalb, weil es keine unmittelbar Beteiligten gibt, wenn die öffentlich-rechtliche Eigenschaft einer Sache geregelt wird; somit weitergehend als noch in seiner Dissertation, in der er die Widmung nur als „adressatenlos" umschreibt, siehe *ders.*, Dinglichkeit im Verwaltungsrecht, S. 138; vgl. überdies *Stein*, DVP 2006, 441, 443; *U. Stelkens*, in: P. Stelkens/Bonk/Sachs, VwVfG, § 41 Rn. 153, 154; *Ruffert*, in: Knack/Henneke, VwVfG, § 41 Rn. 50; vgl. ferner *Gornig*, Die sachbezogene hoheitliche Maßnahme, S. 62, da die Regelung der öffentlich-rechtlichen Eigenschaft einer Sache gegenüber jedem bestehe, den es angehe.

1. *Sichtbarer Gebrauch als besondere Form der öffentlichen Bekanntgabe*

Ein entstandenes öffentliches Sachenrecht könnte dann als hinreichend publiziert und wirksam angesehen werden, wenn die öffentliche Sache sichtbar durch einen Hoheitsträger dem Widmungszweck entsprechend gebraucht wird.

a) Vergleich mit der Bekanntgabe von Verkehrsschildern

Dogmatisch erreichen ließe sich dieser Ansatz mit dem Aufsplitten nach äußerer und innerer Wirksamkeit eines Verwaltungsakts.[613] Zunächst ist eine Bekanntgabe als Wirksamkeitsvoraussetzung erforderlich. Die äußere Sichtbarkeit einer entstandenen öffentlichen Sachherrschaft könnte durch den entsprechenden widmungsgemäßen Gebrauch des öffentlichen Sachherrn angenommen werden. Insofern ließe sich eine Wirksamkeit mit erstmaliger Widmungsbekanntgabe an jeden einzelnen fingieren, der den widmungsgemäßen Gebrauch wahrnimmt.

Dazu müsste man aber den widmungsgemäßen Gebrauch als eine besondere Form der öffentlichen Bekanntgabe anerkennen, sei es das Aufhängen eines Museumsbildes in einem öffentlichen Museum als öffentliche Sache im Anstaltsgebrauch oder aber das Fahren eines Kfz durch einen Verwaltungsbeamten im Dienst als eine Sache im Verwaltungsgebrauch. Dies soll mit einem Vergleich zum Aufstellen eines Verkehrsschildes[614] geprüft werden, bei dem eine Bekanntgabe der jeweiligen Verkehrsregelung im Aufstellen des Schildes gesehen wird.[615]

---

613 Vgl. dazu auch *Schoch*, Jura 2011, 23, 26 f.

614 Vgl. § 45 Abs. 4 StVO, Bekanntgabe durch Aufstellen des Verkehrszeichens. Bei Verkehrszeichen handelt es sich um Allgemeinverfügungen nach § 35 S. 2 Alt. 3 VwVfG, *Maurer*, AVR, § 9 Rn. 34. Ob hierin eine Spezialform der öffentlichen Bekanntgabe zu sehen ist, wird uneinheitlich beurteilt, siehe *Kopp/Ramsauer*, VwVfG, § 41 Rn. 47 und *Schoch*, Jura 2011, 23, 26 f., jeweils mwN insbesondere zur Rechtsprechung des *BVerwG*; ferner *Wandschneider*, Die Allgemeinverfügung in Rechtsdogmatik und Rechtspraxis, S. 253 f. mwN.

615 Vgl. die Bestätigung dieser Rechtsprechung zur Bekanntgabe eines Verkehrsschildes zuletzt, soweit ersichtlich, in BVerwGE 138, 21 ff.; auf den Punkt gebracht *Stuhlfauth*, in: Obermayer/Funke-Kaiser, VwVfG, § 41 Rn. 51a: Bekanntgabe mit dem Aufstellen, individuelle Betroffenheit beim erstmaligen Gegenübersehen; zur rechtlichen Problematik der Bekanntgabe von Verkehrszeichen *Kopp/Ramsauer*, VwVfG, § 41 Rn. 47; den hier aufgeworfenen Vergleich lediglich aufgrund nicht nachvollziehbarer

Die äußere Wirksamkeit meint die mit der Bekanntgabe eintretende Existenz des Verwaltungsakts, die innere Wirksamkeit die Verbindlichkeit des Verwaltungsakts gegenüber dem Adressaten.[616] Das öffentliche Sachenrecht könnte mit erster, auch konkludenter Widmung entstehen, wenn eben darin eine Bekanntgabe der Allgemeinverfügung zu sehen ist. Damit wäre die Allgemeinverfügung äußerlich wirksam. Innerlich wirksam[617] wäre sie erst mit der Kenntnisnahme des Einzelnen. Mit dieser Betrachtungsweise ließe sich ein Verstoß gegen das Publizitätsgebot von Sachenrechten vermeiden und zudem eine entsprechende Wirksamkeit des Widmungsinhalts erzielen.

b) Übertragbarkeit auf öffentliche Sachen

Doch diese Betrachtungsweise verbietet sich für öffentliche Sachen. Einerseits ist die öffentliche Bekanntgabe in der Verkehrsschildrechtsprechung an Normen aus der StVO angelehnt.[618]

Andererseits darf das Entstehen eines Sachenrechts als absolutes Recht nicht relativ gegenüber einzelnen Personen bestehen respektive von diesen noch anfechtbar sein, je nachdem ob diese die Sache gesehen haben oder noch nicht oder vielleicht auch nie sehen werden. Da die Wirksamkeit eines Verwaltungsakts an dessen Bekanntgabe geknüpft ist, wäre das Bestehen eines Sachenrechts als Widmungsfolge zwar äußerlich wirksam mit dem erstmaligen öffentlich ersichtlichen Gebrauch der Sache. Innerlich wirksam wäre der Regelungsgehalt der Allgemeinverfügung, dass eine öffentliche Sachherrschaft am z.B. aufgehängten Museumsbild durch konkludente Widmung entsteht, erst mit der erstmaligen

---

„Sonderrechtsprechung" ablehnend *Stelkens*, Die Verwaltung 46 (2013), 493, 510, Fn. 68.

616 *Schoch*, Jura 2011, 23 mwN.

617 Siehe zur inneren und äußeren Wirksamkeit der Bekanntgabe von Verkehrszeichen ausführlich *Schoch*, Jura 2011, 23, 26 f.: Die durch ein Verkehrszeichen verlautbarte Regelung wird mit der öffentlichen Bekanntgabe äußerlich wirksam. Innerlich wirksam wird sie gegenüber dem jeweiligen Verkehrsteilnehmer aber erst dann, wenn sich dieser erstmalig der Regelung des Verkehrszeichens gegenübersieht; siehe insbesondere auch BVerwGE 102, 316, 319, in dieser Entscheidung äußerte das *BVerwG* erneut, dass ein Verkehrsteilnehmer erst von der Regelung betroffen sei, wenn er sich dieser gegenübersehe. Auch hänge die Wirksamkeit des Verkehrszeichens nicht von der subjektiven Kenntnisnahme des Verkehrsteilnehmers ab.

618 Und zwar § 39 Abs. 1 und § 45 Abs. 4; Da Verkehrszeichen aber nutzungsregelnde Allgemeinverfügungen im Sinne von § 35 S. 2 Alt. 3 sind, wäre auch ein Rückgriff auf § 41 Abs. 3 S. 2 VwVfG möglich, so und insgesamt dazu *Schoch*, Jura 2011, 23, 26 mwN.

Möglichkeit das Bild zu sichten, also wohl erstmaligen Besuch des Museums. Wie bei der öffentlichen Bekanntgabe eines Verkehrsschildes fielen dann Bekanntgabe und Beginn der Anfechtungsfrist auseinander.

Diese Betrachtungsweise verträgt sich insgesamt nicht mit einem Sachenrecht. Ein Sachenrecht müsste mit der Widmung als konstitutiven Akt entstehen und ist gerade nicht womöglich jahrelang noch durch einzelne Personen anfechtbar.[619] Eine Anfechtbarkeit eines Sachenrechts noch Jahre nach seiner Konstituierung widerstrebt der mit Sachenrechten einhergehenden Rechtssicherheit. Nach dem Absolutheitsprinzip besitzt der Berechtigte eine absolute Herrschaftsmacht und kann bei Eingriffen Ansprüche auf Herausgabe, Schadensersatz, Beseitigung oder Unterlassen geltend machen.[620] Ist je nach tatsächlicher Kenntniserlangung noch eine Anfechtbarkeit gegen die Entstehung eines Sachenrechts gegeben, bestünden diesen Personen gegenüber diese Rechte nicht vollumfänglich, sondern erst mit formeller Bestandskraft. Somit kann der sichtbare Gebrauch des widmungsgemäßen Benutzens der öffentlichen Sache nicht als Publizitätsmittel ausreichen, selbst wenn man dieses als öffentliche Bekanntgabe ansähe. Somit verbietet sich ein Vergleich der öffentlichen Bekanntgabe in der Verkehrsschildrechtsprechung mit der Entstehung eines öffentlichen Sachenrechts.

2. *Mögliches Publizitätserfordernis aus §§ 35 S. 2, 41 Abs. 3 S. 2 VwVfG*

Auch die Gesetzeslage zur Bekanntgabe von Verwaltungsakten könnte für das Erfordernis einer öffentlichen Bekanntgabe von Widmungen zu Sachen im Verwaltungs- und Anstaltsgebrauch sprechen. Soll durch Allgemeinverfügung ein für jedermann verbindliches Sachenrecht im Rahmen des Widmungszwecks begründet werden, so könnte die Systematik der §§ 35 S. 2, 41 Abs. 3 VwVfG eine förmliche Bekanntgabe erforderlich machen.[621] Dann wäre eine konkludente Widmung des Hoheitsträgers für die Belastung einer Sache mit einer öffentlichen Dienstbarkeit nicht ausreichend.

---

619 Das ist auch dem Sachenrecht des BGB fremd. Einen ansatzweise ähnlichen Fall regelt § 894 BGB, den Anspruch auf Grundbuchberichtigung für den tatsächlichen Rechtsinhaber bei formell rechtswidriger Grundbuchlage. Jedoch ist ein Sachenrecht dort nicht an sich unter Anfechtbarkeit gestellt.

620 Dazu *Vieweg/Werner*, § 1 Rn. 6 mwN.

621 So z.B. *Ehlers*, NWVBl. 1993, 327, 330; vgl. auch *Manssen*, JuS 1992, 745, 747.

a) *Widmung durch Allgemeinverfügung*

Zunächst müsste die Widmung einer Sache im Anstalts- oder Verwaltungsgebrauch auch eine Allgemeinverfügung im Sinne des § 35 S. 2 Alt. 2 VwVfG sein.[622] Nach § 35 S. 2 Alt. 2 VwVfG müsste die öffentlich-rechtliche Eigenschaft einer Sache geregelt werden. Dies ist der Fall, wenn dingliche Rechte an einer Sache begründet, aufgehoben, geändert oder festgestellt werden.[623] Nur solche Maßnahmen regeln daher die öffentlich-rechtliche Eigenschaft einer Sache, die die zivilrechtlichen Nutzungs- oder Verfügungsbefugnisse des Eigentümers oder sonstiger Berechtigter unmittelbar einschränken oder aber ändern, aufheben oder feststellen.[624] Die Widmung der gesetzlich nicht geregelten öffentlichen Sachen stellt demnach gerade auch deshalb eine Allgemeinverfügung im Sinne des § 35 S. 2 Alt. 2 VwVfG dar, weil vorliegend die Annahme des Entstehens eines Sachenrechts als Widmungsfolge zugrunde gelegt wird.[625]

b) *Systematik der §§ 35 S. 2, 41 Abs. 3 VwVfG*

Ausgangspunkt der Überlegung ist § 41 Abs. 3 S. 2 VwVfG. Danach „darf" eine Allgemeinverfügung auch dann öffentlich bekannt gemacht werden, wenn eine Bekanntgabe an die Beteiligten „untunlich" ist. Eine öffentliche Bekanntgabe ist grundsätzlich nur dann zugelassen, wenn eine Rechtsvorschrift es erlaubt.[626] § 41 Abs. 3 S. 2 VwVfG erfasst auch Allgemeinverfügungen nach § 35 S. 2 Alt. 2 VwVfG, mithin sachenrechtliche Regelungen. Da es sich bei diesen um intransitive

---

622 Am Beispiel Straßenrecht *Wallerath*, AVR, § 14 Rn. 25; für *Axer*, Die Widmung als Schlüsselbegriff des Rechts der öffentlichen Sachen, S. 136, erfüllt die straßenrechtliche Widmung sowohl die Alt. 2 als auch die Alt. 3 des § 35 S. 2 VwVfG.

623 *U. Stelkens*, in: P. Stelkens/Bonk/Sachs, VwVfG, § 35 Rn. 317; zur grundsätzlichen Möglichkeit der Einführung sachenrechtlicher Regelungen aaO Rn. 318 mwN.

624 *Stelkens*, aaO Rn. 317.

625 Konsequenterweise müssten daher diejenigen, die der Widmung von Sachen im Anstalts- und Verwaltungsgebrauch eine dingliche Wirkung absprechen, diese Widmung nicht als Allgemeinverfügung im Sinne von § 35 S. 2 Alt. 2 VwVfG ansehen, da demgemäß kein dingliches Recht an der Sache begründet wird. Inwiefern dennoch durch die bloße Eigenschaft als öffentliche Sache eine „öffentlich-rechtliche Eigenschaft" nach § 35 S. 2 Alt. 2 VwVfG geregelt wird, soll hier offen bleiben. Ausgehend vom „betreffen" in § 35 S. 2 a.E. VwVfG könnte ausschließlich der Behördenwille maßgeblich sein, sodass eine Allgemeinverfügung im Sinne von § 35 S. 2 Alt. 2 VwVfG auch dann vorliegt, wenn die Einführung eines Sachenrechts auch nur beabsichtigt wird.

626 Wie z.B. § 10 VwZG oder § 50 BauGB, allgemein durch Gesetz, Verordnung oder Satzung möglich, *Ruffert*, in: Knack/Henneke, VwVfG, § 41 Rn. 51.

Zustandsregelungen[627] handelt und kein unmittelbarer Bezug zu menschlichem Verhalten besteht[628], sei bei dieser Art der Allgemeinverfügung eine individuelle Bekanntgabe unmöglich.[629] Bezüglich der Unmöglichkeit einer Individualbekanntgabe von Widmungen ist auf die Einführung eines Sachenrechts abzustellen.[630] Ob daraus zu Recht der Schluss gezogen wird, dass eine Widmung zwingend einer öffentlichen Bekanntgabe bedarf[631], wird im Folgenden erörtert.

---

627 So *Ehlers*, NWVBl. 1993, 327, 330 mwN. Siehe auch *Kopp/Ramsauer*, VwVfG, § 35 Rn. 164, die intransitive Zustandsregelungen als sachbezogene Verwaltungsakte qualifizieren, die „nicht primär Rechtsbeziehungen zwischen Personen und dem Staat regeln, sondern bestimmte rechtserhebliche Eigenschaften (einen „Rechtszustand") einer Sache begründen, aufheben, abändern oder feststellen (z.B. wegerechtliche Widmung) und dadurch, dass diese Eigenschaften Voraussetzung für die Anwendbarkeit bestimmter Rechtssätze sind, die daran anknüpfen, Rechte und/oder Pflichten einer unbestimmten Vielzahl von Personen regeln und insofern auch diesen Personen gegenüber VAe sind", freilich mwN; siehe Beispiele bei *Niehues*, DVBl. 1982, 317, 318.

628 Bei Allgemeinverfügungen nach § 35 S. 2 1. Alt. VwVfG geht es um personale Verhaltensregelungen, sodass bei z.B. der Auflösung einer gerade stattfindenden Versammlung auch eine bloß mündliche Bekanntgabe an die Beteiligten tunlich sein könne, *Ehlers*, NWVBl. 1993, 327, 330.

629 So *Niehues*, DVBl. 1982, 317, 318: Haben solche Regelungen wegen des gegenstandsbezogenen Inhalts keinen eigentlichen Adressaten, kann für sie die Bekanntgabe an eine einzelne Person nicht die richtige Art der Verlautbarung sein. Das schließe aber nicht aus, dass die Regelung einzelnen Personen bei besonderer Betroffenheit persönlich mitgeteilt werde, aaO 320; *Stein*, DVP 2006, 441, 443; siehe auch *Stuhlfauth*, in: Obermayer/Funke-Kaiser, VwVfG, § 41 Rn. 52; ebenfalls *Kopp/Ramsauer*, VwVfG, § 41 Rn. 46 mwN; vgl. *Ruffert*, in: Knack/Henneke, VwVfG, § 41 Rn. 50, 52; *U. Stelkens*, in: P. Stelkens/Bonk/Sachs, VwVfG, § 41 Rn. 154; ähnlich auch *Kromer*, Sachenrecht des öffentlichen Rechts, S. 95; zur Unmöglichkeit im Zusammenhang allgemein *Maurer*, AVR, § 9 Rn. 71.

630 So auch *Ehlers*, NWVBl. 1993, 327, 329.

631 So zur systematischen Auslegung des § 41 Abs. 3 S. 2 *Ehlers*, NWVBl. 1993, 327, 330; ähnlich auch *Maurer*, AVR, § 9 Rn. 71, der aber nur von einer „Zulässigkeit" der öffentlichen Bekanntgabe spricht „in Fällen, in denen eine individuelle Bekanntgabe nicht möglich oder unverhältnismäßig aufwendig wäre"; *Stein*, DVP 2006, 441, 443, spricht ebenfalls von einer Untunlichkeit im Sinne von § 41 Abs. 3 S. 2 bei Unmöglichkeit einer Individualbekanntgabe; fraglich ist, ob eine Einzelbekanntgabe ab 50 oder ab 300 Betroffenen „untunlich" sein soll, siehe *U. Stelkens*, in: P. Stelkens/Bonk/Sachs, VwVfG, § 41 Rn. 154 f.

(1) Begriff der Öffentlichen Bekanntgabe

Bei der Öffentlichen Bekanntgabe wird das Zugangserfordernis durch eine öffentliche Verlautbarung des Verwaltungsakts ersetzt. Der Verwaltungsakt gelangt anders als bei der Individualbekanntgabe nicht in den Machtbereich des Empfängers.[632] Die Wirksamkeit der Verfügung hängt somit nicht vom Zugang des Verwaltungsakts beim Betroffenen ab. Praktisch ist die tatsächliche Kenntnisnahme eine Frage der Aufmerksamkeit, des Interesses sowie der tatsächlichen Möglichkeit der Betroffenen zur Kenntnisnahme.[633]

(2) Auslegung

Fraglich ist nun, ob bei einer Allgemeinverfügung nach § 35 S. 2 Alt. 2 VwVfG eine öffentliche Bekanntgabe zwingende Voraussetzung ist, um ein öffentliches Sachenrecht als Widmungsfolge begründen zu können. Ein solches Erfordernis ist durch Auslegung zu ermitteln.

(a) Wortlaut

Der Wortlaut ermächtigt die eine Allgemeinverfügung erlassende Behörde zu einer öffentlichen Bekanntgabe bei „Untunlichkeit" einer Einzelbekanntgabe. Der Wortlaut klärt jedoch nicht die aufgeworfene Frage, ob eine öffentliche Bekanntgabe zwingende Voraussetzung für die Wirksamkeit des Entstehens eines Sachenrechts als Widmungsfolge ist.

(b) Systematik

§ 41 Abs. 3 S. 2 VwVfG stellt eine Ermächtigungsgrundlage für die Erlassbehörde dar, eine Verfügung öffentlich bekannt zu machen, wenn die materielle Voraussetzung „Untunlichkeit" erfüllt ist. Bei Unmöglichkeit einer Einzelbekanntgabe spricht daher die Regelung des § 41 Abs. 1 S. 1 VwVfG systematisch für eine öffentliche Bekanntgabe, wenn man ein Sachenrecht öffentlicher Art einführen möchte. Denn eine Bekanntgabe hat nach § 41 Abs. 1 S. 1 VwVfG an demjenigen zu erfolgen, der betroffen wird. Das ist bei Einführung von öffentlichen Sachenrechten potentiell der gesamte Rechtsverkehr.

---

632 *U. Stelkens*, in: P. Stelkens/Bonk/Sachs, VwVfG, § 41 Rn. 135.

633 *U. Stelkens*, aaO; vgl. *Wandschneider*, Die Allgemeinverfügung in Rechtsdogmatik und Rechtspraxis, S. 289.

(c) Historie

Auch die Entstehungsgeschichte der Regelungen zur Wirksamkeit und Bekanntgabe von Verwaltungsakten spricht für das Erfordernis einer öffentlichen Bekanntgabe im untersuchten Zusammenhang. Nach der Gesetzesbegründung zum VwVfG des Bundes sollte „Untunlichkeit" dann vorliegen, „wenn der Kreis der Beteiligten nicht von vornherein feststellbar ist oder bei einem sog. adressatlosen Verwaltungsakt"[634]. Darunter sind auch Widmungen zu öffentlichen Sachen zu subsumieren.[635]

(d) Telos

Da ein Verwaltungsakt nach § 43 Abs. 1 S. 1 VwVfG erst dann wirksam wird und mit seinem Regelungsinhalt vom Adressaten befolgt werden muss, wenn er diesem auch bekanntgegeben worden ist[636], soll § 41 Abs. 3 S. 2 VwVfG die Wirksamkeit einer Regelung durch eine öffentliche Bekanntgabe ermöglichen, wenn eine Individualbekanntgabe „untunlich" ist. Eine „Untunlichkeit" wird angenommen, wenn eine individuelle Bekanntgabe wegen der Natur des in Frage stehenden Verwaltungsakts nicht möglich ist oder mit erheblichen Schwierigkeiten verbunden wäre.[637] Will eine Behörde einer dinglichen Widmung Wirksamkeit verleihen, wäre es mit erheblichen Schwierigkeiten verbunden, den gesamten Rechtsverkehr über ein entstandenes dingliches Recht individuell zu informieren. Bei der Widmung einer Sache zur öffentlichen Sache ist daher eine „Untunlichkeit" im Sinne des § 41 Abs. 3 S. 2 VwVfG anzunehmen, da die Widmung einer Sache pragmatisch nicht jedermann individuell bekanntgegeben werden kann.

---

634 BT-Drs. 7/910 vom 18.07.1973, S. 62, Begründung zu § 37 Abs. 3 VwVfG. § 37 sollte die Bekanntgabe von Verwaltungsakten regeln. Im geänderten Entwurf wurde die Bekanntgabe wie heute noch in § 41 VwVfG geregelt. In der BT-Drs. 7/4494 vom 18.12.1975 ergab sich bezüglich der Regelungen zur öffentlichen Bekanntgabe nichts neues, vgl. aaO S. 8.

635 *Niehues*, DVBl. 1982, 317, 320; statt einiger vgl. nur *U. Stelkens*, in: P. Stelkens/Bonk/Sachs, VwVfG, § 41 Rn. 153.

636 *Maurer*, AVR, § 9 Rn. 65: „Die Bekanntgabe ist nicht Rechtmäßigkeitsvoraussetzung, sondern Existenzvoraussetzung".

637 *Kopp/Ramsauer*, VwVfG, § 41 Rn. 46 mwN, insbesondere liege Untunlichkeit vor, wenn nicht mit Sicherheit feststellbar sei, wer betroffen ist; ferner *Ruffert*, in: Knack/Hennecke, VwVfG, § 41 Rn. 50, 52 jeweils mwN.

(3) Zwischenergebnis

Aus der Systematik, der Gesetzesbegründung zum Verwaltungsverfahrensgesetz des Bundes und dem Sinn und Zweck der §§ 35 S. 2, 41 Abs. 3 S. 2 VwVfG ergibt sich das Erfordernis, eine Widmung von öffentlichen Sachen im Verwaltungs- und Anstaltsgebrauch öffentlich bekannt zu machen, möchte man dieser dingliche Wirkung zuschreiben.

3. Ergebnis zu den Publizitätsmitteln und zur Wirksamkeit

Wird aus rechtsstaatlichen Gesichtspunkten auch ohne gesetzliche Regelung für die Widmung ein Mindestmaß an Publizität gefordert[638], so könnte eine hinreichende Publizität etwa durch den Schriftzug „Rathaus" oder auch mit dem Aufhängen eines Museumsbildes im Museum erreicht werden. Diese Sachen würden dem sie führenden Verwaltungsträger zugeordnet. Selbst wenn man außer Acht lässt, dass bei benannten Beispielen eine Vermutungswirkung in erster Linie womöglich nicht für die öffentliche Sachherrschaft des öffentlichen Sachherrn an den Gegenständen besteht, sondern eher für etwaige Zivilrechte, impliziert eine „dingliche Widmungswirkung" bei Widmungen durch Verwaltungsakt nicht ausschließlich Probleme der Wahrung des sachenrechtlichen Publizitätsgebots. Es ist vielmehr auch eine Frage der Wirksamkeit der hoheitlichen Regelung, die mit der Widmung vorgenommen wird.[639] Als einzig verbliebene Bekanntgabeform bleibt bei Unmöglichkeit der Individualbekanntgabe nur die öffentliche Bekanntgabe nach § 41 Abs. 3 S. 2 VwVfG. Nur dann kann ein mit dem Publizitätsgebot konformes Sachenrecht öffentlicher Art als Widmungsfolge entstehen. Möchte ein Verwaltungsträger ein öffentliches Sachenrecht durch Allgemeinverfügung entstehen lassen, muss er es auch deshalb öffentlich publizieren, da anderenfalls keine Wirksamkeit gemäß § 41 Abs. 1, § 43 Abs. 1 VwVfG erreicht werden kann. Ferner muss er diese Widmung nach § 41 Abs. 4 S. 1 VwVfG ortsüblich bekannt machen.

III. Ergebnis

Die Annahme des Entstehens eines öffentlichen Sachenrechts als Folge einer konkludenten Widmung durch Verwaltungsakt widerspricht sowohl dem

638 So *Niehues*, DVBl. 1982, 317, 319; *Ehlers*, NWVBl. 1993, 327, 330; *Kromer*, Sachenrecht des Öffentlichen Rechts, S. 70, 95 f., 135; *Papier*, in: Erichsen/Ehlers, AVR, § 40 Rn. 12 mwN. Hinsichtlich eines Publizitätserfordernisses nach Relevanz der Sache differenzierend *Wernecke*, AcP 195 (1995), 444, 459.

639 Ähnlich auch *Stelkens*, Die Verwaltung 46 (2013), 493, 510.

sachenrechtlichen Publizitätsgebot als auch den Regelungen über die Wirksamkeit von Verwaltungsakten nach dem VwVfG.

B. Verstoß gegen das Prinzip vom Vorbehalt des Gesetzes

Überdies könnte die Annahme einer dinglichen Widmungswirkung als Grundlage „nicht gesetzlicher" Verwirklichungsansprüche zur Gewährleistung des widmungsgemäßen Gebrauchs gegen das Prinzip vom Vorbehalt des Gesetzes verstoßen.[640] Es ist zu klären, ob ein rechtfertigungsbedürftiger Grundrechtseingriff vorliegt, der eine gesetzliche Grundlage erforderlich macht. Dazu ist die Annahme, dass unabhängig von gesetzlichen Regelungen eine dingliche Dienstbarkeit als Widmungsfolge entsteht, am Vorbehalt des Gesetzes und an Art. 14 GG zu messen.

I. Verletzung von Art. 14 GG

Entscheidend ist die Frage, ob durch die traditionell angenommenen Widmungsfolgen grundrechtlich geschütztes Verhalten beeinträchtigt wird. Die Belastung einer Sache mit einer dinglichen Dienstbarkeit des öffentlichen Rechts könnte in die Eigentumsgarantie des Art. 14 GG eingreifen.

Eine pauschale Feststellung wie „die Verpflichtung zur Herausgabe (...) verletzt (...) in ihrem Eigentumsrecht (Art. 14 GG) und verstößt gleichzeitig gegen den Grundsatz des Vorbehalts des Gesetzes"[641] ist dabei nicht sonderlich hilfreich. Vielmehr bedarf es einer genauen Untersuchung, welcher Akt der Exekutive bei der Einführung eines öffentlichen Sachenrechts grundrechtlich geschütztes Verhalten verletzt.

1. Widmung bei Sachen im Zivilgebrauch

Die Lösung dieses Konflikts soll nochmal anhand der gesetzlichen Regelungen des Straßenrechts zur Widmung aufgezeigt werden.

Im Straßenrecht kann die Widmung keinen ungerechtfertigten Eingriff in Art. 14 GG darstellen, da Normierungen wie § 2 Abs. 2 FStrG oder § 6 Abs. 5 StrWG NRW existieren. Der für die Widmung zuständige Verwaltungsträger muss sich, wenn er nicht selbst Eigentümer des betreffenden Grundstücks ist, die privatrechtliche Verfügungsmacht verschaffen, sei es durch privatrechtlichen Vertrag, einseitige Zustimmungserklärung des Eigentümers oder aber durch

640 Siehe die Nachweise in der Einleitung des 4. Kapitels, Fn. 580.

641 So im Zusammenhang des *Stadtsiegelfalls* statt aller nur *Axer*, NWVBl. 1992, 11, 13.

einen öffentlich-rechtlichen Enteignungs- oder Besitzeinweisungsakt.[642] Die Landesgesetze wie z. B. § 11 Abs. 1 StrWG NRW sehen die Eigentümerstellung des Widmenden als gewünschten Zustand an. Die Rechtsfolgen einer Widmung wie der rechtliche Bestandsschutz der Straßeneigenschaft sind in z. B. § 6 Abs. 6 StrWG NRW gesetzlich geregelt. Auch sind aus der Straßeneigenschaft resultierende Sicherungsinstrumente auf gesetzliche Grundlagen rückführbar.[643]

2. *Widmung bei Sachen im Anstalts- und Verwaltungsgebrauch*

Es wird in der folgenden Untersuchung davon ausgegangen, dass eine Widmung die Entstehung einer besonderen öffentlichen Sachherrschaft zugunsten des widmenden Verwaltungsträgers nach sich zieht und untersucht, ob diese Annahme gegen Art. 14 GG verstößt.

a) Schutzbereich des Art. 14 GG

Art. 14 Abs. 1 GG schützt das Eigentum. Die Verfassung setzt mit dem Eigentumsbegriff aber etwas voraus, was sie selbst nicht definiert. Dieses Schutzobjekt kann nicht wie Leben oder die körperliche Unversehrtheit der Tatsachenwelt entnommen und demgemäß bestimmt werden. Vielmehr ist es selbst schon Produkt der Rechtsordnung.[644]

Eigentum wird vom Bundesverfassungsgericht als die Zuordnung eines Rechtsguts zu einem Rechtsträger verstanden.[645] Eigentum ist „verdinglichte Freiheit“[646], da das verfassungsrechtliche Eigentum durch Privatnützigkeit und

642 Siehe insgesamt beispielhaft § 6 Abs. 5 StrWG NRW. Im Enteignungsfall muss der Träger der Straßenbaulast den Besitz des der Straße dienenden Grundstücks durch Einweisung gemäß § 37 i.V.m. § 50 des Landesenteignungs- und Landesentschädigungsgesetzes oder den Besitz in einem sonstigen gesetzlich geregelten Verfahren erlangt haben.

643 Siehe 3.B.I. insgesamt.

644 *Appel*, Entstehungsschwäche und Bestandsstärke des verfassungsrechtlichen Eigentums, S. 91 mwN.

645 So BVerfGE 42, 263, 294; 58, 300, 330; 79, 29, 40; *Appel*, aaO.

646 *Isensee*, in: Isensee/Kirchhof, HStR IX^3, § 190 Rn. 213.

grundsätzliche Verfügungsbefugnis über den Eigentumsgegenstand gekennzeichnet ist.[647] Eigentum ist daher „gespeicherte Privatautonomie“[648].

Eigentum bestimmt sich allein durch die normative Zuordnung von Gütern und Rechten zu Personen[649], Art. 14 GG ist demnach ein normgeprägtes Grundrecht.[650] Das Eigentum im Sinne des Art. 14 GG wird durch das gesamte einfache Recht definiert; die privat- und öffentlich-rechtlichen Beschränkungen des Eigentums sind von vornherein Bestandteile der Eigentumsdefinition.[651] Gegenstand der verfassungsrechtlichen Garantie ist das durch die Gesetze des Privatrechts und des öffentlichen Rechts ausgeformte Eigentum, nicht eine abstrakte und umfassend vorzustellende Rechtseinrichtung der Güterzuordnung.[652] Eigentum im Sinne des Art. 14 GG ist mithin alles, was das einfache Recht *zu einem bestimmten* Zeitpunkt als Eigentum definiert.[653] Ergibt sich aus der Zusammenschau aller in diesem Zeitpunkt geltenden, die Eigentümerstellung regelnden Vorschriften, dass der Eigentümer eine bestimmte Befugnis nicht hat, so gehört diese nicht zu seinem Eigentumsrecht.[654] Denn der Schutzbereich der Eigentumsgarantie und die konkrete Reichweite des Schutzes ergeben sich aus den Inhalts- und Schrankenbestimmungen des Gesetzgebers.[655]

---

647 *Axer*, in: Epping/Hillgruber, BeckOK GG, Art. 14 Rn. 1 (Stand 9.2014); *Appel*, Entstehungsschwäche und Bestandsstärke des verfassungsrechtlichen Eigentums, S. 41 mwN.

648 Mit Verweis auf § 903 S. 1 BGB *Isensee*, in: Isensee/Kirchhof, HStR VII^3, § 150 Rn. 64; *Axer*, in: Epping/Hillgruber, BeckOK GG, Art. 14 Rn. 1 (Stand 9.2014).

649 *Pieroth/Schlink/Kingreen/Poscher*, Grundrechte, Rn. 972; *Depenheuer*, in: v. Mangoldt/Klein/Starck, GG Kommentar, Art. 14 Rn. 29: „Rechtsverhältnis zwischen Personen in Ansehung von Sachen“.

650 Siehe BVerfGE 52, 1, 27; 58, 300, 330, 336; ferner *Axer*, in: Epping/Hillgruber, BeckOK GG, Art. 14 Rn. 7 (Stand 9.2014); *Depenheuer*, in: v. Mangoldt/Klein/Starck, GG Kommentar, Art. 14 Rn. 29.

651 Statt aller *Pieroth/Schlink/Kingreen/Poscher*, Grundrechte, Rn. 979; zur a.A., dass der Eigentumsbegriff aus Art. 14 GG selbst zu gewinnen sei, statt aller *Appel*, Entstehungsschwäche und Bestandsstärke des verfassungsrechtlichen Eigentums, S. 32 ff., mit umfassenden Nachweisen zum Streitstand auf S. 32; zum verfassungsrechtlichen Eigentumsbegriff im Schrifttum aaO S. 80 ff.; zur a.A. siehe auch die Ausführungen von *Papier*, in: Maunz/Dürig, GG Kommentar, Art. 14 Rn. 35 (Stand 7.2010).

652 *Badura*, Staatsrecht, Teil C Rn. 85, S. 268 mwN.

653 So *Axer*, in: Epping/Hillgruber, BeckOK GG, Art. 14 Rn. 9 (Stand 9.2014) mwN.

654 BVerfGE 58, 300, 336; *Axer*, aaO.

655 Siehe *Bryde*, in: v. Münch/Kunig, GGK I, Art. 14 Rn. 4.

Das verfassungsrechtlich gewährleistete Eigentum umfasst dabei mehr als nur das reine zivilrechtliche Eigentum des BGB[656], dem bürgerlichen Recht kommt aber insgesamt eine Leitbildfunktion und Prägewirkung für den verfassungsrechtlichen Eigentumsbegriff zu. Das Eigentum des BGB ist geprägt durch privatnützig zugewiesene umfassende Herrschafts- und Verfügungsbefugnisse, was in § 903 BGB idealtypisch zum Ausdruck kommt.[657] Es sei an dieser Stelle dahingestellt, ob das Eigentum aus der Verfassung selbst durch historische[658] oder teleologische Auslegung[659] zu gewinnen und somit vom einfachen Recht unabhängig ist[660], oder aber von vornherein nur durch einfachgesetzliche Normierungen bestimmt werden muss.

Geschützt ist jedenfalls der Bestand[661], nicht die bloße Erwerbschance des Eigentums, ferner schützt Art. 14 GG das Erworbene und nicht den Erwerb als solchen.[662] Art. 14 GG schützt somit nur die erworbenen und bestehenden

---

656 Vgl. *Thormann*, Abstufungen in der Sozialbindung des Eigentums, S. 63 f.

657 *Axer*, in: Epping/Hillgruber, BeckOK GG, Art. 14 Rn. 10 (Stand 9.2014)

658 Dazu vgl. *Appel*, Entstehungsschwäche und Bestandsstärke des verfassungsrechtlichen Eigentums, S. 106–120: Ein Rückgriff auf den einfachgesetzlichen, zivilrechtlichen Eigentumsbegriff habe es nur deshalb gegeben, weil die überwiegende Literatur und fachgerichtliche Rechtsprechung zunächst nahtlos an die reichsgerichtliche Rechtsprechung angeknüpft habe (S. 112 mwN). In der Weimarer Reichsverfassung sei die Eigentumsgarantie zwar in Art. 153 WRV geregelt gewesen, daraus ergab sich aber noch kein mit den Grundrechten vergleichbares Abwehrrecht gegen hoheitliche Maßnahmen. Vielmehr sei die WRV selbst normenhierarchisch auf der Stufe des einfachen Rechts gewesen. Dies führte dazu, dass sich ein Eigentümer nicht gegen Eingriffe in sein Eigentum wehren konnte. Um diesem dennoch einen Entschädigungsanspruch zusprechen zu können, wurde der Eigentumsbegriff seitens des Reichsgerichts in der WRV mit dem zivilrechtlichen Eigentumsbegriff gleichgesetzt. Dies habe den Zweck gehabt, dass dem Eigentümer in Anlehnung an § 903 BGB ein grundsätzlich völlig unbeschränktes Recht an seiner Sache zugesprochen werden konnte. Da der Sinn und Zweck des Art. 14 GG nicht mehr darin bestehe, aufgrund eines fehlenden Abwehrrechts in jeder hoheitlichen Maßnahme potentiell eine Enteignung zu erblicken, müsse der Schutzbereich nicht mehr in Anlehnung eines umfassenden Eigentümerbeliebens im Sinne des § 903 BGB ausgelegt werden, aaO S. 115.

659 Siehe *Appel*, aaO S. 32 ff., insbesondere S. 36 mwN.

660 *Thormann*, Abstufungen in der Sozialbindung des Eigentums, S. 64 mwN.

661 *Badura*, Staatsrecht, Teil C Rn. 84, S. 267, die Schutzwirkung der Eigentumsgarantie stelle zuerst einen Bestandsschutz dar.

662 *Pieroth/Schlink/Kingreen/Poscher*, Grundrechte, Rn. 990; vgl. ferner *Germann*, AöR 128 (2003), 458, 479.

vermögenswerten Rechte.[663] Es muss sich stets um nach der Rechtsordnung bestehende, konkrete Rechte eines individuellen Rechtsinhabers handeln: Der Schutz des Art. 14 GG kommt in Betracht, wenn ein Akt der öffentlichen Gewalt die Innehabung und Verwendung vorhandener Vermögensgüter begrenzt, nicht jedoch, wenn in die Freiheit der individuellen Erwerbs- und Leistungsfähigkeit eingegriffen wird.[664]

Es ist festzuhalten: Die Eigentumsgarantie bezieht sich auf Rechte, die nach der jeweils bestehenden Rechtsordnung entstanden sind und einem Einzelnen zustehen. Diese Rechte erhalten durch das Grundgesetz einen verfassungsrechtlichen Schutz gegen ungerechtfertigte Entziehung oder Beeinträchtigung.[665] Es ist insbesondere die Eigentumsnutzung geschützt.[666]

b) Mögliche Eingriffe

Schreibt man einer Widmung dingliche Wirkung zu, ist fraglich, worin der Eingriffsakt in durch Art. 14 GG geschützte Positionen liegt. Als Eingriffsakt in schützenswerte eigentumsrelevante Positionen kommt einerseits die Widmung[667], andererseits der widmungsgemäße Gebrauch respektive die Geltendmachung dahingehender Sicherungsinstrumente in Betracht.[668]

---

663 *Badura*, Staatsrecht, Teil C Rn. 84, S. 262 f.; vgl. *Isensee*, in: Isensee/Kirchhof, HStR IX^3, § 190 Rn. 213 zum Vertrauen im Bestand der bestehenden Rechte.

664 *Badura*, aaO S. 265 mwN.

665 *Badura*, aaO.

666 *Pieroth/Schlink/Kingreen/Poscher*, Grundrechte, Rn. 992; *Axer*, in: Epping/Hillgruber, BeckOK GG, Art. 14 Rn. 17 (Stand 9.2014).

667 So das *VG Köln*, NJW 1991, 2584, 2586, wonach der Herausgabeanspruch deshalb kein grundrechtsrelevanter Eingriff sei, da er „vielmehr unmittelbarer Ausfluss der das privatrechtliche Eigentum überlagernden öffentlichrechtlichen Widmung“ sei; vgl. auch *Axer*, NWVBl. 1992, 11, 13: „Die Widmung aber hat eigentumsbeschränkende Wirkung, soweit sie die Verpflichtung zur Herausgabe begründen soll“; ferner *Papier*, in: Erichsen/Ehlers, AVR, § 40 Rn. 10, die Widmung sei „statusbegründender Eingriffsakt“, was *ders.*, Recht der öffentlichen Sachen, S. 42, im Straßenrecht richtigerweise anders sieht: „Die Widmung ist auf jeden Fall kein gegen den Eigentümer gerichteter Eingriffsakt“.

668 Unklar *OVG Münster*, NJW 1993, 2635 ff., das vom Herausgabeanspruch spricht, der durch Rechtssätze angeordnet werden müsse, aaO 2635, aaO 2636 aber auf die Widmung abstellt, die nach Art. 20 Abs. 3 GG einer Ermächtigungsgrundlage bedürfe.

(1) Widmung als Eingriffsakt

Die Widmung kommt deshalb als Eingriffsakt in Betracht, da diese nach traditionellem Verständnis ein öffentliches Sachenrecht entstehen lässt. Das entstandene Sachenrecht kann eine Belastung darstellen, da aufgrund des Absolutheitsgrundsatzes der Sachenrechte im Falle widmungswidriger Nutzung der Sache aus dem Sachenrecht auch Verwirklichungsansprüche entstehen müssen, die wie ein Damoklesschwert über den öffentlichen Sachen hängen. Diese Verwirklichungsansprüche werden selbst von den Gegnern einer dinglichen Widmung bei Sachen im Anstalts- und Verwaltungsgebrauch nicht bestritten, wenn ein Sachenrecht denn entstanden ist.[669] Weil die Widmung quasi „Rechtsgrund" dieser Verwirklichungsansprüche ist, könnte sie als Wurzel des „Übels" angesehen werden. Ein Sachenrecht zeichnet sich gerade durch seine Absolutheit aus, sodass schon die Begründung eines solchen Sachenrechts somit als Eingriff qualifiziert werden könnte. Dass sich eine solche abstrakte Belastung jedoch nicht immer gleich grundrechtsbelastend auswirken muss, wird im Folgenden anhand der verschiedenen Konstellationen zu den möglichen rechtlichen Widmungsumständen aufgezeigt.[670]

(a) Widmung ohne Eigentümerstellung oder Zustimmung der Berechtigten

Widmet ein Hoheitsträger eine ihm fremde Sache ohne Zustimmung des oder der dinglich Berechtigten, liegt in der Begründung eines Sachenrechts und somit der Beschränkung der Nutzungsbefugnisse im Rahmen des Inhalts der Widmung ein rechtfertigungsbedürftiger Eingriff in Art. 14 GG vor, der durch eine gesetzliche Grundlage gerechtfertigt werden müsste.[671]

---

669 Dazu nur *Ehlers*, NWVBl. 1993, 327, 330 f., sowie *Manssen*, JuS 1992, 745, 747 f.; siehe auch *VG Köln*, NJW 1991, 2586; zur etwaigen Anwendbarkeit der Verjährungsregeln des BGB *de Wall*, Die Anwendbarkeit privatrechtlicher Vorschriften im Verwaltungsrecht, S. 478 f.; allgemein bei öffentlich-rechtlichen Ansprüchen Palandt/*Heinrichs*, BGB, § 195 Rn. 20; weitere Nachweise im Übrigen bei *Germann*, AöR 128 (2003), 459, 475.

670 Grundlage der folgenden Differenzierung ist die Darstellung von *Germann*, AöR 128 (2003), 459, 474 ff.

671 Soweit ersichtlich vertritt selbst keiner der „Traditionalisten", dass eine Widmung fremder Sachen ohne Zustimmung des oder der Berechtigten, freilich bei der Annahme einer dinglichen Widmungswirkung, nicht in Art. 14 Abs. 1 GG eingriffe. Statt aller für einen Eingriff vgl. *Wernecke*, AcP 195 (1995), 444, 454 mwN.

(b) Zustimmung des vom öffentlichen Sachherrn personenverschiedenen Eigentümers oder sonstigem dinglichen Berechtigten

Ein Grundrechtseingriff ist abzulehnen, wenn ein Hoheitsträger zwar eine fremde Sache widmet, jedoch alle dinglich Berechtigten dieser Widmung sowie ihren Folgen zugestimmt haben. Entweder sieht man darin einen sogenannten Grundrechtsverzicht[672] oder aber die bloße negative Ausübung seines Grundrechts aus Art. 14 GG.[673]

Die dingliche Wirkung der Widmung wird womöglich dann zum Grundrechtseingriff, wenn die Zustimmung nach der Widmung etwa widerrufen wird.[674] Das Problem eines Grundrechtseingriffs mit Wegfall der Zustimmung stellt sich jedoch nicht, wenn man die Zustimmung zu einer Widmung wie im Straßenrecht[675] oder gemäß der traditionellen Lehre[676] als unwiderruflich ansieht.

(c) Öffentlicher Sachherr ist Eigentümer der gewidmeten Sache

Ein Eingriff in Art. 14 GG ist fraglich, wenn der öffentliche Sachherr selbst Eigentümer der Sache ist. In dieser Konstellation macht er von seinen eigentumsrechtlichen Befugnissen Gebrauch.

Für manche liegt schon deshalb kein Eingriff in Art. 14 GG vor, da der widmende Verwaltungsträger als Rechtssubjekt des öffentlichen Rechts kein

---

672 Sog. *volenti non fit iniuria*, dazu insgesamt *Sachs*, VerwArchiv 76 (1985), 398, 419 f., 423 f.

673 Vgl. statt vieler *Schmidt-Jortzig*, NVwZ 1987, 1025, 1030, bei Zustimmung zur Widmung lasse man sich „sehenden Auges“ auf die Belastung seiner Sache ein.

674 Für *Germann*, AöR 128 (2003), 459, 476 mwN, wird die Widmung dadurch zwar rechtswidrig, nicht aber nichtig; insgesamt a.A. zur Zustimmungsmöglichkeit überhaupt *Axer*, Die Widmung als Schlüsselbegriff des Rechts der öffentlichen Sachen, S. 167 f. mwN. Da der allgemeine Gesetzesvorbehalt auch ein Kompetenzproblem erfasse, könne ein Eigentümer zwar in den Eingriff in Art. 14 GG einwilligen, nicht jedoch auf die Gewaltenteilung verzichten.

675 Statt vieler *Germann*, AöR 128 (2003), 459, 476 mwN.

676 *BayVGH*, BayVBl. 1994, 441, 442 für das Eisenbahnrecht, mwN aber ausschließlich auf straßenrechtliche Literatur; *Forsthoff*, VwR I, S. 386; *Schallenberg*, Die Widmung, S. 72 zwar zum Wegerecht, diese Grundsätze aber auf die „Sachen des Verwaltungvermögens“ anwendend durch Verweis auf S. 97 („sinngemäße Anwendung“); ferner *Germann*, AöR 128 (2003), 459, 476 mwN, der auf die unbestrittene Unwiderruflichkeit einer Zustimmung der dinglich Berechtigten zur Widmung im Straßenrecht hinweist, ohne dass diese Unwiderruflichkeit gesetzlich angeordnet ist, und hält dies im Allgemeinen für „denkbar“.

Grundrechtsträger ist.[677] Bestehen Rechte Dritter, liege aber deshalb ein Eingriff vor, da diese vom Schutzbereich des Art. 14 Abs. 1 GG erfasst werden.[678]

i. Begründung des öffentlichen Sachstatus als Grundrechtseingriff für den Rechtsnachfolger

Vereinzelt wird ein Eingriff in Art. 14 GG aber auch für den Fall angenommen, dass ein Verwaltungsträger eine eigene Sache widmet. Und zwar würden spätere Eigentümer in ihrem Eigentumsgrundrecht verletzt, da die Belastung einer Sache mit einer dinglichen Dienstbarkeit auch Rechtsnachfolger binde. Diese könnten im Falle einer ausbleibenden Entwidmung die Sache nicht den Gewährleistungen des Art. 14 GG entsprechend nutzen.[679] Die Belastung soll gerade darin liegen, dass dem Erwerber im Wege der Rechtsnachfolge eine von seinen privaten Rechten an der Sache zu unterscheidende dingliche Verpflichtung auferlegt werde.[680] Für die Frage, ob in der Auferlegung von Pflichten ein Eingriff in Grundrechte zu sehen ist, sei es unerheblich, ob dieser Eingriff dem Verpflichteten originär auferlegt wurde oder ob die Verpflichtung im Wege der Rechtsnachfolge übergehe.[681]

Dem kann jedoch entgegen gehalten werden, dass das durch Widmung entstandene Sachenrecht der Sache von Anfang an anhaftete. Deshalb lässt sich argumentieren, dass für spätere zivilrechtliche Erwerber der Sache kein Grundrechtseingriff vorliegt, da das Eigentum schon als belastetes, öffentlich-rechtlich „modifiziertes" erworben worden ist. Es kann keine schutzfähige Rechtsposition des (späteren) Erwerbers verletzt sein[682], denn Art. 14 GG schützt nur die

677 So zum *Stadtsiegelfall Thormann*, NWVBl. 1993, 354, 357 mwN.

678 Zum Schutz dinglicher Rechte *Jarass*, in: Jarass/Pieroth, GG Kommentar, Art. 14 Rn. 6 f. mwN.

679 In diesem Sinne *BVerwG*, NJW 1980, 2538, 2541; *Axer*, NWVBl. 1992, 11, 13; *Ehlers*, NWVBl. 1993, 327, 329; *Manssen*, JuS 1992, 745, 747, verweist zwar nicht auf die Problematik der Bindung des Rechtsnachfolgers, jedoch auf die Vereitelung etwaiger obligatorischer Ansprüche Dritter.

680 Statt aller *Stelkens*, Die Verwaltung 46 (2013), 493, 503.

681 So auf einen gemeinsamen Nenner gebracht etwa *BVerwG*, NJW 1980, 2538, 2541; *Axer*, NWVBl. 1992, 11, 13; vgl. *Ehlers*, NWVBl. 1993, 327, 329.

682 Siehe so z.B. mit Bezug auf den *Stadtsiegelfall Thormann*, NWVBl. 1992, 354, 357. Die Antiquitätenhändlerin, die das Hamburger Stadtsiegel im Rahmen einer öffentlichen Versteigerung gutgläubig erworben hatte, könne Eigentümerbefugnisse nur in dem Rahmen erlangen, wie es das öffentliche Sachenrecht zulasse; vgl. auch *Detterbeck*, AVR, Rn. 971.

erworbenen und bestehenden vermögenswerten Rechte.[683] Ferner ist der bloße Erwerb einer Eigentumsposition kein von Art. 14 GG geschützter Aspekt.[684] Es werden zwar alle, auch zukünftige und noch nicht ausgeübte Nutzungen von der Eigentumsgarantie des Art. 14 Abs. 1 GG erfasst.[685] Insbesondere die Nutzungsmöglichkeiten sind immanenter Bestandteil des verfassungsrechtlichen Eigentumsbegriffes.[686] Dies kann aber nur für den gegenwärtigen Eigentümer gelten, dass seine zukünftigen Nutzungsmöglichkeiten geschützt sind. Ein Schutz eines zukünftigen Eigentümers auf in der Zukunft liegende, umfassende Nutzungsmöglichkeiten für just erworbenes Eigentum kann daraus nicht abgeleitet werden. Art. 14 Abs. 1 GG schützt „den Bestand des Eigentums *in der Hand des Eigentümers*"[687].

Wegen des zuletzt Gesagten erscheint in dieser Konstellation ein Grundrechtseingriff durch Annahme einer dinglichen Widmungswirkung zweifelhaft.

ii. Ausschluss von Rechten Dritter

Soweit Rechte Dritter vereitelt werden, liegt natürlich ein rechtfertigungsbedürftiger Eingriff vor, also auch dann, wenn die zu widmende Sache im privatrechtlichen Eigentum der öffentlichen Hand steht.[688]

(d) Zwischenergebnis

Betrachtet man die Widmung als solche und damit abstrakt die Belastung eines Gegenstands mit einem öffentlichen Sachenrecht, das einem öffentlichen Sachherrn absolute Sachherrschaft hinsichtlich des Widmungsinhalts einräumt, als Eingriffsakt, kann nicht pauschal eine Verletzung von Art. 14 GG angenommen

---

683 So allgemein *Badura*, Staatsrecht, Teil C Rn. 84, S. 262 f.; vgl. konkret *Germann*, AöR 128 (2003), 459, 478 ff. mwN. Werden öffentliche Sachen mit einem Sachenrecht belastet, das nicht gutgläubig hinwegerworben werden könne, sei es vielmehr eine Frage der Verkehrsfähigkeit von Sachen.

684 Siehe *Jarass*, in: Jarass/Pieroth, GG Kommentar, Art. 14 Rn. 15 mwN, ferner kämen dann Art. 12 GG und Art. 2 I GG zum Tragen; *Wernsmann*, NJW 2006, 1169, 1170: „Art. 14 I GG gewährleistet das erworbene, nicht den Erwerb", geschützt ist dann erst-Recht nicht der Erwerb unbelasteten Eigentums. Nach *Wernsmann*, aaO, bezieht sich Art. 2 I GG aber nur auf den Erwerbsvorgang als solchen und nicht darauf, mit welchem Inhalt oder Umfang man erwirbt; dazu auch *Detterbeck*, AVR, Rn. 971.

685 Siehe *Depenheuer*, in: v. Mangoldt/Klein/Starck, GG Kommentar, Art. 14 Rn. 65 mwN, nicht so weit gehend *Axer*, in: BeckOK GG, Art. 14 Rdnr. 67.

686 So *Depenheuer*, aaO.

687 *Jarass*, in: Jarass/Pieroth, GG Kommentar, Art. 14 Rn. 1.

688 Ebenso vgl. statt aller *Manssen*, JuS 1992, 745, 747 mwN.

werden. Ein Eingriff liegt jedenfalls dann vor, wenn fremde Sachen ohne Zustimmung dinglich Berechtigter belastet werden. Ein Eingriff ist fraglich, wenn ein öffentlicher Sachherr in seinem Eigentum stehende Gegenstände widmet und ein späterer Erwerber eine öffentliche Sache (gutgläubig) erwirbt. Auch ist der Eingriffscharakter einer Widmung unklar, wenn eine von den dinglich Berechtigten erteilte Zustimmung zur Widmung widerrufen wird, falls ein Widerruf der Zustimmung überhaupt für möglich gehalten wird.

(2) Eingriff durch Sicherungsinstrumente

Das unbefriedigende Ergebnis, dass eine Widmung mit angenommener Rechtsfolge nicht pauschal als Eingriff angesehen werden kann, könnte dahinstehen, wenn sich ausgehend von § 903 BGB stets ein Eingriff für zivilrechtliche Nutzungsberechtigte an der öffentlichen Sache ergibt. Dies wäre der Fall, wenn der öffentliche Sachherr die Sache entweder ohne Zustimmung des Berechtigten nutzt[689], oder sich die Geltendmachung des konkreten Sicherungsinstruments wie im *Stadtsiegel*- oder *Rheinsteinbogenfall* als rechtfertigungsbedürftiger Eingriffsakt darstellt.

§ 903 BGB[690] regelt die Befugnis des Eigentümers, dass dieser grundsätzlich mit seinem Eigentum nach Belieben verfahren darf, es sei denn, Rechte Dritter stehen entgegen. Wenn ein Eigentümer mit seinem Eigentum verfahren, es nutzen oder benutzen möchte, dieses aber dem Widmungszweck zuwider läuft, dann darf er mit seiner Sache auch nach Belieben verfahren, wenn sich aus der geltenden, die Eigentümerstellung regelnden Vorschriften nichts anderes ergibt.[691] Aus den geltenden, die Eigentümerstellung regelnden Vorschriften ergibt sich nichts anderes, insbesondere keine das Privateigentum überlagernde besondere öffentliche Sachherrschaft aus einer Widmung zu einer Sache im

---

689 Als Fallkonstellation denkbar ist etwa der Eigentumserwerb eines Dritten. Die Sache wird von einem öffentlichen Sachherrn als gewidmete öffentliche Sache genutzt und einem Herausgabeverlangen des Neueigentümers wird entgegengehalten, die Sache sei eine öffentliche Sache, sodass die widmungsgemäße Nutzung geduldet werden müsse.

690 Vgl. zur Leitbildfunktion und vor allem Prägewirkung des bürgerlich-rechtlichen Eigentums für den verfassungsrechtlichen Eigentumsbegriff *Axer*, in: Epping/Hillgruber, BeckOK GG, Art. 14 Rn. 10 (Stand 9.2014); *Depenheuer*, in: v. Mangoldt/Klein/Starck, GG Kommentar, Art. 14 Rn. 114.

691 Vgl. nochmal BVerfGE 58, 300, 336; für *Axer*, in: Epping/Hillgruber, BeckOK GG, Art. 14 Rn. 9 (Stand 9.2014), ergibt sich aus der Zusammenschau aller die Eigentümerstellung regelnden Vorschriften, welche Befugnisse einem Eigentümer in einem bestimmten Zeitpunkt konkret zustehen.

Verwaltungs- oder Anstaltsgebrauch.[692] Wenn sich die konkrete Reichweite des Eigentumsschutzes aus den inhalts- und schrankenbestimmenden Gesetzen ergibt,[693] gilt Folgendes: Gibt es keine Inhalts- und Schrankenbestimmung, die die grundsätzlich geschützten (zivilen) Rechtspositionen bei öffentlichen Sachen im Verwaltungs- und Anstaltsgebrauch verkürzt, dann muss sich der Einzelne den traditionell angenommenen Nutzungsbeschränkungen nicht unterwerfen. Dasselbe gilt dann für die Sicherungsinstrumente. Bloß aus dem Begriff „öffentliche Sache“ resultierende „nicht gesetzliche“ Sicherungsinstrumente sind mangels gesetzlicher Anordnung abzulehnen.

Hat ein Hoheitsträger eine in seinem Eigentum stehende Sache gewidmet, findet aber später wie im *Stadtsiegel-* oder *Rheinsteinbogenfall* ein Eigentümerwechsel statt, stellt die weitere widmungsgemäße Nutzung der Sache oder das den widmungsgemäßen Gebrauch gewährleistende Sicherungsinstrument in concreto einen Eingriff beim Neuerwerber der Sache dar. Grundrechtlich geschütztes Verhalten, das Nutzen der Sache, würde durch einen Akt der öffentlichen Gewalt beeinträchtigt, der nicht auf gesetzliche Grundlagen rückführbar ist. Der Eigentümer einer öffentlichen Sache im Anstalts- oder Verwaltungsgebrauch muss diese also nicht aufgrund der Widmung und zwecks Widmungssicherung z.B. wieder herausgeben[694], da sich der Inhalt des Eigentums aus der Zusammenschau aller zu einem bestimmten Zeitpunkt geltenden, die Eigentümerstellung regelnden gesetzlichen Vorschriften ergibt.[695]

---

692 Mit § 903 BGB geht ein Ausschließlichkeitsrecht einher, die Einwirkung Fremder auszuschließen, Palandt/*Bassenge*, BGB, § 903 Rn. 6. Es ergeben sich Beschränkungen des § 903 BGB durch Rechte Dritter. Diese können sich z.B. aus dem gesetzlich geregelten Gemeingebrauch an Straßen, Wegen und Gewässern ergeben oder auch Betretungsrechte nach den Wald- und Naturschutzgesetzen sein, siehe aaO Rn. 28 ff. Beschränkungen der untersuchten Art werden auch aaO nicht aufgeführt.

693 Dazu *Bryde*, in: v. Münch/Kunig, GGK I, Art. 14 Rn. 4.

694 Die Frage der Anwendbarkeit der §§ 936 und 945 BGB stellt sich dann nicht mehr. Wenn man schon beim „sehenden“ Erwerb mangels gesetzlicher Grundlagen keine fremden Nutzungen dulden muss und mangels Rückführbarkeit eines entstandenen Sachenrechts auf gesetzliche Grundlagen auch keinen dahingehenden Ansprüchen des öffentlichen Sachherrn ausgesetzt ist, würde man bei der Frage, ob ein gutgläubiger lastenfreier Erwerb öffentlicher Sachen möglich ist, ein entstandenes Sachenrecht noch anerkennen. Jedenfalls geben die Gesetze auch nicht vor, dass nach einer Widmung die §§ 936 und 945 BGB unanwendbar sind und somit ein gutgläubiger lastenfreier Erwerb an diesen Sachen verhindert wird.

695 So allgemein BVerfGE 58, 300, 336; *Depenheuer*, in: v. Mangoldt/Klein/Starck, GG Kommentar, Art. 14 Rn. 111.

(3) Zusammenfassung

Nach traditioneller Annahme des öffentlichen Sachenrechts müsste bei Sachen im Verwaltungs- und Anstaltsgebrauch eine Art „dingliche Last" geduldet werden, obwohl sie kein Gesetz vorschreibt. Die Widmungsfolge ist dann ein Grundrechtseingriff, wenn der widmungsgemäße Gebrauch beziehungsweise die Geltendmachung dahingehender Sicherungsinstrumente konkrete Beeinträchtigungen des jeweiligen Eigentümers darstellen. Ein Eigentümer muss diese nur dulden, wenn gesetzliche Vorschriften es anordnen. Dies ist bei Sachen im Anstalts- und Verwaltungsgebrauch nicht der Fall. Auch lässt sich schon deren Rechtsgrund, ein Sachenrecht als Widmungsfolge, bei öffentlichen Sachen im Verwaltungs- und Anstaltsgebrauch nicht auf ein Gesetz zurückführen, sodass man die etwaigen Verwirklichungsansprüche des Sachenrechts nicht mit dem Absolutheitsgrundsatz begründen kann. Die Annahme einer dinglichen Widmungswirkung als Grundlage „nicht gesetzlicher" Verwirklichungsansprüche zur Aufrechterhaltung des widmungsgemäßen Gebrauchs verstößt daher gegen den Gesetzesvorbehalt. Die Widmung setzt mit der Begründung eines Sachenrechts die Grundlage, das aus der Absolutheit der Sachenrechte resultierende Sicherungsmittel verstößt konkret gegen Art. 14 GG.

Im Zusammenhang der Nutzung öffentlicher Sachen muss es insgesamt bei der Freiheit bleiben, die sich in § 903 BGB konkretisiert.

Eine Zustimmung zur Widmung kann bei Sachen im Anstalts- und Verwaltungsgebrauch nur relative Rechte im Synallagma zum Zustimmenden hervorrufen. In einer Besitzüberlassung zur Ausübung des Widmungszwecks ist z.B. eine dauerhafte Leihe oder gar Schenkung zu sehen. Durch Einwilligung eines Einzelnen kann aber kein der Rechtsordnung fremdes Sachenrecht begründet werden, das auch spätere Eigentümer bindet.

II. Rechtfertigung von Eingriffen

Zunächst ist festzustellen, dass einfachgesetzliche Beschränkungen im Straßen-[696] und Wasserrecht[697] verfassungskonforme Inhalts- und Schrankenbestimmungen

696 Für das Straßenrecht *Sauthoff*, Öffentliche Straßen, Teil 1 Rn. 136.

697 So für das Wasserrecht bezogen auf das WHG *Badura*, Staatsrecht, Teil C Rn. 85, S. 270. Es stelle insbesondere keinen Verstoß gegen die Institutsgarantie dar, Gewässer zur Sicherung des Wasserhaushalts und der Wasserversorgung von vornherein den aus dem Grundeigentum ableitbaren Nutzungsmöglichkeiten zu entziehen, vgl. diesbezüglich auch BVerfGE 58, 300, 339, 345; ferner *Axer*, in: Epping/Hillgruber, BeckOK GG, Art. 14 Rn. 19 (Stand 9.2014) am Beispiel von Hochwasserschutzanla-

sind. Sie rechtfertigen die mit ihnen durch zivilrechtliche Modifikationen etwaig einhergehenden Grundrechtseingriffe.

Inhalts- und Schrankenbestimmungen sind abstrakt-generelle Festlegungen von Rechten und Pflichten durch den Gesetzgeber hinsichtlich solcher Rechtsgüter, die als Eigentum im Sinne der Verfassung zu verstehen sind. Sie sind auf die Normierung objektiv-rechtlicher Vorschriften gerichtet, die den Inhalt des Eigentumsrechts vom Inkrafttreten des Gesetzes an für die Zukunft bestimmen.[698] Zwar sind solche für „nicht gesetzliche" Sicherungsmittel nicht ersichtlich.[699] Es kommt aber eine Rechtfertigung des Eingriffs in Art. 14 GG durch Gewohnheitsrecht in Betracht. Gewohnheitsrecht kann deshalb einen Eingriff in Art. 14 GG rechtfertigen[700], da es eine anerkannte Rechtsquelle ist[701], der Gesetzesbegriff in Art. 14 Abs. 1 S. 2 GG abstrakt kein formelles Gesetz verlangt und auch der allgemeine Gesetzesvorbehalt keinen grundsätzlichen „Parlamentsvorbehalt" verlangt.[702]

---

gen; im weiteren Sinne siehe BVerfGE 24, 367, 388 ff., das Rechtsinstitut Eigentum werde nicht angetastet durch eine ausschließlich öffentlich-rechtliche Sachherrschaft in Gestalt des öffentlichen Eigentums.

698 So das *BVerfG*, NVwZ 2009, 1158, 1159 f. mwN. Verkürzen Inhalts- und Schrankenbestimmungen die Eigentumsfreiheit, dann stellen sie, auch wenn sie dadurch das Eigentum für die Zukunft definieren, für das in der Vergangenheit begründete Eigentum Eingriffe dar, *Pieroth/Schlink/Kingreen/Poscher*, Grundrechte, Rn. 998.

699 A.A. vgl. *Erichsen*, Jura 1986, 148, 152.

700 Vgl. zur Rechtfertigung von Grundrechtseingriffen durch Gewohnheitsrecht *Sachs*, in: Stern, Das Staatsrecht der BRD – Band III/2, § 80 S. 442 ff.; vorkonstitutionelles Gewohnheitsrecht werde gemäß Art. 123 Abs. 1 GG das inhaltlich grundgesetzgemäße, das „nach Maßgabe der vorhergehenden Rechtsordnung gültige Recht" werde als fortgeltend in die grundgesetzliche Rechtsordnung übergeleitet, aaO S. 442 mwN. Zumindest nachkonstitutionelles Gewohnheitsrecht mit grundrechtsbeschränkender Wirkung habe aber im inhaltlich von Gesetzesvorbehalten erfassten Raum keinen Platz, aaO S. 444 mwN; allgemein auch *Stelkens*, Die Verwaltung 46 (2013), 493, 503; zu den Theorien hinsichtlich des Geltungsgrundes siehe die Nachweise bei *Krebs/Becker*, JuS 2013, 97, 98; a.A. *Pieroth*, Jura 2013, 248, 254, Gewohnheitsrecht scheide von vornherein als Rechtfertigung von Grundrechtseinschränkungen aus.

701 Statt aller *Krebs/Becker*, JuS 2013, 97 mwN.

702 Vgl. *Erbguth*, AVR, § 30 Rn. 6; auch das *BVerfG* äußerte im Zusammenhang der Anwendung des Prinzips der unvordenklichen Verjährung im Straßenrecht, dass sich wohl auch aus Gewohnheitsrecht Inhalts- und Schrankenbestimmungen im Sinne von Art. 14 Abs. 1 S. 2 GG entnehmen ließen, siehe NVwZ 2009, 1158, 1159; zur Anerkenung von Gewohnheitsrecht als Schranke im Sinne des Art. 14 Abs. 1 S. 2 GG ferner *Papier*, in: Maunz/Dürig, GG Kommentar, Art. 14 Rn. 339 (Stand 7.2010);

1. *Gewohnheitsrecht*

Zur Rechtfertigung müsste ein Gewohnheitsrechtssatz dahingehend bestehen, dass im Falle der Konkurrenz des Privatrechts mit der öffentlich-rechtlichen Sachherrschaft das Privatrecht immer dann zurücktritt, wenn es mit dem Nutzungsverhältnis der öffentlichen Sache unvereinbar ist[703], sprich: Es bestehen „nicht gesetzliche" Sicherungsinstrumente zur Gewährleistung des widmungsgemäßen Gebrauchs, wenn durch entgegenstehende Rechte Dritter der widmungsgemäße Gebrauch einer öffentlichen Sache beeinträchtigt wird. Diesbezüglich reichen auch Nachweise über dingliche Wirkungen einer Widmung zur öffentlichen Sache aus.

Der Versuch, ein solches Gewohnheitsrecht herzuleiten, gestaltet sich schwierig. Ein Gewohnheitsrecht wird inzwischen fast einhellig abgelehnt[704], die Begründungen variieren jedoch. Im Zusammenhang des *Stadtsiegelfalls* erkennt z.B. *Ehlers* eine langdauernde Praxis an, lässt die Existenz eines solchen aber an der allgemeinen Rechtsüberzeugung scheitern,[705] das *OVG Münster* erkennt eine allgemeine Rechtsüberzeugung an, vermisst jedoch eine entsprechende Praxis.[706] Von Befürwortern eines Gewohnheitsrechts zu den Widmungsfolgen, aus denen sich „nicht gesetzliche" Sicherungsmittel nach öffentlichem Sachenrecht herleiten lassen, wird vorgebracht, dass es sich dabei um zweitausend Jahre altes

a.A. *Wieland*, in: *Dreier*, GG Band 1, Art. 14 Rn. 103. Folgt man dieser Gegenmeinung, schiede eine Rechtfertigung durch Gewohnheitsrecht a priori aus.

703 In diesem Sinne vgl. auch *Wernecke*, AcP 195 (1995), 445, 456.

704 Zur Entwicklung der ablehnenden Haltung bezüglich einer Existenz öffentlicher Sachenrechte als Widmungsfolge siehe *Ehlers*, NWVBl. 1993, 327, 329, vereinzelt mwN; ferner *OVG Münster*, NJW 1993, 2635, 2636; *Axer*, Die Widmung als Schlüsselbegriff des Rechts der öffentlichen Sachen, S. 164, 191; zumindest an Ausstellungsstücken öffentlicher Museen eine gewohnheitsrechtliche Extrakommerzialität ablehnend *Anton*, Guter Glaube im internationalen Kunsthandel, 2010, S. 285 mwN; dafür in heutiger Zeit aber noch *Wernecke*, AcP 195 (1995), 445, 456 ff.; ferner „vorkonstitutionelles Gewohnheitsrecht" als mögliche Eingriffsrechtfertigung andeutend, einen Eingriff im *Stadtsiegelfall* aber ohnehin ablehnend *Thormann*, NWVBl. 1992, 354, 357; *Salzwedel*, in: Erichsen, AVR, § 42 Rn. 8, spricht von einem seitens der Rechtswissenschaft allgemein anerkannten Rechtsinstitut zur Sonderrechtsstellung öffentlicher Sachen vergleichbar mit dem Folgenbeseitigungsanspruch; Insgesamt siehe die Darstellung bei *Germann*, AöR 128 (2003), 458, 466 ff., der Zweifel an den Einwänden gegen Gewohnheitsrecht hat, aaO 466.

705 *Ehlers*, NWVBl. 1993, 327, 329.

706 *OVG Münster*, NJW 1993, 2635, 2636; diese Gegenüberstellung schon bei *Germann*, AöR 128 (2003), 458, 466 mwN.

Gewohnheitsrecht handele. Würden nun gesetzliche Grundlagen gefordert, sei dies nur ein „Aufbäumen", wodurch das Gewohnheitsrecht noch nicht beseitigt worden sei.[707] Daher gilt es nun, die Voraussetzungen von Gewohnheitsrecht zu bestimmen und zu untersuchen, ob diese Voraussetzungen bei den öffentlichen Sachen bezüglich der traditionell angenommenen Widmungsfolgen erfüllt sind.

a) Voraussetzungen von Gewohnheitsrecht

Gewohnheitsrecht setzt eine von einer allgemeinen Rechtsüberzeugung (opinio iuris sive necessitatis) getragene lange Übung (longa consuetudo) voraus.[708] Diese Übung muss als Rechtssatz formulierbar sein.[709] Gerichtsentscheidungen haben zwar den größten Anteil an der Schaffung von Gewohnheitsrecht[710], das Gewohnheitsrecht „bezieht seine Geltung aber stets und nur aus einer allgemeinen Rechtsüberzeugung als Recht"[711]. Das subjektive Element genießt bei der Beurteilung, ob Gewohnheitsrecht vorliegt, Vorrang.[712]

Gewohnheitsrecht entwickelt sich in der Regel als Ergänzung zu geschriebenen Rechtsordnungen praeter legem, selten bildet es sich in kodifizierten Rechtsgebieten.[713] Zudem kann Gewohnheitsrecht spiegelbildlich zu seiner Entstehung wieder entfallen oder sich ändern.[714] Vorkonstitutionelles Gewohnheitsrecht gilt gemäß Art. 123 Abs. 1 GG weiter und kann dem Gesetzesvorbehalt genügen.[715] Es erlischt jedoch, wenn es mit höherrangigem Recht unvereinbar ist.

---

707 Vgl. *Wernecke*, AcP 195 (1995), 445, 466.

708 Statt vieler *OVG Münster*, DöV 1976, 677; ferner nur *Ossenbühl*, in: Isensee/Kirchhof, HStR V³, § 100 Rn. 57, 59; vgl. auch *Sachs*, in: Stern, Das Staatsrecht der BRD – Band III/2, § 80 S. 444; *Ehlers*, in: Erichsen/Ehlers, AVR, § 2 Rn. 60; *Schad*, in: Vondung, AVR, Kap. 2 Rn. 74; *Krebs/Becker*, JuS 2013, 97, 98.

709 *Ossenbühl*, in: Isensee/Kirchhof, HStR V³, § 100 Rn. 57; zu diesem „formalen Element" auch *Ehlers*, in: Erichsen/Ehlers, AVR, § 2 Rn. 60.

710 *Krebs/Becker*, JuS 2013, 97 mwN.

711 *Krebs/Becker*, aaO 98.

712 Vgl. *Krebs/Becker*, aaO mwN.

713 *Ehlers*, in: Erichsen/Ehlers, AVR, § 2 Rn. 61 mwN; ähnlich *Krebs/Becker*, aaO; vgl. auch *Ossenbühl*, in: Isensee/Kirchhof, HStR V³, § 100 Rn. 59, der auf die lückenfüllende und nur ergänzende Funktion hinweist.

714 *Krebs/Becker*, JuS 2013, 97, 102 f.

715 *Ehlers*, in: Erichsen/Ehlers, AVR, § 2 Rn. 61; ferner *Sachs*, in: Stern, Das Staatsrecht der BRD – Band III/2, § 80 S. 424, die Schrankenbestimmungsklausel des Art. 14 Abs. 1 S. 2 GG sei nach allgemeiner Auffassung mögliche Grundlage für erst zu erlassende einschlägige Gesetze. Die einschlägigen Übergangsbestimmungen verzichteten auf heutige Anforderungen entsprechende Eingriffsgrundlagen, aaO S. 437 mwN;

(1) Allgemeine Rechtsüberzeugung

Unabhängig von der Entwicklungsgeschichte der öffentlichen Sachen und ihres Rechtsstatus unter der jeweils sie regelnden Rechtsordnung[716] ist zu beobachten, dass in Rechtsprechung und Literatur bis zu den 1970er Jahren nahezu einhellig das Entstehen einer besonderen öffentlich-rechtlichen Sachherrschaft als Rechtsfolge einer jeden Widmung angenommen wurde.[717] Eine Differenzierung nach der Art der öffentlichen Sache fand gemeinhin nicht statt.[718] Seitdem ist man sich jedoch bezüglich der Rechtsfolgen einer Widmung im Allgemeinen uneins.[719] Ob dies nur „Gegenwind" ist oder aber die Voraussetzungen spiegelbildlich zum

---

ältere Rechtsnormen genügten dann als „Gesetz" im Sinne der Gesetzesvorbehalte, wenn sie den zu ihrer Entstehungszeit geltenden Normerzeugungsregeln entsprechend zustande gekommen seien, aaO S. 438 mwN. Dies alles gelte entsprechend für Gewohnheitsrecht, aaO S. 442. *Sachs* verweist in seinen Ausführungen auf Rechtsprechung des *BVerfG*, das vorkonstitutionelles Gewohnheitsrecht grundsätzlich als hinreichendes Gesetz im Sinne der Gesetzesvorbehalte anerkenne, so BVerfGE 9, 338, 343; 15, 226, 233 f.; 60, 215, 229 f. Die aufgeführten Entscheidungen beziehen sich jedoch jeweils auf Art. 12 GG.

716 Ausführungen zur Historie bei *Maunz*, Sachenrecht, S. 79 ff., *Stern*, VVDStRL 21 (1964), 183, 185 ff.; *Germann*, AöR 128 (2003), 458, 466 f.; *Schmidt-Jortzig*, NVwZ 1987, 1025, 1026; zur Erwähnung im ersten Entwurf des BGB, dass eine Nutzung gewidmeter Sachen im „gemeinen Gebrauch" durch Rechtsgeschäfte oder Rechtshandlungen nicht gehindert oder beschränkt werden dürfe, siehe die Nachweise bei *Wernecke*, AcP 195 (1995), 445, 457, die diesen Umstand als Ausdruck einer damaligen allgemeinen Rechtsüberzeugung ansieht. Da aber nur der „gemeine Gebrauch" erwähnt wird, ließe sich dem entgegenhalten, dass sich diese Überzeugung nur auf Straßen, Wege und Gewässer bezog.

717 Vgl. *Ehlers*, NWVBl. 1993, 327, 329 zur Entwicklung der allgemeinen Rechtsüberzeugung vereinzelt mwN; dazu sowie zu den ersten „Widersachern" *OVG Münster*, NJW 1993, 2635.

718 Nach *Axer*, Die Widmung als Schlüsselbegriff des Rechts der öffentlichen Sachen, S. 163, sei eine besondere öffentliche Sachherrschaft als Widmungsfolge in der historischen Entwicklung des Rechts der öffentlichen Sachen nur für Straßen, Brücken, Festungswerke, Gewässer und die res sacrae angenommen worden.

719 Siehe insgesamt die Nachweise zur traditionellen Lehre und deren Gegner in Fn. 163, 173; zu den Widersachern und Befürwortern der traditionellen Annahmen siehe auch *Germann*, AöR 128 (2003), 458, 464 f., insbesondere aaO Fn. 21; materielle Widmungsfolgen in neuerer Zeit ablehnend vgl. z. B. *VGH München*, NVwZ-RR 2014, 217, 218.

Entstehen des Gewohnheitsrechts schon entfallen sind[720], ist fraglich. Es bedarf daher insbesondere der Betrachtung der gerichtlichen Praxis, ob gegenwärtig noch „nicht gesetzliche" Sicherungsinstrumente aus einer Widmung resultieren. Denn einerseits ist die Bildung einer allgemeinen Rechtsüberzeugung in Zeiten einer immer weiteren Pluralisierung ohnehin schwierig[721], andererseits ist die gerichtliche Praxis für die Indikation von Gewohnheitsrecht gewichtiger.[722]

(2) Lange Übung der betreffenden allgemeinen Rechtsüberzeugung

Es wird unterschiedlich beurteilt, ab welchem Zeitraum eine „lange Übung" vorliegt. Häufig werden 30 Jahre angenommen.[723] Teilweise wird davon ausgegangen, dass es gar keiner bestimmten zeitlichen Dauer bedarf.[724] Es wird auch vertreten, dass es auf den jeweiligen Gewohnheitsrechtssatz ankommt, da der einschlägige Lebenssachverhalt hinsichtlich der erforderlichen langen Übung ins Verhältnis gesetzt werden müsse zu den tatsächlich zu entscheidenden Fällen.[725] Aufgrund der langen Tradition öffentlicher Sachen kann vorliegend offen bleiben, wie lange die traditionellen Lehren auch tatsächlich praktiziert wurden. Allenfalls könnte spiegelbildlich ein bestimmter Zeitraum gegen ein Gewohnheitsrecht Relevanz entfalten.

Im Folgenden werden Fallkonstellationen untersucht[726], in denen der Widmung respektive dem widmungsgemäßen Gebrauch an einer öffentlichen Sache

---

720 Es läge dann ein Entfall mangels Einheitlichkeit vor, wenn sich eine neue h.M. in die andere Richtung gebildet hätte, siehe *Krebs/Becker*, JuS 2013, 97, 102. Die allgemeine Rechtsüberzeugung als subjektives Element wäre entfallen; Dafür *Ehlers*, NWVBl. 1993, 327, 329.

721 *Ossenbühl*, in: Isensee/Kirchhof, HStR V^3, § 100 Rn. 59.

722 Vgl. *Krebs/Becker*, JuS 2013, 97 mwN.

723 Siehe *Krebs/Becker*, aaO 100 mwN, da es die längste Fristenregelung sei, die das deutsche Recht kenne.

724 Siehe *OVG Münster*, DöV 1976, 677.

725 So in Anlehnung an den Analyse-Vorschlag von *Germann*, AöR 128 (2003), 458, 469.

726 Ausführungen zur praktischen Übung macht u.a. *Ehlers*, NWVBl. 1993, 327 ff., der ohne weiteren Nachweis im Rahmen des *Stadtsiegelfalls* das Siegel durch „konkludente Widmung auf gewohnheitsrechtlicher Grundlage" als öffentliche Sache ansieht, aaO 331. Ein Gewohnheitsrecht bestehe mangels allgemeiner Rechtsüberzeugung heute aber nicht mehr, aaO 329; ferner *Germann*, AöR 128 (2003), 458, 466 ff.; *Wernecke*, AcP 195 (1995), 445, 456 ff.; *Axer*, Die Widmung als Schlüsselbegriff des Rechts der öffentlichen Sachen, S. 162 ff., lehnt sowohl Praxis als auch allgemeine Rechtsüberzeugung im Allgemeinen ab, res sacrae genössen aber eine „öffentlich-rechtliche Sonderstellung", aaO S. 163, 209; allgemein ein Gewohnheitsrecht ablehnend statt

Vorrang eingeräumt worden ist vor der Ausübung privater Rechte. Dies ist relevant in Fällen, in denen die Ausübung der Rechte anderer mit dem widmungsgemäßen Gebrauch kollidiert. Eine differenzierte Darstellung nach Bundesländern muss mangels praktischen Materials unterbleiben.[727] Da gerade „nicht gesetzliche“ Sicherungsmittel untersucht werden, bleibt eine gerichtliche Praxis bezüglich zumindest gegenwärtig gesetzlich geregelter öffentlicher Sachen außen vor.[728]

Die Untersuchung erfolgt chronologisch.

(a) Relevante Gerichtsentscheidungen

In einer Entscheidung des **Reichsgerichts** aus dem Jahre **1883 (Hamburger Siel)** war fraglich, ob der Käufer eines Grundstücks dazu verpflichtet ist, ein darunter durchgeführtes öffentliches Siel zu dulden.[729]

Der Kläger forderte in der Klage die Entfernung des Siels von seinem erstandenen Grundstück und stützte sich dabei auf § 71 des Hamburgischen Gesetzes über Grundeigentum und Hypotheken vom 4. Dezember 1868. Nach dieser Vorschrift hätte die dingliche Belastung mit einem Siel beim Verkauftermin protokolliert werden müssen, was versäumt wurde. Fraglich war dann, ob ein solches Unterlassen den Verlust des öffentlichen Siels zur Folge hatte.[730] Das Reichsgericht urteilte, dass das Recht des Gemeingebrauchs nicht nach den Bestimmungen des Privatrechts erlösche.[731] Wenn die öffentlichen Anlagen auf rechtmäßige Weise entstanden seien, dann habe das auch in Hamburg geltende

---

aller *OVG Münster*, NJW 1993, 2635, 2636 sowie *Stelkens*, Die Verwaltung 46 (2013), 493, 503 f.

727 Diese wäre aufgrund der auf S. 31 ff. auch festgestellten Länderkompetenz erforderlich, so in anderem Zusammenhang auch *Oebbecke*, DVBl. 1981, 960, 964, Entstehung und Geltung des Gewohnheitsrechts seien an die verfassungsrechtlichen Gesetzgebungszuständigkeiten gebunden. Eine solche Differenzierung wird im Allgemeinen bei den öffentlichen Sachen nicht vorgenommen.

728 Kritisch zur Bildung von Gewohnheitsrecht in kodifizierten Rechtsgebieten auch *Oebbecke*, DVBl. 1981, 960, 964 mwN; vgl. zu Lösung von Nutzungskonflikten im geregelten Straßenrecht nur *VG München*, Urt. v. 26.10.2010 - M 2 K 10.2006 -, BeckRS 2010, 36367, bei Konkurrenz von privatem Eigentum und öffentlicher Sachherrschaft sei zu Lasten des Privatrechts zu lösen, aaO Druckversion S. 7; ferner *VG Augsburg*, Urt. v. 12.09.2012 - Au 6 K 12.463 -, BeckRS 2012, 57768, insbesondere Rn. 25 ff., zur Widmung als Besitzrecht gegen einen Anspruch aus § 985 BGB.

729 Siehe RGZ 8, 152 ff.

730 Siehe genauere Ausführungen in RGZ 8, 152, 153.

731 RGZ 8, 152, 158.

gemeine Recht diese gegen die beschränkenden Bestimmungen des Privatrechts sichergestellt.[732] Entscheidungsgrundlage waren neben dem gemeinen Recht auch römische Rechtsgrundlagen.[733] Den Gemeingebrauch ausschließende privatrechtliche Verträge seien demnach ungültig.[734]

In **RGZ 12, 280** beanspruchte der Kläger von der beklagten Kirchengemeinde, seinen Sohn auf deren Kirchhof bestatten zu dürfen, nachdem er die Leiche seines im Duell getöteten Sohnes provisorisch auf einem auswärtigen Kirchhof hatte beerdigen lassen.[735] Das Reichsgericht gab der Klage statt.[736] Kirchhöfe und Begräbnisplätze seien Teil des Kirchenvermögens. Jeder „eingepfarrte" habe als Teil der Kirchengesellschaft ein Recht auf die bestimmungsgemäße Benutzung des derselben gehörigen Kirchhofes für sich und seine Familienmitglieder.[737]

Dieser Fall beinhaltet zwar eher Benutzungsansprüche für Kirchenmitglieder. Jedoch zeigt er auf, dass der Inhaber der öffentlichen Sachherrschaft sich nicht stets absolut gegen (Benutzungs-)Ansprüche Dritter durchsetzen kann.

Im **Reichsgerichtsurteil vom 18. Februar 1888** ging es um die Ersitzungsfähigkeit eines Kirchhofes nach preußischem Recht.[738] In diesem Zusammenhang wurde festgestellt, dass Kirchhöfe, solange und soweit sie dem Zweck dienen, zu welchem sie gewidmet wurden, dem gemeinen Verkehr entzogen und folglich einer Ersitzung unzugänglich sind.[739] Aufgrund der Anordnung im PrALR, dass Friedhöfe dem allgemeinen Verkehr entzogen sind, wurde der dann richtige Schluss gezogen, dass Friedhöfe nicht ersessen werden können. Die Entscheidung wurde auf damals geschriebenes Recht gestützt.

---

732 RGZ 8, 152, 157.

733 Es wird ein Vergleich hergestellt zur sog. *cloaca publica*, die denselben Zwecken in Rom gedient habe, wie das öffentliche Siel in Hamburg. Nach einem entsprechenden Interdikt zum Schutz eines solchen *locus publicus* seien alle öffentlichen Anlagen, soweit sie dem Gemeingebrauch dienten, von dem Rechte eximiert, das für den Nutzen der Einzelnen als solcher bestimmt ist, RGZ 8, 152, 157 f. mwN.

734 Vgl. RGZ 8, 152, 157 mwN.

735 RGZ 12, 280.

736 Nachdem die Vorinstanzen das Recht als erloschen ansahen oder gar der Zivilrechtsweg als der einschlägige erachtet worden war, siehe RGZ 12, 280.

737 RGZ 12, 280, 282.

738 Konkret geht es um einen Streit zwischen Kirchengemeinde und Stadt um Anerkennung ausschließlichen Eigentums an den Fußwegen des Kirchplatzes zugunsten der Kirchengemeinde, deren öffentlichen Charakter die Stadt festgestellt wissen will, vgl. Beiträge zur Erläuterung des deutschen Rechts, Jg. 33 = 4. F. Jg. 3, 1889, S. 107 f.

739 So das *Reichsgericht*, aaO.

In **RGZ 27, 255** war fraglich, ob ein Kirchengrundstück durch Ersitzung erworben werden kann.[740] Eine Kirchengemeinde klagte gegen eine Samtgemeinde auf Unterlassung, da diese sich seit 1873 mehrfach das auf dem Kirchhof wachsende Gras angeeignet hatte und auch dort wachsende Bäume fällen und verkaufen ließ. Es war zu klären, ob die beklagte Samtgemeinde den Kirchhof durch „ungewöhnliche [sic!] Verjährung" erworben hatte. Das Reichsgericht führte aus, dass nach preußischem Recht die Kirchhöfe zu den dem Verkehr entzogenen Sachen gehörten. An solchen Sachen sei aber noch Privateigentum möglich.[741] Eine dem Verkehr entzogene Sache könne nicht durch Verjährung erworben werden. Eine Ersitzung sei nur mit der Belastung des Grundstücks als Kirchhof zugunsten der Kirchengemeinde möglich.[742] Gegenüber der Kirchengemeinde als Eigentümerin müsse daher die Eigentumsersitzung als unzulässig erachtet werden.[743] Die Verkehrsbeschränkung des Kirchhofes erstrecke sich nicht nur auf die Flächen, die zur Anlegung von Gräbern bestimmt seien, sondern auf alle Teile des Kirchhofes.[744] Der öffentlichen Sachherrschaft wurde somit Vorrang vor dem Privatrecht eingeräumt: Ein Eigentumserwerb sei ausgeschlossen hinsichtlich solcher rechtlicher Positionen, die den öffentlichen Zweck gefährden. Rechtsgrundlage des Urteils war **§ 581 ALR I. 9**, wonach eine Sache, die durch Gesetz dem Verkehr entzogen war, nicht durch Verjährung erworben werden konnte. Die Norm wurde auch auf die Ersitzung angewandt. Diese Entscheidung beruht ebenfalls auf gesetzlichen Grundlagen, wenngleich das Urteil im Einzelfall unverständlich ist.[745]

Auch in **RGZ 31, 217** dienten Bestimmungen des PrALR mittelbar zur Lösung des Falles. Gegenstand des Verfahrens war der Eigentumserwerb an einem zum öffentlichen Gottesdienst gewidmeten Kirchengebäude. Für die Kirchengemeinde war das Kirchengebäude aufgrund der Nutzung für den katholischen Gottesdienst ein Gotteshaus, für den Eigentümer war dieses Gebäude

---

740 RGZ 27, 255.

741 RGZ 27, 255, 256 mwN.

742 Vgl. RGZ 27, 255, 256 f.

743 Vgl. RGZ 27, 255, 257.

744 Siehe RGZ 27, 255, 258 mwN.

745 Wenn Sinn und Zweck des öffentlichen Sachenrechts doch die widmungsgemäße Nutzung von öffentlichen Sachen ist, stellt sich die Frage, inwiefern das Aneignen des abgemähten Rasens und der Verkauf von gefälltem Holz das Bestatten, die Totenruhe oder den Zugang zu den Gräbern beeinträchtigen. Es scheinen wirtschaftliche Interessen im Vordergrund gestanden zu haben und die Konstruktionen des öffentlichen Sachenrechts für diese Zwecke instrumentalisiert worden zu sein.

eine Privatkapelle, die zum von ihm erworbenen Rittergut gehörte und nur gelegentlich zum öffentlichen Gottesdienst benutzt worden sei. Die Kirchengemeinde verlangte die Kirchenschlüssel heraus, die sich im Besitz des Beklagten befanden.[746] Das Reichsgericht urteilte, dass nach **§ 170 ALR II. 11** Kirchengebäude ausschließlich im Eigentum der Kirchengesellschaft stünden, zu deren Gebrauch sie bestimmt seien. Nach **§ 183** gelte das auch für die dazugehörigen Kirchhöfe (Begräbnisplätze). Damit sei aber nur ausgesprochen, was als Regel gelte. Es sei nicht zu bezweifeln, dass auch Kirchengebäude im Eigentum Privater stehen könnten. Die **§§ 14, 15 ALR I.4,** die dem Gottesdienst gewidmete Gegenstände zu den durch Gesetz vom Verkehr entzogenen Sachen zählten, regelten keine absolute Verkehrsunfähigkeit.[747] Kirchengebäude nebst Zubehör seien somit privatrechtsfähig, deren Zweckbestimmungen dürften aber nicht durch Privatverfügungen beeinträchtigt werden.[748] Die Kirche konnte daher durch einen Wechsel des privatrechtlichen Eigentümers nicht ihrer Bestimmung entzogen werden. Der Eigentümer war somit nicht befugt, die klagende Kirchengemeinde durch Vorenthalten der Schlüssel am gottesdienstlichen Gebrauch zu hindern.[749]

Im **Kriegsschifffall**[750] urteilte das Reichsgericht: „Die Kriegsschiffe dürfen im Staatsinteresse ihrer Aufgabe, der Verteidigung des Reiches und dem Schutze seiner Seeinteressen zu dienen, nicht entzogen werden".[751] In diesem Vollstreckungsschutz ist ein Sicherungsmittel zur Gewährleistung des widmungsgemäßen Gebrauchs zu sehen.[752]

Im **Urteil des BGH vom 26.10.1960 (Fotografenfall)**[753] ging es zwar nicht um die Frage, ob sich eine durch Widmung begründete öffentliche Sachherrschaft gegen divergierende Privatrechte eines Dritten durchsetzt. Es ging primär um den Anspruch eines Bürgers auf Zugang zu einem Rathaus. In diesem Zusammenhang stellte der BGH aber klar, dass grundsätzlich auch ein öffentlicher Sachherr, der zugleich Eigentümer einer öffentlichen Sache ist, seine Eigentumsrechte nur insoweit ausüben darf, dass der öffentliche Zweck nicht behindert wird.[754]

---

746 Siehe RGZ 31, 217, 218.

747 Vgl. RGZ 31, 217, 220.

748 Vgl. RGZ 31, 217, 220.

749 Siehe RGZ 31, 217, 221.

750 RGZ 72, 347, siehe bereits 1.A.I.

751 RGZ 72, 347, 352.

752 Nunmehr griffe wohl § 882a ZPO, siehe 3.C.II.1.

753 Dazu insgesamt NJW 1961, 308 f.

754 Eine Behörde dürfe niemanden kraft Eigentums bei einer Inanspruchnahme behindern, die der öffentlichen Zweckbestimmung entspreche. Das Eigentumsrecht trete

Der widmungsgemäße Gebrauch schließt also die Ausübung privater Rechte aus, soweit diese einer widmungsgemäßen Nutzung zuwider laufen. Dabei ist ohne Belang, ob der Inhaber des privaten Rechts der öffentliche Sachherr selbst ist oder ein Dritter.

Im **Urteil des BayObLG vom 6.4.1967 (Sakristeifall)** war zu entscheiden, ob eine Sakristei, die sich nunmehr im Haus eines privatrechtlichen Eigentümers befand, auch weiterhin von der Glaubensgemeinschaft als solche genutzt werden durfte.[755] Zwischen dem Kläger und der Stadt als Verkäufer wurde im notariellen Kaufvertrag eine Grunddienstbarkeit vereinbart, dass der jeweilige Eigentümer des mit der Kirche bebauten, angrenzenden Grundstücks dauerhaft berechtigt sei, die Kapelle auf dem verkauften Grundstück zu belassen und zu benutzen.[756] Nachdem die Finanzmittelstelle des Freistaats Bayern eine monatliche Entschädigungsleistung in Höhe von 300 Euro für die Überlassung der Kapelle abwies, verlangte der Kläger Räumung und Herausgabe der Kapelle nach § 985 BGB.[757]

Während das Landgericht die Klage deshalb abwies, weil eine schuldrechtliche Verpflichtung zur Duldung der Kapellennutzung zwischen den Grundstückseigentümern ausgemacht worden sei[758], wurde auch die Berufung in zweiter Instanz vom Oberlandesgericht zurückgewiesen. Jedoch mit der Begründung, die

---

hinter diese Zweckbindung zurück, siehe *BGH*, aaO 308. Ein gewerblicher Fotograf wehrte sich gegen ein gegen ihn auf Grundlage des Eigentumsrechts verhängtes Betretungsverbot, das sich auf ein Rathaus sowie dem Rathausvorplatz bezog. Im konkreten Einzelfall wurde das Betretungsverbot als rechtens erachtet, da der Fotograf offensiv Werbung in eigener Sache machte und gerade beendete Hochzeitszeremonien störte, vgl. aaO 309.

755 Siehe dazu BayObLGZ 1967, 93 ff.; Dieses Haus bildete früher zusammen mit den angrenzenden Grundstücken ein Kollegiatstift, das 1803 säkularisiert wurde und in das Eigentum des Staates Bayern überging. Das Haus des Klägers wurde bereits 1806 verkauft. Über mehrere Eigentümer, zuletzt die Stadt der Belegenheit des Hauses, erlangte der Kläger das Anwesen im Jahre 1956. Im erworbenen Haus befand sich die Kapelle, die sich über zwei Stockwerke dieses Hauses erstreckt und unter einem Dach mit dem erworbenen Haus vereinigt ist. Sie diente etwa seit dem 12. Jahrhundert als Sakristei, auch über die Säkularisierung des Hauses hinaus, und war nur von der angrenzenden Kirche zu betreten, siehe insgesamt aaO 93.

756 Über Art und Ausmaß der Nutzung der Dienstbarkeit wurde vereinbart, dass sich die beiden Eigentümer der betroffenen Grundstücke einigen müssten, vgl. aaO 94.

757 Siehe zu den näheren Umständen BayObLGZ 1967, 93, 94 f.

758 Auf die eingeräumte Grunddienstbarkeit von der Stadt als Veräußerer und dem Kläger als Erwerber hatte der Freistaat Bayern als Eigentümer des angrenzenden, mit der Kirche bebauten Grundstücks verzichtet. Es bestehe aber noch eine Duldungspflicht aus § 1004 Abs. 2 BGB, aaO 96.

Kapelle sei eine res sacra.[759] Das BayObLG stimmte dieser Begründung zu. Der Umstand, dass die Kapelle eine res sacra sei, „gebe dem Beklagten ein Recht zum Besitz der Kapelle, das er nach § 986 BGB dem auf das Eigentum gestützten Herausgabeverlangen des Klägers (§ 985 BGB) entgegensetzen könne“[760]. Mit den herkömmlichen Anschauungsweisen des öffentlichen Sachenrechts sei den res sacrae aber nicht befriedigend beizukommen. Im Wesentlichen seien auf diese noch die Rechtssätze des bis zum 1.1.1900 geltenden Landesrechts anwendbar.[761] Im somit maßgeblichen gemeinen Recht habe „sich im Anschluß an die Regeln des römischen Rechts über die res sacrae ein Gewohnheitsrecht gebildet, nach dem jede Profanierung in der Verwendung der res sacrae ausgeschlossen ist.“[762] Die res sacrae seien demnach wie die öffentlichen Sachen überhaupt vermöge ihrer Verwendungsgebundenheit dem allgemeinen privaten Rechtsverkehr weitgehend entzogen.[763] Aufgrund der fortdauernden Benediktion der Kapelle griffen diese Grundsätze,[764] sodass die Benutzung der Kapelle zu gottesdienstlichen Zwecken auch weiterhin geduldet werden müsse.[765]

In dieser Entscheidung wurden „nicht gesetzliche“ Sicherungsmittel anerkannt. Offengelassen wurde eine Lösung für den Fall der Gutgläubigkeit des Erwerbers.[766]

---

759 Die Kapelle sei ebenso wie die Kirche dem öffentlichen Gebrauch zu gottesdienstlichen Zwecken gewidmet worden, und zwar vom bayerischen Staat in der Zeit, als dieser noch Eigentümer beider Grundstücke war. Ohnehin bestehe die schuldrechtliche Verpflichtung zur Duldung der Kapellennutzung. Dass es nicht zu einer Eintragung der dinglichen Sicherung in Gestalt der Grunddienstbarkeit gekommen sei, sei unbedeutend, vgl. BayObLGZ 1967, 93, 96.

760 Siehe aaO 97.

761 Vgl. *BayObLG*, aaO 98.

762 So das *BayObLG*, aaO 98 mwN, wobei man einen gewohnheitsrechtlichen Nachweis nicht führt. Im Belegenheitsort der fraglichen Grundstücke galt bis zum 1.1.1900 das Augsburger Stadtrecht, subsidiär das gemeine Recht. Mangels Ausführungen zu den res sacrae im Augsburger Stadtrecht sei das gemeine Recht maßgeblich.

763 *BayObLG*, aaO 98 f. mwN.

764 Vgl. *BayObLG*, aaO 100, daher sei auch die Eintragung einer Grunddienstbarkeit ohnehin nicht erforderlich, aaO 101.

765 *BayObLG*, aaO 103.

766 Vgl. BayObLGZ 1967, 93, 103. In voller Konformität mit dem Recht der öffentlichen Sachen ist eine Gutgläubigkeit des Erwerbers für die öffentliche Sache ohnehin unschädlich. Ein Offenlassen der Frage ist deshalb unverständlich.

Im dem Urteil des **BGH vom 25.4.1969**[767] **(Notwegfall)** zugrunde liegenden Fall begehrte die Klägerin die Benutzung einer öffentlichen Sache. Die beklagte Stadtgemeinde sollte das Überfahren ihres für die Feuerwehr gewidmeten Grundstücks in Ausübung eines Notwegerechts dulden. Es wurde eine öffentlich-rechtliche Streitigkeit angenommen und somit der Verwaltungsrechtsweg als einschlägig erachtet, weil die „Widmung des Feuerwehrgrundstückes zur Ausübung hoheitlicher Tätigkeit" die öffentliche Sache unter die Herrschaft des öffentlichen Rechts treten lasse.[768]

Für das OVG Münster eignet sich diese Entscheidung im Zusammenhang des *Stadtsiegelfalls* nicht für einen Nachweis von Gewohnheitsrecht, da weder das Eigentum am Feuerwehrgelände noch die auf diesem Grundstück tatsächlich entfaltete hoheitliche Betätigung in Frage stünden, sondern es darum ginge, in welchem Umfang und in welcher Form das Notwegerecht nach § 917 BGB unter Wahrung der Aufgabenerfüllung durchgesetzt werden könne.[769] Der BGH stellte aber fest, dass mit der Geltendmachung des Notwegerechts die Klägerin die Benutzung einer öffentlichen Sache erstrebe und führte dazu aus, dass sich die Widmung abwehrend auswirke und die öffentliche Sache gegen Beeinträchtigungen sicherstelle.[770] Es ist zwar die Rechtsauffassung erkennbar, dass sich die öffentliche Sachherrschaft abwehrend gegen Privatrechte Dritter durchsetzen würde. Als Nachweis für eine gerichtliche Praxis kann die Entscheidung aber nicht dienen, da materiell-rechtlich nichts entschieden wurde.[771]

Im sog. **Rathausfall**[772] entschied das Bundesverwaltungsgericht, dass die Eigenschaft einer öffentlichen Sache im Verwaltungsgebrauch einem Anspruch aus ungerechtfertigter Bereicherung mangels gesetzlicher Anordnung nicht entgegengehalten werden kann.[773]

Im **Rechtsstreit um die St. Salvator Kirche** ging es darum, ob der Eigentümer einer Kirche Herausgabe derselben von einer Glaubensgemeinschaft verlangen kann, um diese Kirche für eine andere Glaubensgemeinschaft nutzbar machen zu können. Der Freistaat Bayern verlangte von der beklagten Griechischen

767 NJW 1969, 1437.
768 *BGH*, aaO.
769 So *OVG Münster*, NJW 1993, 2635, 2636; a.A. *Germann*, AöR 128 (2003), 458, 468.
770 *BGH*, NJW 1969, 1437.
771 Somit ist dem *OVG Münster*, NJW 1993, 2635, 2636, im Ergebnis zuzustimmen.
772 Ausführlicher dazu siehe 1.A.II.
773 *BVerwG*, NJW 1980, 2538, 2540.

Kirchengemeinde München und Bayern e.V., die Widmung der St. Salvatorkirche in München für den griechisch-orthodoxen Gottesdienst aufzuheben.[774]

Etwaige Sicherungsansprüche der Beklagten hinsichtlich des bisherigen widmungsgemäßen Gebrauchs des Kirchengebäudes wurden im konkreten Einzelfall abgewiesen. Gemessen wurde der Sachverhalt allerdings am Verfassungsrecht und nicht am öffentlichen Sachenrecht. Für das Bundesverfassungsgericht sind die angegriffenen Entscheidungen[775] mit der Kirchengutsgarantie aus Art. 140 GG i.V.m. Art. 138 Abs. 2 WRV vereinbar. Der Widerruf der Gebrauchsüberlassung greife nicht in Kirchengut ein, wie es von Art. 138 Abs. 2 WRV gewährleistet werde. Entscheidend war vorliegend, dass das mit einem Subventionsverhältnis vergleichbare Nutzungsrecht von vornherein mit einem Widerruf belastet war. Dieser sei wirksam seitens des Freistaats Bayern ausgeübt worden, damit die St. Salvator Kirche wieder gemäß dem Widmungszweck[776] gebraucht werden konnte.

Der Fall um die St. Salvator Kirche ist primär hilfreich für die Bestimmung von Inhalt und Reichweite der Kirchengutsgarantie nach Art. 140 GG i.V.m. Art. 138 Abs. 2 WRV.[777] Auf Sicherungsinstrumente nach öffentlichem

---

774 So und siehe zum ausführlichen Sachverhalt NVwZ 1991, 774 ff., dort wiedergegeben das Urteil des *BVerwG* vom 15.11.1990 - 7 C 9/89 (München) -, siehe umfassende Sachverhaltsschilderung in NVwZ 1999, 753. Dem liegt folgender Verfahrensgang zugrunde: *VG München,* 12.12.1984 - M 4562 VII 83 -; *VGH Bayern,* 06.05.1987 - 7 B 85 A.385 -; *BVerwG,* 15.11.1990 - 7 C 9.89 -; *VGH Bayern,* 25.10.1995 - 7 B 90.3798 -; *BVerwG,* 29.05.1996 - 7 B 43.96 -; *VerfGH Bayern,* 29.08.1996 - 77-VI-96 -; *BVerfG,* 13.02.1997 2BvR 1275/96 -; *BVerfG,* 05.02.1998 - 2BvR 1275/96 -; *BVerfG,* 13.10.1998 2BvR 1275/96 -; *EGMR,* 18.09.2007 - 52336/99 -.

775 Im Rechtsstreit um die St. Salvator Kirche entschied der *VGH München,* NVwZ 1996, 1120, dass die Kirche an den Freistaat Bayern herauszugeben sei. Daraufhin erhob der Beschwerdeführer Verfassungsbeschwerde.

776 Maßgebend sei dafür der Stifterwille im Zeitpunkt der erstmaligen Überlassung der Kirche an der griechisch-orthodoxen Autokephalen Kirche Griechenlands im Jahre 1833. Ludwig I. habe die Münchener griechisch-orthodoxe Kirchengemeinde als Auslandsgemeinde der Kirche von Hellas privilegieren wollen. Deren Förderung stand im Zusammenhang mit dem außenpolitischen Engagement Ludwig II. im Freiheitskampf der Griechen gegen das Osmanische Reich. Seit den 1970er Jahren wurde die St. Salvator Kirche von einer Abspaltung der ursprünglich geförderten Glaubensgemeinschaft benutzt, da sich der die Kirche nutzende Verein der abgespalteten Glaubensrichtung angeschlossen hatte. Zu weiteren Ausführungen siehe BVerfGE 99, 100, 124 ff. sowie NVwZ 1999, 753, 754 f.

777 Für das *OVG Münster* ist der Fall zur Ergründung eines Gewohnheitsrechts mit untersuchtem Gegenstand deshalb nicht weiterführend, da eben Art. 140 GG i.V.m.

Sachenrecht wurde letztinstanzlich nicht mehr eingegangen. Gegen die Anwendung der traditionellen Grundsätze würde auch sprechen, dass der Freistaat Bayern als Privateigentümer Herausgabe der res sacra verlangte. Zudem dürfte auch fraglich gewesen sein, ob der beklagten Kirchengemeinde der Schutz des öffentlichen Sachenrechts überhaupt zusteht.[778]

Im **Hamburger Stadtsiegelfall** wurde der Stadt Hamburg im Ergebnis ein Herausgabeanspruch nach öffentlichem Sachenrecht versagt.[779] Das VG Köln hatte einen Herausgabeanspruch angenommen, und zwar als Annex zum widmungsgemäßen Gebrauch.[780] Das OVG Münster urteilte, dass mangels einschlägiger Rechtssätze dem gutgläubigen Erwerber einer Sache keine öffentlich-rechtliche Sachherrschaft entgegengehalten werden könne.[781]

Im **Beschluss des BayVGH vom 16.07.1993 (Bahnfall)** war Gegenstand des Verfahrens das Begehren der Kläger, die Beklagte zur Beseitigung eines über das Grundstück der Kläger verlaufenden Bahngleises zu verpflichten. Klage und Berufung blieben erfolglos.[782] Die Kläger könnten die Beseitigung des Gleises nicht verlangen, da sie es dulden müssten. Dem von den Klägern erhobenen Beseitigungsanspruch stehe die Eigenschaft des in Rede stehenden Gleises als öffentliche Sache entgegen.[783] Das Gleis sei durch die im Planfeststellungsbeschluss liegende Widmung und nachfolgende Indienststellung zur öffentlichen Sache

---

Art. 138 Abs. 2 WRV bei der Lösung eine Rolle spielten, vgl. NJW 1993, 2635, 2636. In der Vorinstanz wurde aber noch von einem Besitzrecht durch die Eigenschaft als res sacra ausgegangen, die einem Herausgabeanspruch des Eigentümers entgegen stehe, siehe aaO sowie dazu vorinstanzlich *BayOblG*, BayVBl. 1981, 438, 439 f.; einen Entwidmungsanspruch auf Grundlage des vereinbarten Widerrufsvorbehalts annehmend *BayVGH*, BayVBl. 1987, 720, 721.

778 Die beklagte Glaubensgemeinschaft „der Griechischen Kirchengemeinde München und Bayern e.V." hat keinen Körperschaftsstatus im Sinne des Art. 137 Abs. 5 WRV. Zu dem umstrittenen Problem, welche Gegenstände welcher Glaubensgemeinschaft als res sacrae im Sinne des öffentlichen Sachenrechts angesehen werden, siehe Kapitel 5.

779 Zum *Stadsiegelfall* insgesamt *OVG Münster*, NJW 1993, 2635 ff.; die Entscheidung ist auch wiedergegeben in NWVBl. 1993, 348 ff., sowie in DöV 1993, 869 ff. Siehe in dieser Arbeit auch schon 1.A.III.

780 Siehe *VG Köln*, NJW 1991, 2584 ff. sowie NWVBl. 1991, 425.

781 *OVG Münster*, NJW 1993, Leitsatz 2635.

782 *BayVGH*, BayVBl. 1994, 441; Zu diesem Fall als gewohnheitsrechtlichen Nachweis siehe *Germann*, AöR 128 (2003), 458, 468.

783 *BayVGH*, aaO 441.

geworden.[784] Eine erfolgte Zustimmung des Eigentümers zur Widmung der öffentlichen Sache sei unwiderruflich.[785] Insbesondere sei trotz des Mangels einer ausdrücklichen gesetzlichen Regelung im Bundesbahngesetz eine Widmung zu einer öffentlichen Sache im Eisenbahnverkehrsrecht nicht ausgeschlossen. Die Widmung sei formlos möglich und könne in einem Planfeststellungsbeschluss enthalten sein.[786] Die Dinglichkeit des Widmungsakts wirke ferner auch gegen den Rechtsnachfolger, einen gutgläubigen lastenfreien Erwerb gebe es nicht.[787]

Eine besondere öffentliche Sachherrschaft als Widmungsfolge wurde somit anerkannt, obwohl keine gesetzliche Grundlage diese Widmungsfolge und die sie sichernden Instrumente im Eisenbahnrecht vorschreibt. Es erfolgen Vergleiche mit dem Straßenrecht, obgleich dieses im Gegensatz zum Eisenbahnverkehrsrecht Regelungen zu den benannten Widmungsfolgen enthält.[788]

Eine andere Rechtsauffassung hatte das VG Berlin in seinem **Urteil vom 19.4.1995 (Rheinsteinbogenfall)**.[789] Die aus der früheren Reichsdruckerei hervorgegangene Klägerin begehrte von der Beklagten die Herausgabe von zwei ungummierten Druckbögen von 10 mal 5 Briefmarken.[790] Für das VG Berlin war die erhobene allgemeine Leistungsklage auf Herausgabe unbegründet.

Die Beklagte sei Eigentümerin der streitbefangenen Bögen durch Ersitzung geworden und überdies gutgläubig gewesen. Ferner hindere ein etwaiges Abhandenkommen im Sinne von § 935 Abs. 1 BGB einen Eigentumserwerb

---

784 *BayVGH*, BayVBl. 1994, 441 mwN.

785 So *BayVGH*, aaO 442 mwN auf straßenrechtliche Literatur.

786 *BayVGH*, aaO 441 mwN.

787 *BayVGH*, aaO 442, jeweils mwN.

788 Auch die vom *BayVGH* vorgebrachten Verweise auf Rechtsprechung des Bundesverwaltungsgerichts sind nur bedingt tragfähig, siehe dazu BayVBl. 1994, 441, 442. Im Urteil des *BVerwG*, NJW 1962, 552 ff., werden die Schienenwege der Bundesbahn ausdrücklich als öffentliche Sache bezeichnet, die für den Eisenbahnbetrieb gewidmet sind und eine Sonderstellung genießen. Als Begründung wird angeführt, dass dies schon nach den Reichsbahngesetzen so gewesen sei, aaO 554 mwN; in BVerwGE 81, 111 ff., ist zwar von gewidmeten Bahnanlagen durch förmlichen Planfeststellungsbeschluss die Rede, siehe aaO 111, 113, 115. Auch spricht das *BVerwG* vom „speziellen Charakter einer Bahnanlage“, aaO 117, sowie dem „besonderen rechtlichen Charakter einer Bahnanlage“, aaO 118. Explizite Widmungswirkungen werden jedoch nicht benannt; Materielle Widmungsfolgen für Eisenbahnen anerkennend vgl. *Germann*, AöR 128 (2003), 458, 468.

789 Siehe insgesamt *VG Berlin*, Urt. v. 19.04.1995 - 1 A 145.92 -, juris; ferner 1.A.IV.

790 Vgl. *VG Berlin*, aaO Rn. 1–3.

durch Ersitzung nicht.[791] Auf jeden Fall verbiete sich die Annahme, dass durch eine Widmung Rechte Dritter ausgeschaltet würden, da es dazu aufgrund des Art. 20 Abs. 3 GG einer gesetzlichen Grundlage bedürfe.[792] Ferner scheitere ein Herausgabeanspruch aus § 985 BGB aufgrund des Eigentumserwerbs der Beklagten.[793] Auch sei der Anspruch verjährt.[794]

Diese Entscheidung spricht klar gegen ein Gewohnheitsrecht bezüglich „nicht gesetzlicher" Sicherungsmittel.

Das **VG Augsburg** urteilte am **1.10.2002**[795] (***Klosterzimmern-Fall***) konträr dazu, dass der klagenden Kirchengemeinde ein Nutzungsrecht an einer res sacra auch nach einem Eigentümerwechsel zustehe, da es sich bei dem Kirchengebäude um eine res sacra handele.[796]

Das VG Augsburg greift eine besondere öffentliche Sachherrschaft als Widmungsfolge auf. Es schlussfolgert daraus im Kollisionsfall mit privaten Rechten Dritter das Bestehen von Sicherungsmitteln für den öffentlichen Sachherrn zur Gewährleistung des widmungsgemäßen Gebrauchs. Daneben stützten auch verfassungsrechtliche Erwägungen das Urteil.

Auch der **Beschluss des OVG Greifswald vom 27. Mai 2008**[797] erkennt „nicht gesetzliche" Sicherungsmittel zur Gewährleistung des widmungsgemäßen Gebrauchs an.[798] Das OVG führte aus, dass die Akten von Verwaltungsträgern rechtlich wie Sachen im Verwaltungsgebrauch zu behandeln seien. Diese

---

791 Vgl. *VG Berlin*, aaO Rn. 14–17.

792 Vgl. *VG Berlin*, aaO Rn. 19 mwN auf den *Rathausfall* und *Stadtsiegelfall* hinsichtlich des Erfordernisses einer gesetzlichen Grundlage.

793 *VG Berlin*, aaO Rn. 20.

794 Da auch vermögensrechtliche öffentlich-rechtliche Ansprüche der Verjährung unterliegen seien mangels analogiefähiger Vorschriften des öffentlichen Rechts die Rechtsgedanken der §§ 195, 221 BGB anzuwenden. Die 30 Jahre im Sinne des § 195 BGB seien nunmehr abgelaufen, vgl. *VG Berlin*, Urt. v. 19.04.1995 - 1 A 145.92 -, juris Rn. 21. Der Rechtsordnung liege der Gedanke zugrunde, das es nach Ablauf von 30 Jahren aus Gründen des Rechtsfriedens bei der dann tatsächlichen und rechtlichen Situation verbleiben soll, *VG Berlin*, aaO.

795 *VG Augsburg*, Urt. v. 01.10.2002 - Au 9 K02.537 -, BeckRS 2002, 19935.

796 Siehe 1.A.V.

797 Siehe insgesamt *OVG Greifswald*, NordÖR 2008, 456 f.

798 Insgesamt zur „Sicherung der Verwaltungsvorgänge" vgl. NordÖR 2008, 456, ferner 1.A.VI.

öffentlich-rechtliche Sonderzuordnung werde dann von privatrechtlichen Veränderungen nicht berührt.[799]

(b) Zwischenergebnis relevante Gerichtsentscheidungen

In einigen Urteilen wird zwar die Existenz „nicht gesetzlicher" Sicherungsmittel angenommen, durch die der widmungsgemäße Gebrauch einer öffentlichen Sache gesichert wurde. Aus vorkonstitutioneller Zeit liegen einige Entscheidungen hinsichtlich der Nutzung von res sacrae vor, die sich jedoch auf gesetzliche Regelungen entweder des PrALR[800] oder des gemeinen oder römischen Rechts stützen ließen[801]. Bestehen gesetzliche Regelungen, kann dies aber zumindest

799 Vgl. *OVG Greifswald*, NordÖR 2008, 456. Die Ausführungen zu den Auswirkungen privatrechtlicher Veränderungen auf öffentliche Sachen sind deshalb widersprüchlich, weil das OVG zu Beginn der Entscheidung betonte, dass das Eigentum an den Akten durch die Versteigerung mangels Glaubhaftmachung des Antragsgegners nicht aufgegeben worden sei.

800 So das Urteil des Reichsgerichts vom 18. Februar 1888, Beiträge zur Erläuterung des deutschen Rechts, Jg. 33 = 4. F. Jg. 3, 1889, 107 f.; ferner die Entscheidungen des Reichsgerichts in RGZ 27, 255 ff. sowie in RGZ 31, 217 ff. Alle drei Entscheidungen zieht *Wernecke*, AcP 195 (1995), 445, 456 f., trotz des Vorhandenseins gesetzlicher Regelungen im Entscheidungszeitpunkt unproblematisch als Nachweis gewohnheitsrechtlicher Gerichtspraxis heran. Als Regelungen dienten §§ 14, 15 ALR I.4, § 170 ALR II. 11 sowie § 183 ALR, die jeweils Bestimmungen zu den res sacrae enthielten. Schon *Germann*, AöR 128 (2003), 458, 469, stellt aber RGZ 27, 255 und RGZ 31, 217 als geeigneten praktischen Nachweis aufgrund des Umstands infrage, weil die dort aufgeführten Entscheidungen nicht auf ungeschriebene Rechtsüberzeugung beruhten, sondern auf Regelungen des PrALR. Zutreffend stellt er aaO auch klar, dass die in diesem Werk daher auch nicht aufgeführten RGZ 42, 51 ff. und RGZ 100, 213 ff. nicht geeignet sind, für ein Gewohnheitsrecht des hier untersuchten Inhalts zu streiten, „weil die umstrittene Ausübung der Eigentümerbefugnisse den öffentlichen Zweck nicht beeinträchtigte". Es ging in den beiden letztgenannten Entscheidungen jeweils um Betretungsverbote gegen gewerbliche Leichenbestatter. Ein Ausschließungsrecht des Grundstückseigentümers gegenüber gewerbsmäßigen Leichenbestattern steht nicht mit der Zweckbestimmung des Friedhofs im Widerspruch, dass Leichen der Gemeindemitglieder auf dem Friedhof bestattet werden, vgl. dazu RGZ 42, 51, 57.

801 Siehe die Entscheidung zum *Hamburger Siel*, RGZ 8, 152, 157, die *Germann*, AöR 128 (2003), 458, 467, trotz der Lösung mithilfe gesetzlicher Regelungen unproblematisch als Nachweis für untersuchtes Gewohnheitsrecht ansieht.

nicht als eine Anwendung ungeschriebener Rechtsregeln in gerichtlicher Praxis verstanden werden.[802]

Als Gewohnheitsrechtsnachweis sind nachkonstitutionell unstreitig der *Sakristeifall*, der *Bahngleisfall*, der *Klosterzimmern-Fall* und der *Aktenfall*[803] zu nennen. Allein die Gegenbeweise aus dem *Rathausfall*[804], dem *Stadtsiegelfall* und dem *Rheinsteinbogenfall* lassen ein Gewohnheitsrecht schon an der gerichtlichen Praxis scheitern, sodass es auf die exakte Einordnung und Relevanz z. B. des *Notwegfalls*[805], *St. Salvator-Falls* oder aber des *Fotografenfalls* nicht ankommt.[806]

Eine einheitliche Gerichtspraxis, dass allgemein „nicht gesetzliche" Sicherungsinstrumente für öffentliche Sachen zur Gewährleistung des widmungsgemäßen Gebrauchs bestehen, ist nicht feststellbar.

b) Ergebnis Gewohnheitsrecht

Ein Gewohnheitsrechtssatz, dass sich eine durch Widmung entstandene öffentliche Sachherrschaft im Rahmen der öffentlichen Zweckbestimmung stets gegen privaten Rechten durchsetzt, lässt sich im Allgemeinen nicht (mehr) nachweisen.[807] Eine langdauernde Praxis besteht gegenwärtig nicht.[808] Darüber hinaus

---

802 Es müsste vielmehr der Nachweis gelingen, dass die gesetzlichen Regelungen „ihrerseits das überkommene Recht nur gleichsam nachrichtlich kodifizierten", *Germann*, AöR 128 (2003), 458, 469 Fn. 41.

803 Ausführungen dazu im Allgemeinen auch bei *Stelkens*, Die Verwaltung 46 (2013), 493, 505 ff.

804 *Axer*, Die Widmung als Schlüsselbegriff des Rechts der öffentlichen Sachen, S. 163, sieht allein diese Entscheidung als Gegenbeleg für Gewohnheitsrecht an, sodass weitere Ausführungen zum Gewohnheitsrecht aaO ausbleiben; in diesem Sinne auch *OVG Münster*, NJW 1993, 2635, 2636; a.A. *Germann*, AöR 128 (2003), 458, 468, der *Rathausfall* tauge deshalb nicht als Gegenbeleg, da die Frage ebenso wie in der Nichtzulassungsbeschwerde im *Stadtsiegelfall*, *BVerwG*, NJW 1994, 145, „mit ausdrücklicher Einordnung nichtrevisiblen Landesrechts" offen gelassen worden sei.

805 Für die Eignung eines praktischen Nachweises *Ehlers*, NWVBl. 1993, 327, 329, hinsichtlich der „Überlagerung" des Eigentums, wenn es an gesetzlichen Bestimmungen fehle; zudem *Germann*, AöR 128 (2003), 458, 467 f.; *Wernecke*, AcP 195 (1995), 445, 456, bezüglich des Zurücktretens des Privatrechts bei Unvereinbarkeit mit öffentlichem Recht; a.A. insgesamt *OVG Münster*, NJW 1993, 2635, 2636.

806 Ebenso kann deshalb eine Einordnung von RGZ 12, 280 ff. als tauglicher Nachweis für Gewohnheitsrecht unterbleiben. Auch kann dahinstehen, ob der *Kriegsschifffall*, RGZ 72, 347 ff., generell für nicht gesetzliche Sicherungsmittel streitet.

807 A.A. wohl *Wernecke*, AcP 195 (1995), 445, 458.

808 Am ehesten könnte bei den res sacrae im Speziellen auf eine langdauernde Gerichtspraxis geschlossen werden, sodass dort noch fortwirkendes, vorkonstitutionell

ist auch eine allgemeine Rechtsüberzeugung zur Existenz von derartigen materiellen Widmungsfolgen mehr als fraglich. Folglich ist Gewohnheitsrecht als Grundlage „nicht gesetzlicher" Sicherungsinstrumente für öffentliche Sachen abzulehnen.

c) Rechtfertigung durch vorkonstitutionelle Widmungen kraft Gewohnheitsrecht

Da sich zwar gegenwärtig kein Gewohnheitsrecht mehr nachweisen lässt, das Grundlage für Sicherungsinstrumente sein kann, ist aber dennoch die Behandlung „vorkonstitutioneller Widmungsfolgen" zu klären: Bestehen für vorkonstitutionell gewidmete Gegenstände heute noch Sicherungsinstrumente, wenn man davon ausgeht, dass zu dieser Zeit die untersuchten traditionellen Widmungswirkungen durch Gewohnheitsrecht anerkannt waren?

Es ist schon unklar, ob und wann existentes Gewohnheitsrecht dem Gesetzesvorbehalt genügt.[809] Bei Beschränkungen der Freiheitsrechte hat das Bundesverfassungsgericht diesbezüglich Bedenken geäußert.[810] Eine Vereinbarkeit mit dem Gesetzesvorbehalt muss vielmehr je nach Grundrecht differenziert geprüft werden.[811] In jedem Fall müssen die Voraussetzungen des Art. 123 GG erfüllt sein, wonach das Recht aus der Zeit vor Zusammentritt des Bundestages nur fort gilt, „soweit es dem Grundgesetz nicht widerspricht".

Ein Widerspruch zum Grundgesetz liegt aber vor. Selbst wenn man hinsichtlich der Wirksamkeit eines begründeten Rechts auf die Voraussetzungen zur Zeit der Entstehung des Rechts abstellen muss, in dem gegebenenfalls noch ein wirksames Gewohnheitsrecht vorlag, so darf es nunmehr den Gewährleistungen

---

entstandenes Gewohnheitsrecht angenommen werden könnte. Dazu müsste aber auch noch eine dahingehende allgemeine Rechtsüberzeugung existieren. Insgesamt zum Gewohnheitsrecht im Zusammenhang der res sacrae siehe 5.A.I.3.a).

809 *Ruffert*, in: Hoffmann-Riem/Schmidt-Aßmann/Voßkuhle, Grundlagen VwR I², § 17 Rn. 111 mit umfassenden Nachweisen. Für das Verwaltungsrecht hält er Gewohnheitsrecht für eine „Kategorie ohne Zukunft", aaO mwN; *Ehlers*, in: Erichsen/Ehlers, AVR, § 2 Rn. 61; für *Pieroth*, Jura 2013, 248, 254, kann vorkonstitutionelles Gewohnheitsrecht keinen Grundrechtseingriff (mehr) rechtfertigen; a.A. vgl. *Witthohn*, Gewohnheitsrecht als Eingriffsermächtigung, S. 172; *Jarass*, in: Jarass/Pieroth, GG Kommentar, Art. 123 Rn. 9, schreibt vor, dass grundrechtseinschränkendes, vorkonstitutionelles Gewohnheitsrecht nunmehr den dafür geltenden Vorgaben unterliegt.

810 BVerfGE 32, 54, 75; *Ehlers*, in: Erichsen/Ehlers, AVR, § 2 Rn. 61; andererseits siehe BVerfGE 22, 114, 121, und BVerfGE 57, 121, 131, wonach vorkonstitutionelles Gewohnheitsrecht eine Schranke im Sinne des Art. 12 Abs. 1 S. 2 GG darstellen könne.

811 So auch *Ehlers*, in: Erichsen/Ehlers, AVR, § 2 Rn. 61.

und Vorgaben des Art. 14 GG nicht widersprechen. Aus den Sicherungsinstrumenten für öffentliche Sachen können sich Beschränkungen ergeben, die unter Umständen mit einem gänzlichen Entzug der Sache verbunden sind. Das Eigentumsrecht könnte dadurch zu einem „inhaltslosen" Recht verkommen.[812] Dieses „alte" Gewohnheitsrecht mag zu seiner Zeit wirksam begründet worden sein. Derart weitreichende, in vorkonstitutioneller Zeit begründete Rechtsfolgen widersprechen jedoch dem rechtsstaatlichen Verständnis des Grundgesetzes. Benannte Eingriffe in grundrechtlich geschütztes Verhalten durch eine Anerkennung vorkonstitutionell begründeter Sicherungsmittel bedürfen einer formellen Ermächtigungsgrundlage.[813] Selbst wenn man also ein solches „altes" Gewohnheitsrecht anerkennte, erfüllt es nicht die rechtsstaatlichen Voraussetzungen für seine Weitergeltung. Es scheidet somit auch eine Rechtfertigung von Eingriffen durch Sicherungsmittel aus, die auf Grundlage eines Gewohnheitsrechts aus vorkonstitutioneller Zeit bestehen.

Nimmt man keinen Verstoß gegen Art. 123 GG an, sind auf vorkonstitutionelle Widmungen rückführbare Sicherungsinstrumente gegenwärtig jedenfalls nicht mehr durchsetzbar.[814]

---

812 Zum „nudum ius" siehe Fn. 162.

813 Dazu allgemein *Pieroth*, Jura 2013, 248, 254; für *Ehlers*, NWVBl. 1993, 327, 329, steht das gesamte öffentliche Sachenrecht unter Parlamentsvorbehalt.

814 Zu Lösungsansätzen, wie man mit einer irgendwann einmal entstandenen dinglichen Widmungswirkung umgeht, die sich zur Zeit der Widmung auf ein Gewohnheitsrecht stützen konnte, siehe z.B. *Ehlers*, NWVBl. 1993, 327, 331 ff.: Speziell im *Stadtsiegelfall* räumt *Ehlers* dem Dritten einen Anspruch auf Entwidmung ein, sodass dieser einem Herausgabebegehren des öffentlichen Sachherrn den dolo-agit Einwand entgegen halten kann. Entweder sei eine vorkonstitutionelle Widmung durch Wegfall des Gewohnheitsrechts rechtswidrig geworden, wogegen dann Anfechtungsklage zu erheben sei. Oder aber die Widmung sei in den zahlreichen Fällen konkludenter Widmungen mangels öffentlicher Bekanntgabe nicht bestandskräftig und somit noch angreifbar, sodass dann eine Verpflichtungsklage gerichtet auf Entwidmung erhoben werden könne; zu einem Entwidmungsanspruch speziell zum *Rathausfall Papier*, JuS 1981, 498, 502 f., allgemein dazu auch *Erbguth*, VR 1981, 152, 154 Fn. 22; zwar zum Wegfall einer Zustimmung zur Widmung, aber auch generell für rechtswidrige Widmungen denkbar siehe den Lösungsvorschlag von *Germann*, AöR 128 (2003), 459, 476 f. mwN: Die dingliche Wirkung einer Widmung werde zu einem Grundrechtseingriff, wenn die Zustimmung entfalle, der öffentliche Sachherr aber daran festhalte. Ein dann bestehender Anspruch auf Entwidmung sei als eine Art Folgenbeseitigungsanspruch zu verstehen. So könne einem Rückgabeanspruch nach z.B. Ablauf eines Mietverhältnisses nicht die fortdauernde Widmung entgegengehalten werden; allgemein bei Geltendmachung „nicht gesetzlicher" Sicherungsmittel für

2. *Rechtfertigung durch allgemeinen Grundsatz des Verwaltungsrechts*

Soweit eine Rechtfertigung dinglicher Widmungswirkungen und somit „nicht gesetzlicher“ Sicherungsmittel durch einen „althergebrachten Grundsatz des Verwaltungsrechts“ erwogen wird[815], ist sie abzulehnen. Selbst wenn ein althergebrachter Grundsatz des Verwaltungsrechts mit dem Inhalt existierte, dass der widmungsgemäße Gebrauch einer öffentlichen Sache stets Vorrang vor dem Privatrecht genießt[816], so würde es diesem als allgemeinen Grundsatz an der erforderlichen Gesetzesqualität mangeln.[817] Die allgemeinen Grundsätze des Verwaltungsrechts stellen keine eigene Rechtsquelle dar, sondern gehen vielmehr

---

einen Anspruch auf Wiederaufgreifen des Verfahrens gerichtet auf Rücknahme einer Allgemeinverfügung im Falle „ungesetzlicher“ Widmung *Stelkens*, Die Verwaltung 46 (2013), 493, 511 mwN; ferner *ders.*, in: P. Stelkens/Bonk/Sachs, VwVfG, § 35 Rn. 323 mwN über ein Wiederaufgreifen unter dem Gesichtspunkt des Art. 19 Abs. 4 GG; eine Lösung über einen Anspruch auf Wiederaufgreifen des Verfahrens kann die Bestandskraft eines Verwaltungsakts beseitigen, zudem griffe der Sinn und Zweck des § 51 VwVfG, dessen Hintergrund es ist, „dass aus rechtsstaatlichen Grundsätzen ein Festhalten am Verwaltungsakt bei Vorliegen bestimmter Voraussetzungen nicht angezeigt sein kann“, siehe *Wandschneider*, Die Allgemeinverfügung in Rechtsdogmatik und Rechtspraxis, S. 298.

815 *Germann*, AöR 128 (2003), 458, 470 f., 480 f.; wohl auch *Salzwedel*, in: Erichsen, AVR, § 42 Rn. 8, der die Sonderrechtsstellung öffentlicher Sachen als von der Rechtswissenschaft allgemein anerkanntes Rechtsinstitut betrachtet, „das nicht ohne Not aufgegeben werden sollte“.

816 Ein solcher ist aber nicht gemeinhin anerkannt, siehe umfassende Auflistung bei *Weyreuther*, DöV 1989, 321 ff. Von den aaO zahlreich aufgezählten Grundsätzen könnte am ehesten noch der „Grundsatz, daß das Wohl der einzelnen Staatsbürger hinter dem Allgemeinwohl zurückstehen muß“ (RGZ 111, 320, 327) oder aber das „Gebot der Wahrung des Gemeinwohls durch den Träger von Herrschaftsbefugnissen“ (so auch bei und entnommen aus *Menger*, in: FS Bogs, 1967, 89, 94) sinngemäß für benannte Widmungsfolgen sprechen. Dagegen anführen könnte man aber den „Grundsatz der Rechtssicherheit“ (BVerwGE 50, 265, 269), den schon benannten „Grundsatz des Vorbehalts des Gesetzes“ (BVerwGE 57, 130, 133) oder im weiteren Sinne auch den „Rechtsgrundsatz, daß mit einer Vermögensminderung verbundene Vorteile auszugleichen sind“ (*HambOVG*, MDR 1954, 125). „Bekanntere“ allgemeine Grundsätze des Verwaltungsrechts sind die Grundsätze über die Rücknahme von Verwaltungsakten, der Folgenbeseitigungsanspruch oder der Grundsatz des Vertrauensschutzes.

817 Vgl. *Ehlers*, in: Erichsen/Ehlers, AVR, § 2 Rn. 9, die allgemeinen Grundsätze seien nur Wegweiser, nicht aber unmittelbar anwendbare Normen; so auch *Schad*, in: Vondung, AVR, Kap. 2 Rn. 78, der auf die „ergänzende und lückenfüllende Funktion“ hinweist.

in Rechtsquellen wie dem einfachen Gesetzesrecht, Gewohnheitsrecht oder Richterrecht auf.[818] Auch ist die Relevanz ungeschriebenen Rechts „in Zeiten stets fortschreitender Vergesetzlichung“ ohnehin rückläufig.[819] Selbst wenn man die allgemeinen Grundsätze des Verwaltungsrechts als „Gewohnheitsrecht in statu nascendi“ deutet, wo eine allgemeine Rechtsüberzeugung vorhanden ist, aber eine ständige Übung noch fehlt[820], kann dies nach den vorherigen Feststellungen zum Gewohnheitsrecht keine Bedeutung im Sinne einer Rechtfertigung haben.

III. Ergebnis

Die Annahme einer dinglichen Widmungswirkung als Grundlage „nicht gesetzlicher“ Verwirklichungsansprüche verstößt gegen das Prinzip vom Vorbehalt des Gesetzes.

Das Zugestehen von Sicherungsinstrumenten zur Gewährleistung des widmungsgemäßen Gebrauchs zugunsten eines öffentlichen Sachherrn greift in durch Art. 14 GG geschützte Freiheiten ein, und zwar auf jeden Fall dann, wenn diese Sicherungsinstrumente „akut“ werden, also ihre Wirkung entfalten sollen.[821] Mangels Rückführbarkeit der Sicherungsinstrumente auf (förmliche) gesetzliche Grundlagen sind die mit den Sicherungsinstrumenten verbundenen Eingriffe nicht zu rechtfertigen.

818 *Ossenbühl*, in: Erichsen/Ehlers, AVR, § 6 Rn. 86 mwN.

819 *Ehlers*, in: Erichsen/Ehlers, AVR, § 2 Rn. 13.

820 Vgl. *Bundessozialgericht*, DVBl. 1963, 249, 250, zur Rücknahme fehlerhaft begünstigender Verwaltungsakte vor Inkrafttreten der Verwaltungsverfahrensgesetze; ferner *Höhn*, Gewohnheitsrecht im Verwaltungsrecht, S. 56 ff., insbesondere stützten sich allgemeine Rechtsgrundsätze „*direkt* auf der Überzeugung der Rechtsgenossen“, aaO S. 57; *Ossenbühl*, in: Erichsen/Ehlers, AVR, § 6 Rn. 91, nimmt dies mit Vorbehalten zur Kenntnis.

821 I.E. wird in der Literatur und Rechtsprechung häufig ebenfalls ein Eingriff in Art. 14 GG angenommen, wobei die Begründungen, soweit ersichtlich, regelmäßig dürftig sind. Siehe statt aller *Axer*, Die Widmung als Schlüsselbegriff des Rechts der öffentlichen Sachen, zur Beeinträchtigung des Art. 14 GG „durch die öffentliche Sachherrschaft“ im Zusammenhang öffentlicher Sachen im Anstaltsgebrauch aaO S. 157, bezüglich öffentlicher Sachen im Verwaltungsgebrauch aaO S. 191. Auch *Axer* ist deshalb für eine förmliche Grundlage, aaO S. 166 f.

C. Die Einführung öffentlicher Sachenrechte durch die Exekutive als Kompetenzproblem

Des Weiteren ist fraglich, ob die Exekutive aus kompetentiellen Gründen überhaupt befugt ist, nicht durch die Legislative vorgegebene dingliche Rechte in den Rechtsverkehr einzuführen.[822] Eine solche kompetenzrechtliche Unmöglichkeit kann sich für die Exekutive einerseits aus Art. 14 Abs. 1 S. 2 GG ergeben[823], andererseits aus dem allgemeinen Gesetzesvorbehalt.[824]

I. Gesetzesauftrag durch Art. 14 Abs. 1 S. 2 GG

Nach Art. 14 Abs. 1 S. 2 GG ist es Aufgabe des Gesetzgebers, Inhalt und Schranken des Eigentums zu bestimmen. Die Eigentumsfreiheit wird also durch den Gesetzgeber geprägt, es besteht eine „gesetzliche Konkretisierungsaufgabe des inhaltsbestimmenden Gesetzgebers“[825]. Er bestimmt und definiert den Inhalt des Eigentums.[826] Inwiefern etwas zum Eigentum gezählt werden kann, ist nach der bestehenden Gesetzeslage zu beurteilen,[827] da das Grundgesetz selbst das Eigentum nur „gewährleistet“, nicht aber definiert.

Nach Art. 14 Abs. 1 S. 2 GG wird neben den Schranken auch der Inhalt des Eigentums durch den Gesetzgeber bestimmt, und dies „durch die Gesetze“.[828] Der Gesetzgeber ist also beauftragt, die Grundrechtsvoraussetzungen zu schaffen. Die Bestimmung des Inhalts des Eigentums erfordert nach alledem ein

822 Siehe zum Einwand die Nachweise in Fn. 581.

823 Statt aller *OVG Münster*, NJW 1993, 2635, 2636.

824 *Ehlers*, NWVBl. 1993, 327, 328 f. mwN, der den Gesetzesvorbehalt auch außerhalb von Eingriffen in Freiheit und Eigentum anwendbar sieht und dabei auf die „Wesentlichkeitstheorie“ verweist; dagegen *Germann*, AöR 128 (2003), 458, 474 ff.; vgl. *Kromer*, Sachenrecht des Öffentlichen Rechts, S. 94 f. mwN, für den nicht gesetzlich geregelte Sachenrechte mit dem „Rechtsstaatsgebot“ unvereinbar sind.

825 *Depenheuer*, in: v. Mangoldt/Klein/Starck, GG Kommentar, Art. 14 Rn. 57.

826 Nach BVerfGE 21, 73, 79 f., muss der Gesetzgeber Einzelbefugnisse und -pflichten selbst inhaltlich normieren, die den Inbegriff des Eigentums ausmachen.

827 Aufgrund der schon erörterten „Normgeprägtheit“ *Frenz*, Öffentliches Recht, Rn. 491.

828 *Bryde*, in: v. Münch/Kunig, GGK I, Art. 14 Rn. 47: „Wer welche Objekte in welchen Formen, unter welchen Bedingungen und in welchen Grenzen ‚zu eigen‘ haben kann, wird in allen Gesellschaften immer und ausschließlich von der Rechtsordnung festgelegt“; vgl. auch *Baur/Stürner*, Sachenrecht, § 1 Rn. 7, im Zusammenhang des numerus clausus und des Typenzwangs: „Der Inhalt der sonach möglichen Berechtigungen muß mindestens in den Umrissen zwingend durch das Gesetz festgelegt werden“.

gesetzgeberisches Tätigkeitwerden.[829] Die Bestellung der konkreten Sachenrechte ist zwar Aufgabe der Exekutive. Welche Sachenrechte die Verwaltung aber überhaupt bestellen kann, ist vom Gesetzgeber vorzugeben. Bestünde für die Exekutive die Möglichkeit, Sachenrechte einzuführen, liefe dies der Gewaltenteilung zuwider. Deshalb kann es auch dahinstehen, ob die Widmungswirkungen eine Inhalts- und Schrankenbestimmung darstellen oder eine Enteignung[830]: In jedem Fall bedarf es eines Gesetzes, sodass die Exekutive folglich ohne gesetzliche Grundlage keine dinglichen Widmungswirkungen begründen kann.

II. Kompetenzzuweisung aus dem allgemeinen Gesetzesvorbehalt

Es könnte zudem der allgemeine Vorbehalt des Gesetzes für eine grundsätzliche Normierung einer dinglichen Widmungswirkung sprechen. Dies ist der Fall, wenn man die Einführung von Sachenrechten als „wesentliche“ [831], dem Parlament obliegende Entscheidung betrachtet. Basis dieser Überlegung ist das Prinzip vom Vorbehalt des Gesetzes, dass also nur solche Sachenrechte zum Rechtsverkehr gehören, die die Legislative durch gesetzliche Ausformungen

829 Siehe nur BVerfGE 24, 367, 389; zum Auftrag des Gesetzgebers, die Begründung und Ausübung des sachenrechtlichen Eigentums und der sonstigen vermögenswerten Rechte zu regeln, *Badura*, Staatsrecht, Teil C Rn. 84, S. 266; von einem „Auftrag“ spricht auch *Hofmann*, in: Schmidt-Bleibtreu/Hofmann/Henneke, GG Kommentar, Art. 14 Rn. 40; so auch *Wendt*, in: Sachs, GG Kommentar, Art. 14 Rn. 54, das *Gesetz* bestimme den Inhalt der Rechte; vgl. auch *Kimminich*, in Kahl/Waldhoff/Walter, Bonner Kommentar, Art. 14 Rn. 145 mwN (Stand 8.1992), der Gesetzgeber dürfe die Inhalts- und Schrankenbestimmungen nicht der Exekutive überlassen.

830 Was abstrakt auch schwer möglich ist, da von den früheren Sphärentheorien Abstand genommen werden und nunmehr der gesetzgeberische Wille maßgeblich sein soll, ob eine Regelung Enteignung oder Inhalts- und Schrankenbestimmung ist; *Axer*, Die Widmung als Schlüsselbegriff des Rechts der öffentlichen Sachen, S. 167, spricht von einer „erheblichen Belastung“ für das Eigentumsgrundrecht durch die Belastung mit einer Dienstbarkeit, da diese im Einzelfall eine Enteignung darstellen könne; zur Enteignung aaO S. 164.

831 So mit der „Wesentlichkeitstheorie“ argumentierend *Ehlers*, NWVBl. 1993, 327, 328; ferner *Axer*, Die Widmung als Schlüsselbegriff des Rechts der öffentlichen Sachen, S. 166 f.; für *Thormann*, NWVBl. 1992, 354, 357, geht der allgemeine Vorbehalt deshalb nicht so weit, dem Gesetzgeber ausschließliche Kompetenz zuzuweisen, da privatrechtliches Eigentum und öffentliche Sachherrschaft nur selten auseinanderfielen; *Germann*, AöR 128 (2003), 458, 474, stellt hinsichtlich der Wesentlichkeit einer Anerkennung dinglicher Widmungsfolgen ausschließlich auf die Bedeutung für die Grundrechtsausübung ab.

eingeführt hat. Die Kompetenzzuweisung zum Gesetzgeber kann sich sowohl aus der vom Bundesverfassungsgericht entwickelten „Wesentlichkeitstheorie" als auch aus dem Rechtsstaatsprinzip ergeben.

1. Der (allgemeine) Vorbehalt des Gesetzes

Der Grundsatz vom Vorbehalt des Gesetzes ist nicht ausdrücklich geregelt. Er ist vielmehr in Art. 20 Abs. 3 GG enthalten[832]: „Die Gesetzgebung ist an die verfassungsmäßige Ordnung, die vollziehende Gewalt an Gesetz und Recht gebunden".[833] Für andere ist er als allgemeiner Grundsatz aus dem Demokratie- und Rechtsstaatsprinzip ableitbar.[834] Nach traditioneller Vorstellung machte der Vorbehalt des Gesetzes nur für Eingriffe in Freiheit und Eigentum eine gesetzliche, vom Parlament beschlossene Grundlage erforderlich.[835] Er reicht bis in die Zeit der konstitutionellen Monarchie des beginnenden 19. Jahrhunderts zurück.[836]

Beim allgemeinen Gesetzesvorbehalt geht es hingegen um eine Kompetenzabgrenzung zwischen Exekutive und Legislative.[837] So hat der Gesetzesvorbehalt nach heutigem Verständnis eine grundrechtliche und staatsorganisationsrechtliche Komponente. Der Gesetzesvorbehalt erstreckt sich nicht mehr nur auf die Eingriffsverwaltung, vielmehr stehen die wesentlichen Entscheidungen

---

832 Statt vieler vgl. *Stober*, in: Wolff/Bachof/Stober/Kluth, VwR I, § 30 Rn. 28.

833 Gegen einen solchen „allgemeinen Gesetzesvorbehalt" aus Art. 20 Abs. 3 2. Hs. statt vieler *Herzog/Grzeszick*, in: Maunz/Dürig, GG Kommentar, Art. 20 III Rn. 100 (Stand 12.2007); gegen eine Begründung aus Art. 20 Abs. 3 GG, woraus sich nur der „Vorrang des Gesetzes" ergebe, vgl. *Maurer*, AVR, § 6 Rn. 4; ablehnend insgesamt wohl auch *Schmidt-Aßmann*, in: Isensee/Kirchhof, HStR II[3], § 26 Rn. 64; uneinheitlich das *BVerfG*: In BVerfGE 49, 89, 126 noch auf Art. 20 Abs. 3 GG verweisend, in BVerfGE 77, 170, 230 allgemein auf Art. 20 GG gestützt, in BVerfGE 78, 179, 197 aus dem Rechtsstaatsprinzip hergeleitet.

834 *Maurer*, Staatsrecht I, § 8 Rn. 20; *ders.*, AVR, § 6 Rn. 4; *Pietzcker*, JuS 1979, 712, 713 ff.; *Voßkuhle*, JuS 2007, 118 f.; zur rechtsstaatlichen Begründung siehe *Bull/Mehde*, AVR, § 5 Rn. 165.

835 *Zippelius/Würtenberger*, Deutsches Staatsrecht, § 12 Rn. 40; *Voßkuhle*, JuS 2007, 118.

836 *Zippelius/Würtenberger*, aaO; dazu *Kloepfer*; JZ 1984, 685 f.; In diesem Sinne ist der zuvor untersuchte grundrechtliche Gesetzesvorbehalt zu verstehen, der ausschließlich auf den Schutz von Freiheit und Eigentum der Bürger abstellt.

837 *Maurer*, Staatsrecht I, § 17 Rn. 15; ähnlich *ders.*, AVR, § 6 Rn. 8 f.; vgl. ferner *Zippelius/Würtenberger*, Deutsches Staatsrecht, § 12 Rn. 43 zur Kompetenzabgrenzung durch förmliches Parlamentsgesetz; *Axer*, Die Widmung als Schlüsselbegriff des Rechts der öffentlichen Sachen, S. 165.

unter Parlamentsvorbehalt.[838] Es ist also festzuhalten: Der grundrechtliche Gesetzesvorbehalt behandelt die Frage des Schutzes des Bürgers in der Verfassungsordnung[839], der allgemeine Gesetzesvorbehalt die verfassungsmäßige Kompetenzverteilung.[840]

2. *Die „Wesentlichkeitstheorie" als Kompetenzzuweisung*

Die Wesentlichkeitstheorie könnte es erforderlich machen, dass der parlamentarische Gesetzgeber abstrakt bestimmen müsste, ob es überhaupt ein besonderes öffentliches Sachenrecht als Widmungsfolge gibt.[841] Zur Beurteilung des unscharfen Begriffs der Wesentlichkeit und somit des Erfordernisses eines Parlamentsgesetzes ist anerkannt, dass die grundrechtliche Relevanz der Maßnahme, die Intensität der individuellen Betroffenheit, aber auch die Bedeutung für die Allgemeinheit maßgeblich sind.[842] Es ist jedoch fraglich, ob der

---

838 *Maurer*, AVR, § 6 Rn. 11; *Reimer*, in: Hoffmann-Riem/Schmidt-Aßmann/Voßkuhle, Grundlagen VwR I², § 9 Rn. 47: „Kompetenzzuweisung" in wesentlichen Rechtsbereichen zum parlamentarischen Gesetzgeber; *Pieroth*, Jura 2013, 248, 253 mwN; *Thormann*, NWVBl. 1992, 354, 357 mwN; vgl. *Ossenbühl*, in: Isensee/Kirchhof, HStR V³, § 101 Rn. 29 ff.; umgekehrt darf die Exekutive nur unwesentliche Fragen auch ohne spezielle parlamentsgesetzliche Ermächtigungsgrundlage durch Gesetze regeln, *Herzog/Grzeszick*, in: Maunz/Dürig, GG Kommentar, Art. 20 III Rn. 135 (Stand 12.2007).

839 *Krebs*, Jura 1979, 304; vgl. *Kunig*, Das Rechtsstaatsprinzip, S. 316 ff., 320; *Stober*, in: Wolff/Bachof/Stober/Kluth, VwR I, § 18 Rn. 15; für *Maurer*, AVR, § 6 Rn. 8, Handeln „nur" durch Gesetz.

840 *Sobota*, Das Prinzip Rechtsstaat, 107 ff.; *Stober*, in: Wolff/Bachof/Stober/Kluth, VwR I, § 18 Rn. 15; vgl. *Maurer*, AVR, § 6 Rn. 8, Handeln nur durch „Gesetz"; im Übrigen ist vieles unklar, vgl. *Jarass*, in: Jarass/Pieroth, GG Kommentar, Art. 20 Rn. 47 zum Direktzitat aus BVerfGE 95, 267, 307, das Parlament dürfe wesentliche Entscheidungen „nicht anderen Normgebern überlassen".

841 Dafür konkret für öffentliche Sachenrechte statt aller *Ehlers*, NWVBl. 1993, 327, 328 mwN; allgemein *Ossenbühl*, in: Isensee/Kirchhof, HStR V³, § 101 Rn. 52 f., zudem könne die Wesentlichkeitstheorie auch neben dem Eingriffsdenken treten, aaO Rn. 55; hinsichtlich verwaltungsrechtlicher Hausverbote sei nach *Brüning*, DöV 2003, 389, 395, „unter dem Gesichtspunkt der Wesentlichkeit" keine spezielle gesetzliche Ausgestaltung geboten.

842 So als Relevanztrias umschreibend *Wandschneider*, Die Allgemeinverfügung in Rechtsdogmatik und Rechtspraxis, S. 192; so ebenfalls *Herzog/Grzeszick*, in: Maunz/Dürig, GG Kommentar, Art. 20 III Rn. 107 (Stand 12.2007), zusätzliche Indizien einer Wesentlichkeit seien ferner die Umstrittenheit und die politische Relevanz;

„Wesentlichkeitstheorie"[843] im Rahmen des allgemeinen Gesetzesvorbehalts eine eigenständige dogmatische Funktion zukommt[844], sodass sich aus abstrakter Anwendung der Theorie ergeben kann, dass eine bestimmte Regelungsmaterie förmlich gesetzlich geregelt sein muss. Ohne eigenständige dogmatische Funktion wird die Frage der „Wesentlichkeit" einer staatlichen Maßnahme ausschließlich dafür herangezogen, welche Anforderungen an ein Gesetz hinsichtlich Legitimation und Regelungsdichte zu stellen sind. Die Frage der „Wesentlichkeit" einer staatlichen Maßnahme ist dann ausschließlich an die Eingriffsintensität der Maßnahme für den Bürger gekoppelt.[845]

Nach der Wesentlichkeitstheorie des Bundesverfassungsgerichts ist losgelöst vom Merkmal eines Eingriffsaktes der Gesetzgeber verpflichtet, „in grundlegenden normativen Bereichen, zumal im Bereich der Grundrechtsausübung, soweit diese staatlicher Regelung zugänglich ist, alle wesentlichen Entscheidungen selbst

---

siehe auch *Reimer*, in: Hoffmann-Riem/Schmidt-Aßmann/Voßkuhle, Grundlagen VwR I², § 9 Rn. 48.

843 Grundlegend BVerfGE 33, 303, 346 (numerus clausus Urteil), wonach der Gesetzgeber die grundlegenden Entscheidungen selbst verantworten soll. Siehe auch BVerfGE 34, 165, 192 (Hessische Förderstufe); 41, 251, 259 (Speyer Kolleg); 40, 237, 249 (Rechtsweg im Strafvollzug); 48, 210, 221 (Steuererlass); 76, 171 ff. (Standesrecht der Anwälte); 108, 282, 311 ff. (Kopftuch), Aufzählung nach *Bull/Mehde*, AVR, § 5 Rn. 170, der ebenso darauf hinweist, dass das *BVerwG* die „Wesentlichkeitstheorie" des *BVerfG* vorbereitet und in verschiedener Hinsicht weitergeführt habe, aaO jeweils mwN; zur Entwicklung siehe die Nachweise bei *Reimer*, in: Hoffmann-Riem/Schmidt-Aßmann/Voßkuhle, Grundlagen VwR I², § 9 Rn. 47; von *Kloepfer* wurde die Theorie in VVDStRL 40 (1982), 63, 74, sowie in JZ 1984, 685, 689, aufgrund des unklaren Aussagegehalts als „Wesentlichkeitstheorie-Skizze" umschrieben.

844 So zur „Ausfüllung des allgemeinen Gesetzesvorbehalts" durch die Wesentlichkeitstheorie *Böckenförde*, NJW 1999, 1235; explizit gegen eine eigene dogmatische Funktion *Schmidt-Aßmann*, in: Isensee/Kirchhof, HStR II³, § 26 Rn. 65.

845 Dazu *Zippelius/Würtenberger*, Deutsches Staatsrecht, § 12 Rn. 44 ff.; Grundrechtsrelevanz betont auch *Voßkuhle*, JuS 2007, 118, 119; vgl. auch *Schmidt-Aßmann*, in: Isensee/Kirchhof, HStR II³, § 26 Rn. 64 mwN, jedoch umschreibt er dieses Kriterium insgesamt als „zu grob", es könne nur „die Richtung andeuten"; *Kloepfer*, JZ 1984, 685, 692 mwN schlägt mangels vorgegebener Kriterien zur „Wesentlichkeit" vor, diese mit einer Analyse von Fallgruppen zu klären; ebenfalls für die Grundrechtsrelevanz als Anwendungsbereich der Theorie *Germann*, AöR 128 (2003), 458, 474.

zu treffen“[846]. Der Vorbehalt sollte ausgehend von seiner demokratisch-rechtsstaatlichen Funktion her nach Umfang und Reichweite neu bestimmt werden.[847]

Das Bundesverfassungsgericht hat den Vorbehalt des Gesetzes auch explizit von der historischen Eingriffsformel gelöst.[848] Die Einführung eines Sexualkundeunterrichts im Schulunterricht[849], die Zulässigkeit einer zivilen Nutzung der Kernenergie[850] und die Frage nach einer Einführung und Ausgestaltung des Privatrundfunks[851] wurden als wesentliche, dem Gesetzgeber vorbehaltene Entscheidungen angesehen.[852] Ein zumindest unmittelbarer, grundrechtlicher Eingriffsakt ist bei diesen Maßnahmen nicht festzustellen. Andererseits verändern sie aber „das faktische Umfeld von Grundrechten und anderen subjektiven Rechte und haben so erhebliche mittelbare Auswirkungen auf die Grundrechtswirklichkeit“[853]. Trotz der Loslösung vom Eingriffsmerkmal weist das Bundesverfassungsgericht darauf hin, dass der Begriff der „Wesentlichkeit“ nicht als Beitrag zur Dogmatisierung zu verstehen sei, sondern lediglich wie eine Binsenweisheit aussagen solle, dass die wirklich wichtigen Dinge in einem

---

846 BVerfGE 49, 89, 126 f. mwN; 61, 260, 275; *Voßkuhle*, JuS 2007, 118, 119; *Thormann*, NWVBl. 1992, 354, 357.

847 *Kloepfer*, JZ 1984, 685, 689 mwN.

848 BVerfGE 40, 237, 249: Die Entscheidung aller grundsätzlichen Fragen, die den Bürger unmittelbar betreffen, müsse durch Gesetz erfolgen, und dies losgelöst vom Abgrenzungsmerkmal des Eingriffs. Eine solche Reduktion des Gesetzesvorbehalts werde „dem heutigen Verfassungsverständnis“ nicht mehr gerecht; BVerfGE 47, 46, 78: Es sei ein entscheidender Fortschritt, dass sich die Rechtsauffassung bezüglich des Vorbehalts des Gesetzes von seiner Bindung an überholte Formeln (Eingriff in Freiheit und Eigentum) gelöst habe und das neue Fundament des Gesetzesvorbehalts auf die demokratisch-rechtsstaatliche Funktion aufgebaut werden könne; vgl. auch BVerfGE 49, 89, 126 ff.: Das Verständnis des Grundsatzes vom Vorbehalt des Gesetzes habe sich gewandelt, werde mehr von seiner demokratischen Komponente her verstanden; *Kloepfer*, JZ 1984, 685, 689, weist auf benannte Entscheidungen hin und stimmt zu, dass „Wesentlichkeit“ auch bei fehlender Grundrechtsrelevanz einer Maßnahme vorliegen könne, aaO 692 mwN; so auch *Reimer*, in: Hoffmann-Riem/Schmidt-Aßmann/Voßkuhle, Grundlagen VwR I^{2}, § 9 Rn. 47; *Staupe*, Parlamentsvorbehalt und Delegationsbefugnis, S. 238, hält außerhalb des grundrechtsrelevanten Bereichs „wesentliche“ Entscheidungen für denkbar, soweit sie „politisch wichtig“ seien. Ein Indiz für die Wichtigkeit könne die Größe des Adressatenkreises sein, aaO S. 251.

849 BVerfGE 47, 46, 78.

850 BVerfGE 49, 89, 126 f.

851 BVerfGE 57, 295, 320 ff.

852 Siehe dazu *Kloepfer*, JZ 1984, 685, 689 f. mwN.

853 *Kloepfer*, JZ 1984, 685, 690.

parlamentarisch-demokratischem Staatswesen durch das Parlament geregelt werden müssten.[854] Inwiefern eine Maßnahme wesentlich ist, ergebe sich allgemein nach dem Grundgesetz, wobei der Schutz der Grundrechte einen wichtigen Gesichtspunkt vermittelt.[855]

Wenn die Wesentlichkeitstheorie aber den allgemeinen Gesetzesvorbehalt ausfüllt[856], kann diese losgelöst vom Eingriffsmerkmal herangezogen werden. Die Einführung von Sachenrechten ist für das Gemeinwesen und den Rechtsverkehr wesentlich, da sie die Nutzbarkeit von jeder erdenklichen Sache bestimmen. Diese sollte abstrakt durch förmliches Gesetz bestimmt werden. Dennoch soll wegen der grundsätzlichen Kritik an einer abstrakten Betrachtung[857] der „Wesentlichkeit" das Rechtsstaatsprinzip als Bestandteil des allgemeinen Gesetzesvorbehalts das Ergebnis bestätigen, dass die Exekutive kompetenzrechtlich keine der Rechtsordnung fremden Sachenrechte einführen kann.[858]

3. *Das Rechtsstaatsprinzip als Kompetenzzuweisung*

Das Rechtsstaatsprinzip könnte ebenfalls „nicht gesetzlichen" Sicherungsinstrumenten entgegenstehen.[859] Das Rechtsstaatsprinzip kommt nur dann unmittelbar zur Anwendung, wenn es an grundgesetzlichen Einzelregelungen fehlt.

---

854 BVerfGE 47, 46, 78.

855 BVerfGE 47, 46, 78; vgl. auch die Aussage von *Bethge*, NVwZ 1983, 577, 578, aufgrund des Parlamentsvorbehalts müsse es der Exekutive verwehrt sein, gesetzlich nicht ausreichend determinierte, eigenständige Entscheidungen in wesentlichen Angelegenheiten von Grundrechtsrelevanz zu treffen, und zwar unabhängig von der Handlungsform der Exekutive (Rechtssetzungs- oder Einzelakt); vgl. zudem *Kloepfer*, JZ 1984, 685, 690 der aus der „Wesentlichkeitstheorie" des *BVerfG* „aufgrund des Vorbehalts des Gesetzes eine Einschränkung der Rechtsverordnungs- und Satzungsgewalt" deutet.

856 So *Böckenförde*, NJW 1999, 1235.

857 Dies geht nur unter der Prämisse, dass diese Theorie Teil eines rechtsstaatlich verwurzelten allgemeinen Gesetzesvorbehalts ist. Primär soll die Wesentlichkeitstheorie bestimmen, welche staatlichen Handlungen durch welche Regelungsinstanz mit welcher Regelungsdichte gesetzlich geregelt werden sollen.

858 Wenn man die „Wesentlichkeitstheorie" nur bei grundrechtlicher Relevanz staatlicher Maßnahmen anwendet, kommt man im Übrigen auch zu dem Ergebnis, dass eine förmliche Ermächtigungsgrundlage für dingliche Widmungswirkungen erforderlich ist, dazu siehe 4.B.II.1.c).

859 So auch *Manssen*, JuS 1992, 745, 747 mwN: „Schon aus Gründen der Rechtsklarheit wird man aber eine Modifikation des BGB nur durch oder aufgrund eines förmlichen Gesetzes zulassen können".

Es fordert, dass staatliches Handeln abstrakt und generell festgelegt wird.[860] Es verlangt also kontrollierbares Verwaltungshandeln.[861] Missbrauch und Willkür sollen ausgeschlossen sein.[862] Das Rechtsstaatsprinzip verlangt auch, dass Verwaltungshandeln vorhersehbar sowie berechenbar ist,[863] was insbesondere durch ein parlamentarisches Gesetz erreicht werden kann.[864] Es ist die Aufgabe des Gesetzgebers, „dem Staat des Grundgesetzes und seiner Staatsform einen allgemeinen rechtlichen Rahmen zu geben und die Verwaltung an den im Gesetz niedergelegten Willen des Volkes zu binden“[865]. Demnach verpflichten das Rechtstaatsprinzip und das Demokratieprinzip den Gesetzgeber, wesentliche Entscheidungen nicht der Verwaltung zu überlassen, sondern selbst zu treffen.[866] Im Gesetz wird das „zentrale Steuerungselement des demokratischen Rechtsstaates“ gesehen.[867]

Wesentliches Element des Rechtsstaatsprinzips ist die Rechtssicherheit,[868] sein zentrales Anliegen ist die Verlässlichkeit der Rechtsordnung.[869] Die Rechtssicherheit ist als objektiver Grundsatz wirksam, um u.a. die Teilung der Gewalten sowie die Unterscheidbarkeit der Kompetenzen zu sichern.[870] Auch kann Rechtssicherheit Vertrauensschutz für den Bürger bedeuten.[871] Eine „nicht gesetzliche“ dingliche Widmungswirkung widerstrebt durch seine weitreichenden Folgen der Rechtssicherheit und dem Vertrauensschutz im Allgemeinen, auch verstößt sie gegen den numerus clausus der Sachenrechte.

---

860 Vgl. *Pietzcker*, JuS 1979, 710, 713.

861 Vgl. *Voßkuhle*, JuS 2007, 118.

862 *Pietzcker*, JuS 1979, 710, 713.

863 *Maurer*, Staatsrecht I, § 10 Rn. 20; *Pietzcker*, aaO; nach *Voßkuhle*, JuS 2007, 118 soll Verwaltungshandeln „eindeutig, berechenbar und kontrollierbar“ sein.

864 *Maurer*, Staatsrecht I, § 10 Rn. 20.

865 *Stober*, in: Wolff/Bachof/Stober/Kluth, VwR I, § 30 Rn. 28.

866 Vgl. *Jarass*, in: Jarass/Pieroth, GG Kommentar, Art. 20 Rn. 46 f.

867 So *Schuppert*, in: *Schuppert*, Das Gesetz als zentrales Steuerungselement des Rechtsstaates, S. 110 ff.; vgl. auch Stober, in: Wolff/Bachof/Stober/Kluth, VwR I, § 30 Rn. 28.

868 Statt vieler *Schmidt-Aßmann*, in: Isensee/Kirchhof, HStR II^{3}, § 26 Rn. 81 mwN.

869 Vgl. *Schmidt-Aßmann*, aaO mwN.

870 Vgl. *Schmidt-Aßmann*, aaO.

871 *Schmidt-Aßmann*, aaO.

a) *Numerus clausus der Sachenrechte*

Der numerus clausus der Sachenrechte, der auch im öffentlichen Recht gilt[872], soll den Rechtsverkehr vor unbekannten Rechten an Sachen schützen.[873] Klar abgegrenzte, genormte Sachenrechtstypen dienen dem Verkehrsinteresse[874] sowie der Rechtssicherheit und Rechtsklarheit der Vermögenszuordnung. Die Abweichung von diesem numerus clausus ist für den Rechtsverkehr durch die Einführung nicht geregelter öffentlicher Sachenrechte derart einschneidend, dass eine solche Abweichung der Exekutive nicht gestattet sein dürfte.[875] Diese Rechtsunsicherheit besteht trotz des wohl berechtigten Einwands, die rechtlichen Implikationen seien deshalb marginal, weil öffentlicher Sachherr und Eigentümer einer öffentlichen Sache im Verwaltungsgebrauch selten personenverschieden sind.[876] Zwar ist der numerus clausus der Sachenrechte nicht als feststehender Rechtssatz zu verstehen. Eine „geschlossene Zahl der dinglichen Rechte"[877] spricht als solche nicht gegen ein etwaiges öffentliches Sachenrecht, das Grundlage für „nicht gesetzliche" Sicherungsmittel wäre. Dieser numerus clausus streitet aber dafür, dass aus Gründen der Rechtssicherheit Sachenrechte normiert sein müssen, wenn man mit diesen am Rechtsverkehr teilnehmen möchte.

---

872 Für die Geltung des numerus clausus auch für öffentliche Sachenrechte *Papier*, JuS 1981, 498, 503; *Ehlers*, NWVBl. 1993, 327, 328 f.; *Kromer*, Sachenrecht des Öffentlichen Rechts, S. 88, 94 f.; kritisch vgl. *Niehues*, Dinglichkeit im Verwaltungsrecht, S. 97 f.; dagegen *Germann*, AöR 128 (2003), 458, 474 mit der Begründung, dass sich das durch Widmung entstehende öffentliche Sachenrecht „bruchlos in die bekannten Typen dinglicher Rechte" einfüge und ferner der numerus clausus nur eine Systementscheidung einfachgesetzlicher Art für bürgerliche Sachenrechte sei.

873 So *Axer*, Die Widmung als Schlüsselbegriff des Rechts der öffentlichen Sachen, S. 167. Dazu generell *Westermann*, Sachenrecht, § 2 Rn. 15 f. Abweichungen wurden aufgrund der Bedürfnisse des Wirtschaftslebens entweder gesetzlich eingeführt wie das Erbbaurecht oder Wohnungseigentum, oder es erfolgte eine rechtsfortbildende Erweiterung wie beim Anwartschaftsrecht, aaO Rn. 17; zu den Ausnahmen *Vieweg/Werner*, Sachenrecht, § 1 Rn. 5 mwN.

874 Vgl. *Baur/Stürner*, Sachenrecht, § 49 Rn. 4.

875 So auch *Axer*, Die Widmung als Schlüsselbegriff des Rechts der öffentlichen Sachen, S. 167.

876 *Thormann*, NWVBl. 1992, 354, 357; zur seltenen Personenverschiedenheit *BullMehde*, AVR, § 22 Rn. 921.

877 *Niehues*, Dinglichkeit im Verwaltungsrecht, S. 97.

b) Rechtssicherheit und Vertrauensschutz im Allgemeinen

Ausfluss des Rechtsstaatsprinzips sind zusätzlich die Rechtssicherheit und die Gewährleistung von Vertrauensschutz im Allgemeinen.[878] Die Rechtssicherheit gebietet unter anderem die Berechenbarkeit des Rechts.[879] Wenn die Exekutive an allen Gegenständen, die sie zur Bewältigung der ihr obliegenden Aufgaben verwendet, eine besondere öffentliche Sachherrschaft mit den Wirkungen eines Sachenrechts begründen kann, ist Verwaltungshandeln nicht voraussehbar und berechenbar.[880]

Zivilrechtlich kann nur deshalb einem Dritten ein Nießbrauch an einer Sache eingeräumt werden, weil die objektive Rechtsordnung den Nießbrauch als dingliches Recht durch § 1030 BGB vorgibt, und in § 1032 BGB die Voraussetzungen der Bestellung sowie des Erwerbs geregelt sind. In diesem Sinne kann der Verwaltungsträger als Teilnehmer am Rechtsverkehr nur solche Rechte einführen, die man nach der positiven Rechtsordnung auch einführen kann. Daher erzeugt die Anerkennung dinglicher Widmungswirkungen im Sinne des traditionellen Verständnisses des Rechts der öffentlichen Sachen Rechtsunsicherheit. Sie zeigt sich vor allem in den daraus auf „zweiter Stufe" folgenden „nicht gesetzlichen" Sicherungsmitteln, deren bloßer Rechtsgrund die Widmung ist. Auch die Veränderung der Verkehrsfähigkeit der öffentlichen Sache, die mit einer sachenrechtlichen Wirkung einer Widmung und der Unanwendbarkeit der §§ 936, 945 BGB einhergeht, ist ohne gesetzliche Anordnung wie im Straßenrecht äußerst irreführend.

Denn das Rechtsstaatsprinzip streitet insbesondere auch für eine Schutzwürdigkeit des gutgläubigen Erwerbers einer Sache, dem ohne Gesetz keine das Zivilrecht überlagernde öffentliche Sachherrschaft entgegengehalten werden darf, wie es die traditionelle Lehre des Rechts der öffentlichen Sachen annimmt. Auch der sich im gutgläubigen Erwerb konkretisierende Vertrauensschutz als besonders schützenswertes Element des Rechtsstaatsprinzips erfordert ein Gesetz, wenn von den gesetzlichen Regelungen abgewichen werden soll. Gerade beim Erwerb öffentlicher Sachen ist der in den §§ 932 ff. BGB eingebaute Vertrauensschutz derart prägend, dass im Anwendungsbereich des § 936 BGB bei einer

878 Dazu umfassend *Sobota*, Das Prinzip Rechtsstaat, S. 154 ff. mwN.

879 So nur *Zippelius/Würtenberger*, Deutsches Staatsrecht, § 12 Rn. 62.

880 In diesem Sinne auch *Manssen*, JuS 1992, 745, 747 mwN; vgl. auch *Papier*, JuS 1981, 498, 503, der aus Gründen der Rechtsklarheit eine Modifikation der sachenrechtlichen Regeln des BGB nur durch oder aufgrund eines förmlichen Gesetzes anerkennt; im Ergebnis auch *Ehlers*, NWVBl. 1993, 327, 328; schließlich *Axer*, Die Widmung als Schlüsselbegriff des Rechts der öffentlichen Sachen, S. 166 f.

Abwägung zwischen Erhalt der öffentlichen Last und lastenfreien Erwerb das öffentliche Interesse nicht stets überwiegt.[881] Nicht jede öffentliche Sache im Verwaltungsgebrauch ist für die Allgemeinheit so wichtig wie eine öffentliche Sache im Gemeingebrauch.[882] Indiz dafür sollten gerade schon die nicht vorhandenen gesetzlichen Regelungen zu Sachen im Verwaltungs- und Anstaltsgebrauch sein.

III. Ergebnis

Der Exekutive ist es auch aus kompetentiellen Gründen unmöglich, nicht gesetzlich geregelte Sachenrechte einzuführen. Dies ergibt sich aus Art. 14 Abs. 1 S. 2 GG sowie aus dem allgemeinen Vorbehalt des Gesetzes. Es müsste zumindest zuvor durch einen förmlichen Legislativakt eine dingliche Widmungswirkung geregelt werden.

---

881 Vielfach wird zudem § 935 Abs. 1 BGB einen Eigentumserwerb hindern, da im Falle der Veräußerung einer Sache im Verwaltunsgebrauch durch Bedienstete eines Verwaltungsträgers diese als Besitzdiener angesehen werden. Auch Organe werden nur im ordnungsgemäßen Geschäftsablauf als Besitzer angesehen, sodass bei die öffentliche Zweckbindung gefährdenden Besitzverlusten oder Verfügungen ein Abhandenkommen der Sache im Sinne des § 935 Abs. 1 BGB vorliegt, siehe dazu ausführlich *Frotscher*, VerwArch 62 (1971), 153, 154 ff.; ebenfalls dazu vgl. *Schmidt-Jortzig*, NVwZ 1987, 1025, 1030; *Manssen*, JuS 1992, 745, 747; kritisch bei öffentlichen Versteigerungen, die den Ausschluss des Gutglaubenserwerbs durch § 935 Abs. 2 BGB wieder aufheben, *Fechner*, JuS 1993, 704. Erforderlich ist aber auch dann die Redlichkeit des Erwerbers, siehe *Kindl*, in: Bamberger/Roth, BeckOK BGB, § 935 Rn. 12 (Stand 5.2014) mwN.

882 Vgl. dazu *Wernecke*, AcP 195 (1995), 445, 458 f., die nach Art der Sache differenziert; Die von *Wernecke*, aaO 458, vorgeschlagende Einzelfallbetrachtung je nach Relevanz der öffentlichen Sache für die Allgemeinheit hinsichtlich der Anwendbarkeit der §§ 932 ff. auf öffentliche Sachen würde zu großer Rechtsunsicherheit führen. Dem Vorschlag mangelt es an Pagmatismus: Wer bestimmt die Relevanz einer Sache im Einzelfall nach welchen Kriterien? Auf den von *Wernecke* vorgeschlagenen Geldwert einer Sache, siehe aaO 459, kann es nicht ankommen. Man müsste auf ihren Nutzen für die Allgemeinheit abstellen; statt aller zur Schutzwürdigkeit des Vertrauens gutgläubiger Erwerber im Zusammenhang nicht geregelter öffentlichen Sachen *OVG Münster*, NJW 1993, 2635, 2637 und *Ehlers*, NWVBl. 1993, 327, 333.

D. Verstoß gegen sachenrechtliche Prinzipien

Neben den bereits behandelten sachenrechtlichen Grundsätzen des Publizitätsgebots[883] und des numerus clausus[884] sprechen auch der Typenzwang der Sachenrechte sowie der *nulla res sua servit* – Grundsatz gegen die Begründung einer genuinen öffentlichen Sachherrschaft als Grundlage „nicht gesetzlicher" Sicherungsinstrumente.

I. Typenzwang der Sachenrechte

Der Typenzwang ist eng mit dem numerus clausus der Sachenrechte verbunden und besagt, dass der Rechtsverkehr an die gesetzlich vorgegeben Typen von Sachenrechten gebunden ist. Es können keine neuen Rechtstypen geschaffen werden,[885] demnach auch kein „nicht gesetzliches" öffentliches Sachenrecht.[886]

Die Leichtigkeit und Sicherheit des Rechtsverkehrs erfordern diese sachenrechtliche Typenbeschränkung. Denn sachenrechtliche Berechtigungen sind, wenn auch im Einzelnen in verschiedener Intensität, auf den Wechsel des Rechtsinhabers zugeschnitten, sodass das Gesetz dem Erwerber von vornherein eine Vorstellung davon vermitteln muss, was er erwirbt.[887] Insofern soll der Typenzwang das Eigentum vor unübersehbaren Belastungen bewahren.[888] Inhalt und Umfang der dinglichen Rechte sind durch das Gesetz zwingend vorgeschrieben[889], sodass ein öffentliches Sachenrecht als Widmungsfolge mangels gesetzlicher Fixierung gegen diesen Grundsatz verstößt.

II. Nulla res sua servit – Grundsatz

Ferner lässt sich der *nulla res sua servit* – Grundsatz gegen ein ungeregeltes öffentliches Sachenrecht anführen: Wer das Vollrecht hat, bedarf des beschränkten

883 Im Zusammenhang des Problems der konkludenten Widmung zumindest vieler Sachen im Verwaltungsgebrauch und der Wirksamkeit der dinglichen Regelung im Rahmen der Bekanntgabe, siehe 4.A.I. und II.

884 Dazu bereits im Rahmen rechtsstaatlicher Erwägungen zur kompetenzrechtlichen Unmöglichkeit der Einführung von Sachenrechten durch die Exekutive, Kapitel 4.C.II.3.a).

885 *Schreiber*, Jura 2010, 272, 275.

886 A.A. zur Anwendbarkeit des numerus clausus der Sachenrechte ohne nähere Begründung z.B. *Wernecke*, AcP 195 (1995), 444, 452.

887 *Baur/Stürner*, Sachenrecht, § 2 Rn. 9 f.

888 *Baur/Stürner*, aaO Rn. 10.

889 So als Typenfixierung umschreibend *Vieweg/Werner*, Sachenrecht, § 1 Rn. 5 mwN.

Rechts nicht. Eine generelle Regelung dazu hat aber keinen Eingang ins BGB gefunden.[890] Grundsätzlich[891] erlöschen dingliche Rechte nach den Regeln des BGB, wenn sie mit Eigentum in einer Hand zusammenfallen, sog. Konsolidation. Die Bestellung eines dinglichen Rechts an einer eigenen Sache kennt das Gesetz ausdrücklich nur für die Grundschuld (§ 1196 BGB) und Rentenschuld (§ 1199 BGB).[892]

Aus dieser Systematik des BGB ergibt sich daher Folgendes: Eine öffentliche Sachherrschaft, mag man diese als öffentliches Sachenrecht sui generis in Gestalt einer Dienstbarkeit anerkennen, an einer eigenen Sache müsste dann erlöschen beziehungsweise das Bestellen unmöglich sein, wenn der öffentliche Sachherr Eigentümer der Sache ist. Ausnahmsweise ist die Bestellung eines solchen Rechts dann möglich, wenn es aus wirtschaftlichen Erwägungen heraus sinnvoll erscheint. Wirtschaftliche Erwägungen spielen beim Erhalt der Sache im Vermögen des öffentlichen Sachherrn aber nur mittelbar eine Rolle. Primär soll die öffentliche Sachherrschaft gerade dazu dienen, den widmungsgemäßen Gebrauch der Sache zu gewährleisten und einen Entzug der Sache verhindern. Diese Zielrichtung der traditionell angenommenen Widmungsfolge an den zumeist austauschbaren öffentlichen Sachen im Anstalts- und Verwaltungsgebrauch verhält sich konträr zu den Ausnahmen der Konsolidation. Diese Ausnahmen haben den Zweck, das dingliche Recht an der Sache aus wirtschaftlichen Gründen zugunsten der Verkehrsfähigkeit der Sache zu erhalten.

Somit spricht auch der Rechtsgedanke der Konsolidation gegen die Bestellung einer öffentlichen Sachherrschaft durch Widmung an Sachen im gesetzlich nicht geregelten Bereich. Die im Zivilrecht geregelten sowie die anerkannten Ausnahmen zur Konsolidation sind teleologisch gerade nicht auf den Zweck der Einführung einer öffentlichen Sachherrschaft anwendbar.

---

890 Siehe diesbezüglich historischen Abriss des römischen und gemeinen Rechts bei *Wieling*, Sachenrecht I, § 1 II 3 b, S. 18 f.

891 Es gibt auch Ausnahmen. So bestimmt § 889 BGB, dass Grundstücksrechte nicht durch Konsolidation erlöschen. Ein Recht an einem fremden Grundstück erlischt nicht, wenn der Rechtsinhaber das Grundstück oder umgekehrt der Grundstückseigentümer das Recht an seinem Grundstück erwirbt. Dasselbe gilt für das Pfandrecht an Mobilien, wenn der Eigentümer am Fortbestehen des Pfandrechts ein Interesse hat oder die gesicherte Forderung belastet ist, vgl. § 1256 Abs. 2 und Abs. 1 S. 2 BGB. Gleiche Regelungen existieren für den Nießbrauch, siehe § 1063 Abs. 2 BGB. Zu allem *Wieling*, Sachenrecht I, § 1 II 3 b, S. 19.

892 *Wieling*, Sachenrecht I, § 1 II 3 b, S. 19.

III. Ergebnis

Insgesamt verstößt die Annahme einer dinglichen Widmungswirkung gegen das Publizitätsgebot, den numerus clausus der Sachenrechte, den Typenzwang sowie den *nulla res sua servit* – Grundsatz.[893] Es zeigt sich somit, dass ein öffentliches Sachenrecht als generelle Widmungsfolge dem bekannten System zumindest fremd ist. Schreibt man den sachenrechtlichen Prinzipien Gesetzesqualität zu und sieht sie nicht nur als bloße Grundsätze ohne Gesetzesqualität an[894], läge in der Begründung systemfremder Sachenrechte auch ein Verstoß gegen den Vorrang des Gesetzes.

E. Zusammenfassung

Die Untersuchung hat gezeigt, dass die Annahme von Sicherungsinstrumenten für öffentliche Sachen ohne gesetzliche Anordnung rechtswidrig ist.

Häufig wird schon die fehlende Wirksamkeit mangels öffentlicher Bekanntgabe einer Einführung eines solchen Sachenrechts entgegenstehen, da die ungeregelten öffentlichen Sachen regelmäßig nur konkludent durch Verwaltungsakt gewidmet werden.

Mangels gesetzlicher Regelung greift ein „genuines" öffentliches Sachenrecht, auf jeden Fall aber die daraus resultierenden Sicherungsinstrumente in von Art. 14 GG geschützte Belange ein, wenn der öffentliche Sachherr die Widmung wie im *Stadtsiegel- oder Rheinsteinbogenfall* gegen Privatrechte Dritter durchsetzen will. Wegen der Implikationen für den Rechtsverkehr und der Erweiterung des Kanons der bekannten Sachenrechtstypen wäre ohnehin ein formelles Gesetz erforderlich. Auch die rechtliche Sicherung der Eigenschaft als öffentliche Sache durch die traditionelle Annahme, die §§ 936 und 945 BGB seien auf öffentliche Sachen unanwendbar, ist mangels gesetzlicher Regelungen wie § 6 Abs. 6 StrWG NRW abzulehnen.

---

893 A.A zum Typenzwang und dem sachenrechtlichen Publizitätsgebot *Wernecke*, AcP 195 (1995), 445, 452.

894 Vgl. *Schreiber*, Jura 2010, 272 „gemeinsame Grundgedanken", zugunsten der Rechtsklarheit, ohne Gesetzesqualität, aber ungeschriebene Grundsätze als Auslegungshilfen, jeweils mwN; für *Germann*, AöR 128 (2003), 458, 474, zwar eine „einfachgesetzliche Systementscheidung", jedoch nur für bürgerliche Sachenrechte; für einen formell-gesetzlichen Rechtsgrundsatz vgl. z.B. *Wiegand*, AcP 190 (1990), 112, 117 f.

Ferner ist es Exekutivorganen auch kompetenzrechtlich nicht erlaubt, gesetzlich nicht geregelte Sachenrechte an den von ihnen benötigten Gegenständen einzuführen.

Ein solches öffentliches Sachenrecht als Widmungsfolge widerspricht zudem anerkannten sachenrechtlichen Grundsätzen.

5. Kapitel: Sicherungsinstrumente bei den res sacrae: Die res sacra als Sondermaterie im öffentlichen Sachenrecht

Die res sacrae sind eine "ganz eigenartige Gruppe von öffentlichen Sachen"[895]. Unabhängig davon, ob „die Bezeichnung der res sacrae als öffentliche Sachen … irreführend"[896] ist oder nicht, „in allen Rechtskulturen findet man den res sacrae eine Sonderstellung zugewiesen"[897]. Auch bei dieser Gruppe der öffentlichen Sachen stellt sich wie in den vorangegangenen Kapiteln folgende Frage: Bestehen Sicherungsinstrumente zur Gewährleistung des widmungsgemäßen Gebrauchs nach öffentlichem (Sachen-)Recht? Genießt eine res sacra absoluten Schutz gegen Beeinträchtigungen ihres Widmungszwecks aller Art? Im Unterschied zu den anderen öffentlichen Sachen könnte in Art. 140 GG i.V.m. den Art. 136 ff. WRV, mithin Verfassungsrecht[898], (zusätzlicher) Schutz für die res sacrae enthalten sein.

A. „Schutzordnungen" der res sacrae

Gewisse Gegenstände der Glaubens- und Bekenntnisgemeinschaften werden zum einen zu den öffentlichen Sachen gezählt. Zum anderen können diese Gegenstände verfassungsrechtlichen Schutz genießen.

Die Frage, ob res sacrae nicht nur formell zu den öffentlichen Sachen gezählt werden können, sondern darüber hinaus auf die res sacrae auch die Widmungsfolgen im Sinne der traditionellen Lehre anwendbar sind, wird sowohl bei staatlichen als auch zivilrechtlichen Eingriffen relevant. Ob res sacrae einen erhöhten Bestandsschutz genießen ist nicht nur dann fraglich, wenn aus Gründen der Verkehrs- und Stadtplanung Kirchen abgebrochen oder Friedhöfe aufgelassen

---

895 *Mayer*, Deutsches Verwaltungsrecht II, S. 55, vgl. statt aller *Detterbeck*, AVR, Rn. 1004 mwN: „umstrittene Sondermaterie".

896 *Axer*, Die Widmung als Schlüsselbegriff des Rechts der öffentlichen Sachen, S. 217.

897 *Forsthoff*, AöR 31 (1940), 209. Siehe zur Historie im Übrigen *Schütz*, in: Listl/Pirson, HdbStKR II², § 38 S. 3 ff.; zu einem „gemein-deutschen" Zustand *Renck*, DöV 1990, 333 Fn. 6.

898 Zu den inkorporierten Artikeln der Weimarer Reichsverfassung als „vollumfängliches Verfassungsrecht" *Korioth*, in: Maunz/Dürig, GG Kommentar, Art. 140 Rn. 8 mwN (Stand 2.2003); das *BVerfG*, NVwZ 1999, 753, 754, nennt die inkorporierten Kirchenartikel der WRV und das Grundgesetz ein „organisches Ganzes".

werden sollen.[899] Wenn nun ein kirchlicher Gegenstand zivilrechtlich seinen Eigentümer wechselt, ist zu klären, ob sich dann das rechtliche Schicksal dieser Sache ausschließlich nach dem Zivilrecht richtet oder das öffentliche (Sachen-) Recht Sicherungsinstrumente bereithält, dass die res sacra weiterhin widmungsgemäß genutzt werden kann.

I. Schutzordnung des öffentlichen Sachenrechts

Die Relevanz einer Unterstellung gewisser kirchlicher Gegenstände unter das Recht der öffentlichen Sachen sei am Beispiel des *Sakristeifalls*[900] und des *Klosterzimmern-Falls*[901] vergegenwärtigt. In beiden Fällen wurde das öffentliche Sachenrecht zur Lösung zugunsten des widmungsgemäßen Nutzens einer res sacra herangezogen. Die Zuordnung der res sacrae zum öffentlichen Sachenrecht ist aber nicht unumstritten. Teilweise werden die res sacrae als Rechtsfigur in Frage gestellt oder es wird die Anwendung der traditionellen Widmungsfolgen auf die res sacrae kritisch hinterfragt.[902]

1. Relevanz des Körperschaftsstatus

Nach herkömmlicher Ansicht hat der Körperschaftsstatus der Kirchen und Religionsgemeinschaften zur Folge, dass diese Teile ihres kirchlichen Vermögens als „res sacrae" den Status einer öffentlichen Sache im Sinne des staatlichen Ver-

---

899 Beispiel nach *Müller-Volbehr*, ZevKR 33 (1988), 153, 173.

900 Siehe zum Fall 4.B.II., S. 151 f.

901 Siehe zum Fall 1.A.V.

902 Kritisch wegen der formalen Einordnung in das allgemeine Verwaltungsrecht *Forsthoff*, AöR 31 (1940), 209, 223; Wohl der erste, der die Möglichkeit res sacrae ins öffentliche Sachenrecht zu übertragen für verfassungswidrig hält *Obermayer*, Universitas 1970, 1279, 1285. Dies deshalb, weil das Privileg nur den Korporierten zuteil werde; ferner *Keihl*, Das staatliche Recht der res sacrae, S. 135 ff., 143 f.; eine öffentliche Sachherrschaft an res sacrae ablehnend *Goerlich*, BayVBl. 1988, 182, 183; zudem *Kromer*, Sachenrecht des Öffentlichen Rechts, S. 31, res sacrae könnten keine öffentlichen Sachen „unter der Geltung des staatlichen (!) Verwaltungsrechts sein". Siehe auch aaO S. 80 f., mangels vom Staat originär verliehener Hoheitsgewalt könnten die Kirchen auch keine öffentlich-rechtlichen Dienstbarkeiten statuieren, die die Regelungen z.B. der §§ 932 ff. BGB derart überlagern, dass der Gutglaubenserwerb für res sacrae außer Kraft gesetzt werde; schließlich *Kleine*, Institutionalisierte Verfassungswidrigkeiten im Verhältnis von Staat und Kirchen unter dem Grundgesetz, S. 119 ff.; vgl. noch *Mayer-Scheu*, Grundgesetz und Parität von Kirchen und Religionsgemeinschaften, S. 204 f.

waltungsrechts verleihen können.[903] Somit stehen gewisse Gegenstände unter der Schutzordnung des öffentlichen Sachenrechts. Der Kreis der dafür in Frage kommenden Gegenstände wird unterschiedlich beurteilt.

a) Geschützte Gegenstände

Es liegt bei den res sacrae eine begriffliche Unschärfe vor, da fraglich ist, ob alle Gegenstände gewisser Glaubens- und Bekenntnisgemeinschaften oder nur ein eng begrenzter Kreis von Gegenständen öffentliche Sachen sein können. Als res sacrae werden zumeist nur die unmittelbar gottesdienstlichen Zwecken dienenden Gegenstände verstanden wie Glocken und Kirchengebäude.[904] Andere gehen davon aus, dass Gegenstände des gesamten kirchlichen Verwaltungsvermögens öffentliche Sachen sein können. Dann könnten auch kirchliche Kindergärten oder Krankenhäuser durch Widmung zur res sacra werden.[905] Mitunter wird sogar zwischen res sacrae und kirchlichen öffentlichen Sachen differenziert.[906]

Welche „kirchlichen" Gegenstände nun dem öffentlichen Sachenrecht unterstellt werden können, wird mal mit Verfassungsrecht[907], mal mit Gewohnheitsrecht begründet.[908] Mal wird dazu ein Widmungsakt als erforderlich angesehen,

---

903 Vgl. zur Widmungs*befugnis* BVerwGE 68, 62, 65; 87, 115, 131; statt vieler *Forsthoff*, VwR I, S. 387; *v. Campenhausen/de Wall*, Staatskirchenrecht, S. 260; *ders.*, in: v. Mangoldt/Klein/Starck, GG Kommentar, Art. 140 GG/Art. 137 WRV, Rn. 229 ff.; *Mainusch*, Die öffentlichen Sachen der Religions- und Weltanschauungsgemeinschaften, S. 122 mwN; *Müller-Volbehr*, ZevKR 33 (1988), 153 ff.; *Schlink*, NVwZ 1987, 633 ff.; zunächst noch dafür *Renck*, NVwZ 1990, 38, später jedoch ablehnend *ders.*, JZ 2001, 375, 376; *Kluth*, in: Wolff/Bachof/Stober/Kluth, VwR II, § 74 Rn. 27; *Papier*, in: Erichsen/Ehlers, AVR, § 39 Rn. 54; als umstritten titulierend, deshalb offenlassend *Detterbeck*, AVR, Rn. 1004; a.A. zur Grundlage z.B. *Schütz*, in: Listl/Pirson, HdbStKR II², § 38 S. 11.

904 Für diese „engere" Sicht der nur zum Kultgebrauch bestimmten Gegenstände z.B. *Forsthoff*, VwR I, S. 387; *Weber*, ZevKR 11 (1964/65), 111; *Papier*, in: Erichsen/Ehlers, AVR, § 39 Rn. 54; vgl. *Wallerath*, AVR, § 14 Rn. 24 mwN.

905 Siehe dazu die Ausführungen und Nachweise bei *v. Campenhausen/de Wall*, Staatskirchenrecht, S. 260 mwN; auf das Selbstverständnis abstellend, welche Sachen einem öffentlichen sachenrechtlichem Regime unterstellt werden können *Morlok*, in: Dreier, GG Band 3, Art. 137 WRV Rn. 75.

906 *v. Campenhausen/de Wall*, Staatskirchenrecht, S. 261; ferner *Korioth*, in: Maunz/Dürig, GG Kommentar, Art. 137 WRV Rn. 88 (Stand 2.2003).

907 Statt aller *Schütz*, in: Listl/Pirson, HdbStKR II², § 38 S. 11.

908 *Schlink*, NVwZ 1987, 633, 638; kraft im römischen Recht wurzelnden Gewohnheitsrechts *Axer*, Die Widmung als Schlüsselbegriff des Rechts der öffentlichen Sachen, S. 209.

um öffentliche Sachen im Sinne des staatlichen Verwaltungsrechts zu erzeugen[909], mal wird die bloße Ingebrauchnahme für ausreichend gehalten.[910] Daneben existiert das Verwaltungs- und Finanzvermögen der Glaubens- und Bekenntnisgemeinschaften, was aber nicht zu den res sacrae gezählt wird.[911]

b) *Widmungsfolgen*

Für einige ist die Folge einer Widmung zur res sacra im staatskirchenrechtlichen Sinn die Beschränkung der Verkehrsfähigkeit dieser Sache, und zwar soweit die religiöse Zweckbestimmung reiche. So wird der Zweckbestimmung gemäß den traditionellen Lehren des öffentlichen Sachenrechts absolute Wirkung unter Ausschluss eines gutgläubigen lastenfreien Erwerbs zugeschrieben, was wiederum dann relevant wird, wenn der öffentliche Sachherr nicht zugleich Eigentümer der Sache ist.[912] Die Überlagerung der Sache mit einer kirchlichen Zweckbindung wird abermals mit einer öffentlich-rechtlichen Dienstbarkeit umschrieben.[913] Rechtsgeschäfte und tatsächliche Handlungen, die der Zweckbestimmung

---

909 *v. Campenhausen/de Wall*, Staatskirchenrecht, S. 262 mwN, wobei nur ein dahingehender Willensakt erkennbar sein muss, aaO S. 263.

910 *Axer*, Die Widmung als Schlüsselbegriff des Rechts der öffentlichen Sachen, S. 207 f.

911 *Kluth*, in: Wolff/Bachof/Stober/Kluth, VwR II, § 74 Rn. 27; a.A. *v. Campenhausen/de Wall*, Staatskirchenrecht, S. 261, die zu den kirchlichen öffentlichen Sachen das gesamte staatliche Verwaltungsvermögen zählen, und dies mit der öffentlich-rechtlichen Körperschaftsgarantie des Art. 140 GG i.V.m. Art. 137 Abs. 5 WRV begründen.

912 So insgesamt auch für die res sacrae z.B. *Schütz*, in: Listl/Pirson, HdbStKR II^2, § 38 S. 11 f. mwN; *Mainusch*, Die öffentlichen Sachen der Religions- und Weltanschauungsgemeinschaften, S. 125 ff.; *Axer*, Die Widmung als Schlüsselbegriff des Rechts der öffentlichen Sachen, S. 215, ebenso *ders.*, in: FS Listl, 553, 570 f. mit einem Vergleich zu § 6 Abs. 6 StrWG NRW; *Muus*, ZevKirchR 1964/65, 123, 126 („allgemeinen Rechtsverkehr ausgesondert") und *Erler*, Kirchenrecht, S. 158 („Sie dürfen nicht mehr zu profanen Zwecken verwendet werden") gehen ohne nähere Begründung sogar davon aus, geweihte Gegenstände seien dem weltlichem Verkehr schlichtweg entzogen; insgesamt ablehnend statt aller *Renck*, JZ 2001, 375, 376; für *Ehlers*, NWVBl. 1993, 327, 329 mwN, sind die „für den staatlichen Rechtskreis entwickelten Regeln des öffentlichen Sachenrechts nicht einfach unverändert auf den religiösen Bereich" übertragbar; ähnlich *Axer*, Die Widmung als Schlüsselbegriff des Rechts der öffentlichen Sachen, S. 217, der ausschließlich die öffentliche Sachherrschaft für übertragbar hält.

913 Siehe nur *Schütz*, in: Listl/Pirson, HdbStKR II^2, § 38 S. 12; *Mainusch*, Die öffentlichen Sachen der Religions- und Weltanschauungsgemeinschaften, S. 122 f.; *v. Campenhausen/de Wall*, Staatskirchenrecht, S. 262.

zuwiderlaufen, sind nach diesem Verständnis ausgeschlossen.[914] Diese öffentlich-rechtliche Zweckbindung sei ferner die Rechtsgrundlage dafür, zweckwidrige Benutzungen einer res sacra abzuwehren.[915]

c) Zwischenergebnis

Ein Schutz nach öffentlichem Sachenrecht wird nur an einem eng begrenzten Kreis von Gegenständen zum Kultgebrauch angenommen. Dieser Schutz besteht nach herrschendem Verständnis auch nur für solche Religions- und Weltanschauungsgemeinschaften, die den Status einer Körperschaft des öffentlichen Rechts innehaben. Nur diese sind demnach privilegiert, gewisse Gegenstände dem öffentlichen Sachenrecht zu unterstellen. Die „traditionellen" Widmungsfolgen gelten dann auch bei den res sacrae.

2. Rechtliche Implikationen

Auch eine Widmung zur res sacra hat privatrechtsausschließende Wirkung[916], wenn man als Grundlage für Sicherungsinstrumente das Entstehen eines öffentlichen Sachenrechts als Widmungsfolge annimmt. Es stellen sich dann dieselben rechtlichen Probleme wie im 4. Kapitel bei den Sachen im Anstalts- und Verwaltungsgebrauch. Insbesondere liegt durch die absolute Widmungswirkung wie bei den „nicht gesetzlichen" öffentlichen Sachen ein Eingriff in Art. 14 GG vor, wenn späteren Erwerbern von Kirchengütern die Ausübung ihrer Rechte verwehrt werden soll, indem ihnen die Eigenschaft als res sacra entgegengehalten wird. Dem Einwand im *Sakristeifall*[917], man habe ein mit einem Haus bebautes Grundstück nur mit einer Dienstbarkeit beschränkt erworben, lässt sich

---

914 Statt aller *Mainusch*, Die öffentlichen Sachen der Religions- und Weltanschauungsgemeinschaften, S. 128 mwN; mit der Zeit zaghafter *v. Campenhausen*, in seinem Lehrwerk Staatskirchenrecht, 2. Auflage 1983, auf S. 139 noch klar der Ansicht, alle den Widmungszweck störenden Verfügungen und Rechtsgeschäfte seien unwirksam. Später in *v. Campenhausen/de Wall*, Staatskirchenrecht, S. 262, vorsichtiger: Verfügungen dürften „nicht zu einer Beeinträchtigung der als öffentlich-rechtlich anerkannten kirchlichen Sachherrschaft führen".

915 *Schütz*, in: Listl/Pirson, HdbStKR II^2, § 38 S. 12; ferner *Mainusch*, Die öffentlichen Sachen der Religions- und Weltanschauungsgemeinschaften, S. 136; *Forsthoff*, VwR I, S. 387 f. spricht der Widmung gerade auch dann abwehrende Funktion zu, wenn die res sacra zwar nicht in ihrer bestimmungsgemäßen Verwendung behindert wird, aber eine Inanspruchnahme der Weihe Abbruch tut.

916 Zu diesen Wirkungen bei den res sacrae schon *Forsthoff*, AöR 31 (1940), 201, 224.

917 Siehe ausführlich 4.B.II., S. 151 f.

entgegenhalten, dass ein Eingriffsakt in der Geltendmachung des jeweiligen Sicherungsmittels liegt. Dieser konkrete Eingriffsakt muss auf eine gesetzliche Grundlage rückführbar sein. Derartige Beschränkungen, wie sie sich aus Sicherungsmitteln ergeben können, sind gerade bei den immobilen res sacrae mit einem zeitweisen[918], wenn nicht gänzlichen Entzug[919] der Sache verbunden. In jedem Fall kann der Eigentümer die Sache nicht nach seinen Wünschen gestalten und nutzen, ein Raum kann z. B. unmöglich Wohnzimmer und Sakristei zugleich sein.[920] Eine Widmung zur res sacra kann folglich nur nach staatlicher Ermächtigung erfolgen, soweit sie Dienstbarkeiten, Veräußerungsverbote, Unterhaltungslasten oder Duldungspflichten begründet.[921]

Vorgelagerte Probleme schon bezüglich der Widmung als Kreationsakt sollen hier außer Betracht bleiben. Im Kern geht es darum, wie ein innerkirchlicher Akt wie beispielsweise die Weihe einer Sache nach jeweiligem Innenrecht einer Glaubensgemeinschaft eine außenwirksame Widmung zu einer öffentlichen Sache sein soll.[922] Res sacrae bedürfen einer Weihehandlung, um als solche anerkannt zu sein. Bei den korporierten Kirchen spricht man von durch Konsekration oder Benediktion zum Kultus bestimmte Gegenstände.[923] Zumeist wird ein Vergleich zu einem Verwaltungsakt gezogen, was nicht unbestritten ist.[924] Problematisch könnte in diesem Zusammenhang zusätzlich sein, dass nach innerkirchlichem

---

918 So im Fall des *VG Augsburg*, 1.A.V.

919 So im *Sakristeifall.*

920 Im *Sakristeifall* blieb die Eigenschaft der res sacra wegen der „Zweckbindung" erhalten, vgl. aaO.

921 So *Kromer*, Sachenrecht des Öffentlichen Rechts, S. 75, wobei er die Rechte, in welche diese eingreifen, aaO nicht benennt.

922 Kritisch *Müller-Volbehr*, ZevKR 33 (1988), 153, 172 mwN; diesbezüglich auf „außerordentliche Unklarheiten" hinweisend *Stern*, in: Stern/Sachs/Dietlein, Das Staatsrecht der BRD, Band IV/2, § 119 S. 1292.

923 Statt aller *Kromer*, Sachenrecht des Öffentlichen Rechts, S. 74.

924 Für einen Verwaltungsakt *Forsthoff*, AöR 31 (1940), 209, 227; *Schallenberg*, Die Widmung, S. 97; unklar *OLG Frankfurt am Main*, DVBl. 1985, 861: „Bei der Widmung handelt es sich um einen dinglichen öffentlich-rechtlichen Akt kirchlichen Handelns"; für *Stern*, in: Stern/Sachs/Dietlein, Das Staatsrecht der BRD, Band IV/2, § 119 S. 1292, mit staatlicher Widmung vergleichbar; a.A. *Renck*, JZ 2001, 375, 379, kirchliche Widmungen seien unstreitig keine Verwaltungsakte; ferner *Kromer*, Sachenrecht des Öffentlichen Rechts, S. 74 f.; mangels Ausübung staatlicher Gewalt *v. Campenhausen/de Wall*, Staatskirchenrecht, S. 263 mwN; *Axer*, Die Widmung als Schlüsselbegriff des Rechts der öffentlichen Sachen, S. 207 f., meint, es widerspreche dem kirchlichen Selbstbestimmungsrecht, in jeder Weihe oder Segnung eine staatliche Widmung zu erblicken.

Recht sogar zwischen den einzelnen res sacrae differenziert wird, ob nun eine besondere förmliche Widmung erfolgen soll oder die Sache durch Ingebrauchnahme gewidmet ist.[925] Teilweise wird den Kirchen auch ein Wille zum hoheitlichen Handeln abgesprochen.[926] Es wird dann wieder der Körperschaftsstatus als Begründung angeführt, aufgrund dessen das kirchliche Handeln außerhalb des kirchlichen Bereichs als öffentlich-rechtliche Widmung anerkannt werde.[927] Zumindest in ihren Wirkungen sind innerkirchliche Widmungsakte wohl einem staatlichen Verwaltungsakt gleichzustellen[928], sollen sie außenwirksam sein.

Eine angenommene dingliche Widmungswirkung verstößt auch wiederum gegen sachenrechtliche Prinzipien.[929]

Zudem könnte im Speziellen ein Verstoß gegen das staatliche Neutralitätsgebot vorliegen, indem zumeist nur Glaubensgemeinschaften mit der Eigenschaft einer Körperschaft des öffentlichen Rechts die Befugnis zugestanden wird, gewisse Gegenstände unter die Sonderordnung des öffentlichen Sachenrechts zu stellen.[930]

Im Folgenden beschränkt sich die Untersuchung auf die Ermittlung einer tauglichen Rechtsgrundlage, die bei den res sacrae der korporierten Religionsgesellschaften eine absolute Widmungswirkung als Grundlage für Sicherungsinstrumente nach öffentlichem Sachenrecht rechtfertigen kann.

---

925 Siehe dazu u.a. die Nachweise in BayObLGZ 1967, 93, 102.

926 Zumindest bezweifelnd *Müller-Volbehr*, ZevKR 33 (1988), 153, 175 f.; *Axer*, Die Widmung als Schlüsselbegriff des Rechts der öffentlichen Sachen, S. 208, die besondere öffentlich-rechtliche Sachherrschaft werde dann bereits durch die jeweilige kirchliche Handlung der Ingebrauchnahme kreiert.

927 *Müller-Volbehr*, ZevKR 33 (1988), 153, 174; vgl. *v. Campenhausen/de Wall*, Staatskirchenrecht, S. 263, jeweils mwN.

928 So *v. Campenhausen/de Wall*, Staatskirchenrecht, S. 263, da ein aus der Widmung anerkanntes Recht zum Besitz Bestandskraft entfalte, die eine Gleichstellung mit einem staatlichen Verwaltungsakt rechtfertige; kritisch allgemein *Mainusch*, Die öffentlichen Sachen der Religions- und Weltanschauungsgemeinschaften, S. 207 mit umfassenden Nachweisen zum Streitstand.

929 A.A. siehe nur *Müller-Volbehr*, NVwZ 1991, 142, 144: „Keinesfalls läßt sich dessen Typenzwang unbesehen dem kirchlichen Sachenrecht überstülpen".

930 So auch *Keihl*, Das staatliche Recht der res sacrae, S. 138 f., 143 f.; siehe auch *Kleine*, Institutionalisierte Verfassungswidrigkeiten im Verhältnis von Staat und Kirchen unter dem Grundgesetz, S. 119; in diesem Zusammenhang ist aber zu beachten, dass das *BVerwG* als zulässiges Kriterium zur Abweichung vom Grundsatz der Parität der Religionsgesellschaften die „äußere Größe und Verbreitung einer Religionsgesellschaft" und den „Grad ihrer öffentlichen Wirksamkeit" erachtet hat, dazu nur BVerwGE 87, 115, 127.

3. *Rechtsgrundlage der Unterstellung in das öffentliche Sachenrecht*

Die Annahme, dass durch eine Widmung zur res sacra quasi Sachenrechte gestaltet werden können, macht eine Ermächtigungsgrundlage erforderlich.[931] Die korporierten Bekenntnisgemeinschaften werden zwar als Körperschaften sui generis verstanden und sind nicht in den Verbund der staatlichen Organisation eingegliedert.[932] Es muss für diese dennoch der Vorbehalt des Gesetzes gelten, wenn die korporierten Religionsgemeinschaften mit der Widmungshandlung hoheitlich handeln und ihnen damit die Befugnis eingeräumt wird, gewisse Sachen den traditionellen Regeln des öffentlichen Sachenrechts zu unterwerfen.[933] Als Teil des Rechtsstaatsprinzips widerspricht es demselben, wenn der Vorbehalt des Gesetzes bei Eingriffen in Grundrechte Dritter abdingbar wäre.[934] Zur Rechtfertigung der aufgezeigten rechtlichen Implikationen wird als Rechtsgrundlage sowohl Gewohnheitsrecht als auch Verfassungsrecht diskutiert.

a) Gewohnheitsrecht und „altes" Landesrecht

Eine Grundlage für die Schaffung von res sacrae mit aufgezeigten Rechtswirkungen wird teilweise im Gewohnheitsrecht gesehen[935], andere knüpfen an die

931 So auch *Renck*, JZ 2001, 375, 376, die angenommene Widmungsfolge nach der traditionellen Lehre des öffentlichen Sachenrechts wirke sich prinzipiell auf alle Teilnehmer am Rechtsverkehr aus und sei daher normativ ermächtigungsbedürftig; ferner *Kromer*, Sachenrecht des Öffentlichen Rechts, S. 75 mwN.

932 Siehe u.a. *Renck*, JZ 2001, 375, 377 mwN.

933 A.A. *Ehlers*, NWVBl. 1993, 327, 329, der den Vorbehalt des Gesetzes auf korporierte Religionsgemeinschaften für nicht anwendbar hält, „da es sich bei ihnen nicht um Träger von Hoheitsgewalt handelt".

934 Vgl. Ausführungen bei *Renck*, JZ 2001, 375, 379.

935 BayObLGZ 1967, 93, 99, der Gesetzgeber erkenne „kraft allgemeiner gewohnheitsrechtlicher Norm" die Widmung der Kirche an, woraus geschlossen wird, dass dann auch die absoluten Rechtsfolgen ins staatliche Recht transferiert würden; ferner *Renck*, DöV 1990, 333, 334; im Gegensatz zu den öffentlichen Sachen im Allgemeinen für die res sacrae auch *Ehlers*, NWVBl. 1993, 327, 329; *Axer*, Die Widmung als Schlüsselbegriff des Rechts der öffentlichen Sachen, S. 163, 209; *Schütz*, in: Listl/Pirson, HdbStKR II², § 38 S. 9, verweist zwar auf eine verfassungsrechtliche Rechtsgrundlage der res sacrae, deren Rechtswirkungen bestimme aber Gewohnheitsrecht; wohl auch *Kaup*, BayVBl. 1992, 161, 162, „gewohnheitsrechtliche Angehörigkeit zum öffentlichen Sachenrecht"; ebenso *Schlink*, NVwZ 1987, 633, 637, der aber aaO 634 der dargestellten Kritik mangelnder Rechtfertigung der rechtlichen Implikationen zustimmt; zudem *Landau*, in: Listl/Pirson, HdbStKR I², § 10 S. 343; ablehnend nunmehr *Renck*, JZ 2001, 375, 378 f.; kritisch allgemein zum Gewohnheitsrecht bei res

„Rechtstradition" an.[936] Ein Gewohnheitsrecht müsste den res sacrae nicht nur formell einen öffentlichen Sachstatus zuerkennen. Es müsste sich gerade auch hinsichtlich einer das Zivilrecht überlagernden, öffentlichen Sachherrschaft als Grundlage von Sicherungsinstrumenten gebildet haben.

(1) Existenz und wirksames Fortgelten

Eine gewohnheitsrechtliche Praxis kann nicht zweifellos ausgeschlossen werden[937], eine allgemeine Rechtsüberzeugung ließe sich vielleicht auch noch annehmen, wenn man diejenigen Stimmen, die den res sacrae benannte Eigenschaften im traditionellen Sinne absprechen[938], nur als ein „Aufbäumen" ansieht.[939]

Selbst wenn man als gesetzliche Grundlage für die mit gegenwärtigen Sicherungsinstrumenten verbundenen Grundrechtseingriffe aber vorkonstitutionell[940] gebildetes Gewohnheitsrecht heranzöge[941], muss dieses an der Verfassung gemessen werden.[942] Gleiches gilt für „altes" Landesrecht, wenn man eine Unterstellung der res sacrae unter das Regime des öffentlichen Sachenrechts nach

---

sacrae *Kleine*, Institutionalisierte Verfassungswidrigkeiten im Verhältnis von Staat und Kirchen unter dem Grundgesetz, S. 120.

936 So *Müller-Volbehr*, ZevKR 33 (1988), 153, 175 f., der von einer öffentlich-rechtlichen Sacheigenschaft spricht, „die den res sacrae auf Grund ihrer Widmung kraft Tradition zukommt", aaO 178.

937 Man muss aber berücksichtigen, dass das Reichsgericht bei der Beurteilung der Rechtsbeziehungen der res sacrae teilweise Normen des PrALR heranzog, siehe 4.B.II.1.a)(2)(b).

938 Statt aller, die keinen weitergehenden Schutz als nach bürgerlichem Sachenrecht anerkennen *Schlink*, NVwZ 1987, 633 ff., 638.

939 Für *Renck*, LKV 2002, 58, 60, sei gerade der Nachweis einer „opinio communis" zu führen.

940 Gegen diesen Begriff *Witthohn*, Gewohnheitsrecht als Eingriffsermächtigung, S. 122 ff., 125.

941 Siehe z.B. BayObLGZ 1967, 93, 99. Es sei im Anschluß an das römische Recht bezüglich der res sacrae ein Gewohnheitsrecht im Rahmen des gemeinen Rechts entstanden. Dieses war für das *BayObLG* im angegebenen Urteil die Grundlage für die Anwendung der traditionellen Widmungsfolgen im Sinne des Rechts der öffentlichen Sachen.

942 Nach *Renck*, JZ 2001, 375, 378, derogiere der Gesetzesvorbehalt belastendes vorkonstitutionelles Gewohnheitsrecht; generell *Kleine*, Institutionalisierte Verfassungswidrigkeiten im Verhältnis von Staat und Kirchen unter dem Grundgesetz, S. 121, Gewohnheitsrecht *contra constitutionem* könne es nicht geben; so auch *Witthohn*, Gewohnheitsrecht als Eingriffsermächtigung, S. 127: „Verstoßen (vorkonstitutionelle) gewohnheitsrechtliche Eingriffsermächtigungen gegen den Vorbehaltsgrundsatz,

traditionellem Verständnis deshalb annimmt, weil die Widmung zu einer Zeit stattgefunden hat, in der „altes" Landesrecht eine Sonderstellung der res sacrae normierte.[943] Es wurde vereinzelt der Versuch unternommen, die öffentliche Sachherrschaft über die res sacrae zu rechtfertigen, indem landesrechtliche Vorschriften aus dem PrALR aufgrund von Art. 55 EGBGB zumindest innerhalb der ehemals preußischen Gebiete der heutigen Bundesrepublik fortgelten sollten.[944] Partikularrechtliche Regelungen aus Preußen zu den res sacrae waren positivrechtlich im PrALR geregelt, das in §§ 18, 174 Abs. 2 S. 11 die dem Gottesdienst gewidmeten Gebäude als privilegierte Gebäude des Staates behandelte und diese Sonderstellung in § 179 Abs. 2 S. 11 auf die übrigen res sacrae ausdehnte.[945]

„Altes" (Gewohnheits-)Recht gilt aber gemäß Art. 123 GG nur dann weiter, wenn das „alte" Recht nicht gegen höherrangiges Recht verstößt.[946] Die Unterstellung auch der res sacrae unter das öffentliche Sachenrecht impliziert aber eben jene Rechtsverstöße, die schon im 4. Kapitel aufgezeigt wurden. Es liegt gerade in den Beispielen des *Sakristeifalls* und des *Klosterzimmern-Falls* ein Eingriff in Art. 14 GG vor, wenn das jeweilige Sicherungsinstrument mit einem öffentlichen Sachenrecht begründet wird, ein solches sich aber nicht auf ein förmliches

---

so können sie – über die gedankliche Zwischenstufe des Rechtsstaats- und Demokratieprinzips – nicht mit dem Grundgesetz vereinbar sein."

943 A.A. vgl. *Sakristeifall*, BayObLGZ 1967, 93, insbesondere 98 f.

944 Vgl. die Nachweise bei *Keihl*, Das staatliche Recht der res sacrae, S. 142; *Axer*, Die Widmung als Schlüsselbegriff des Rechts der öffentlichen Sachen, S. 209, weist auch auf eine teilweise Kodifikation der res sacrae im Codex Maximilianeus Bavaricus Civilis im gegenwärtigen Rechtsbereich des Freistaats Bayern hin; vgl. auch *Renck*, DöV 1990, 333, wonach die landesrechtlichen Regelungen, die ohnehin nur in Bayern und Preußen zu den res sacrae bestanden haben, weitergalten; siehe im Zusammenhang auch *Mainusch*, Die öffentlichen Sachen der Religions- und Weltanschauungsgemeinschaften, S. 16, die Rechtslage der res sacrae habe sich durch Inkrafttreten des BGB nicht verändert. Die einschlägigen Regelungen der partikularrechtlichen Gesetze und des gemeinen Rechts gehörten zum öffentlichen Recht, das nach Art. 55 EGBGB unberührt blieb. Man sollte jedoch schon infrage stellen, ob diese „alten" Regelungen überhaupt streitige Widmungsfolgen anordnen oder diese vielmehr nur hineininterpretiert wurden bzw. werden.

945 Siehe dazu auch *Keihl*, Das staatliche Recht der res sacrae, S. 137, 30 ff.; ferner allgemein zur historischen Entwicklung des Rechts der res sacrae *Mainusch*, Die öffentlichen Sachen der Religions- und Weltanschauungsgemeinschaften, S. 8 ff.

946 So auch *Mainusch*, Die öffentlichen Sachen der Religions- und Weltanschauungsgemeinschaften, S. 50 f., mit Hinweis darauf, dass Art. 123 Abs. 1 GG auch für Landesrecht gilt sowie Gewohnheitsrecht erfasse, jeweils mwN.

Gesetz zurückführen lässt.[947] Deshalb sind auch vorkonstitutionell wirksam entstandene res sacrae dem Privatrechtsverkehr vollends unterworfen, da anderenfalls Eigentumsrechte des Neuerwerbers verletzt würden.[948] Die rechtsstaatlichen Voraussetzungen für eine Weitergeltung sind nicht erfüllt, selbst wenn man ein solches „altes“ (Gewohnheits-)recht anerkennte.[949] Dabei kann es auch nicht auf ein eventuell „miterworbenes“ vorkonstitutionell entstandenes Sachenrecht ankommen. Denn daraus resultierende materielle Widmungsfolgen sind bei deren Geltendmachung aufgrund des Verstoßes gegen Art. 123 GG unwirksam, da sie nicht auf ein mit dem Grundgesetz konformes „altes“ (Gewohnheits)Recht rückführbar sind. Etwaige Sicherungsinstrumente für res sacrae können somit nicht auf „altes“ (Gewohnheits-)recht gestützt werden. Damit sollte sich auch eine Differenzierung nach Bundesländern erübrigen.[950]

„Alte“, die res sacrae betreffenden Regelungen sind auch deshalb nicht verfassungsgemäß, weil sie gegen den sogenannten Paritätsgrundsatz verstoßen.[951]

Auch der Rückschluss aus Eigenheiten des Straßenrechts[952], „altrechtliche“ Duldungspflichten seien dem geltenden Recht nicht fremd, sind nicht tragfähig. Es handelt sich bei diesen um Besonderheiten des Straßenrechts, die nicht verallgemeinerungsfähig sind. Sie verfolgen einen anderen Zweck, nämlich weiterhin den Gemeingebrauch zu gewährleisten, und dieser Zweck hat seinen Grund im

---

947 So auch im Allgemeinen *Renck*, JZ 2001, 375: „Rechtseingriffe, wie sie auch mit der res sacra verbunden sind, erfordern ein förmliches Gesetz“; zum Verstoß gegen Art. 14 GG und somit Art. 123 GG durch die Regelungen des PrALR auch *Keihl*, Das staatliche Recht der res sacrae, S. 143 f.

948 A.A. diesbezüglich *Renck*, JZ 2001, 375, 378 f., da „alte“ vorkonstitutionelle Widmungen weiter fortbestünden.

949 So im Ergebnis auch *Keihl*, Das staatliche Recht der res sacrae, S. 143 f.; mit Ausnahme der fortgeltenden vorkonstitutionellen Widmungen auch *Renck*, JZ 2001, 375, 378.

950 Dazu *Renck*, JZ 2001, 375, 379, der während der Dauer der DDR ein Gewohnheitsrecht der res sacrae als untergegangen ansieht; zur umstrittenen föderalen Zuordnung des Rechts der res sacrae siehe *ders.*, LKV 2002, 58, 61 mwN.

951 *Mainusch*, Die öffentlichen Sachen der Religions- und Weltanschauungsgemeinschaften, S. 52 ff. mwN. Insbesondere sei kein sachlicher Grund ersichtlich, die Sicherung religiöser und weltanschaulicher Belange sei bei allen Gemeinschaften gleichermaßen schutzwürdig, vgl. aaO S. 54.

952 So u.a. die Argumentation des *BayObLG* im *Sakristeifall*, BayObLGZ 1967, 93, 103 f. mwN, mit einem Vergleich zum „Eigentümerweg“, was eine öffentliche Straße sei, die vom Eigentümer in unwiderruflicher Weise einem beschränkten oder unbeschränkten öffentlichen Verkehr zur Verfügung gestellt ist. Ein solcher Eigentümerweg könne dann auch nicht durch spätere Eigentümer mehr für die Öffentlichkeit gesperrt werden.

Vertrauensschutz der Allgemeinheit, eine Sache im Gemeingebrauch auch weiterhin nutzen zu können. Ein solcher Rechtsgedanke ist auf eine res sacra nicht übertragbar, da diese allgemein schon keine öffentliche Sache im Gemeingebrauch ist und kein Vertrauensschutz der Allgemeinheit auf fortdauernde Nutzung besteht.

Erachtet man insgesamt „alte" Widmungen aus vorkonstitutioneller Zeit dennoch für wirksam, sind daraus resultierende Sicherungsmittel wie auch bei den Sachen im Anstalts- und Verwaltungsgebrauch jedenfalls nicht mehr durchsetzbar.[953]

(2) Zwischenergebnis

Weder Gewohnheitsrecht noch „altes" Recht aus vorkonstitutioneller Zeit kann für die res sacrae Sicherungsinstrumente als Konsequenz dinglicher Widmungswirkung begründen. Entweder man bezweifelt die Existenz von Gewohnheitsrecht mit guten Gründen auch bei den res sacrae oder aber sieht in den materiellen Widmungswirkungen einen Verstoß gegen Art. 123 GG. Das gilt auch für „alte" landesrechtliche Regelungen aus vorkonstitutioneller Zeit, falls diese einer Widmung zur res sacra überhaupt dingliche Wirkung zuerkannten. Waren Sicherungsinstrumente vorkonstitutionell auf etwaige gesetzliche Grundlagen rückführbar, sind sie es nachkonstitutionell nicht mehr. Eine förmliche Rechtsgrundlage wäre zur Rechtfertigung der Eingriffe erforderlich, die mit der Annahme von Sicherungsinstrumenten für res sacrae einhergehen.[954]

---

953 Siehe zu den Rechtsfolgen eines Wegfalls von Gewohnheitsrecht den Lösungsvorschlag bei *Ehlers*, NWBl. 1993, 327, 330 f. Bei einem Herausgabeverlangen sei ein dolo-agit-Einwand des Herausgabeschuldners der öffentlichen Sache möglich, soweit dieser zivilrechtliche Nutzungsrechte an der Sache habe. Dies sei nach Treu und Glauben deshalb geboten, weil nunmehr aufgrund der Rechtswidrigkeit einer dinglichen Widmung ein Anspruch auf Entwidmung bestehe; für das *BVerfG* ist im Übrigen im umgekehrten Fall (Herausgabeverlangen des Eigentümers) eine Exsakrierung notwendige Folge der säkularen Pflicht zur Herausgabe, vgl. BVerfGE 99, 100, 128; ein Entwidmungsanspruch des Eigentümers ergibt sich für *Ehlers*, ZevKR 32 (1987), 158, 168 Fn. 53, ferner bei einer Widmung ohne Zustimmung des Eigentümers oder bei befristeter Zustimmung durch Zeitablauf.

954 Vgl. so auch statt vieler am Beispiel kommunaler Friedhöfe *Axer*, DöV 2013, 165, 167; siehe allgemein die Ausführungen und Nachweise zum Erfordernis eines „förmlichen Rechtssetzungsakts" bei eingreifendem Gewohnheitsrecht bei *Witthohn*, Gewohnheitsrecht als Eingriffsermächtigung, S. 122.

b) Verfassungsrecht

Es wird auch auf die verschiedenen inkorporierten Verfassungsnormen der WRV verwiesen, wenn man eine Grundlage für die Widmungswirkungen gemäß der traditionellen Lehre des öffentlichen Sachenrechts ausmachen will.

(1) Körperschaftsgarantie nach Art. 137 Abs. 5 WRV

Größtenteils wird Art. 137 Abs. 5 WRV als Rechtsgrundlage für dingliche Widmungsfolgen bei den res sacrae herangezogen.[955]

Der Körperschaftsstatus ist ein „Mantelbegriff"[956], dessen rechtliche Bedeutung ausfüllungsbedürftig ist. Es besteht Einigkeit darüber, dass Art. 140 GG

---

955 So *Mückl*, in: Isensee/Kirchhof, HStR VII[3], § 159 Rn. 107; so auch, und zwar durch „Ableitung" aus dem Körperschaftsstatus, *Stern*, in: Stern/Sachs/Dietlein, Das Staatsrecht der BRD, Band IV/2, § 119 S. 1291 f., jedoch im „Zusammenwirken" mit Art. 137 Abs. 3 WRV; für *Smend*, ZevKR 11 (1964/65), 139, 141, „höchst begrüßenswert"; ferner *Weber*, ZevKR 11 (1965/65), 111, 114 f., 121; *Forsthoff*, AöR 31 (1940), 209, 231, 233 ff., 253; *Ehlers*, ZevKR 32 (1987), 158, 166; *ders.*, in: Sachs, GG Kommentar, Art. 137 WRV Rn. 25, wobei er in NWVBl. 1993, 327, 329, noch offenlässt, ob i.V.m. Gewohnheitsrecht; siehe auch *Mainusch*, Die öffentlichen Sachen der Religions- und Weltanschauungsgemeinschaften, S. 63 ff., 68, 122 mwN, der die kirchliche Zweckbestimmung als nach Art. 137 Abs. 5 WRV „garantiert" ansieht; ferner *Morlok*, in: Dreier, GG Band 3, Art. 137 WRV Rn. 75; insbesondere auch *v. Campenhausen/de Wall*, Staatskirchenrecht, S. 261 ff.; *Unruh*, Religionsverfassungsrecht, § 9 Rn. 303, 307; zudem *Classen*, Religionsrecht, Rn. 334 f.; *Schütz*, in: Listl/Pirson, HdbStKR II[2], § 38 S. 9, „nähere Ausgestaltung" jedoch durch Gewohnheitsrecht; *Müller-Volbehr*, ZevKR 33 (1988), 153, 172 f., einen Schutz vor Profanierung durch staatliche oder private Rechtsgeschäfte stützt er jedoch auf das Zusammenwirken von Art. 140 GG i.V.m. Art. 137 Abs. 5 WRV i.V.m. Art. 138 Abs. 2 WRV; vgl. ferner *OLG Frankfurt am Main*, DVBl. 1985, 861; *Muckel*, in: de Wall/Muckel, Kirchenrecht, § 11 Rn. 6; dagegen insgesamt *Renck*, JZ 2001, 375; insbesondere gegen eine Aufstufung von Gewohnheitsrecht zu Verfassungsrecht *ders.*, LKV 2002, 58, 61 mwN; *Goerlich*, BayVBl. 1988, 182, 183; *Schlink*, NVwZ 1987, 633, 636; *Kromer*, Sachenrecht des Öffentlichen Rechts, S. 73; *Keihl*, Das staatliche Recht der res sacrae, S. 135 ff.; unklar zu materiellen Widmungswirkungen BVerwGE 68, 62, 65 und BVerwGE 87, 115, 130 f.

956 BVerfGE 83, 341, 357; *Morlok*, in: Dreier, GG Band 3, Art. 137 WRV Rn. 75; zu den als „Privilegienbündel" umschriebenen Vorteilen insgesamt, die der Körperschaftsstatus mit sich bringt, siehe BVerfGE 102, 370, 371 f., aaO inklusive Widmungsbefugnis; ohne eine Widmungsbefugnis trotz insgesamt umfassender Aufzählung *Hofmann*, in: Schmidt-Bleibtreu/Hofmann/Henneke, GG Kommentar, Art. 140 Rn. 19. Der Körperschaftsstatus ist also mehr als „eine Art Verdienstorden des

i.V.m. Art. 137 Abs. 5 WRV den begünstigten Religions- und Weltanschauungsgemeinschaften die Fähigkeit zuerkennt, Träger von öffentlichen Rechten und Kompetenzen zu sein.[957] Die entscheidende Frage zur Widmungsbefugnis respektive zu den Widmungsfolgen – obwohl dazwischen in der Literatur und Rechtsprechung kaum differenziert wird – ist jedoch, ob Art. 137 Abs. 5 WRV nur formelle Befugnisse verleiht oder aber die Vorschrift auch materiellen Inhalt hat. Beinhaltet der „rätselhafte Ehrentitel"[958] des Körperschaftsstatus wirklich eine Widmungsbefugnis mit materiellrechtlicher Wirkung?

(a) Öffentliche Sache kraft öffentlichen Status

Der besondere Status der res sacrae wird als „Ausfluss" der öffentlich-rechtlichen Körperschaftsgarantie verstanden.[959] Dieser Begriff war aber schon bei der Entwicklung der Weimarer Reichsverfassung „lebhaft umstritten"[960]. Es wird vereinzelt zwar auch die aufkommende Diskussion nach dem Erfordernis gesetzlicher Grundlagen für angenommene Widmungsfolgen aufgegriffen, als Grundlage aber eben Art. 137 Abs. 5 WRV gesehen.[961] Eine Argumentation derart, dass nur aufgrund der Öffentlichkeit des Handelns auch öffentliche Sachen mit all ihren Wirkungen im traditionellen Sinne kreiert werden können, ist abzulehnen.[962]

(b) Öffentliche Sache kraft „anerkannter" Befugnis aus Art. 137 Abs. 5 WRV

Beizupflichten ist zunächst, dass eine Widmungsbefugnis der korporierten Religionsgemeinschaften durch den Körperschaftsstatus höchstrichterlich

Staates", so kritisch in anderem Zusammenhang *Isensee*, in: Gedächtnisschrift für Constantinesco, 301, 316.

957 *Mainusch*, Die öffentlichen Sachen der Religions- und Weltanschauungsgemeinschaften, S. 63 mwN.

958 So vielfach aufgegriffen *Smend*, ZevKR 1 (1951), 4, 9.

959 Statt aller *v. Campenhausen/de Wall*, Staatskirchenrecht, S. 262.

960 *Muckel*, in: de Wall/Muckel, Kirchenrecht, § 14 Rn. 1 mwN; welchen Gemeinschaften der Körperschaftstatus bisher zuerkannt wurde, siehe aaO Rn. 7.

961 Unscharf *v. Campenhausen/de Wall*, Staatskirchenrecht, S. 262: Seit dem *Stadtsiegelfall* würde für die Widmungsbefugnis eine gesetzliche Grundlage verlangt. Art. 137 Abs. 5 WRV normiere die Widmungsbefugnis der Kirchen an res sacrae. Damit wird aber verkannt, dass nicht die Widmungs*befugnis*, sondern vielmehr die Widmungs*folgen* gesetzlich geregelt sein müssen, also das Entstehen eines öffentlichen Sachenrechts sowie daraus folgende Sicherungsinstrumente.

962 Für *Schlink*, NVwZ 1987, 633, 634, ist eine Argumentation nur mit Begriffen zutreffend „hohl": Hoheitsgewalt folge aus Normen, nicht aus Begriffen.

anerkannt ist.[963] Das Bundesverfassungsgericht hat die Widmungsbefugnis als durch den Körperschaftsstatus übertragene hoheitliche Befugnis angesehen, die nicht nur gegenüber Mitgliedern bestehe.[964] Es spricht aber stets von einer Widmungs*befugnis*, nicht jedoch davon, was die Widmungs*folgen* sind.[965] Auch in der Rechtsprechung des Bundesverwaltungsgerichts ist unklar, ob es die materiellen Widmungsfolgen des öffentlichen Sachenrechts über Art. 137 Abs. 5 WRV anerkennt.[966] In diesem Zusammenhang ist erneut darauf hinzuweisen, dass nicht die Widmungsbefugnis ermächtigungsbedürftig ist, sondern die Widmungsfolgen auf eine gesetzliche Grundlage rückführbar sein müssen.[967]

Eine Auslegung der Norm könnte sich daher als ertragreich erweisen. Im Wortlaut des Art. 137 Abs. 5 S. 1 WRV findet sich kein Anhalt, eine Befugnis zur Widmung zu sehen. Auch ergibt sich aus dem Wortlaut der Norm nicht, dass als Grundlage von Sicherungsinstrumenten für res sacrae ein öffentliches Sachenrecht durch Widmung entsteht: „Die Religionsgesellschaften bleiben Körperschaften des öffentlichen Rechts, soweit sie solche bisher waren.“ Art. 137 Abs. 5 S. 2 und S. 3 WRV schweigen ebenfalls zu relevanten dinglichen Widmungswirkungen. Deshalb wird ein solcher materieller Inhalt des Art. 137 Abs. 5 WRV gern mit der Entstehungsgeschichte, also den Intentionen des Verfassungsgebers von Weimar begründet.[968]

Für *Mainusch* wurden res sacrae vor Inkrafttreten der Weimarer Reichsverfassung deutschlandweit zu den öffentlichen Sachen gezählt. Dieser gewohnheits- oder partikularrechtlich begründete Zustand sei als Ausfluss des öffentlich-rechtlichen Körperschaftsstatus anerkannt gewesen.[969] Er meint, es

963 Siehe nur BVerfGE 102, 370, 388 sowie BVerwGE 68, 62, 65; 87, 115, 131.

964 Siehe BVerfGE 102, 370, 371, insbesondere 388.

965 Die Folgen sind auf jeden Fall ein einfachgesetzlicher Schutz durch strafrechtliche Bestimmungen wie etwa § 167 StGB oder Privilegierungen beispielsweise im Baurecht, vgl. § 1 Abs. 6 Nr. 6 BauGB.

966 In BVerwGE 68, 62, 65, werden nur Ausführungen zur Widmungs*befugnis* gemacht und in BVerwGE 87, 115, 130 f., lässt das *BVerwG* materielle Wirkungen der Widmung im konkreten Fall offen. Einerseits sei die Kreation der für öffentliche Sachen charakteristischen öffentlich-rechtlichen Sachherrschaft prinzipiell mit dem Körperschaftsstatus verbunden, anderseits wendet es die Grundsätze im Einzelfall für *staatliche* Eingriffe nicht an. Dort sei Art. 138 Abs. 2 WRV maßgeblich.

967 Dies wird verkannt bei *v. Campenhausen/de Wall*, Staatskirchenrecht, S. 262.

968 Statt aller *Mainusch*, Die öffentlichen Sachen der Religions- und Weltanschauungsgemeinschaften, S. 65 f. mwN.

969 *Mainusch*, aaO S. 67, wobei er auf S. 14 seines Werkes verweist: „Weil die Kirchen Körperschaften des öffentlichen Rechts waren, waren ihre Gottesdienste eine

„muß dann aber auch davon ausgegangen werden", dass der Verfassungsgeber von Weimar den Status der res sacrae zu jenen Befugnissen rechnen wollte, die durch Art. 137 Abs. 5 WRV gewährleistet werden sollten.[970] Diese seien nämlich der ausgestaltende Inhalt der Widmungsbefugnis[971], sodass die Rechtsstellung bestimmter kirchlicher Vermögensgegenstände unmittelbar auf Verfassungsrecht beruhe.[972]

Interessant ist eher der Konsens in den Verhandlungen des von der Weimarer Nationalversammlung zur Verfassungsberatung eingesetzten Verfassungsausschusses, dass für jedes Land einzeln festgestellt werden müsse, welche Rechte mit dem Körperschaftsstatus einhergingen[973], da eben die Existenz und Reichweite solcher unklar waren. Zudem findet sich in den Vorarbeiten zur neuen Verfassung im am 20.1.1919 veröffentlichten Vorentwurf folgender Passus: „Keine Religionsgemeinschaft genießt vor Anderen [sic!] Vorrechte durch den Staat"[974]. Dieser erste Entwurf wurde im Weiteren auch nur deshalb abgeändert, da sich die Kirchen durch die vorgesehene rechtliche Gleichstellung „auf eine Stufe mit den Sekten und den übrigen kleinen Religionsgemeinschaften herabgedrückt"[975] sahen. Bei

---

öffentliche Angelegenheit und die dabei benötigten Gegenstände öffentliche Sachen", freilich mwN. Die Annahmen gehen also auf eine Begriffsjudikatur zurück; auch *Schlink* merkt an, dass der Körperschaftsstatus an sich keine hoheitliche Sachherrschaft verschaffe, allenfalls könne Art. 137 Abs. 5 WRV „tradierte Rechtsformen des öffentlichen Sachenrechts" normativ legitimieren, siehe NVwZ 1987, 633, 636.

970 So statt vieler *Mainusch*, aaO S. 67; dagegen vgl. *Renck*, JZ 2001, 375, 377: nur weil den Kirchen im Recht der Monarchie res sacrae zustanden, sei das kein Grund dafür, Widmungsbefugnisse in Art. 137 Abs. 5 WRV hineinzulesen.

971 *Mainusch*, aaO S. 68 mwN, mit dem Hinweis darauf, dass sich Landesrecht in Bundesrecht, und eine Regelung auf einfachgesetzlicher Ebene in Verfassungsrecht verwandelt habe, das in ganz Deutschland einheitlich gelte; *Mainusch* meint gar, dass sich die partikular- und gemeinrechtlichen Regelungen „im Schoße der Verfassung" noch fortentwickelt hätten, aaO S. 72 ff.; im Gegensatz zu den „alten" Regelungen gelte der sachenrechtliche Schutz nunmehr für alle korporierten Religionsgemeinschaften, siehe aaO S. 92.

972 *Mainusch*, aaO S. 68: „Eine Befugnis muß stets einen Inhalt haben".

973 Siehe den Nachweis bei *Endrös*, ZevKR 33 (1988), 285, 292, der sich auf die Verhandlungen der verfassunggebenden Deutschen Nationalversammlung, StenBer., Bd. 336, S. 200 bezieht.

974 So der Wortlaut im vom Staatsekretär des Inneren Hugo Preuß erarbeiteten Vorentwurf zur neuen Verfassung des Deutschen Reiches vom 20.1.1919, zitiert nach *Kästner*, in: Kahl/Waldhoff/Walter, Bonner Kommentar, Art. 140 Rn. 4, in Rn. 3 mwN (Stand 3.2010).

975 So *Kästner*, aaO Rn. 5 mwN (Stand 3.2010).

den Beratungen im Verfassungsausschuss seien schließlich Zweifel aufgekommen über den Begriff der Körperschaft des öffentlichen Rechts. Diese Zweifel wurden erst mit dem Einwand ausgeräumt, es gehe lediglich darum, die Religionsgesellschaften von privaten Vereinen abzuheben.[976] Demzufolge dürfte Art. 137 Abs. 5 WRV als Grundlage für Widmungen mit sachenrechtlicher Wirkung ausscheiden.

Dass der Körperschaftsstatus deshalb jedoch nur als Klassifikation zu verstehen ist, der zwingend mit dem Besteuerungsrecht verbunden sei, ansonsten aber keine weiteren Folgerungen zulasse[977], wurde und wird kritisiert.[978] Da im Rahmen der Untersuchung der Entstehungsgeschichte sogar danach differenziert wird, wer was gesagt hat[979], lässt folgenden Schluss zu: Allein die Möglichkeit, dass man jene Entstehungsgeschichte selektiv[980] auswerten kann, spricht schon gegen ein klares, zumindest unbestreitbares, eindeutiges Ergebnis. Welche Rechte Art. 137 Abs. 5 WRV über das Besteuerungsrecht hinaus gewährleistet, ist in manchen Dingen unklar. Um Sachgegenstände mit einer dinglichen öffentlichen Sachherrschaft zu versehen, reicht der Körperschaftsstatus jedenfalls nicht aus.[981] Ansonsten träte kirchliche öffentliche Gewalt einem etwaig

---

976 In diesem Sinne *Kästner*, aaO mwN, der sich auf Aussagen *Gröbers* (Zentrum) bezieht, siehe dazu die Verhandlungen der verfassunggebenden Deutschen Nationalversammlung, StenBer., Bd. 336, S. 200; Dieses wurde erneut in der zweiten Lesung im Plenum hervorgehoben, zudem seitens des Berichterstatters *Mausbach* (Zentrum), dass keine Vorrechte gegenüber anderen Religionsgesellschaften gewährt würden, siehe dazu die Nachweise bei *Kästner*, in: Kahl/Waldhoff/Walter, Bonner Kommentar, Art. 140 Rn. 19 (Stand 3.2010).

977 So *Naumann* (DDP), Verhandlungen der verfassunggebenden Deutschen Nationalversammlung, StenBer., Bd. 328, S. 1653 f., zitiert nach *Kästner*, in: Kahl/Waldhoff/Walter, Bonner Kommentar, Art. 140 Rn. 19 (Stand 3.2010); zudem *Renck*, JZ 2001, 375, 376.

978 Siehe schon die Einwände *Friesenhahns* im Verfassungsausschuss bei *Schlink*, NVwZ 1987, 633, 637, aaO selbst kritisch gegen ein derart enges Verständnis wie *Naumann*; *Endrös*, ZevKR 33 (1988), 285, 297, sieht in *Naumann* insgesamt keinen „Kronzeugen" zur Auslegung, da dieser nicht mehr von bester geistiger Gesundheit gewesen sei. *Endrös* möchte dadurch die insgesamt negierende Interpretation *Schlinks* entkräften, der in NVwZ 1987, 633, 637, Aussagen *Naumanns* zur Interpretation des Art. 137 Abs. 5 WRV heranzieht.

979 Nochmal *Endrös*, ZevKR 33 (1988), 285, 297.

980 Vgl. *Schlink*, NVwZ 1987, 633, 637; zur selektiven Interpretation des Körperschaftsstatus ebenfalls *Kleine*, Institutionalisierte Verfassungswidrigkeiten im Verhältnis von Staat und Kirchen unter dem Grundgesetz, S. 120.

981 So im Ergebnis auch *Schlink*, NVwZ 1987, 633, 634, 638; von einer „unnötigen Perpetuierung" spricht *Mayer-Scheu*, Grundgesetz und Parität von Kirchen- und

„Religionsfremden" gegenüber, „ein Zustand, der in einem säkularisierten und religiös neutralen Staat und unter dem Aspekt der negativen Religionsfreiheit unerträglich ist"[982].

(c) Zwischenergebnis

Art. 137 Abs. 5 WRV i.V.m. Art. 140 GG gewährleistet keine Widmungsbefugnis derart, dass korporierte Gemeinschaften einzelne Gegenstände mit dinglicher Wirkung in ihrer Verkehrsfähigkeit einschränken können. Die Norm kann daher keine Grundlage für Sicherungsinstrumente für res sacrae sein. Weder bei Entstehung der Weimarer Reichsverfassung noch bei der Inkorporation der kirchenrechtlichen Artikel wurde eine Widmungsbefugnis mit materiellen Wirkungen, soweit ersichtlich, explizit benannt. Auch geht aus der Norm selbst und aus ihrer Entstehungsgeschichte nicht hervor, dass vorher durch Gewohnheitsrecht oder altem Landesrecht anerkannte Befugnisse über den Körperschaftsstatus weiter anerkannt bleiben sollten.

Religionsgesellschaften, S. 204; vgl. auch *Schatzschneider*, NJW 1984, 991; *Kromer*, Sachenrecht des Öffentlichen Rechts, S. 72 f. mwN, der den korporierten Kirchen schon die Möglichkeit des Formalstatus als öffentliche Sache versagt, da diese kein Teil der Staatsgewalt und Staatsorganisation, sondern Korporationen sui generis seien; im Ergebnis auch *Keihl*, Das staatliche Recht der res sacrae, S. 78 ff., 140 ff.; für einen nur formellen Status *Kleine*, Institutionalisierte Verfassungswidrigkeiten im Verhältnis von Staat und Kirchen unter dem Grundgesetz, S. 120; so auch *Goerlich*, BayVBl. 1988, 182, 183; contra auch *Renck*, JZ 2001, 375, 376 f.: „Die Ansicht, diese Bestimmung habe alle Befugnisse oder wenigstens die Widmungsbefugnisse, welche den Kirchen vorkonstitutionell zustanden, von Reichsverfassungs wegen aufrechterhalten wollen, findet weder im Verfassungstext einen brauchbaren Anhalt noch lassen die Verfassungsmaterialien darauf schließen"; für *Mainusch*, Die öffentlichen Sachen der Religions- und Weltanschauungsgemeinschaften, S. 92, betont das staatskirchenrechtliche Normengeflecht „die Freiheit und Unabhängigkeit religiösen und weltanschaulichen Wirkens". Eine Unabhängigkeit könne aber nicht in derart weitem Sinne verstanden werden, eine eigenständige sachenrechtliche Schutzordnung zu schaffen.

982 Im Zusammenhang eines „hoheitlichen Handelns" gegenüber Glaubensfremden *Schatzschneider*, NJW 1984, 991; vgl. zum Neutralitätsgebot auch *Kleine*, Institutionalisierte Verfassungswidrigkeiten im Verhältnis von Staat und Kirchen unter dem Grundgesetz, S. 120; auf einen Verstoß dagegen ebenfalls hinweisend *Keihl*, Das staatliche Recht der res sacrae, S. 138 f.

(2) Kirchengutsgarantie Art. 138 Abs. 2 WRV

Einige sehen Art. 138 Abs. 2 WRV als Grundlage dafür an, res sacrae dem Recht der öffentlichen Sachen zu unterstellen mit der Folge, dass die res sacrae hinsichtlich des widmungsgemäßen Gebrauchs vor „zivilrechtlichen Eingriffen" absolut geschützt wären.[983]

Viele Autoren merken zum Umfang der Kirchengutsgarantie an, es sei dem Verfassungsgeber primär darum gegangen, Säkularisationen oder säkularisationsähnliche Akte abzuwehren.[984] Dabei ist aber unklar, ob damit staatliche Eingriffe wie beispielsweise Enteignungen von Kirchengut ausgeschlossen werden sollten oder aber diese verfassungsrechtlich garantierte Säkularisationsabwehr so weit geht, dass wie im *Sakristeifall* oder *Klosterzimmern-Fall* eine res sacra selbst dann noch zweckgemäß genutzt werden darf, wenn ein neuer Eigentümer dem widerspricht.[985] Beinhaltet die Kirchengutsgarantie tatsächlich einen derart weitreichenden Säkularisationsschutz, dass dieser die res sacrae zum Zwecke

---

983 Vgl. *VG Augsburg*, Urt. v. 01.10.2002 - Au 9 K02.537 -, BeckRS 2002, 19935, Rn. 45, bezugnehmend auf den *Stadtsiegelfall*, dazu *OVG Münster*, NJW 1993, 2635, 2636. Dieser Nachweis geht jedoch fehl, da das *OVG Münster* zur *St. Salvator* Entscheidung lediglich anmerkte, dass die Besonderheit des Falles im besonderen Schutz des Art. 138 Abs. 2 WRV liege. Zudem ging es im *St. Salvator-Fall* um den Schutz vor *staatlichen* Eingriffen; ferner für Art. 138 Abs. 2 WRV als Grundlage auch *Kästner*, in: Listl/Pirson, HdbStKR I², § 32 S. 895; *Axer*, Die Widmung als Schlüsselbegriff des Rechts der öffentlichen Sachen, S. 212 ff., sowie *ders.*, in: FS Listl, 553, 567 ff.; grundlegend wohl *Heckel*, in: FS Smend 1952, 103, 130, der Art. 138 Abs. 2 WRV einen sehr weitreichenden Schutz einräumt, nämlich einen Schutz der öffentlichen Funktion „des von ihm behüteten Gutes vor jeder Antastung durch die weltliche Gewalt"; kritisch dazu mangels Begründung und *Heckel* habe diese Bedeutung „einfach gesetzt" *Schlink*, NVwZ 1987, 633, 636, gegen *Schlink* wiederum für *Heckel* eintretend *Endrös*, ZevKR 33 (1988), 285, 301; dagegen vgl. auch *Keihl*, Das staatliche Recht der res sacrae, S. 161, 165; *Renck*, JZ 2001, 375, sowie *Lücke*, JZ 1998, 534, 538.

984 Statt aller *Mückl*, in: Isensee/Kirchhof, HStR VII³, § 160 Rn. 65 mwN, und *Morlok*, in: Dreier, GG Band 3, Art. 138 WRV Rn. 27 mwN.

985 Unklar in diesem Sinne das *BVerfG*. Sinn der Vorschrift sei es, „den durch Art. 4 Abs. 1, 2 GG und Art. 140 GG i.V.m. Art. 137 WRV zugesagten Schutz der Stellung und der Freiheit der Kirchen in ihren sächlichen Aufgaben zu gewährleisten", BVerfGE 99, 100.

der Widmungssicherung von der Zivilrechtsordnung ausnimmt?[986] Kann eine „spezifisch religiöse Funktion“[987] Sicherungsinstrumente zur Gewährleistung des widmungsgemäßen Gebrauchs bereitstellen?

(a) Bestandsgarantie als Grundlage der Widmungsfolgen

Grundsätzlich schützt die Kirchengutsgarantie als Verfassungsnorm nur vor Eingriffen des Staates, entfaltet folglich nur ihm gegenüber Schutzwirkung.[988] Dass Art. 138 Abs. 2 WRV keine unmittelbare Grundlage zur Rechtfertigung der traditionellen Widmungsfolgen sein kann, sollte schon der Wortlaut klarstellen: „Das Eigentum und andere Rechte der Religionsgesellschaften und religiösen Vereine an ihren für Kultus-, Unterrichts- und Wohltätigkeitszwecke bestimmten Anstalten, Stiftungen und sonstigen Vermögen werden gewährleistet.“ Es wird weder ausdrücklich eine generelle Widmungsbefugnis aufgeführt noch die Möglichkeit, eine öffentlich-rechtliche Sachherrschaft einführen zu können.[989] Das ergibt sich auch nicht aus der Systematik der inkorporierten Artikel der WRV. Die Eigenschaften von res sacrae im Sinne des traditionellen öffentlichen Sachenrechts können also allenfalls mit dem Merkmal „andere Rechte“ historisch teleologisch begründet werden.

Nach dieser Sicht der Dinge kann Art. 138 Abs. 2 WRV mittelbar Ermächtigungsgrundlage sein. So wird vertreten, dass die Widmungsbefugnis ein „anderes Recht“ im Sinne von Art. 140 GG i.V.m. Art. 138 Abs. 2 WRV und damit

---

986 Beispielhaft zum unklaren Aussagegehalt eines „Säkularisationsschutzes“ *Hollerbach*, in: Isensee/Kirchhof, HStR VI[1], § 139 Rn. 64 f., der einerseits in Art. 138 Abs. 2 WRV ein verfassungsrechtliches Säkularisationsverbot im Sinne einer Bestandsgarantie sieht, „die vor jeder Beeinträchtigung der freien kirchlichen Verfügungsmacht schützt“ und das Kirchengut für das freie Wirken der Kirche als Vermögenssubstrat anerkennt. Andererseits bezieht er sich im Folgenden nur auf Enteignungen, also staatliche Eingriffe.

987 *Mückl*, in: Isensee/Kirchhof, HStR VII[3], § 160 Rn. 64 mwN.

988 *Renck*, BayVBl. 1991, 200, 201; *Mainusch*, Die öffentlichen Sachen der Religions- und Weltanschauungsgemeinschaften, S. 50; So hinsichtlich der Kirchengutsgarantie als Grundrecht auch *Heckel*, in: FS Smend 1952, 103, 136.

989 In diesem Sinne auch *Mainusch*, Die öffentlichen Sachen der Religions- und Weltanschauungsgemeinschaften, S. 50.

„gewährleistet" sei im Sinne des Art. 138 Abs. 2 WRV.[990] Die Kirchengutsgarantie sei eine Bestandsgarantie.[991]

(b) Keine Perpetuierung verfassungswidriger Regelungen

Sachenrechtliche Bedeutung hat die Kirchengutsgarantie dann, wenn sie als verfassungsrechtliche Absicherung einer Regelung verstanden wird, die ihrerseits mit absoluter Wirkung ausgestattet ist.[992] Demnach soll die Kirchengutsgarantie nicht nur vor staatlichen Eingriffen schützen, sondern auch Grundlage der öffentlichen Sachherrschaft sein. Dabei wird in das Schutzgut „andere Rechte" des Art. 138 Abs. 2 WRV eine Widmungsbefugnis mit absoluten Wirkungen zur Kreation einer öffentlichen Sachherrschaft hineingelesen, die in ihrem Bestand durch die Kirchengutsgarantie verfassungsrechtlich „gewährleistet" werde. Ob dieses Recht, gewisse Gegenstände im Rahmen des Widmungszwecks dem Zivilrechtsverkehr auszunehmen, gewohnheitsrechtlich gegeben ist[993] oder diese weitreichende Widmungsbefugnis in vorkonstitutionellen Rechtssystemen gesucht wird[994]: Weder das eine noch das andere kann über Art. 138 Abs. 2 WRV in

---

990 Vgl. *Axer*, Die Widmung als Schlüsselbegriff des Rechts der öffentlichen Sachen, S. 212 ff.; *ders.*, in: FS Listl, 553, 567 ff.; vgl. Ausführungen bei *Mainusch*, Die öffentlichen Sachen der Religions- und Weltanschauungsgemeinschaften, S. 50; zu den „anderen Rechten" führt das *BVerfG* in der *St. Salvator* Entscheidung aus, historisch bedingt seien „andere Rechte" deshalb in den Schutz des Art. 138 Abs. 2 WRV mit aufgenommen worden, da nach der Säkularisierung die Kirchengebäude nur in manchen Diözesen im Eigentum der Kirchen verblieben waren. In anderen verfügten die Kirchen nur noch über Nutzungsrechte wie z.B. den Nießbrauch, BVerfGE 99, 100, 121, mit Bezug auf die Verhandlungen der verfassunggebenden Deutschen Nationalversammlung, Bd. 336, Bericht des Verfassungsausschusses Nr. 391, S. 519 f. Dies deutet darauf hin, dass es vielmehr darum ging, zivilrechtliche Nutzungsrechte vor Säkularisierungen zu bewahren; *Muckel*, in: de Wall/Muckel, Kirchenrecht, § 12 Rn. 5, spricht auch „nur" von einer Ergänzung und Verstärkung des Art. 14 GG durch Art. 138 Abs. 2 WRV.

991 *Axer*, Die Widmung als Schlüsselbegriff des Rechts der öffentlichen Sachen, S. 212 ff., sowie *ders.*, in: FS Listl, 553, 567, jeweils mit Hinweis darauf, dass die öffentliche Sachherrschaft kraft Gewohnheitsrecht bestehe, das in seinem Bestand garantiert werde.

992 So *Mainusch*, Die öffentlichen Sachen der Religions- und Weltanschauungsgemeinschaften, S. 50.

993 Vgl. *Axer*, Die Widmung als Schlüsselbegriff des Rechts der öffentlichen Sachen, S. 212 ff.

994 Vgl. *Mainusch*, Die öffentlichen Sachen der Religions- und Weltanschauungsgemeinschaften, S. 50 f.

seinem Bestand garantiert sein, wenn ein Verstoß dieser Widmungsfolgen gegen Art. 123 GG vorliegt. Über die Hintertür des Art. 138 Abs. 2 WRV würden verfassungswidrige Regelungen[995] wirksam bleiben. Nimmt man Sicherungsinstrumente zur Gewährleistung des widmungsgemäßen Gebrauchs für res sacrae an, da diese über die Kirchengutsgarantie mittelbar garantiert sind, so ließen sich die Sicherungsinstrumente auf verfassungswidrige vorkonstitutionelle Regelungen zurückführen, die wegen der vorgesehenen Rechtsfolge des Art. 123 GG keine materielle Wirksamkeit mehr entfalten dürfen. Diese Regelungen aus vorkonstitutioneller Zeit würden *contra constitutionem* perpetuiert.[996]

Ein Profanierungsschutz darf nicht als eine Garantie der Vermögensrechtsordnung verstanden werden, wie sie vorkonstitutionell im Einzelnen bestanden haben mag. Dies zeigt sich auch gerade darin, dass der Schutz des Art. 138 Abs. 2 WRV für alle Bekenntnisgemeinschaften ohne Rücksicht auf ihre organisatorische Struktur nach weltlichem Recht gilt, und zwar „unabhängig davon, ob die Rechtsordnung ein Institut der res sacrae vorhält oder nicht“[997]. Überdies wird auch im Zusammenhang des Art. 138 Abs. 2 WRV ein Verstoß gegen den Paritätsgrundsatz angenommen, wenn man eine nach vorkonstitutionellen Regelungen bestehende Befugnis bis in die Gegenwart verlängert, bestimmte Gegenstände dem Regime des staatlichen öffentlichen Sachenrechts zu unterstellen. Denn diese Befugnis sei auf die beiden großen Kirchen beschränkt gewesen.[998]

Auch führt wiederum die Entstehungsgeschichte[999] zu keinem eindeutigen Ergebnis. Ursprünglich war nur die Rede vom Inbesitzbleiben der Anstalten, Stiftungen und Fonds.[1000] Vorgeschlagen wurde dann eine Ergänzung der Vorschrift um die Worte „und andere Rechte“, da es „neben dem Eigentum noch besondere

995 Wie unter 5.A.I.3.a)(2) festgestellt.

996 Will man vorkonstitutionelle Befugnisse durch Art. 137 Abs. 5 WRV weiter fortgelten lassen, gilt dort dasselbe.

997 So insgesamt *Renck*, JZ 2001, 375.

998 *Mainusch*, Die öffentlichen Sachen der Religions- und Weltanschauungsgemeinschaften, S. 52 ff.; allgemein, erkennte man Art. 138 Abs. 2 WRV unmittelbar als Rechtsgrundlage an, vgl. auch *Lücke*, JZ 1998, 534, 538; siehe auch *Ost*, Kirchengut und Religionsverfassungsrecht, S. 103, da nur Korporierte widmen könnten, Art. 138 Abs. 2 WRV aber allen Religionsgemeinschaften zustehe.

999 Diese bezieht sich wieder auf die Diskussionen im Rahmen der Ausarbeitung der WRV. Zu einzelnen landesrechtlichen (Vorgänger-)Regelungen hinsichtlich einer besonderen Eigentumsgarantie der Religionsgemeinschaften siehe *Stern*, in: Stern/Sachs/Dietlein, Das Staatsrecht der BRD, Band IV/2, § 119 S. 1319.

1000 Vgl. die Anträge im Verfassungsausschuss von *Gröber* (Zentrum) und *Kahl* (DVP) v. 31.3.1919, Verhandlungen der verfassunggebenden Deutschen

kirchliche Nutzungsrechte, dingliche Rechte und Rechte jeder Art gebe"[1001]. Auch die redaktionelle Verbesserung der Worte „bleiben unberührt" zu „bleiben gewährleistet" wurde vorgeschlagen und im endgültigen Verfassungstext aufgenommen.[1002] Im Zusammenhang der Regelung des Art. 138 Abs. 2 WRV war ferner von „wohlerworbenen Rechten" die Rede.[1003] Diese Formulierungsänderungen werden von *Axer* als Grundlage für die Perpetuierung vorkonstitutioneller Widmungsbefugnisse angesehen.[1004] Darunter könnte auch eine solche Widmungsbefugnis in früherer Zeit gehört haben. Natürlich lässt sich darüber streiten.[1005] Sie wird aber weder benannt noch ergibt sie sich aus diesen allgemeinen Floskeln der zitierten Abgeordneten. Vielmehr können damit auch die vielfältigen zivilrechtlichen Nutzungsrechte gemeint sein.

Zudem stellt *Keihl* zutreffend fest, dass eine Kollision von kirchlichen und staatlichen Interessen nur Einzelfälle betrifft. Müsse beispielsweise eine Kirche einem geplanten Bau einer Straße weichen, so sei dies keine beabsichtigte Säkularisation. Es gehe um die Frage, welches Rechtsgut im speziellen Fall Vorrang genießt.[1006] Die res sacrae haben gewiss eine andere Tradition als die übrigen

---

Nationalversammlung, StenBer., Bd. 336, S. 175, zitiert nach sowie Wortlaut bei *Endrös*, ZevKR 33 (1988), 285, 288.

1001 So in der Sitzung v. 17.6.1919 *Beyerle* (Zentrum), Verhandlungen der verfassunggebenden Deutschen Nationalversammlung, StenBer., Berlin 1919–1920, Bd. 336, S. 519, zitiert nach *Endrös*, ZevKR 33 (1988), 285, 290. Aus der vorgeschlagenen Formulierung wurde letztlich „sonstigen Vermögen".

1002 Wiederum *Beyerle* (Zentrum) mit Zuspruch *Düringers* (DNVP), aaO Bd. 336, S. 520.

1003 Siehe die Ausführungen des Berichterstatters *Mausbach* (Zentrum), der die dahingehend geänderte Norm vor das Plenum der Nationalversammlung mit der Äußerung einbrachte, „Wir haben nicht versucht, die christlichen Kirchen mit ihrer tausendjährigen oder mehrhundertjährigen Vergangenheit mit ihren Kulturleistungen und ihren wohlerworbenen Rechten einfach auf den Stand eines Privatvereins herabzusetzen", Verhandlungen der verfassunggebenden Deutschen Nationalversammlung, StenBer., Bd. 328, S. 1645, zitiert nach *Endrös*, ZevKR 33 (1988), 285, 294.

1004 *Axer*, die Widmung als Schlüsselbegriff des Rechts der öffentlichen Sachen, S. 213. Er bezieht sich aber nicht auf die Aussage „wohlerworbene Rechte", sondern auf die ähnliche Aussage *Mausbachs* (Zentrum), „daß das wohlerworbene *Eigentum* der Religionsgesellschaften an ihren Kultus-, Unterrichts- und Wohltätigkeitsanstalten und Vermögenswerten unangetastet bleibt", aaO Bd. 328, S. 1645.

1005 *Endrös*, ZevKR 33 (1988), 285, 297 f., kritisiert die Auslegung *Schlinks*, NVwZ 1987, 633, 635 f., der ebenfalls in der Entstehungsgeschichte des Art. 138 Abs. 2 keinen Anhalt für eine öffentliche Sachherrschaft findet, gerade auch bezüglich der Auswahl der Personen, die er zu seinem Auslegungsergebnis zitiert.

1006 So *Keihl*, Das staatliche Recht der res sacrae, S. 165.

anerkannten öffentlichen Sachen.[1007] Kirchliches Vermögen wird aber nicht schon dadurch gefährdet, dass einzelne „Gegenstände gutgläubig erworben werden und damit aus der öffentlichrechtlichen Zweckbindung fallen könnten. Ein Profanierungsschutz ist funktionell kein ökonomischer Vermögensschutz“[1008]. Geschützt wird das Eigentum, nicht aber das Eigentum als res sacra. Die Kirchengutsgarantie soll keine Rechtsinstitute verewigen, sondern die ökonomische Funktionsfähigkeit schützen.[1009] Die Kirchengutsgarantie ist nach alledem als Abwehrrecht gegen staatliche Beeinträchtigungen zu verstehen.[1010]

(c) Zwischenergebnis

Art. 138 Abs. 2 WRV scheidet als Grundlage dafür aus, Sicherungsinstrumente gemäß den traditionellen Lehren des öffentlichen Sachenrechts für res sacrae zu begründen, wenn wie im *Sakristeifall* oder *Klosterzimmern-Fall* Privatrechte Dritter dem widmungsgemäßen Gebrauch entgegenstehen. Sowohl eine direkte Widmungsbefugnis aus Art. 138 Abs. 2 WRV als auch eine Perpetuierung vorkonstitutioneller Widmungsbefugnisse im Sinne einer „Bestandsgarantie“ sind abzulehnen.[1011]

(3) Absolute Widmungswirkung durch das Selbstbestimmungsrecht nach Art. 137 Abs. 3 WRV

Für das Selbstbestimmungsrecht des Art. 137 Abs. 3 WRV gilt dasselbe wie für die zuvor untersuchten Art. 137 Abs. 5 WRV und Art. 138 Abs. 2 WRV: Wortlaut und Systematik geben nichts her, um den Sonderstatus der res sacrae zu begründen, aus welchem Sicherungsinstrumente nach öffentlichen Sachenrecht

---

1007 So *Schütz*, in: Listl/Pirson, HdbStKR II^2, § 38 S. 11.

1008 *Renck*, JZ 2001, 375.

1009 Siehe insgesamt *Renck*, JZ 2001, 375, zum Schutz der ökonomischen Funktionsfähigkeit mwN.

1010 Statt vieler *Morlok*, in: Dreier, GG Band 3, Art. 138 WRV Rn. 35; *Ehlers*, in: Sachs, GG Kommentar, Art. 138 WRV Rn. 6; auch mit der „historischen Abkunft“ begründend *Stern*, in: Stern/Sachs/Dietlein, Das Staatsrecht der BRD, Band IV/2, § 119 S. 1292.

1011 So im Ergebnis auch *Renck*, LKV 2002, 58, 60 f., da er wegen des Wegfalls von Gewohnheitsrecht gegen einen verfassungsrechtlichen Bestandsschutz ist; für *Schlink*, NVwZ 1987, 633, 636, beinhaltet Art. 138 Abs. 2 WRV über Art. 14 GG hinaus das Verbot von Sonderrecht zu Lasten von Kirchengut; Für *Ost*, Kirchengut und Religionsverfassungsrecht, S. 103, passen Art. 138 Abs. 2 WRV wegen seines grundrechtlichen Charakters und die sich aus dem hoheitlichen Recht der öffentlichen Sachen heraus entwickelten res sacrae nicht zueinander.

resultieren könnten. Nach Art. 137 Abs. 3 S. 1 WRV ordnet und verwaltet jede Religionsgesellschaft ihre Angelegenheiten selbstständig „innerhalb der Schranken des für alle geltenden Gesetzes".

Das Selbstbestimmungsrecht umfasst als Teil der Vermögensverwaltung zwar auch „die Befugnis zum Erlass generell-abstrakter Normen und Einzelfallregelungen über Inanspruchnahme, Gebrauch und Unterhaltung von Vermögensgegenständen"[1012], jedoch mangelt es diesen an rechtlicher Außenwirkung.[1013] Das Selbstbestimmungsrecht der Religions- und Weltanschauungsgemeinschaften kann daher keine Rechtsgrundlage zur Begründung öffentlicher Sachenrechte nach öffentlichem Sachenrecht sein.[1014] Denn die „Angelegenheit" im Sinne des Art. 137 Abs. 3 WRV endet dort, „wo die Angelegenheiten anderer beginnen"[1015].

Das Zünglein an der Waage ist die Schranke des „für alle geltenden Gesetzes" in Art. 137 Abs. 3 WRV. Hinsichtlich des Gebrauchs kirchlicher öffentlicher Sachen findet man diesen Einwand auch in der Literatur.[1016] Welche Gesetze als Schranke herangezogen werden können, wird unterschiedlich beurteilt.[1017] Ein Gesetz ist allgemein im Sinne des Art. 137 Abs. 3 WRV, wenn es sich nicht gegen

---

1012 *Mainusch*, Die öffentlichen Sachen der Religions- und Weltanschauungsgemeinschaften, S. 38 mwN; ferner nur *Schlink*, NVwZ 1987, 633, 634, 638.

1013 *Keihl*, das staatliche Recht der res sacrae, S. 29.

1014 So hinsichtlich eines Bestandsschutzes der res sacrae aber *Goerlich*, JZ 1984, 221, 225 mit Hinweis darauf, dass im Einzelfall Art. 138 Abs. 2 WRV hinzutreten kann; statt aller, die ein Sammelsurium von (Verfassungs-)Rechtsgrundlagen zur Begründung des Sonderstatus der res sacrae anführen *Müller-Volbehr*, ZevKR 33 (1988), 153, 172, der nur die Widmungsbefugnis auf Art. 140 GG i.V.m. Art. 137 Abs. 3 WRV stützt. Die Widmungsfolgen seien Ausfluss von Art. 140 GG i.V.m. Art. 137 Abs. 5 WRV sowie Art. 138 Abs. 2 WRV; gegen ein derart weites Verständnis mit dem historischen Argument, das Selbstbestimmungsrecht sei als Recht gestiftet worden, um vom Staat unabhängig zu sein, vgl. *Schlink*, JZ 2013, 209, 218.

1015 *Schlink*, JZ 2013, 209, 211.

1016 Ohne Konkretisierung *v. Campenhausen/de Wall*, Staatskirchenrecht, S. 264 mwN.

1017 Vgl. die umfassenden Ausführungen bei *Mainusch*, Die öffentlichen Sachen der Religions- und Weltanschauungsgemeinschaften, S. 41 ff. mwN. Unterschieden wird zwischen einer sog. Bereichslehre und der herrschenden Abwägungslehre. Das *BVerfG* habe zeitweise eine sog. Jedermann-Formel verwendet. Nach der Jedermann-Formel sollen zu den für alle geltenden Gesetzen nur solche zählen, die für die Kirche dieselbe Bedeutung haben wie für jedermann. Würde diese in ihrer Besonderheit härter getroffen als jedermann, bildete das Gesetz insoweit keine Schranke. Nach der herrschenden Abwägungslehre unterliegen alle eigenen Angelegenheiten einer Religions- und Weltanschauungsgemeinschaft den in Art. 140 GG i.V.m. Art. 137

Religionsgemeinschaften oder ihr Selbstbestimmungsrecht richtet, wie z. B. das Zivilrecht.[1018] Somit stellt das bürgerliche Sachenrecht ein „für alle geltendes Gesetz" im Sinne des Art. 137 Abs. 3 WRV dar. Eine kirchliche, gegenüber jedermann gerichtete Widmung erfährt als Schranke die Sachenrechtsordnung des BGB und kann somit nicht die sachenrechtlichen Regelungen des BGB modifizieren oder verdrängen.[1019] Eine absolute und nach außen gerichtete Wirkung sachenrechtlicher Regelungen kann eine Vielzahl von Rechtssubjekten treffen.[1020] Vor allem können sie mit den sachenrechtlichen Zuordnungsregelungen des BGB, insbesondere § 903, kollidieren.[1021] Auch widerstrebt es der Rechtssicherheit, wenn außerhalb des internen Bereichs etwa fremdes Eigentum belastet wird oder aber fremde dingliche Rechte entgegenstehen.[1022] Daher ist ein unbedingter Vorrang des zivilen Sachenrechts geboten.[1023] Die Religionsgesellschaften können nur ihr Innenrecht eigenverantwortlich gestalten, und zwar lediglich mit Bindung für ihre Mitglieder.[1024]

c) Zwischenergebnis

Eine absolute Widmungswirkung im Sinne des öffentlichen Sachenrechts ist im Ergebnis abzulehnen. Der Begriff der res sacrae hat nur Formalqualität[1025],

---

Abs. 3 normierten Schranken. Die Belange von Staat und Kirche seien dann nach dem Grundsatz der praktischen Konkordanz gegeneinander abzuwägen.

1018 *Muckel*, in: de Wall/Muckel, Kirchenrecht, § 11 Rn. 6.

1019 Vgl. *Mainusch*, Die öffentlichen Sachen der Religions- und Weltanschauungsgemeinschaften, S. 45 ff. mwN, 49.

1020 *Mainusch*, aaO S. 48, wodurch ein besonderes staatliches Regelungsinteresse begründet werde.

1021 *Mainusch*, aaO S. 45.

1022 Vgl. *Mainusch*, aaO S. 48.

1023 So im Ergebnis auch neben *Mainusch*, aaO, und *Keihl*, Das staatliche Recht der res sacrae, S. 29, insbesondere *Renck*, JZ 2001, 375: Das Selbstbestimmungsrecht scheide von vornherein als ernsthafte Möglichkeit aus, res sacrae nach staatlichem Recht zu begründen.

1024 Siehe nur *Kromer*, Sachenrecht des Öffentlichen Rechts, S. 73; siehe auch *Schatzschneider*, NJW 1984, 991, für den eine öffentlich-rechtliche Religionsgesellschaft nur von ihr durch Mitgliedschaft unterworfenen Personen Handlungen, Duldungen oder Unterlassungen fordern könne, nicht aber von Dritten; so auch *Schlink*, JZ 2013, 209, 211, andere würden nur eingeschlossen, wenn es die Angelegenheit einer Gemeinschaft sei, der man angehöre.

1025 So vgl. auch *Schlink*, NVwZ 1987, 633, 637 f.; *Goerlich*, BayVBl. 1988, 182, 183; zumindest für nachkonstitutionell zu res sacrae gewidmeten Gegenständen *Renck*, JZ 2001, 375, 378.

vermittelt aber keine besondere öffentliche Sachherrschaft. Somit können sich keine Sicherungsinstrumente nach öffentlichem Sachenrecht ergeben, die den widmungsgemäßen Gebrauch der res sacrae gewährleisten.

II. Verfassungsrechtlicher Schutz der res sacrae

Als Schutzordnung, die den widmungsgemäßen Gebrauch der res sacrae sichern kann, kommt auch schon aufgezeigtes Verfassungsrecht in Betracht. Ohne die res sacra dabei dem öffentlichen Sachenrecht zu unterstellen, schützt es zumindest vor staatlichen Eingriffen.

1. Rechtsgrundlagen

Die in den Verfassungsnormen verbürgte Kirchengutsgarantie (Art. 140 GG i.V.m. Art. 138 Abs. 2 WRV) verbunden mit dem kirchlichen Selbstbestimmungsrecht (Art. 140 GG i.V.m. Art. 137 Abs. 3 WRV) und dem Grundrecht der freien Religionsausübung (Art. 4 Abs. 2 GG) gebieten einen besonderen Schutz einzelner kirchlicher Vermögensgegenstände.[1026] Dabei ist die Reichweite dieses „nur“ verfassungsrechtlichen Schutzes klärungsbedürftig.

2. Reichweite des verfassungsrechtlichen Schutzes

Die Kirchengutsgarantie schützt die Religionsfreiheit in ihrem „materiellen Substrat“, sie gewährleistet das Selbstbestimmungsrecht der Religionsgesellschaften in ihren sächlichen Grundlagen.[1027] Insbesondere schützt die Kirchengutsgarantie aus Art. 138 Abs. 2 WRV alle Bekenntnisgemeinschaften ohne Rücksicht auf ihre Organisationsform nach weltlichem Recht[1028] vor staatlichen Eingriffen.[1029] Diesen verfassungsrechtlichen Schutz genießen somit auch die privatrechtlich organisierten Religions- und Weltanschauungsgemeinschaften und jene

---

1026 Zur Relevanz des Art. 138 Abs. 2 WRV siehe BVerwGE 87, 115, 124; das *BVerfG* hat im Rechtsstreit zur Nutzung der St. Salvator Kirche ein Nutzungsrecht an dieser als „sonstiges Recht“ im Sinne des Art. 138 Abs. 2 WRV bezeichnet, BVerfGE 99, 100 ff.; siehe ferner statt aller *v. Campenhausen/de Wall*, Staatskirchenrecht, S. 261, und zwar „ohne daß es einer Inanspruchnahme des staatlichen öffentlichen Sachenrechts bedarf“; primär auf die Kirchengutsgarantie abstellend *Mayer-Scheu*, Grundgesetz und Parität von Kirchen- und Religionsgesellschaften, S. 205.

1027 BVerfGE 99, 100, 120.

1028 BVerfGE 99, 100, 120; BVerwGE 87, 115, 130 f.; *Renck*, JZ 2001, 375, 376.

1029 BVerwGE 87, 115, 131; statt aller *Morlok*, in: Dreier, GG Band 3, Art. 138 WRV Rn. 35. Zum Schutzbereich siehe *Ehlers*, in: Sachs, GG Kommentar, Art. 138 WRV Rn. 7 f.

Einrichtungen, die zwar selbständige Rechtssubjekte sind, aber der verfassten Kirche zugeordnet werden, weil sie nach ihrem Selbstverständnis einen kirchlichen Auftrag erfüllen.[1030] Die Kirchengutsgarantie muss beim Schutz überragend wichtiger Gemeinwohlbelange im Einzelfall zurücktreten.[1031] Ein nur auf Verfassungsrecht gegründeter Schutz kann sich aber im Einzelfall mittelbar drittwirkend entfalten.[1032]

Zum Verhältnis dieses verfassungsrechtlichen Schutzes zum öffentlichen Sachenrecht hat das Bundesverwaltungsgericht in der *St. Salvator* Entscheidung klargestellt, dass sich der Schutz von res sacrae bei staatlichen Eingriffen nach der Reichweite des verfassungsrechtlichen Schutzes richtet und es auf einen etwaigen Schutz als öffentliche Sache dann nicht ankomme.[1033] Art. 138 Abs. 2 WRV geht aufgrund seines Inhalts als verfassungsrechtliches Säkularisationsverbot über Art. 14 GG hinaus.[1034]

1030 Zur Zuordnung zu den Religionsgesellschaften gemäß dem Selbstverständnis siehe BVerfGE 46, 73, 86 ff.; vgl. insgesamt *v. Campenhausen/de Wall*, Staatskirchenrecht, S. 261; zum gleichen rechtlichen Schutz aller Glaubensgemeinschaften vor staatlichen Eingriffen zudem *Schlink*, NVwZ 1987, 633, 638.

1031 BVerwGE 87, 115, 124 f.; insbesondere Gründe der Gefahrenabwehr überwiegen in einer Abwägung im Rahmen einer praktischen Konkordanz zwischen Gemeinwohlbelangen einerseits und dem Schutz der kirchlichen Sache vor Profanierung nach Art. 140 GG i.V.m. Art. 136 ff. WRV, vgl. *Müller-Volbehr*, ZevKR 33 (1988), 153, 173; zu den Gründen der Gefahrenabwehr als Schranke auch *Morlok*, in: Dreier, GG Band 3, Art. 138 WRV Rn. 32; so auch schon *Forsthoff*, AöR 31 (1940), 209, 229.

1032 Vgl. *VG Augsburg*, Urt. v. 01.10.2002 - Au 9 K02.537 -, BeckRS 2002, 19935, Rn. 60 ff., 66, zur Frage des Erlöschens „kirchlicher" Nutzungsrechte aufgrund des Wegfalls der Geschäftsgrundlage wegen „Unzumutbarkeit"; siehe diesbezüglich auch die Ausführungen zu einem im Ergebnis sehr extensiven Verständnis eines Schutzes der res sacrae über §§ 242, 138 BGB von *Mainusch*, S. 71, S. 25 ff.: Im Lichte des Art. 4 GG sei zu bestimmen, welche Rechte und Pflichten z. B. der Vermieter an einer als religiöse Kultstätte vermietete Sache hat, vgl. S. 26 f. Auch sollen die Bestellung dinglicher Rechte, die eine Nutzungsbefugnis gewähren, oder anderweitige dem Widmungszweck zuwiderlaufende Rechtsgeschäfte grundsätzlich nach § 138 Abs. 1 BGB sittenwidrig sein, dazu aaO S. 28 f. jeweils im Einzelnen mwN. M.E. müssen dieselben Regeln gelten wie bei jeder anderen mittelbaren Drittwirkung von Grundrechten zwischen Privaten auch.

1033 Deshalb lässt das *BVerwG* im konkreten Fall auch die Eigenschaft der Kirche St. Salvator als öffentliche Sache offen, siehe BVerwGE 87, 115, 131 f.; kritisch zu Recht *Renck*, BayVBl. 1991, 200, 201, die Kirchengutsgarantie sei dann nicht „aktiviert", wenn der Staat vindizierender Eigentümer sei.

1034 *Hollerbach*, in: Isensee/Kirchhof, HStR VI[1], § 139 Rn. 64.

3. *Geschützte Gegenstände*

Ein Großteil der Literatur[1035] weist dem Vermögensbestand der Glaubens- und Bekenntnisgemeinschaften insgesamt verfassungsrechtlichen Schutz zu.[1036] Sei es ausschließlich aufgrund des Körperschaftsstatus der korporierten Kirchen, aufgrund des Selbstbestimmungsrechts der Glaubens- und Bekenntnisgemeinschaften[1037] oder aufgrund der Kirchengutsgarantie[1038].

Die Sachwerte des Zweckvermögens der Bekenntnisgemeinschaften, auf die diese für die verbandsspezifische Aufgabenverfolgung angewiesen sind, werden geschützt.[1039]

III. Verfahrensrechtliche Vorgehensweise

Der widmungsgemäße Gebrauch einer res sacra kann z.B. im Zwiespalt mit staatlichen[1040] oder privatrechtlichen (Eigentümer-)Interessen[1041] stehen. Bei solchen Streitigkeiten über die Nutzung von res sacrae ist fraglich, ob der Verwaltungs- oder Zivilrechtsweg eröffnet ist.

Der Verwaltungsrechtsweg kann nach zugrunde gelegtem Verständnis zwar nicht deshalb als einschlägig erachtet werden, weil eine öffentliche Sachherrschaft geltend gemacht wird[1042]. Der Verwaltungsrechtsweg dürfte jedoch schon allein aus dem Grund einschlägig sein, weil es sich bei den res sacrae als Gegenstände des Staatskirchenrechts um (öffentliches) Statusrecht handelt.[1043] Auch

1035 Statt aller *Schütz*, in: Listl/Pirson, HdbStKR II², § 38 S. 9 mwN; mit umfassenden Nachweisen *v. Campenhausen/de Wall*, Staatskirchenrecht, S. 260 f.

1036 A.A. *v. Campenhausen/de Wall*, Staatskirchenrecht, S. 261 f., nur unmittelbar gottesdienstlichen Zwecken dienende Gegenstände wie Glocken, Kirchengebäude und Friedhöfe seien geschützt.

1037 Dazu insgesamt *Schlink*, JZ 2013, 209 ff.

1038 Siehe *Mayer-Scheu*, Grundgesetz und Parität von Kirchen- und Religionsgesellschaften, S. 205, die Kirchengutsgarantie vermeide auch die Differenzierung zwischen Korporierten und Privaten; ferner *Axer*, in: FS Listl, 553, 554 f. zu den res sacrae, 567 ff. zum Schutz dieser durch die Kirchengutsgarantie.

1039 *Renck*, JZ 2001, 375; vgl. *Ehlers*, in: Sachs, GG Kommentar, Art. 138 WRV Rn. 6.

1040 So im Rechtsstreit zur Nutzung der Kirche *St. Salvator Goerlich*, BayVBl. 1988, 182, 183.

1041 So im *Klosterzimmern-Fall* sowie im *Sakristeifall.*

1042 So wegen der Belastung mit einer öffentlich-rechtlichen Dienstbarkeit z.B. *VG Augsburg*, Urt. v. 01.10.2002 - Au 9 K02.537 -, BeckRS 2002, 19935, Rn. 29, vgl. auch aaO Rn. 56: „öffentlich-rechtliche Zweckbindung".

1043 So auch *Goerlich*, BayVBl. 1988, 182, 183.

kann argumentiert werden, dass das Kirchenrecht historisch im öffentlichen Recht verwurzelt ist,[1044] oder man stellt auf die widmungsgemäße Nutzung der res sacra allgemein ab, dass es um öffentlich-rechtliche Beziehungen geht.[1045] Für die Öffentlichkeit einer Streitigkeit bezüglich streitbefangener res sacrae kann im Einzelfall auch der formale Status des Art. 137 Abs. 5 WRV sprechen.[1046]

Steht jedoch ein ziviles Nutzungsrecht im Vordergrund, ist die ordentliche Gerichtsbarkeit zuständig.[1047]

IV. Zusammenfassender Überblick

Hinsichtlich des Rechtsstatus der res sacrae und somit auch bezüglich bestehender öffentlich-rechtlicher Sicherungsinstrumente für res sacrae gerät vieles durcheinander. Es gibt viele verschiedene Auffassungen über die Rechtsfolgen einer „kirchlichen" Widmung.

Es wird stets von einem verfassungsrechtlichen Schutz der res sacrae gesprochen, der aber auch kein zwingend absoluter sei, da dieser Schutz nur vor staatlichen Eingriffen bestehe.[1048] Dieser Schutz wird andererseits aber teilweise auch als absoluter verstanden, da Verfassungsrecht als Grundlage dafür angesehen wird, res sacrae der Schutzordnung des öffentlichen Sachenrechts zu unterstellen.[1049] Ob Gewohnheitsrecht in diesem Zusammenhang keine Rolle (mehr)

1044 So im Zusammenhang der Bestimmung des Rechtsweges beim sakralen Glockengeläut *Müssig*, DVBl. 1985, 837, 841.

1045 *v. Campenhausen/de Wall*, Staatskirchenrecht, S. 265 mwN; siehe ferner die Nachweise bei *Isensee*, in: Gedächtnisschrift für Constantinesco, 301, 303; a.A. *Müller-Volbehr*, NVwZ 1991, 142, 145, der bloße Gebrauch einer res sacra reiche für die Öffentlichkeit des Handelns nicht aus.

1046 So das *OLG Frankfurt am Main*, DVBl. 1985, 861, aufgrund des Körperschaftsstatus seien res sacrae öffentliche Sachen, wegen dieser Eigenschaft gehörten Klagen dem öffentlichen Recht an; für *Isensee*, in: Gedächtnisschrift für Constantinesco, 301, 317, ist beispielsweise Glockenläuten eine typische Lebensäußerung der öffentlich-rechtlichen Korporation Kirche, somit öffentlich-rechtlich; a.A. *Goerlich*, JZ 1984, 221, 225, aus dem Körperschaftsstatus ergebe sich keine allgemeine Rechtswegbestimmung.

1047 So für das Eigentumsrecht *Stern*, in: Stern/Sachs/Dietlein, Das Staatsrecht der BRD, Band IV/2, § 119 S. 1293 mwN.

1048 Vgl. BVerwGE 87, 115, 124 f.; *v. Campenhausen/de Wall*, Staatskirchenrecht, S. 264; *Schlink*, NVwZ 1987, 633, 638.

1049 *Ehlers*, NWVBl. 1993, 327, 329; *v. Campenhausen/de Wall*, Staatskirchenrecht, S. 262 f.; *Mainusch*, Die öffentlichen Sachen der Religions- und Weltanschauungsgemeinschaften, S. 68, 108 f., 198 („weltliche Wirkungen der Widmung ergeben sich aus Verfassungsnorm"), zu den traditionell anerkannten Wirkungen S. 125 ff.

spielt[1050], es das Verfassungsrecht inhaltlich „auflädt“ und über dieses in seinem Bestand garantiert oder als eigenständige Rechtsgrundlage dinglicher Widmungswirkung erachtet wird[1051], wird noch differenzierter beurteilt als die Frage, welche Sachen als res sacrae überhaupt dem öffentlichen Sachenrecht unterstellt werden können.[1052] Auch ist nicht immer klar, ob sich ein Gewohnheitsrecht nur auf die Anerkennung der res sacrae als öffentliche Sache beziehen soll oder aber auch auf eine dingliche Wirkung einer Widmung zur res sacra.[1053]

Da dieses Verwirrspiel noch nicht genug ist, lässt sich auch darüber streiten, welche Verfassungsnorm denn genau die Befugnis einräumt, res sacrae im Sinne des traditionellen öffentlichen Sachenrechts zu kreieren, sodass Sicherungsinstrumente im Falle widmungswidriger Nutzung bestehen. Ob diese besondere Rechtsstellung aufgrund des Körperschaftsstatus[1054], der Kirchengutsgarantie[1055],

---

1050 Rückgriff auf Gewohnheitsrecht ablehnend *v. Campenhausen/de Wall*, Staatskirchenrecht, S. 263; dagegen auch *Renck*, JZ 2001, 375, 378, wobei er dieses in DöV 1990, 333, 334 noch „kraft Herkommens“ anerkannte; so auch noch *Schlink*, NVwZ 1987, 633, 637.

1051 Vgl. *VG Augsburg*, Urt. v. 01.10.2002 - Au 9 K02.537 -, BeckRS 2002, 19935, Rn. 45; *Axer*, Die Widmung als Schlüsselbegriff des Rechts der öffentlichen Sachen, S. 212 ff.; vgl. *Mainusch*, Die öffentlichen Sachen der Religions- und Weltanschauungsgemeinschaften, S. 68; Art. 137 Abs. 5 i.V.m. Gewohnheitsrecht zumindest zur Begründung des Formalstatus öffentliche Sache *Müller-Volbehr*, ZevKR 33 (1988), 153, 175 f.; unscharf *Ehlers*, NWVBl. 1993, 327, 329 („Verfassungsrecht, evtl. i.V.m. Gewohnheitsrecht“), auch *Schütz*, in: Listl/Pirson, HdbStKR II², § 38 S. 9: zur „näheren Gestaltung“.

1052 Auch *Morlok*, in: Dreier, GG Band 3, Art. 138 WRV Rn. 32 mwN, spricht von einer „inkonsistenten“ Benutzung des Begriffs.

1053 *Wallerath*, AVR, § 14 Rn. 24, res sacrae als öffentliche Sache durch auf „Art. 140 GG i.V.m. Art. 138 Abs. 2 WRV legitimiertem“ Gewohnheitsrecht; für *Müller-Volbehr*, ZevKR 33 (1988), 153, 175 f., sind res sacrae öffentliche Sachen „kraft Tradition“. Jedoch leitet er die Widmungsfolgen im Sinne der traditionellen Lehre aus Verfassungsrecht ab, siehe aaO 171 ff.

1054 Vgl. *OLG Frankfurt am Main*, DVBl. 1985, 861; *Mainusch*, Die öffentlichen Sachen der Religions- und Weltanschauungsgemeinschaften, S. 67 ff., 91; *Stern*, in: Stern/Sachs/Dietlein, Das Staatsrecht der BRD, Band IV/2, § 119 S. 1291 mwN;

1055 Statt aller *VG Augsburg*, Urt. v. 01.10.2002 - Au 9 K02.537 -, BeckRS 2002, 19935, Rn. 45; *Axer*, Die Widmung als Schlüsselbegriff des Rechts der öffentlichen Sachen, S. 212 ff.

dem Selbstbestimmungsrecht[1056] oder einem Sammelsurium dieser Normen[1057] bestehen kann, es dürfte sich daraus folgende Erkenntnis ergeben: „Grundsätzliche Klärung täte Not, was allgemein für das Recht der öffentlichen Sachen gilt.“[1058]

Die Breite der verschiedenen Ansichten vermittelt den Eindruck, dass hinsichtlich der res sacrae als öffentliche Sache mit den traditionellen Widmungsfolgen an einer „Begriffsjudikatur“ festgehalten wird[1059], die so nicht aufrechterhalten werden kann. Allein aus der Begrifflichkeit als solcher werden Rechtsfolgen anerkannt, die kein Gesetz so anordnet. Ein Gewohnheitsrecht, das den res sacrae eine Schutzordnung zuerkennt, sodass daraus eigenständige Sicherungsinstrumente resultieren, ist nicht zweifellos feststellbar. Es könnte der Widmung zur res sacra aber ohnehin keine absolute Wirkung zuschreiben, denn selbst bei Anerkennung eines solchen wäre dieses nunmehr verfassungswidrig.

Auch Wortlaut, Sinn und Zweck sowie Entstehungsgeschichte der als Grundlage diskutierten Verfassungsnormen können diese Schutzordnung für res sacrae nicht begründen. Eine teleologische Auslegung des Art. 137 Abs. 5 respektive Art. 138 Abs. 2 WRV würde zu weit gehen, will man in diesen Normen eine Bestandsgarantie hinein interpretieren, die sich in einem absoluten Schutz des Kirchengutes äußert und sogar die zivilrechtlichen Vorschriften überlagert. Systematisch spricht innerhalb der Artikel der WRV die Schranke des „für alle geltenden Gesetzes“ nach Art. 137 Abs. 3 WRV dagegen, hinzu kommt in der Gesamtschau des Grundgesetzes der Art. 123 GG.

Es besteht verfassungsrechtlicher Schutz vor staatlichen Eingriffen, jedoch ist stets eine Abwägung erforderlich. Ein natürlich weitreichender[1060], da absoluter

---

1056 *Müller-Volbehr*, ZevKR 33 (1988), 153, 172; „im Zusammenwirken mit Art. 137 Abs. 5 WRV“ *Stern*, in: Stern/Sachs/Dietlein, Das Staatsrecht der BRD, Band IV/2, § 119 S. 1292.

1057 Die Relevanz des Körperschaftsstatus bezüglich der Widmungsfolgen betont *Müller-Volbehr*, ZevKR 33 (1988), 153 ff., 172. Die Widmungsfolgen stützt er jedoch auf ein Zusammenwirken von Art. 140 GG i.V.m. Art. 137 Abs. 5 WRV und Art. 138 Abs. 2 WRV, aaO 172 f.; ähnlich *v. Campenhausen/de Wall*, Staatskirchenrecht, S. 263.

1058 *Stern*, in: Stern/Sachs/Dietlein, Das Staatsrecht der BRD, Band IV/2, § 119 S. 1292; ähnlich *v. Campenhausen/de Wall*, Staatskirchenrecht, S. 261.

1059 Beispielsweise behauptete *Weber*, ZevKR 11 (1964/65), 111, 123, dass es Art. 138 Abs. 2 WRV zur Begründung der Wirkungen der res sacrae gar nicht bedarf, da diese schon u.a. in der *Lehre von der öffentlichen Sache* begründet zu finden seien.

1060 Im Vergleich zum Zivilrecht *Renck*, DöV 1990, 333, 335; ebenso *Mainusch*, Die öffentlichen Sachen der Religions- und Weltanschauungsgemeinschaften, S. 71; *Schütz*, in: Listl/Pirson, HdbStKR II^2, § 38 S. 12 mwN, sowie *Müller-Volbehr*, ZevKR 33 (1988),

Schutz nach öffentlichem Sachenrecht ist mangels hinreichender gesetzlicher Anordnung aber abzulehnen.

„Privatrechtlicher" Schutz ist allenfalls mittelbar drittwirkend denkbar. Zumindest im *Klosterzimmern-Fall*[1061] sowie im *Sakristeifall*[1062] hätte das Ergebnis ebenso zivilrechtlich begründet werden können, sodass es des öffentlichen Sachenrechts als Grundlage für Sicherungsinstrumente gar nicht bedurfte.[1063]

153, 173; a.A., schon Verfassungsrecht sei ausreichend und das öffentliche Sachenrecht als Schutzordnung überflüssig, *Keihl*, Das staatliche Recht der res sacrae, S. 153; ähnlich *Schlink*, NVwZ 1987, 633, 635; ferner *Kromer*, Sachenrecht des Öffentlichen Rechts, S. 32, 76 ff.

1061 Siehe 1.A.V.; Selbst bei Messung der res sacrae an das BGB sei das Gut nicht unbelastet erworben worden. Gehe man von einer Belastung nach § 1090 BGB aus, so sei diese als altrechtliche Dienstbarkeit mangels Eintragung im Grundbuch nach Art. 184 EGBGB erloschen. Bei einer nicht aufgenommenen Grunddienstbarkeit nach § 1018 BGB sei nach Art. 187 EGBGB ein unbelasteter gutgläubiger Erwerb nicht möglich. Da das Kirchengebäude noch mit sämtlichen Inventar ausgestattet war, sei eine Gutgläubigkeit zu verneinen, vgl. *VG Augsburg*, Urt. v. 01.10.2002 - Au 9 K02.537 -, BeckRS 2002, 19935, Rn. 46.

1062 Siehe 4.B.II., S. 151 f.; es stand ebenfalls eine zivilrechtliche Lösung zur Debatte, aufgrund einer „fortdauernden Benediktion" der Kapelle wurde aber das Bestehen einer altrechtlichen, fortdauernden Grunddienstbarkeit offen gelassen, vgl. BayOblGZ 1967, 93, 101. Für *Axer*, in: FS Listl, 553, 571, ist irritierenderweise in diesem Fall gerade die Zweckbestimmung der öffentlichen Sache relevant, obwohl er richtigerweise aufzeigt, dass aufgrund der Bösgläubigkeit des Neuerwerbers das Zivilrecht zum selben Ergebnis geführt hätte.

1063 Das Zivilrecht wird in den meisten Fällen einen gutgläubigen Erwerb deshalb verhindern, da Kirchengebäude oder signifikante Sakralgegenstände einem gutgläubigen Erwerb entgegenstehen werden. Auf einen für die Glaubensausübung relevanten Kelch wird das zwar nicht immer zutreffen. Dieser ist jedoch regelmäßig austauschbar, sodass das „materielle Substrat", den Glauben überhaupt ausüben zu können, auch durch die §§ 932 ff. und § 892 BGB gewährleistet wird. Es ist nicht der Zweck des öffentlichen Sachenrechts, Reichtum zu schützen. Eine Teilnahme am Zivilrechtsverkehr, wie er für jedermann gilt, ist geboten. Ferner könnten in vielen Fällen auch altrechtliche Dienstbarkeiten bestehen, vgl. BVerfGE 99, 100, 121; siehe zudem das Beispiel bei *Kromer*, Sachenrecht des Öffentlichen Rechts, S. 79 f., dass ein Mietvertrag über eine Pastorei, der den Widmungszweck derselben gefährde, nicht per se aufgrund des widmungswidrigen Gebrauchs mangels anordnender gesetzlicher Grundlage nichtig sei, vielmehr auch eine Lösung nach den Stellvertreter-Regeln des BGB Erfolg verspreche; vgl. allgemein auch *Ost*, Kirchengut und Religionsverfassungsrecht, S. 103, am Gegenstand der Widmung würde ohnehin ein (ziviles) Recht bestehen, wodurch die Sache schon materiell-rechtlich gesichert sei.

B. Ergebnis zu den res sacrae insgesamt

Res sacrae gehören gewohnheitsrechtlich zu den öffentlichen Sachen im Sinne des Verwaltungsrechts. Dazu sind diejenigen Sachen zu zählen, die Religions- und Weltanschauungsgemeinschaften für unmittelbar gottesdienstliche Zwecke nach dem jeweiligen innerkirchlichen Recht gewidmet haben. Der Begriff der res sacrae besagt aber nur formell, dass eine bestimmte öffentliche Sache vorliegt. Materielle Folgen sind aus diesem Begriff nicht zu schließen.

Bereits das Verfassungsrecht schützt einzelne Vermögensgegenstände[1064], ein zusätzlicher Schutz nach öffentlichem Sachenrecht ist darüber hinaus abzulehnen. Der Streit um die Nutzung der Kirche *St. Salvator* zeigt auf, dass im Einzelfall eine res sacra aufgrund des Schutzes über die Kirchengutsgarantie gegen staatliche Beeinträchtigungen „herausverlangt" werden kann. Hält eine Glaubensgemeinschaft einem Eigentümer eine Widmung dieser streitbefangenen Sache zur res sacra entgegen und möchte dadurch einen das zivilrechtliche Eigentum überlagernden Nutzungsanspruch gemäß der traditionellen Lehre des öffentlichen Sachenrechts geltend machen, ist dies nach dem hier zugrunde gelegtem Verständnis in nachkonstitutioneller Zeit nicht möglich. Die jeweilige Religionsgemeinschaft würde sich auf ein Recht berufen, das aufgrund eines Verfassungsverstoßes heute abgelehnt werden muss und ihr nicht (mehr) zusteht. Jedenfalls wäre ein solcher Anspruch nicht durchsetzbar. Sicherungsinstrumente zur Gewährleistung des widmungsgemäßen Gebrauchs einer res sacra können sich somit bei staatlichen Eingriffen aus Verfassungsrecht ergeben. Bei „zivilrechtlichen Eingriffen" ist das Zivilrecht maßgeblich, im Einzelfall kann sich Verfassungsrecht mittelbar drittwirkend auswirken und den widmungsgemäßen Gebrauch einer res sacra schützen.

Die res sacrae sind unbestritten historisch im öffentlichen Recht verwurzelt, mit dem Körperschaftsstatus eng verknüpft und stammen somit aus einer älteren Schicht des Staatskirchenrechts.[1065] Doch auch Tradition muss sich am Grundgesetz messen lassen.

1064 *Ehlers*, ZevKR 32 (1987), 158, 166 f. mwN; vgl. *Goerlich*, in: FS Martens, 559, 573 f.; *Kromer*, Sachenrecht des Öffentlichen Rechts, S. 81; *Schlink*, NVwZ 1987, 633, 638.

1065 So statt aller *Müller-Volbehr*, ZevKR 33 (1988), 153, 176 mwN.

6. Kapitel: Zusammenfassung der Ergebnisse

A. Zusammenfassung in Thesen

Im Straßenrecht kann der widmungsgemäße Gebrauch der öffentlichen Sache Straße durch einfachgesetzliche Regelungen gesichert werden. Dabei ist sowohl der öffentliche Sachherr als auch die das Sicherungsmittel bereitstellende Norm je nach Einzelfall zu bestimmen.

Der widmungsgemäße Gebrauch der öffentlichen Sache Wasser wird durch § 100 Abs. 1 S. 2 WHG oder der jeweiligen ordnungsrechtlichen Generalklauseln gesichert, die als Grundlage aller denkbaren Sicherungsinstrumente dienen. Dies gilt sowohl für Beeinträchtigungen des wasserrechtlichen Gemeingebrauchs als auch des Wassers in seiner Eigenschaft als öffentliche Sache im Sondergebrauch.

Im gesetzlich nicht geregelten Bereich existieren keine Sicherungsinstrumente nach öffentlichem Sachenrecht. Im Einzelfall kann die Nutzung oder der Bestand einer öffentlichen Sache im Verwaltungs- oder Anstaltsgebrauch dann gesichert werden, wenn eine solche Sicherung aufgrund einfachgesetzlicher Regelungen möglich ist.

Res sacrae, erkennt man diese als öffentliche Sachen an, werden verfassungsrechtlich vor staatlichen Eingriffen geschützt. Dieses Verfassungsrecht kann sich im Einzelfall mittelbar drittwirkend auf das Zivilrecht auswirken. Allgemein bestehen aber keine Sicherungsinstrumente nach öffentlichem Sachenrecht für res sacrae, welche diese vor „zivilrechtlichen“ Eingriffen sichern. Es sind keine Normen ersichtlich, die den res sacrae die Eigenschaften und Widmungsfolgen im Sinne des traditionellen Verständnisses des Rechts der öffentlichen Sachen beimessen.

B. Fazit

Es zeigt sich, wie schon *Forsthoff* feststellte, dass die Grundannahmen und das Rechtsgebiet der öffentlichen Sachen als solches auf Grundannahmen des speziellen Straßen- und Wegerechts beruhen.[1066] Diese sind aber nicht

1066 Vgl. *Forsthoff*, in: AöR 31 (1940), 209, 220 mwN: „Tatsächlich ist das öffentliche Sachenrecht im hohen Grade von den besonderen Eigentümlichkeiten des Wegerechts her entwickelt“; vgl. auch *Kromer*, Sachenrecht des Öffentlichen Rechts, S. 44, das Straßenrecht habe „Pate für alle Gebiete des Öffentlichen Sachenrechts“ gestanden; Zum Ursprung der Theorie des modifizierten Privateigentums („der beschränkt

verallgemeinerungsfähig. Die Theorie vom modifizierten Privateigentum hilft als gedankliches Konstrukt, die durch die Widmung nunmehr gesetzlich angeordneten Rechtsfolgen und Rechtsverhältnisse im Straßenrecht zu verstehen. Dort, wo öffentliche Sachen geregelt sind, braucht man die Annahmen der traditionellen Lehre nicht, da sich die Widmungssicherung aus einfachgesetzlichen Vorschriften ergibt.[1067] Wo öffentliche Sachen nicht geregelt sind, wurden und werden die Grundannahmen bezüglich der Widmungsfolge herangezogen, passen aber nicht, da diese sinnvoll nur die Verhältnisse im Straßenrecht umschreiben. Sie verbieten sich rechtlich ohnehin.

Vielfach sind Fälle, die mit den traditionellen Strukturen des öffentlichen Sachenrechts gelöst wurden, einfachgesetzlich lösbar.[1068] Solch „gesetzeslose" Lösungen sind daher regelmäßig überflüssig. Folgende in dieser Arbeit aufgegriffene Fallkonstellationen lassen sich auch ohne die traditionelle Lehre des öffentlichen Sachenrechts lösen:

Der Hamburger *Sielfall*[1069] kann mit § 70 des Hamburgischen Wassergesetzes (HWaG) gelöst werden. Diese Norm begründet Duldungspflichten für das Durchleiten von Wasser und Abwasser für den Eigentümer des jeweiligen Grundstücks, die nach § 72 HWaG auch den Rechtsnachfolger binden.

Heutzutage würde sich ein derartiger Vollstreckungsschutz, wie er im *Kriegsschifffall*[1070] ohne gesetzlichen Bezug angenommen wurde, aus § 882a ZPO ergeben, der jedoch erst 1953 eingeführt wurde und „gesetzliches Neuland" betrat.[1071]

öffentlichen Sache") im 19. Jahrhundert verweist auch *Hardinghaus* darauf, die allermeisten öffentlichen Sachen seien Verkehrswege gewesen, nachdem die Sachen dann irgendwann „Gegenstand der vielfältigsten öffentlichen Interessen" geworden sind und auch der Verwaltungsgebrauch als öffentlicher Sachzweck anerkannt wurde, vgl. *Hardinghaus*, Öffentliche Sachherrschaft und öffentliche Sachwaltung, S. 34 f.

1067 Zur Kritik an der Theorie vom modifizierten Privateigentum siehe nur *Hardinghaus*, Öffentliche Sachherrschaft und öffentliche Sachwaltung, S. 49.

1068 Siehe im Speziellen den Hinweis bei *Axer*, DöV 2013, 165, 168, dass Landesgesetze teilweise im Friedhofsrecht vorsehen, dass die dauerhafte Berechtigung am Friedhofsgrundstück zivilrechtlich abgesichert werden muss.

1069 Siehe 4.B.II., S. 147 f.

1070 Siehe 1.A.I.

1071 *Geißler*, NJW 1953, 1853, weist darauf hin, dass eine Zwangsvollstreckung gegen das Reich weder bei der Gründung des Deutschen Reiches noch bei Erlass der Reichsjustizgesetze gesetzlichen Regelungen unterworfen wurde. Es konnten jedoch drei Rechtsgruppen unterschieden werden. Im Geltungsbereich des PrALR, des französischen Rechts sowie in Bayern war die normale Zwangsvollstreckung schlechthin unzulässig. In Hamburg, Hessen, Mecklenburg, Preußen mit Geltungsbereich des

Der im *Aktenfall*[1072] angenommene Herausgabeanspruch „kraft Natur der Sache" entbehrt nicht nur jeder Dogmatik, sondern ist auch nicht erforderlich. Die Akten wurden zivilrechtlich nicht mitveräußert, da sie kein Zubehör im Sinne des § 97 BGB am betreffenden Grundstück waren. Daneben ist ein öffentlich-rechtlicher Lösungsweg über die ordnungsrechtliche Generalklausel möglich[1073], da die öffentliche Sicherheit durch die Verletzung datenschutzrechtlicher Bestimmungen gefährdet würde, wenn verhindert wird, dass personenbezogene Daten nicht vernichtet werden können.[1074]

Im *Klosterzimmern-Fall* und *Sakristeifall* wurden im jeweiligen Urteil selbst Lösungswege über altrechtliche Dienstbarkeiten in Aussicht gestellt.[1075] Im *Klosterzimmern-Fall* trug hinsichtlich eines Entwidmungsanspruchs auch Verfassungsrecht zur Lösung zugunsten der fortdauernden Zweckbestimmung der res sacra bei.

Schwieriger gestaltet sich eine öffentlich-rechtliche Lösung des *Bahnfalls*[1076]. Da eine entsprechende Regelung im Allgemeinen Eisenbahngesetz (AEG) weggefallen

---

gemeinen Rechts, Sachsen, Thüringen und Württemberg war eine normale Zwangsvollstreckung nach Anzeige und Wartefrist möglich. In der dritten Rechtsgruppe waren keine gesetzlichen Regelungen vorhanden, das waren „das Reich, Anhalt, Baden, Braunschweig, Bremen, Lippe-Detmold, Lübeck, Schaumburg-Lippe und Oldenburg". Ab 1931 regelten einzelne Bundesländer die Zwangsvollstreckung gegen den Fiskus neu, siehe insgesamt *Geißler*, NJW 1953, 1853, 1854, bezüglich der „Vielgestaltigkeit" der gesetzlichen Regelungen mwN. Da es sich in RGZ 72, 347 ff. mit dem Kriegsschiff um eine Sache des Reichsfiskus handelte, lag somit tatsächlich, soweit ersichtlich, keine einschlägige gesetzliche Regelung zur Frage vor.

1072 Siehe 1.A.VI.

1073 Siehe dazu auch *Stelkens*, Die Verwaltung 46 (2013), 493, 506 f., der eine Sicherstellung der Akten nach Ordnungsrecht vorschlägt. Wegen des „schwerwiegenden Verstoßes" gegen datenschutzrechtliche Bestimmungen schlägt er als unmittelbare Grundlage alternativ auch „extensiv auszulegende datenschutzrechtliche Bestimmungen" vor.

1074 Die Datenschutzgesetze sehen allesamt eine Löschungsplicht von Daten dann vor, wenn diese nicht mehr für entsprechende Verwaltungsvorgänge benötigt werden, siehe für Mecklenburg-Vorpommern § 13 Abs. 2 Nr. 4 DSG M-V. Davon erfasst sind gerade auch Akten, siehe § 3 Abs. 3 DSG M-V. Die Erfüllung dieser Pflicht als Gebot der objektiven Rechtsordnung ist für den die Akte führenden Hoheitsträger gefährdet, wenn ein Dritter dem Hoheitsträger diese vorenthält.

1075 Dazu siehe zum *Klosterzimmern-Fall* Fn. 1061, zum *Sakristeifall* Fn. 1062.

1076 Siehe 4.B.II., S. 155 f.

ist[1077] und nun mangels Anordnung für Eisenbahnen Pfändungsschutz nur noch nach den allgemeinen Vorschriften besteht[1078], ergibt sich im Umkehrschluss, dass nunmehr für die Eisenbahnen die allgemeinen Vorschriften gelten. Für *Stelkens* ist schon fraglich, ob durch die Neufassung des § 23 AEG im Jahre 2005 überhaupt noch eine eisenbahnrechtliche Widmung existiert, war diese und ihre Rechtsnatur ohnehin umstritten.[1079] Die ausdifferenzierten gesetzlichen Regelungen des Zivilrechts führen darüber hinaus zu sachgerechten Ergebnissen.[1080]

Das öffentliche Sachenrecht ist ein „Trümmerhaufen“[1081], da die Materie uneinheitlich, nur teilweise gesetzlich geregelt, als Rechtsgebiet schwer zu umreißen und mitunter komplex ist. Es ist aber auch deshalb ein Trümmerhaufen, weil dieses Rechtsgebiet ein Stück weit dazu gemacht worden ist. Für *Axer* ist ein Recht der öffentlichen Sachen schon gar nicht existent, weil es keine für alle Sachen geltenden gemeinsamen Grundsätze gibt.[1082] Was als relevant und somit als „normierungswürdig“ erachtet wurde, ist die Benutzung von Straßen und Wegen für die Allgemeinheit oder aber die (wasserwirtschaftliche) Nutzung von Gewässern. Ferner werden bestimmte Güter der Glaubens- und Bekenntnisgemeinschaften durch Verfassungsrecht geschützt.

Normierungen wie § 6 Abs. 6 StrWG NRW sind schlicht ein gesetzlicher Ausnahmetatbestand zu den §§ 936, 945 BGB. Selbst im gesetzlich geregelten

---

1077 Bis zur Neuordnung des Eisenbahnwesens bestimmte § 39 BBahnG für die Vollstreckung der damaligen Bundesbahn mit § 882a Abs. 2 ZPO vergleichbare Beschränkungen, MüKoZPO/*Eickmann*, § 882a Rn. 19.

1078 Musielack/*Becker*, ZPO, § 882a Rn. 2; MüKoZPO/*Eickmann*, § 882a Rn. 19.

1079 Vgl. *U. Stelkens*, in: P. Stelkens/Bonk/Sachs, VwVfG, § 35 Rn. 326 mwN, einiges spreche dafür, dass diese „abgeschafft“ worden sei durch die Neufassung des § 23 AEG im Jahre 2005. Gestützt wird dies auf *BVerwG*, NVwZ 2010, 1159, der Gesetzgeber habe mit § 23 AEG die Rechtsprechung zur Entwidmung von Bahnanlagen aufgegriffen; Gegen eine dingliche Widmungswirkung im Eisenbahnrecht mit guten Gründen auch *Durner*, UPR 2000, 255, 258 ff., der richtigerweise mangels gesetzlicher Grundlagen zur Widmung und den Widmungsfolgen auf das Erfordernis solcher wie bei den öffentlichen Sachen im Anstalts- und Verwaltungsgebrauch verweist; traditionell für Eisenbahnen als öffentliche Sachen statt vieler *Haas*, DVBl. 1962, 653.

1080 So zum *Stadtsiegelfall* auch das *OVG Münster*, NJW 1993, 2635, 2637: „Eine Sache im Verwaltungs- oder Anstaltsgebrauch, deren fortdauernde Zweckbindung durch Widmung offenkundig ist oder sich aufdrängt (vgl. § 932 II BGB), verbleibt dem Sachherrn; im Übrigen genießt der Erwerber den Vorzug“.

1081 So *Ehlers* in seinem Aufsatz „Das Öffentliche Sachenrecht – Ein Trümmerhaufen“, NWVBl. 1993, 327 ff.

1082 *Axer*, Die Widmung als Schlüsselbegriff des Rechts der öffentlichen Sachen, S. 224.

Bereich wird eine „öffentliche Sachherrschaft“ respektive ein „öffentliches Sachenrecht“ an den gewidmeten Gegenständen mit keiner Silbe erwähnt. Als Ergebnis ist festzuhalten: „Die vielfältige Verflechtung öffentlichen und privaten Rechts bei der Behandlung öffentlicher Sachen ist kompliziert und unpraktisch. Die zwei sich teils ergänzenden, teils ausschließenden, teils überlagernden grundverschiedenen Rechtssysteme können bei fortschreitender Spezialisierung des Rechts immer weniger harmonisiert werden. Das Ergebnis ist fortschreitende Rechtsunsicherheit.“[1083] Das gilt für die Anerkennung von Sicherungsmitteln für öffentliche Sachen nach öffentlichem Sachenrecht nicht, wenn man auf die einfachgesetzliche Rechtslage abstellt.

Einer Widmung sind daher allgemein keine unmittelbaren materiell-rechtlichen Wirkungen zuzuschreiben, sondern nur rechtstheoretische Wirkungen derart, dass man durch die Widmung ein theoretisches Rechtsgebiet zusammenklammert. Wenn man auf das Benutzungsverhältnis abstellt[1084] kann man auch die althergebrachte Einteilung öffentlicher Sachen weiterhin anerkennen[1085], ohne dabei einer Widmung gesetzlich nicht angeordnete Rechtsfolgen zuzuschreiben. Es muss aufgrund der aufgezeigten rechtlichen Verstöße davon Abstand genommen werden, öffentliches Sachenrecht als Statusrecht anzusehen, und aus diesem Status Rechtsfolgen gemäß der traditionellen Lehre zu ziehen.

1083 *Hardinghaus*, Öffentliche Sachherrschaft und öffentliche Sachwaltung, S. 32.

1084 Vgl. *Peine*, AVR, Rn. 1330 ff.; vgl. ferner *Papier*, in: Erichsen/Ehlers, AVR, § 38 Rn. 28, 32: „Das ‚Recht der öffentlichen Sachen‘ ist nicht begrenzt auf Normenkomplexe, die subjektiv-öffentliche *Sachen*rechte regeln.“ Gegenstände hätten immer dann schon einen abgehobenen Rechtsstatus, wenn Rechtsbeziehungen zu den Benutzern durch Rechtssätze des öffentlichen Rechts geregelt sind, siehe aaO Rn. 31; ferner *Axer*, NVwZ 1996, 114, 115, bei Sachen im Anstaltsgebrauch sieht er den Kreationsakt nur als Grundlage des Nutzungsanspruchs an, da durch ihn der Nutzungsumfang geregelt werde.

1085 Differenziert *Stelkens*, Die Verwaltung 46 (2013), 493, 535 f., der ein öffentliches Sachenrecht bezüglich Immobilien als Bestandteil des Allgemeinen Verwaltungsrechts ansieht. Ein „Recht der öffentlichen Sachen“ sei mehr als Bestandteil eines Allgemeinen Teils des Infrastrukturverwaltungsrechts zu verstehen. Das öffentliche Sachenrecht sei kein „Trümmerhaufen“, wie es *Ehlers* in NWVBl. 1993, 327 ff. meint, sondern ein mit reichen Bodenschätzen gesegnetes Gelände, welche gehoben und für eine Konstruktion eines modernen Infrastrukurverwaltungsrechts veredelt werden müssten, siehe aaO 536.

Literaturverzeichnis

Anton, Michael: Rechtshandbuch Kulturgüterschutz und Kunstrestitution, Band 2: Zivilrecht – Guter Glaube im internationalen Kunsthandel, 2010.

Appel, Markus: Entstehungsschwäche und Bestandsstärke des verfassungsrechtlichen Eigentums, 2004.

Axer, Peter: Das Hamburger Stadtsiegel – ein Problem des Rechts der öffentlichen Sachen, in: NWVBl. 1992, S. 11–13.

—: Die Widmung als Schlüsselbegriff des Rechts der öffentlichen Sachen: zur Identität des Rechts der öffentlichen Sachen als Rechtsgebiet, 1994.

—: Die Widmung als Grundlage der Nutzung kommunaler öffentlicher Einrichtungen, in: NVwZ 1996, S. 114–117.

—: Der verfassungsrechtliche Schutz der res sacrae, in: Wilhelm Rees (Hrsg.), Recht in Kirche und Staat. Festschrift für Joseph Listl zum 75. Geburtstag, 2004, S. 553–572.

—: Friedhöfe als öffentliche Sachen, in: DÖV 2013, S. 165–172.

Badura, Peter: Staatsrecht. Systematische Erläuterung des Grundgesetzes für die Bundesrepublik Deutschland, 5. Auflage 2012.

Bamberger, Heinz Georg/Roth, Herbert: *(Hrsg.)* Beck'scher Online-Kommentar BGB, 2003 ff. (Stand: 32. Edition 1.8.2014).

Baur, Jürgen F./Stürner, Rolf: Sachenrecht, 18. Auflage 2009.

Berendes, Konrad/Appel, Markus: Wasserhaushaltsgesetz. WHG, Kommentar, 2011.

Bethge, Herbert: Parlamentsvorbehalt und Rechtssatzvorbehalt für die Kommunalverwaltung, in: NVwZ 1983, S. 577–580.

Böckenförde, Ernst-Wolfgang: Organisationsgewalt und Gesetzesvorbehalt, in: NJW 1999, S. 1235–1236.

Breuer, Rüdiger: Öffentliches und privates Wasserrecht, 3. Auflage 2004.

Brohl, Karl Heinz: Wegepolizei und neues Straßenrecht, in: DVBl. 1962, S. 392–397.

Brox, Hans/Walker, Wolf-Dietrich: Allgemeiner Teil des BGB, 38. Auflage 2014.

Brüning, Christoph: Von öffentlichen Zwecken und privaten Rechten, in: DÖV 2003, S. 389–399.

Buchheister, Joachim: Das Recht der öffentlichen Sachen, in: JuS 1994, S. 175–176.

Bull, Hans Peter/Mehde, Veith: Allgemeines Verwaltungsrecht mit Verwaltungslehre, 8. Auflage 2009.

Burgi, Martin: Rechtsregime, in: Wolfgang Hoffmann-Riem/Eberhard Schmidt-Aßmann/Andreas Voßkuhle (Hrsg.), Grundlagen des Verwaltungsrechts, Band I, 2. Auflage 2012, § 18 (S. 1257–1318).

von Campenhausen, Axel Freiherr: Staatskirchenrecht, 2. Auflage 1983.

von Campenhausen, Axel Freiherr/de Wall, Heinrich: Staatskirchenrecht, 4. Auflage, 2006.

Classen, Claus Dieter: Religionsrecht, 2006.

von Danwitz, Thomas: Straßen- und Wegerecht, in: Friedrich Schoch (Hrsg.), Besonderes Verwaltungsrecht, 15. Auflage 2013, Siebentes Kapitel (S. 737–786).

Detterbeck, Steffen: Allgemeines Verwaltungsrecht mit Verwaltungsprozessrecht, 12. Auflage 2014.

Dreier, Horst: (Hrsg.) Kommentar zum Grundgesetz, 3 Bände; Band I: 3. Auflage 2013, Band III: 2. Auflage 2008.

Durner, Wolfgang: Sind Eisenbahnanlagen öffentliche Sachen?, in: UPR 2000, S. 255–263.

Ehlers, Dirk: Rechtsverhältnisse in der Leistungsverwaltung, in: DVBl. 1986, S. 912–922.

—: Das öffentliche Sachenrecht – ein Trümmerhaufen, in: NWVBl. 1993, S. 327–333.

—: Die gemeinsamen Angelegenheiten von Staat und Kirche, in: ZevKR 32 (1987), S. 158–185.

—: Rechtsquellen und Rechtsnormen der Verwaltung, in: Hans-Uwe Erichsen/Dirk Ehlers (Hrsg.), Allgemeines Verwaltungsrecht, 14. Auflage 2010, § 2 (S. 64–134).

Eifert, Martin: Umweltschutzrecht, in: Friedrich Schoch (Hrsg.), Besonderes Verwaltungsrecht, 15. Auflage 2013, Fünftes Kapitel (S. 547–660).

Endrös, Alfred: Finis rerum sacrarum 11.8.1919? Zur Entstehungsgeschichte der Art. 137 V und 138 II der Weimarer Reichsverfassung, in: ZevKR 33 (1988), S. 285–301.

Epping, Volker/Hillgruber, Christian: (Hrsg.) Beck'scher Online-Kommentar GG, 2008 ff. (Stand: 22. Edition 1.9.2014).

Erbguth, Wilfried: Ausgewählte Probleme des öffentlichen Sachenrechts, in: VR 1981, S. 152–157.

—: Recht der öffentlichen Sachen, in: Jura 2008, S. 193–200.

—: Allgemeines Verwaltungsrecht, 6. Auflage 2014.

Erbguth, Wilfried/Becker, Joachim: Allgemeines Verwaltungsrecht, Teil 2, 2. Auflage 1987.

Erbguth, Wilfried/Schlacke, Sabine: Umweltrecht, 5. Auflage 2014.

Erichsen, Hans-Uwe: Die kommunalen öffentlichen Einrichtungen (I), in: Jura 1986, S. 148–153.

Erler, Adalbert: Kirchenrecht. Ein Studienbuch, 5. Auflage 1983.

Fechner, Frank: Der Hamburger Stadtsiegelfall, in: JuS 1993, S. 704.

Forsthoff, Ernst: Res sacrae, in: AöR 31 (1940), S. 209–254.

—: Lehrbuch des Verwaltungsrechts, Erster Band: Allgemeiner Teil, 10. Auflage 1973.

Frenz, Walter: Öffentliches Recht, 6. Auflage 2013.

Friauf, Karl Heinrich: Staatsvermögen, in: Josef Isensee/Paul Kirchhof (Hrsg.), Handbuch des Staatsrechts der Bundesrepublik Deutschland, Band IV, 2. Auflage 1999, § 90 (S. 295–319).

Frotscher, Werner: Probleme des öffentlichen Sachenrechts, in: VerwArch 62 (1971), S. 153–168.

Geißler, Theodor: Zur Neuregelung der Zwangsvollstreckung gegen den Fiskus, in: NJW 1953, S. 1853–1856.

von Gemershausen, Albrecht/Seydel, Gustav: Wegerecht und Wegeverwaltung in Preußen, Erster Band, 4. Auflage, unveränderter Nachdruck 1953.

Germann, Michael: Die „gesetzlose" Widmung von Sachen für öffentliche Zwecke, in: AöR 128 (2003), S. 458–482.

Giesberts, Ludger/Reinhardt, Michael (Hrsg.): Beck'scher Online-Kommentar Umweltrecht, 2006 ff. (Stand: 32. Edition 1.7.2014).

Goerlich, Helmut: Res sacrae und Rechtsweg – Bemerkungen zum Urteil des *BVerwG* vom 7.10.1983 – 7 C 44.81 -, in: JZ 1984, S. 221–225.

—: Anmerkung zu BayVGH, Urteil vom 6.5.1987. Anspruch auf Erklärung der staatskirchenrechtlichen Entwidmung eines Kirchengebäudes (St. Salvatorkirche in München), in: BayVBl. 1988, S. 182–184.

—: Zwangsvollstreckung und Kirchengut. Zugleich zu kirchlichem Auftrag, öffentlichen Aufgaben und öffentlichem Interesse, in: Peter Selmer/Ingo von Münch (Hrsg.), Gedächtnisschrift für Wolfgang Martens, 1987, S. 559–578.

Gornig, Gilbert-Hanno: Die sachbezogene hoheitliche Maßnahme, 1985.

Gramlich, Ludwig: Die Begebung von Geldzeichen, in: ZKredW 1987, S. 548–554.

Haas, Dieter: Die öffentlichen Sachen, in: DVBl. 1962, S. 653–658.

Häde, Ulrich: Das Recht der öffentlichen Sachen, in: JuS 1993, S. 113–118.

Hardinghaus, Herbert: Öffentliche Sachherrschaft und öffentliche Sachwaltung, 1966.

Heckel, Johannes: Kirchengut und Staatsgewalt, in: Rechtsprobleme in Staat und Kirche, Festschrift für Rudolf Smend zum 70. Geburtstag 15. Januar 1952, 1952, S. 103–143.

Heinig, Hans Michael/Munsonius, Hendrik: Erhaltung, Umwidmung oder Abriss kirchlicher Baudenkmäler, in: NWVBl. 2014, S. 85–88.

Hendler, Reinhard: Allgemeines Verwaltungsrecht, 3. Auflage 2001.

Hengst, Peter/Majcherek, Joachim (Hrsg.): Straßen- und Wegegesetz des Landes Nordrhein-Westfalen (StrWG NRW). Kommentar, 1998 ff. (Stand: 10. Ergänzungslieferung Dezember 2013).

Herber, Franz-Rudolf: Rechtsquellen und Strukturen des deutschen Straßenrechts, in: Kurt Kodal (Begr.)/Manfred Aust u.a. (Bearb.): Straßenrecht. Systematische Darstellung des Rechts der öffentlichen Straßen, Wege, und Plätze in der Bundesrepublik Deutschland und in den deutschen Ländern, 7. Auflage 2010, Kapitel 2 (S. 27–107).

—: Die öffentliche Straße als öffentliche Sache – öffentliche Sachherrschaft und private Sachherrschaft, in: Kurt Kodal (Begr.)/Manfred Aust u.a. (Bearb.): Straßenrecht. Systematische Darstellung des Rechts der öffentlichen Straßen, Wege, und Plätze in der Bundesrepublik Deutschland und in den deutschen Ländern, 7. Auflage 2010, Kapitel 6 (S. 242–265).

—: Widmung, in: Kurt Kodal (Begr.)/Manfred Aust u.a. (Bearb.): Straßenrecht. Systematische Darstellung des Rechts der öffentlichen Straßen, Wege, und Plätze in der Bundesrepublik Deutschland und in den deutschen Ländern, 7. Auflage 2010, Kapitel 8 (S. 297–332).

Höfling, Wolfram: Grundzüge des Öffentlichen Sachenrechts, in: JA 1987, S. 605–611.

Höhn, Ernst: Gewohnheitsrecht im Verwaltungsrecht, 1960.

Hollerbach, Alexander: Der verfassungsrechtliche Schutz kirchlicher Organisation, in: Josef Isensee/Paul Kirchhof (Hrsg.), Handbuch des Staatsrechts der Bundesrepublik Deutschland, Band VI, 1989, § 139 (S. 557–593).

Isensee, Josef: Rechtsschutz gegen Kirchenglocken. Rechtsweg und Rechtsqualifikation bei Nachbarklagen auf Unterlassung kirchlicher Immissionen, in: Gerhard Lüke/Georg Ress/Michael R. Will (Hrsg.), Rechtsvergleichung, Europarecht und Staatenintegration: Gedächtnisschrift für Léontin-Jean Constantinesco, 1983, S. 301–324.

—: Staatsvermögen, in: ders./Paul Kirchhof (Hrsg.), Handbuch des Staatsrechts der Bundesrepublik Deutschland, Band V, 3. Auflage 2007, § 122 (S. 1265–1322).

—: Privatautonomie, in: ders./Paul Kirchhof (Hrsg.), Handbuch des Staatsrechts der Bundesrepublik Deutschland, Band VII, 3. Auflage 2009, § 150 (S. 207–280).

—: Grundrechtsvoraussetzungen und Verfassungserwartungen an die Grundrechtsausübung, in: ders./Paul Kirchhof (Hrsg.), Handbuch des Staatsrechts der Bundesrepublik Deutschland, Band IX, 3. Auflage 2011, § 190 (S. 265–411).

Jarass, Hans D./Pieroth, Bodo (Hrsg.): Grundgesetz für die Bundesrepublik Deutschland, 13. Auflage 2014.

Kahl, Wolfgang/Waldhoff, Christian/Walter, Christian (Hrsg.): Bonner Kommentar zum Grundgesetz. Gegründet 1950, 1950 ff. (Stand: 168. Aktualisierung Juli 2014).

Kallus, Michael: Zur Widmung und Entwidmung öffentlicher Straßen in den neuen Bundesländern nach der DDR-Straßenverordnung, in: LKV 1993, S. 154–157.

Kästner, Karl-Hermann: Die Verfassungsgarantie des kirchlichen Vermögens, in: Joseph Listl/Dietrich Pirson (Hrsg.), Handbuch des Staatskirchenrechts der Bundesrepublik Deutschland, Erster Band, 2. Auflage 1994, § 32 (S. 891–906).

Kaup, Wolfgang: Rechtsschutz gegen kirchliches Mahngeläut, in: BayVBl. 1992, S. 161–168.

Keihl, Bernhard: Das staatliche Recht der res sacrae, 1977.

Kersandt, Peter/Schiller, Gernot: Die Rechtslage im Wasserrecht in Mecklenburg-Vorpommern, Schleswig-Holstein und Niedersachsen nach der Novellierung des Wasserhaushaltsgesetzes, in: NordÖR 2010, S. 469–477.

Kieninger, Eva-Maria: Die Zukunft des deutschen und europäischen Mobiliarkreditsicherungsrechts, in: AcP 208 (2008), S. 182–226.

Kirchberg, Christian/Löbbecke, Marc: Die unvordenkliche Verjährung – verjährt?, in: VBlBW 2007, S. 401–406.

Kleine, Markus: Institutionalisierte Verfassungswidrigkeiten im Verhältnis von Staat und Kirchen unter dem Grundgesetz. Ein Beitrag zur juristischen Methodik im Staatskirchenrecht, 1993.

Kloepfer, Michael: Gesetzgebung im Rechtsstaat, in: VVDStRL 40 (1982), S. 63–98.

—: Der Vorbehalt des Gesetzes im Wandel, in: JZ 1984, S. 685–695.

—: Umweltschutzrecht, 2. Auflage 2011.

Kluth, Winfried: Begriff, Arten und Wesen der öffentlichen Sachen, in: Hans J. Wolff/Otto Bachof/Rolf Stober/Winfried Kluth (Hrsg.), Verwaltungsrecht II, 7. Auflage 2010, § 74 (S. 145–154).

—: Widmung und Entwidmung, in: Hans J. Wolff/Otto Bachof/Rolf Stober/Winfried Kluth (Hrsg.), Verwaltungsrecht II, 7. Auflage 2010, § 75 (S. 154–164).

—: Der Rechtsstatus der öffentlichen Sachen, in: Hans J. Wolff/Otto Bachof/Rolf Stober/Winfried Kluth (Hrsg.), Verwaltungsrecht II, 7. Auflage 2010, § 76 (S. 164–181).

—: Gemeingebrauch, in: Hans J. Wolff/Otto Bachof/Rolf Stober/Winfried Kluth (Hrsg.), Verwaltungsrecht II, 7. Auflage 2010, § 77 (S. 182–197).

—: Sondernutzung, in: Hans J. Wolff/Otto Bachof/Rolf Stober/Winfried Kluth (Hrsg.), Verwaltungsrecht II, 7. Auflage 2010, § 78 (S. 197–206).

Kment, Martin/Weber, Nicole: Lernbeitrag Öffentliches Recht: Recht der öffentlichen Sachen, in: JA 2013, S. 119–123.

Knack, Hans Joachim/Henneke, Hans-Günter: (Hrsg.) Verwaltungsverfahrensgesetz (VwVfG), 10. Auflage 2014.

Kommission für die Landesordnung des Allgemeinen Öffentlichen Rechts (Hrsg.): Verwaltungsrechtsordnung für Württemberg. Entwurf eines Gesetzes mit Begründung, Hauptband 1931.

Kopp, Ferdinand O./Ramsauer, Ulrich: Verwaltungsverfahrensgesetz, Kommentar, 15. Auflage 2014.

Kotulla, Michael: Das novellierte Wasserhaushaltsgesetz, in: NVwZ 2010, S. 79–86.

—: Wasserhaushaltsgesetz, 2. Auflage 2011.

Krause-Dünow, H.: Der Rechtsstatus von Wattenwegen, in: DVBl. 1965, S. 592–593.

Krebs, Peter/Becker, Maximilian: Entstehung und Abänderbarkeit von Gewohnheitsrecht, in: JuS 2013, S. 97–103.

Krebs, Walter: Zum aktuellen Stand der Lehre vom Vorbehalt des Gesetzes, in: Jura 1979, S. 304–312.

Kromer, Michael: Sachenrecht des Öffentlichen Rechts, 1985.

Kunig, Philip: Das Rechtsstaatsprinzip. Überlegungen zu seiner Bedeutung für das Verfassungsrecht der Bundesrepublik Deutschland, 1986.

Landau, Peter: Das Gewohnheitsrecht im Staatskirchenrecht, in: Joseph Listl/Dietrich Pirson (Hrsg.), Handbuch des Staatskirchenrechts der Bundesrepublik Deutschland, Erster Band, 2. Auflage 1994, § 10 (S. 333–343).

Lange, Gerhard: Der gesperrte Waldweg, in: DVP 2014, S. 66–71.

Lepsius, Oliver: Besitz und Sachherrschaft im öffentlichen Recht, 2002.

Lücke, Jörg: Die Weimarer Kirchengutsgarantie als Bestandteil des Grundgesetzes, in: JZ 1998, S. 534–545.

Lüke, Gerhard/Krüger, Wolfgang (Hrsg.): Münchener Kommentar zur Zivilprozeßordnung, Band II: 4. Auflage 2012.

Mager, Ute/Sokol, Ljuba: Gemeingebrauch im Recht der öffentlichen Sachen, in: Jura 2012, S. 913–922.

Mainusch, Rainer: Die öffentlichen Sachen der Religions- und Weltanschauungsgemeinschaften. Begründung und Konsequenzen ihres verfassungsrechtlichen Status, 1995.

v. Mangoldt, Hermann/Klein, Friedrich/Starck, Christian (Hrsg.): Kommentar zum Grundgesetz, 3 Bände, 6. Auflage 2010.

Manssen, Gerrit: Der Hamburger Stadtsiegelfall – VG Köln, NJW 1991, 2584, in: JuS 1992, S. 745–748.

Marschall, Ernst A. (Hrsg.): Bundesfernstraßengesetz. Kommentar, 6. Auflage 2012.

Martens, Joachim: Einführung in die Praxis des Verwaltungsverfahrens, in: JuS 1979, S. 416–422.

Matz, Jürgen: Vollstreckungsschutz bei Zwangsvollstreckungen gegen Kommunen wegen privatrechtlicher Geldforderungen, insbesondere in Thüringen, in: ThürVBl. 2000, S. 73–79.

Maunz, Theodor: Hauptprobleme des öffentlichen Sachenrechts. Eine Studie zur Methodik und Dogmatik des deutschen Verwaltungsrechts, 1933.

Maunz, Theodor/Dürig, Günter u.a. (Hrsg.): Grundgesetz. Kommentar, 7 Bände, 1962 ff. (Stand: 71. Ergänzungslieferung März 2014).

Maurer, Hartmut: Staatsrecht I. Grundlagen, Verfassungsorgane, Staatsfunktionen, 6. Auflage 2010.

—: Allgemeines Verwaltungsrecht, 18. Auflage 2011.

Mayer, Otto: Deutsches Verwaltungsrecht, Zweiter Band, 3. Auflage 1924.

Mayer-Scheu, Hansjosef: Grundgesetz und Parität von Kirchen und Religionsgemeinschaften, 1970.

Menger, Christian-Friedrich: Die allgemeinen Grundsätze des Verwaltungsrechts als Rechtsquellen, in: Erwin Chmielorz/Harry Rohwer-Kahlmann/Horst Heinke (Hrsg.), Festschrift für Walter Bogs, 1967, S. 89–101.

Muckel, Stefan: Das Selbstbestimmungsrecht der Religionsgemeinschaften, in: Heinrich de Wall/ders., Kirchenrecht, 4. Auflage 2014, § 11 (S. 76–80).

—: Religionsgemeinschaften als Körperschaften des öffentlichen Rechts, in: Heinrich de Wall/ders., Kirchenrecht, 4. Auflage 2014, § 14 (S. 87–91).

Mückl, Stefan: Grundlagen des Staatskirchenrechts, in: Josef Isensee/Paul Kirchhof (Hrsg.), Handbuch des Staatsrechts der Bundesrepublik Deutschland, Band VII, 3. Auflage 2009, § 159 (S. 711–789).

—: Kirchliche Organisation, in: Josef Isensee/Paul Kirchhof (Hrsg.), Handbuch des Staatsrechts der Bundesrepublik Deutschland, Band VII, 3. Auflage 2009, § 160 (S. 791–830).

Müller-Volbehr, Jörg: Körperschaftsstatus und Sachenrecht der Kirchen, in: ZevKR 33 (1988), S. 153–183.

—: Res sacra und Sachgebrauch, in: NVwZ 1991, S. 142–145.

v. Münch, Ingo/Kunig, Philip (Hrsg.): Grundgesetz. Kommentar, 2 Bände, 6. Auflage 2012.

Musielak, Hans-Joachim (Hrsg.): Zivilprozessordnung mit Gerichtsverfassungsgesetz. Kommentar, 11. Auflage 2014.

Müssig, Peter: Kirchliches Glockengeläute und öffentlicher Rechtsweg. Bemerkungen zu den Urteilen des BVerwG vom 7.10.1983 und des OLG Frankfurt a.M. vom 24.1.1985, in: DVBl. 1985, S. 837–841.

Muus, Hans-Peter: Kirchengut und öffentliche Sachen, in: ZevKR 11 (1964/65), S. 123–138.

Nedden, Gerhard: Zur Wandlung des Begriffs der Wegepolizei, in: DöV 1959, S. 844–848.

Niehues, Norbert: Dinglichkeit im Verwaltungsrecht, 1963.

—: Die Bekanntgabe dinglicher Verwaltungsakte, in: DVBl. 1982, S. 317–323.

Obermayer, Klaus: Die evangelische Kirche vor ihrer Zukunft, in: Universitas, Zeitschrift für Wissenschaft, Kunst und Literatur, 15. Jahrgang 1970, S. 1279–1286.

Obermayer, Klaus/Funke-Kaiser, Michael (Hrsg.): Kommentar zum Verwaltungsverfahrensgesetz, 4. Auflage 2014.

Oebbecke, Janbernd: Die Anstaltslast – Rechtspflicht oder politische Maxime?, in: DVBl. 1981, S. 960–965.

Ossenbühl, Fritz: Öffentliche und private Nutzung der Bonner Hofgartenwiese. Rechtsgutachten erstattet dem Senat der Universität Bonn, November 1984.

—: Arten der Rechtsquellen, in: Hans-Uwe Erichsen/Dirk Ehlers (Hrsg.), Allgemeines Verwaltungsrecht, 12. Auflage 2002, § 6 (S. 138–186).

—: Gesetz und Recht – Die Rechtsquellen im demokratischen Rechtsstaat, in: Josef Isensee/Paul Kirchhof (Hrsg.), Handbuch des Staatsrechts der Bundesrepublik Deutschland, Band V, 3. Auflage 2007, § 100 (S. 135–182).

—: Vorrang und Vorbehalt des Gesetzes, in: Josef Isensee/Paul Kirchhof (Hrsg.), Handbuch des Staatsrechts der Bundesrepublik Deutschland, Band V, 3. Auflage 2007, § 101 (S. 183–221).

Osswald, Josef: Die Rechtsverhältnisse an öffentlichen Sachen nach geltendem Privat- und Verwaltungsrecht, 1909.

Ost, Emanuel: Kirchengut und Religionsverfassungsrecht, 2008. (Online-Ressource der Albert-Ludwigs-Universität Freiburg, abrufbar unter http://www.freidok.uni-freiburg.de/volltexte/6103/pdf/Ganz%207.F.pdf, zuletzt abgerufen am 31.10.2014).

Palandt, Otto/Bassenge, Peter: Bürgerliches Gesetzbuch, 73. Auflage 2014.

Papier, Hans-Jürgen: Öffentliche Sachen, in: Jura 1979, S. 93–101.

—: Grunderwerbsverträge mit „Bauplanungsabreden" - BVerwG, NJW 1980, 2358, in: JuS 1981, S. 498–503.

—: Recht der öffentlichen Sachen, 3. Auflage 1998.

—: Recht der öffentlichen Sachen, in: Hans-Uwe Erichsen/Dirk Ehlers (Hrsg.), Allgemeines Verwaltungsrecht, 14. Auflage 2010, §§ 38–42 (S. 855–929).

Pappermann, Ernst: Grundfälle zum Öffentlichen Sachenrecht, in: JuS 1979, S. 794–799.

Pappermann, Ernst/Löhr, Rolf-Peter: Grundfälle zum öffentlichen Sachenrecht, in: JuS 1980, S. 35–40.

Pappermann, Ernst/Löhr, Rolf-Peter/Andriske, Wolfgang: Recht der öffentlichen Sachen, 1987.

Peine, Franz-Joseph: Recht der öffentlichen Sachen - Teil 2, in: JZ 1996, 398–409.

—: Das Recht der öffentlichen Sachen - neue Gesetze und Rechtsprechung im Überblick, in: JZ 2006, S. 593–608.

—: Allgemeines Verwaltungsrecht, mit ebook: Lehrbuch, Entscheidungen, Gesetzestexte, 11. Auflage 2014.

Pieroth, Bodo: Was bedeutet »Gesetz« in der Verfassung?, in: Jura 2013, S. 248–254.

Pieroth, Bodo/Schlink, Bernhard/Kingreen, Thorsten/Poscher, Ralf: Grundrechte. Staatsrecht II, mit ebook: Lehrbuch, Entscheidungen, Gesetzestexte, 30. Auflage 2014.

Pietzcker, Jost: Vorrang und Vorbehalt des Gesetzes, in: JuS 1979, S. 710–715.

Reimer, Franz: Das Parlamentsgesetz als Steuerungsmittel und Kontrollmaßstab, in: Wolfgang Hoffmann-Riem/Eberhard Schmidt-Aßmann/Andreas Voßkuhle (Hrsg.), Grundlagen des Verwaltungsrechts, Band I, 2. Auflage 2012, § 9 (S. 585–675).

Reinhardt, Michael: Die Eingriffsbefugnisse der Wasserbehörden bei der Sanierung von Altlasten, 1989.

Reinhardt, Michael/Gieseke, Paul (Hrsg.): Wasserhaushaltsgesetz, 10. Auflage 2010.

Renck, Ludwig: Grundfragen des Rechts der res sacrae, in: DÖV 1990, S. 333–336.

—: Res sacra und Sachgebrauch, in: NVwZ 1990, S. 38–40.

—: St. Salvator und kein Ende?, in: BayVBl. 1991, S. 200–202.

—: Res sacrae und Gewohnheitsrecht, in: JZ 2001, S. 375–380.

—: Res sacrae in den neuen Bundesländern?, in: LKV 2002, S. 58–61.

Rhein, Kay-Uwe: Gesetz über Aufbau und Befugnisse der Ordnungsbehörden – Ordnungsbehördengesetz (OBG NRW) mit Erläuterungen, 2004.

Ruffert, Matthias: Rechtsquellen und Rechtsschichten des Verwaltungsrechts, in: Wolfgang Hoffmann-Riem/Eberhard Schmidt-Aßmann/Andreas Voßkuhle (Hrsg.), Grundlagen des Verwaltungsrechts, Band I, 2. Auflage 2012, § 17 (S. 1163–1255).

Sachs, Michael: „Volenti non fit iniuria", in: VerwArchiv 76 (1985), S. 398–426.

—: Die Gesetzesvorbehalte, in: Klaus Stern (Hrsg.): Das Staatsrecht der Bundesrepublik Deutschland – Band III: Allgemeine Lehren der Grundrechte, 2. Halbband 1994, § 80 (S. 369–492).

Sachs, Michael (Hrsg.): Grundgesetz. Kommentar, 7. Auflage 2014.

Säcker, Franz Jürgen (Hrsg.): Münchener Kommentar zum Bürgerlichen Gesetzbuch, 11 Bände; Band 6, 6. Auflage 2013.

Salzwedel, Jürgen: Gemeingebrauch im Wegerecht und Wasserrecht, in: ZfW 1962, S. 73–93.

—: Gedanken zur Fortentwicklung des Rechts der öffentlichen Sachen, in: DÖV 1963, S. 241–251.

—: Rechtsfragen der Gewässerverunreinigung durch Überdüngung, in: NuR 1983, S. 41–52.

—: Begriff der öffentlichen Sache, in: Hans-Uwe Erichsen (Hrsg.), Allgemeines Verwaltungsrecht, 10. Auflage 1995, § 42 (S. 539–544).

—: Öffentliche Sachen im Gemeingebrauch, in: Hans-Uwe Erichsen (Hrsg.), Allgemeines Verwaltungsrecht, 10. Auflage 1995, § 43 (S. 544–561).

Sauthoff, Michael: Öffentliche Straßen. Straßenrecht – Straßenverkehrsrecht – Verkehrssicherungspflichten, 2. Auflage 2010.

Schad, Thomas: Rechtliche Grundlagen der öffentlichen Verwaltung, in: Ute Vondung (Hrsg.), Allgemeines Verwaltungsrecht, 9. Auflage 2010, Kapitel 2 (S. 15–37).

Schallenberg, Hermann: Die Widmung, 1955.

Schatzschneider, Wolfgang: Anmerkung zum Urteil des BVerwG vom 7.10.1983 – 7 C 44/81 –, in: NJW 1984, S. 991.

Scheidler, Alfred: Leitungsführungsrechte für erneuerbare Energien im öffentlichen Straßengrund – Duldungspflicht der Gemeinde, in: LKRZ 2014, S. 319–322.

Schlink, Bernhard: Neuere Entwicklungen im Recht der kirchlichen öffentlichen Sachen und der res sacrae, in: NVwZ 1987, S. 633–640.

—: Die Angelegenheiten der Religionsgesellschaften, in: JZ 2013, 209–218.

Schmidt-Aßmann, Eberhard: Der Rechtsstaat, in: Josef Isensee/Paul Kirchhof (Hrsg.), Handbuch des Staatsrechts der Bundesrepublik Deutschland, Band II, 3. Auflage 2004, § 26 (S. 541–612).

Schmidt-Bleibtreu, Bruno/Hofmann, Hans/Henneke, Hans-Günter (Hrsg.): GG Kommentar zum Grundgesetz, 13. Auflage 2014.

Schmidt-Jortzig, Edzard: Vom öffentlichen Eigentum zur öffentlichen Sache, in: NVwZ 1987, S. 1025–1031.

Schoch, Friedrich: Die Bekanntgabe des Verwaltungsakts, in: Jura 2011, S. 23–30.

—: Sondernutzung öffentlicher Straßen, in: Jura 2013, 911–924.

Schönenbroicher, Klaus/Heusch, Andreas: Ordnungsbehördengesetz Nordrhein-Westfalen. Kommentar, 2014.

Schreiber, Klaus: Die Grundprinzipien des Sachenrechts, in: Jura 2010, S. 272–275.

Schuppert, Gunnar Folke: Das Gesetz als zentrales Steuerungselement des Rechtsstaates, in: ders. (Hrsg.), Das Gesetz als zentrales Steuerungselement des Rechtsstaates, Symposium anläßlich des 60. Geburtstages von Christian Starck, 1998, S. 105–155.

Schurig, Roland/Frey, Hans-Jürgen: Straßenverkehrs-Ordnung. StVO mit Anlagen zur StVO (jeweils bei den §§ 40 bis 43) und Allgemeiner Verwaltungsvorschrift zur Straßenverkehrs-Ordnung (VwV-StVO). Kommentar, 14. Auflage 2013.

Schütz, Dieter: Res sacrae, in: Joseph Listl/Dietrich Pirson (Hrsg.), Handbuch des Staatskirchenrechts der Bundesrepublik Deutschland, Zweiter Band, 2. Auflage 1995, § 38 (S. 3–18).

Sieder, Frank/Zeitler, Herbert/Dahme, Heinz (Hrsg.): Wasserhaushaltsgesetz, Abwasserabgabengesetz. Kommentar, 3 Bände (Stand: 47. Ergänzungslieferung 1.5.2014, zitiert: *Bearbeiter*, in: SZDK, § 100 WHG Rn.).

Smend, Rudolf: Staat und Kirche nach dem Bonner Grundgesetz, in: ZevKR 1 (1951), S. 4–14.

—: Berichte und kleine Beiträge. Kirchenrechtstagungen 1964 in Heidelberg und Kiel, in: ZevKR 11 (1964/65), S. 139–141.

Sobota, Katharina: Das Prinzip Rechtsstaat. Verfassungs- und verwaltungsrechtliche Aspekte, 1997.

Sodan, Helge/Ziekow, Jan: Grundkurs Öffentliches Recht. Staats- und Verwaltungsrecht, 6. Auflage 2014.

Staupe, Jürgen: Parlamentsvorbehalt und Delegationsbefugnis, 1986.

Stein, Reiner: Bekanntgabeformen von Verwaltungsakten, in: DVP 2006, S. 441–449.

Steiner, Udo: Straßenrecht und Straßenverkehrsrecht, in: JuS 1984, S. 1–9.

Stelkens, Paul/Bonk, Heinz Joachim/Sachs, Michael (Hrsg.): Verwaltungsverfahrensgesetz. Kommentar, 8. Auflage 2014.

Stelkens, Ulrich: Das behördliche Hausrecht, in: Jura 2010, S. 363–369.

—: Das Recht der öffentlichen Sachen, Trümmerhaufen – oder was?, in: Die Verwaltung 46 (2013), S. 493–536.

Stern, Klaus: Die öffentliche Sache, in: VVDSTRL 21 (1964), S. 183–223.

—: Der verfassungsrechtliche Status der Kirchen, Religions- und Weltanschauungsgemeinschaften, in: Klaus Stern/Michael Sachs/Johannes Dietlein (Hrsg.), Das Staatsrecht der Bundesrepublik Deutschland – Band IV: Die einzelnen Grundrechte, 2. Halbband 2011, § 119 (S. 1144–1432).

Stober, Rolf: Bundesverfassungsrechtliche Grundentscheidungen für die Verwaltung, in: Hans J. Wolff/Otto Bachof/Rolf Stober/Winfried Kluth (Hrsg.), Verwaltungsrecht I, 12. Auflage 2007, § 18 (S. 138–152).

—: Gesetzmäßigkeit der Verwaltung und Vorbehalt des Gesetzes, in: Hans J. Wolff/Otto Bachof/Rolf Stober/Winfried Kluth (Hrsg.), Verwaltungsrecht I, 12. Auflage 2007, § 30 (S. 300–307).

Stüer, Bernhard/Buchsteiner, Dirk: Wasserhaushaltsgesetz 2010, in: DÖV 2010, S. 261–268.

Stürner, Rolf: Privatrechtliche Gestaltungsformen bei der Verwaltung öffentlicher Sachen, 1969.

Thormann, Martin: Das Hamburger Stadtsiegel. Anmerkung zu VG Köln, U. v. 20.03.1991 – 8 K 4501/89 – und Erwiderung auf Axer, NWVBl. 1992, 11, in: NWVBl. 1992, 354–357.

—: Abstufungen in der Sozialbindung des Eigentums, 1997.

Unruh, Peter: Religionsverfassungsrecht, 2. Auflage 2012.

Vieweg, Klaus/Werner, Almuth: Sachenrecht, 6. Auflage 2013.

Voßkuhle, Andreas: Grundwissen – Öffentliches Recht: Der Grundsatz des Vorbehalts des Gesetzes, in: JuS 2007, S. 118–119.

de Wall, Heinrich: Die Anwendbarkeit privatrechtlicher Vorschriften im Verwaltungsrecht, 1999.

de Wall, Heinrich/Muckel, Stefan: Kirchenrecht, 4. Auflage 2014.

Wallerath, Maximilian: Allgemeines Verwaltungsrecht, 6. Auflage 2009.

Wandschneider, Steffen: Die Allgemeinverfügung in Rechtsdogmatik und Rechtspraxis, 2009.

Weber, Harald: Das Recht der öffentlichen Sachen, in: JuS 1994, S. 175–176.

Weber, Ralph: Sachenrecht, Band I: Bewegliche Sachen, 3. Auflage 2013.

Weber, Werner: Die öffentliche Sache, in: VVDStRL 21 (1964), S. 145–182.

—: Zur staatskirchenrechtlichen Bedeutung des Rechts der öffentlichen Sachen, in: ZevKR 11 (1964/65), S. 111–123.

Weides, Peter: Der praktische Fall – Öffentliches Recht: „Gift im Grundwasser", in: JuS 1988, S. 472–476.

Wernecke, Frauke: Die öffentliche Sache im Widerstreit privater und allgemeiner Belange – verdeutlicht am Beispiel des Hamburgischen Stadtsiegels -, in: AcP 195 (1995), S. 445–467.

Wernsmann, Rainer: Die Steuer als Eigentumsbeeinträchtigung?, in: NJW 2006, 1169–1174.

Westermann, Harm Peter/Gursky, Karl-Heinz/Eickmann, Dieter: Sachenrecht, 8. Auflage 2011.

Weyreuther, Felix: Bemerkenswertes über Grundsätzliches, in: DöV 1989, S. 321–329.

Wiegand, Wolfgang: Die Entwicklung des Sachenrechts im Verhältnis zum Schuldrecht, in: AcP 190 (1995), S. 112–138.

Wieling, Hans Josef: Sachenrecht, Band 1: Sachen, Besitz und Rechte an beweglichen Sachen, 2. Auflage 2006.

Witthohn, Hauke: Gewohnheitsrecht als Eingriffsermächtigung, 1997.

Wolf, Manfred/Wellenhofer, Marina: Sachenrecht, 29. Auflage 2014.

Wolff, Hans J./Bachof, Otto: Verwaltungsrecht, Band I, 9. Auflage 1974.

Wolffgang, Hans-Michael/Simonsen, Olaf: AWR-Kommentar. Kommentar für das gesamte Außenwirtschaftsrecht, 2001 ff. (Stand: 20. Ergänzungslieferung Juli 2014).

Zippelius, Reinhold: Grundfragen des öffentlichen Sachenrechts und das Bayerische Straßen-und Wegegesetz, in: DÖV 1958, S. 838–850.

Zippelius, Reinhold/Würtenberger, Thomas: Deutsches Staatsrecht, 32. Auflage 2008.

www.ingramcontent.com/pod-product-compliance
Ingram Content Group UK Ltd.
Pitfield, Milton Keynes, MK11 3LW, UK
UKHW021909290926
8980IPUK00015B/1145

9 783631 671160